GMF 시리즈 ③

# 범세계 교회를 위한
# 상황화 이론과 실제

**REFLECTIONS AND CASE STUDIES
IN CONTEXTUALIZATION
FOR THE WHOLE CHURCH**

로즈 도우셋 편집 | 변진석, 엄주연 옮김

사단법인 한국해외선교회(Global Missionary Fellowship: 약칭 GMF)는 1987년에 설립된 초교파 복음주의 선교 공동체로 2012년 현재 720명의 파송선교사가 59개국에서 사역하고 있으며 산하에 다음과 같은 부서가 있습니다. GMF는 세계 복음화를 위한 한국 교회와 전 세계 교회의 파트너로 섬기는 일을 다하고자 합니다.

파송부서: GBT, GMP, HOPE
지원부서: KRIM(선교연구)
　　　　　GMTC, GPTI, GLfocus(훈련 및 리더십양성),
　　　　　MK-Nest(선교사 자녀)
　　　　　법인사역부(장기 정책, 대정부 업무)

# GLOBAL MISSION

Reflections and Case Studies
in Contextualization for the Whole Church

*Edited by*
Rose Dowsett

*Translated by*
Jin Suk Byun · Joo Yun Eum

Copyright © 2011 by World Evangelical Alliance Mission Commission
Originally published in English under the title as
*Global Mission*
by William Carey Library
Translated and used by the permission of
William Carey Library 1605 E. Elizabeth Street,
Pasadena, California 91104

All rights reserved.

Korean Edition
Copyright © 2014 by Global Missionary Fellowship
Seoul, Korea

## 추천사 1

**이동원 목사**
지구촌교회 원로목사

상황화는 결코 신학적이거나 선교학적인 과제만이 아니라, 실제 목회 수행과 관련된 것이다. 목회자들의 설교 적용은 곧 상황화의 렌즈를 통해서만 효율적인 감동과 순종의 열매를 기대할 수 있다. 이 책에는 한국의 이태웅 박사가 쓴 한국 교회의 추도예배가 상황화의 한 실례로 소개되고 있다. 한국 교회의 사회적 신뢰도가 날로 추락하는 위기의 시대에 진지한 목회를 고민하는 모든 사역자와 선교 헌신을 꿈꾸는 모든 사람, 그리고 자신의 선교지에서 선교를 반성하고 돌아보고자 하는 선교 일꾼 모두를 위한 성찰의 자료로 이 책은 매우 실제적인 도전과 유익을 제공할 것이다. 현상유지만으로 사역의 명맥을 이어가려는 관행을 탈피하고 진정한 사역의 질적 갱신과 도약을 꿈꾸는 모든 동역자에게 이 책을 강추하고 싶다. 이 책은 딱딱한 이론서가 아닌 사례로 가득한 흥미와 모험의 '내러티브'(narrative) 같은 책이다. 상황화가 이론이 아닌 실제적인 우리의 반성으로 적용될 때 한국 교회의 목회현장과 선교현장은 또 한 번의 부흥을 기대할 수 있다고 믿는다.

## 추천사 2

**이재훈 목사**
온누리교회 담임목사

　복음의 문이 열려있는 지역에서 열매 맺지 못하는 경우가 있다면 그 주요한 원인은 상황화의 실패라고 생각한다. 복음을 문화의 울타리에 가두어 문화를 뛰어넘어 전해지는 복음의 역사를 제한하고 있거나 아니면 정반대로 상황화를 넘어서 혼합주의로 흘러버렸기 때문이다. 신약성경은 상황화신학의 역사이며 좌우로 치우치지 않고 세상 문화 속에서 십자가의 복음이 온전히 전해지도록 몸부림치던 사도들의 역사이다.

　오늘 이 시대 세계 교회의 위기는 사도들의 처절했던 고민과 기도를 잃어버린 채 너무 쉽고 안일하게 복음을 전하고 있기 때문이 아닌가 생각된다. 이번에 번역 출간된 『범세계 교회를 위한 상황화 이론과 실제』는 세계 교회가 어떻게 복음전도와 세계 선교를 위하여 균형 잡힌 상황화를 이루어갈 수 있을 것인가를 다각도로 제시하고 있다. 모든 목회자와 선교사에게 필독되어 지상명령을 이루어감에 있어서 큰 도움이 될 수 있기를 기도한다.

## 추천사 3

**성남용 박사**
KMQ 편집인, 삼광교회 담임목사, 총신대학교 선교학 교수

　이 책은 선교와 상황화에 관한 다양한 문제들을 목적적, 경험적, 세계적, 성경적, 분석적 시각으로 다룬 책이다. 건강한 선교를 열망하는 선교 이론가들이나 현장 사역자들에게 이 책의 일독을 권한다.
　목적적이라 함은 열방의 모든 민족들을 참된 예배자로 세우고 싶어 하는 열정과 꿈이 선명하게 드러나 있기 때문이다. 경험적이라는 이유는 선교사들이 직접 경험하고 시도한 내용들이기 때문이다. 그리고 여기에는 이론과 실천이 조화를 이룬 선교전략서로 현장에서 적용할 수 있는 창의적인 아이디어들이 많다. 세계적이라는 것은 아프리카, 남미, 북미, 아시아, 유럽 등의 다양한 저자들이 다양한 선교현장들을 담고 있기 때문이다. 성경적이라 한 이유는 선교지의 문화와 세계관을 다루면서도 하나님의 말씀을 중심으로 한 성경적이며 복음주의적 신학의 중요성을 강조하고 있기 때문이다. 비록 모든 사례에 대해서 동의하지 못할 수도 있겠지만, 독자들은 이 책을 읽으면서 효과적인 선교를 위해 애쓰는 저자들의 열정과 고민의 흔적들을 쉽게 발견할 수 있을 것이다. 또한 이 책은 상당히 분석적이다. 그동안 논란이 되어 왔던 선교의 내부자 운동, 교회 없는 기독교, 상황화의 C-스펙트럼 등에 관한 현실적인 문제들을 논쟁적이며 분석적으로 다루었다. 그동안은 이 문제들을 다룰 때 혼합주의의 위험을 강조했었다면, 여기에서는 현지인들의 관점에서 이 문제들을 바라보려 했다. 그러면서도 성육신적인 선교의 사유과정들을 담고 있어서 상황화 문제로 고민하는 사람들에게 좋은 통찰력을 줄 것이다.

한국 선교가 성숙되어가는 길목에서 만난 반가운 책으로 성경적 상황화나 자선교학을 위한 좋은 길잡이가 될 것이라 믿는다.

# 추천사 4

토마스 쉬르마허(Thomas Schirrmacher)
독일, 세계복음주의연맹 신학위원회(WEA-TC) 위원장
Evangelical Review of Theology 편집인

    복음주의적 믿음은 서로 보완하는 두 가지 강조점을 가지고 있다. 하나는 예수 그리스도 안에 계시된 영원하고도 우주적인 진리와 기록된 증언으로서의 성경이며, 또 다른 하나는 모든 사람의 일상적 삶 속에서 적용되어야 할 진리로서, 하나님에 대한 매우 개인적인 신뢰의 필요성에 대한 강조이다. 따라서 지역 신학은 글로벌 신학만큼이나 참된 것이라고 할 수 있는데 그것은 전승된 복음을 진실하고도 상황화된 형태로 모든 장소와 모든 세대에 전달하는 것이다. 이 책은 그러한 목적을 이루기 위해 매우 중요한 도움을 줄 것이며, 세계 도처에서 실시되고 있는 어떠한 신학적 훈련이든지 이 책을 사용하여야만 할 것이다.


마틴 리(Martin Lee)
영국, 글로벌커넥션(Global Connection) 대표

    타문화 상황 속에서 일하면 할수록 나는 하나님 백성의 다양성에 대하여 더욱 놀라게 되고 동시에 나의 믿음이 얼마나 영국적 사고방식

에 의해 지배받고 있는지를 깨닫게 된다. 이 뛰어난 책은 다른 상황들 속에서 그리스도를 좇아간다는 것이 무엇을 의미하는지를 우리로 하여금 배우고, 관찰하고, 이해하도록 격려하고 있다. 쉬운 해답은 없을 것이지만 많은 사람의 여정에 관해 읽는 것만으로도 큰 도전이 된다.

**K. 라젠드란(K. Rajendran)**
인도, 세계복음주의연맹 선교위원회(WEA-MC) 회장

교회와 선교 운동 양쪽 모두 복음과 더불어 상황적인 것의 필요성을 절대적으로 인식하고 논의하고 있지만 "어떻게 그것을 할 것인가?"에 관하여는 거의 다루지 않고 있다. 오늘의 역설적인 환경 속에서 모든 사람에게 복음을 전하고, 신자들을 양육하며, 증인 공동체를 세워야 하는 도전들 앞에서 사례 연구들에 관한 이 책은 매우 환영할 만한 것이다. 나는 현재 그리스도를 따르는 사람들이 복음을 다양한 측면에서 상황화하는 모델을 다루는 이 책의 시도에 대해 기쁘게 생각한다. 이 책이 단지 이론들을 모아 놓은 것이 아니라 다양한 배경 속에서 따라야 할 실천가들의 사례들을 담고 있음에 나는 만족한다. 이러한 사례들이 새로운 그리스도의 제자들을 일으켜 전 세계에 걸쳐 예수님의 교회를 모자이크와 같이 만드는 데 사용되기를 기대한다. 나는 이 책에서 세계 교회의 여러 목소리들, 특별히 남반구 교회들이 상황화의 방법과 해결책을 제시하는 것에 대해 감사한다. 아무쪼록 우리 모두가 예수님 제자들의 새로운 얼굴을 만들어 가는 방향으로 움직이는 데 영감을 얻게 되기를 바란다.

**루벤 에즈마두(Reuben Ezemadu)**
나이지리아, 크리스천선교재단(Christian Missionary Foundation, CMF) 총재
아프리카토착운동(Movement of Africa National Initiatives) 대륙 코디네이터

성경의 많은 저자는 다른 상황, 세대, 연령층에 속해 살았고 하나님을 경험하였다. 그들은 우리에게 실재를 충실하게 전달해주는 데 있어 자신들의 이해와 전망으로부터 하나님의 역사를 여러 가지 말과 방법으로 표현했다. 이것이 오늘날 우리가 가지고 있는 성경이라는 계시의 형태를 형성하였다. 나는 이 책이 담고 있는 기고자들의 통찰력과 지혜 또한 삼위일체 하나님이 지난 시대와 현재 우리 시대에 걸쳐 다양한 방법으로 계시하신 것에 대한 충성과 이해 및 존중을 표현하고 있다고 본다. 이러한 이유들 때문에 나는 이 책을 "하나님을 찾는" 이 시대의 사람들에게 일종의 믿을 만한 나침반과 지도로 추천하고자 한다.


**스티브 스트라우스(Steve Strauss)**
미국, 달라스신학교(Dallas Theological Seminary) 선교학 교수

이 새로운 책은 상황화에 대한 현시대의 복음주의적 성찰과 실천에 있어 최고의 형태이다. 이 책의 글들은 확실한 성경적 토대와 더불어 통찰력, 예화 및 생각을 자극하는 토의 질문들을 담음으로 본문과 상황, 지역과 세계, 각 문화 안에서의 보편적인 것과 "토착적"인 것 사이에 절묘한 균형을 잡고 있다. 저자들의 성숙한 사고와 세계적 전망은 복음주의자들이 세계적 신학화에 기여할 수 있는 시대가 이르렀다는 것에 대한 참신한 증거를 제시하고 있다. 독자들이 모든 것에 동의하지는 않겠지만 각 장은 결코 진부하지 않으며, 사역을 위한 신선한 생각과 창의적인 접근을 계속 북돋아줄 것이다.

**데이빗 파커(David Parker)**
호주, 세계복음주의연맹 신학위원회(WEA-TC) 전(前) 대표

우리는 세계복음주의연맹 신학위원회가 발간한 『세계 교회를 위한 지역 신학: 상황화에 대한 복음주의적 접근을 위한 원리들』(*Local Theology for the Global Church: Principles for an Evangelical Approach to Contextualization*)과 쌍을 이루는 이 책을 환영한다. 이 책에는 민감하면서도 효과적인 상황화에 대한 실제적인 예들로 가득 차 있다. 두 책 모두 글쓴이들의 경험에 근거하였고 동시에 선교학적 성찰에 뿌리를 내리고 있기에 오늘날 선교의 가장 중요한 측면들을 다루는 데 크게 기여하고 있다. 우리는 두 책 모두를 강력히 추천한다.

**아벨 롱드웨 엔데제아헤우(Abel Laondoye Ndjerareou)**
차드, 아프리카 TEN-RFT 위원

이 책은 세계 선교의 동력을 유지시키고 있는 각 지역의 선교 실천가들이 성령의 인도를 따름으로 얻은 성찰의 열매로서 시대의 구애를 받지 않는 주님의 명령과 조화를 이룬다. 나는 지역과 세계 교회가 그리스도께로 사람들을 인도하기 위한 고귀한 과업을 다양한 상황들 속에서 새로운 통찰력과 전략을 가지고 모든 사람들이 수행하도록 돕는 데 있어 이 책을 읽고 활용하기를 강력히 추천한다. 상황적 세계관을 이해하고 올바로 해석하는 것은 그리스도를 믿는 신앙을 견고하게 세우는 데 큰 도움을 줄 것이며, 그것은 변화의 열매를 맺게 할 것이다. 로즈 도우셋과 글쓴이들은 교회의 과업을 위해 위대한 작품을 만들어 내었다.

**호잘리 벨로조 에베우(C. Roalee Velloso Ewell)**
브라질, 세계복음주의연맹 신학위원회(WEA-TC) 대표
라틴아메리카 성경주석 프로젝트 신약성경 편집인

"왜 상황화가 현재에 있어 그토록 시급한-그리고 논쟁을 불러일으키는-문제가 되고 있는가?"라고 이 책의 편집자는 그녀의 서두 에세이에서 질문하고 있다. 이 뛰어난 책은 그 질문에 대한 답변의 일부이다. 하지만 이 책에 있는 에세이들은 독자에게 세계 선교의 조망을 제공하기보다는 오히려 "주권자이신 주님이 허락하신 어떤 상황에서든지 믿음과 순종으로 진정한 제자도를 살아내고자" 시도하는 사람들이 상황적 신학을 통해 겪었던 혼란과 어려움 및 기쁨을 주는 여정으로 우리를 이끌어 들어가고 있다. 상황화는 어떤 모습일까? 그것은 상황에 따라 다르다. 하지만 당신이 이 책을 읽게 될 때, 각각의 이야기에서 묘사되고 있는 각각의 경험, 각각의 선교, 각각의 삶의 독특함 속에서 창조세계를 구원하시려는 하나님의 계획의 조각들을 어렴풋이 보게 될 것이다.

**화 융(Hwa Yung)**
말레이시아, 감리교(The Methodist Church) 감독

이 책은 전 세계에 있어 선교 최전선에서 사역하는 복음주의들의 글과 사례들을 모은 매력적인 책이다. 그것은 상황적 신학과 문화적으로 민감한 선교 방식에 관한 훌륭한 읽을거리를 제공할 것이다. 또한 상황화에 대해 가장 비타협적이고 반대하는 사람들조차도 변화시킬 것이다!

**비온 니거(Birger Nygaard)**
덴마크, 전국복음주의연맹(National Evangelical Alliance)

  선교학에서 우리는 상황화 이슈를 오랜 시간 다뤄왔다. 우리는 "어떻게 상황화를 할 것인가?"에 대해 그동안 밝혀왔음에도 불구하고 또 다른 책이 필요한 이유는 상황화가 하나님의 선교의 지속적인 성육신적 특성과 긴밀하게 연관되어 있기 때문이다. 그러므로 하나님의 선교에 참여한다는 것은 복음이 문화를 만날 때 계속해서 제기되는 모든 새롭고도 변화하는 이슈들에 우리가 참여할 것을 요청한다. 이 책은 세계 모든 지역에서 어떻게 기독교 선교가 중요한 상황화 이슈들에 깊이 응답하고 있는가를 보여준다. 당신은 하나님이 창조하신 세상의 부요함에 관해 연구하는 것을 통해 하나님의 성품에 대해 더 깊은 이해를 얻게 될 것이다.


**찰스 밴 엥겐(Charles Van Engen)**
미국, 풀러신학교(Fuller Theological Seminary) 선교신학 석좌교수

  신약성경 시대 이래로 기독교회는 어떻게 하나의 우주적 복음이 다수의 특정한 상황들 속에 상황화될 수 있을까에 대한 이해를 두고 씨름해왔다. 근래에는, 1950년대와 1960년대 타문화 선교사들 중 문화인류학적 글을 쓰는 사람들에 의해 표현되었던 관심이 1970년대에 이르러 쇼키 코(Shoki Coe)와 다른 이들에 의해 상황화의 신비를 탐구하는 것으로 발전하였다. 이 책은 그러한 탐색을 연장하고 있다. 지난 50년 동안 발전되어 온 상황화의 5가지 패러다임들(커뮤니케이션, 토착화, 번역성, 지역 신학화, 인식론) 중에 이 책은 상황화의 고전적 커뮤니케이션 패러다임에 초점을 맞추고 있다. 에세이들을 모은 이 책은 예수 그리스도의 변하지 않는 복음이 어떻게 항상 변하고 있는 세계의 문화적

상황들 속에 성육신될 수 있을지를 이해하기 위한 사려 깊은 시도들의 만화경 같은 모습들을 신선하게 보여주고 있다. 이 책은 세계적 범위를 가지면서도 지역에 초점을 맞추고 있고, 실천을 지향하면서도 성경적 원리에 주의를 기울이는 가운데 문화적 인식을 가지고 있다.

**패트릭 펑(Patrick Fung)**
해외선교회(OMF) 국제 총재

상황화에 대한 이론과 신학적 비평과 함께 세계 여러 지역의 생생한 삶의 현실 이야기가 마치 각종 색깔로 조화를 이룬 아름다운 융단을 펼쳐 놓은 것 같다. 성경적 상황화, 즉 이 세상에 전달되는 말씀이 이 책의 핵심이다. 이 책은 하나님의 말씀이 모든 문화와 언어에 신실하고도 창의적이며 적절하게 전달되기를 바라는 모든 사람들이 읽어야 할 책이다.

**크리스토퍼 라이트(Christopher J. H. Wright)**
영국, 랭햄파트너십인터내셔널(Langham Partnership International) 총재

로즈 도우셋과 이 멋진 책을 만들기 위해 기꺼이 참여해준 모든 저자에게 감사와 축하를 보내는 것이 마땅하다. 이 책은 영원한 복음의 씨앗이 어떻게 모든 종류의 역사와 문화의 토양 속에 뿌리를 내리며, 성령의 역사로 말미암아 우리 주 예수 그리스도의 영광을 위하여 좋은 열매를 맺을 것인가에 대해 종합적으로 연구한 놀라운 결과물이다. 이 책은 범세계적인 범위를 가지면서도 그 초점을 지역에 맞추고 있으며, 아울러 철저한 성경적, 신학적 기반을 가지고 있다.

**피터 타란탈(Peter Tarantal)**
세계복음화 남아프리카 네트워크
(World Evangelical Network of South Africa, WENSA) 의장

몇 년 전 콩고민주공화국(DRC)의 킨샤사(Kinshasa) 시내의 숨 막히는 더위 속에서 넥타이를 맨 정장 차림으로 설교를 하고 있었을 때 갑자기 "누가 콩고 사람들에게 복음을 전했주었지?"라는 의문이 생긴 적이 있었다. 만일 내가 이런 정장이 아닌 다른 옷을 입었더라면, 청중들은 무척 불쾌하게 여겼을 것이다. 상황화에 관한 이 책이 나의 관심을 사로잡은 것은 본질을 훼손하지 않는 가운데 청중들로 하여금 하나님의 진리를 올바로 이해할 수 있도록 전달하는 신뢰할 만한 방법들을 제시하고 있기 때문이다. 모든 교회 지도자들과 모든 기독교 단체 지도자들은 이 책을 반드시 읽어야 한다. 이 책은 그들로 하여금 복음에 대한 더 깊은 이해와 올바른 전달에 있어서 큰 도움을 줄 것이다. 나는 이 책 저자들의 다양성에 대해 사랑하지 않을 수 없다.


**마빈 뉴웰(Marvin J. Newell)**
미국, 초교파해외선교협의회(CrossGlobal Link) 총재

세계복음주의연맹 선교위원회(WEA-MC)가 세계복음화운동을 위한 또 하나의 매우 중대한 과업을 성취했다. 이 책은 상황화와 같은 중요한 주제에 대해 오랫동안 연구하고 최선을 다해 실천해왔던 많은 사람의 공동체적 지혜를 한눈에 볼 수 있는 소중한 자료이다. 상황화에 대한 범세계적인 목소리들을 담아낸 이 책은 흥미진진한 사례 연구들을 통해 각 지역에서 어떻게 적용할 수 있는가를 구체적으로 제시하고 있다. 상황화를 다루는 깊이에서도 이 책의 진가를 알 수 있을 것이다.

# 차례

추천사 1 / 이동원 목사(지구촌교회 원로목사)      5
추천사 2 / 이재훈 목사(온누리교회 담임목사)      6
추천사 3 / 성남용 박사(총신대학교 선교학 교수)      7
추천사 4 / 토마스 쉬르마허 외 14인      9
서문 / 윌리암 D. 테일러(WEA-MC 출판 코디네이터)      19
한글판 서문 / 이태웅(글로벌리더십포커스 원장)      23
"선교의 세계화"(Globalization of Mission) 시리즈      25
머리말 / 베르틸 엑스트롬(WEA-MC 대표)      27

## 제1부 상황화에 대한 성찰과 기초

서론 다양한 색깔의 무지개 신앙 | 로즈 도우셋      34
1장 상황화를 위한 성경신학 | 호날두 리도리우      51
2장 관찰하기, 배우기, 살아가기 | 폴 우즈      77
3장 상황화, 토착화, 혼합주의 | 릭 브라운      91
4장 상황적 석의 | 매튜 쿡      115
5장 상황화, 매우 조심해야 할 작업? | 마크 영      129
6장 다문화교회 | 폴 쿨터      151
7장 우상이 아닌 보물 | 미리암 애드니      165
8장 상황화와 열매맺는 사역 | 밥 피쉬, 진 다니엘스      173
9장 아시아 교회 지도자로부터 배운 교훈 | 워렌 비티      189

## 제2부 상황화의 실제

10장 개인적 여정 | 추아 하우 추앙      209
11장 상황화에 대한 개인적 성찰 | 짐 추      215
12장 월로프 종족의 사회변혁 | 아다마 듀프(J. 본맨 번역)      229

13장 성령에 관한 상황적 신학 | 루스 줄리안   239
14장 한국 기독교인의 추도예배 | 이태웅   249
15장 과테말라 사례 | 헥토르 피바랄   263
16장 새 고향이 필요한 순례자 교회 | 리차드 팁래디   283
17장 신학, 상황, 그리고 필리핀 교회 | 멜바 파딜라 맥가이   299
18장 대들보가 된 젓가락 | 나딘 우즈   309
19장 캄보디아 성탄절 축제 | 유조 이마무라   319
20장 마우파이와 성경적 샬롬 | 아데나 고로스페   323
21장 인도 교회의 새 얼굴 | 폴 조슈아 브하키아라즈   337
22장 인도의 일반 대중을 위한 상황화
　　　| 로빈 스미스, 스티브 스미스   351
23장 복음과 환대의 실행 | 박준식   363
24장 주님을 위해 어떻게 노래하지 않을 수 있는가?
　　　| 이사야 다우   375
25장 책임 의식을 가진 다원적 신학을 위한
"예수님께 충성하는 사람들"의 패러다임 | 요나스 요겐센   387
26장 C5 상황화 모델에 대한 반론 | 무명   411
27장 영화를 통해 본 선교학 | 레스 테일러   419
28장 콘콤바의 상황화 과정 | 호날두 리도리우   441
29장 야노마모의 장례 의식 | 마이클 도슨   465
30장 이슬람권 선교를 위한 상황화 | 국제 단체 사역자   481

## 제3부 마지막 관찰

31장 후기 | 로즈 도우셋   501

참고 문헌   505
색인   516

# 서문
# 상황화와 관련된 새로운 책 간행에 붙여

우리는 세계복음주의연맹 선교위원회(WEA-MC)가 출간한 "선교의 세계화"(Globalization of Mission) 시리즈의 12번째 책으로 여러분을 환영한다. 우리가 간행한 책들은 1999년에 열렸던 이구아수 선교대회(Iguassu Missiological Consultation)에 일차적으로 빚을 지고 있는데, 그 모임은 선교학적으로 매우 독창적이고도 의미 있는 만남을 위한 장을 마련해주었다. 그곳에서의 풍성한 논의들은 선교위원회 지도부에게 특정한 도전으로 다가왔다. 이 책은 그 모임으로부터 잉태되었던 것이며, 빛을 보기까지 오랜 시간이 걸렸다.

이 책은 매튜 쿡(Mattew Cook), 롭 해즈켈(Rob Haskell), 루스 줄리안(Ruthe Julian), 내티 탄찬퐁스(Natee Tanchanpongs)가 편집한 『세계 교회를 위한 지역 신학: 상황화에 대한 복음주의적 접근을 위한 원리들』(Local Theology for the Global Church: Principles for an Evangelical Approach to Contextualization)과 한쌍을 이루는 출간물이다. 그 책은 WEA 신학위원회(Theological Commission)에 의해, 그리고 이 새로운 책은 WEA 선교위원회(Mission Commission)에 의해 생성된 것이다. 그 팀들은 각각 별도로 작업했지만 독자들은 그들이 어떻게 서로 보완하고 있는가를 발견하게 될 것이다. 우리는 이러한 책들을 계속해서 출간하고, 보급하고 있는 윌리엄캐리라이브러리(William Carey Library)에 감사한다.

이 책은 상황화에 대한 복음주의적 도전을 제시하고 있는데, 책 제목에서 그것을 쉽게 알아볼 수는 없다(원래 제목은 *Global Mission: Reflections and Case Studies in Contextualization for the Whole Church*이다-역주). 우리는 상황화에 대한 한 가지 정의를 수립하려고 하기보다는 기고한 사람들에 의해 이 용어의 풍요로운 단면들이 부상하도록(emerge) 허용하였다. 한편, 이 책의 제목은 하나님 왕국의 진전과 성숙에 있어 최첨단에 있는 그리스도의 몸인 교회-우주적이면서도 지역적이고, 모여 있고 흩어져 있는-에 대한 우리들의 성경적 헌신을 반영하고 있다. 우리는 이 세상 중에 그들이 누구든, 어디에 있든 예수님의 복음이 아직 덜 전파된(less-reached) 사람들(개인, 가족, 종족, 민족, 국가)에게 복음이 깊이 확산되도록 하는 데 열정적으로 헌신되어 있다. 또한 우리는 변혁을 일으키는 제자도를 실행할 수 있는 교회를 든든히 세우는 데 똑같이 헌신되어 있다. 이 두 가지 열정은 진지한 상황화를 요청한다.

이 책은 세계 선교 공동체의 "성찰하는 실천가들"(reflective practitioners)을 겨냥하고 있다. 이구아수 선교대회에서 만들어진 이 개념은 섬기면서도 깊은 사고(思考)를 하는 남녀들, 움직여나가면서 질문하고, 행동을 요청하는 상황 속에서 우리 자신의 사역 방식에 있어 개선을 자극하는 사람들을 지칭한다. 우리는 현실과 동떨어진 학문을 하는 사람과 열광적인 행동파라는 극단화된 고정관념을 깨기 위해 이 새로운 범주를 승인한다. 우리는 자신을 이러한 양극의 중간에 놓는다. 선교위원회는 모든 리더십 분야의 다양한 구성원을 가지고 있는데 그들은 지역 교회와 교단, 선교단체 및 파송 기관, 선교사 훈련 학교/프로그램, 신학 교육 기관, 현장 선교사들의 전략수립 및 목회와 감독을 위해 현장에 기반을 둔 선교 구조, 다른 광범위한 세계적 국가적 네트워크와 팀들을 망라한다. 따라서 상황화에 대한 좋은 책들을 찾는 현장의 지도자들 뿐 아니라 학문계에 있는 사람들에게도 이 책은 도움을 줄 것이다.

이 책의 몇 가지 점을 더 살펴보자. 19개국 출신의 33명의 사람들이 그보다 더 많은 국가와 사람들 안에 있는 상황화 이슈들에 관해 썼다. 그들 자신의 타문화 사역은 그들의 폭과 경험을 넓혀주었다. 이것은 참으로 세계화된 책이다. 이 책 기고자들의 다수가 생애 가운데 한 번도 자신의 글을 출간해본 적이 없는 사람들인데, 선교위원회는 세계 여러 지역 사람들의 글이 출간되도록 산파 역할로 섬기는 특권을 누렸다. 어떤 사람들은 모국어로 원고를 썼고 그것을 영어로 번역하여 실었다. 영어로 원고를 쓴 사람들 가운데도 그것이 제2언어, 혹은 제3언어일 수도 있다. 우리 편집 팀은 원고를 부드럽게 다듬되 "BBC 영어"나 "미국 영어"로 만들려고 하기보다는 저자의 스타일과 말씨가 느껴지도록 하였다.

이 책의 기고자들 중 많은 수가 현장에 기반을 둔 실천가들로서 자신들이 사역하는 상황 중에 글을 쓴 것이다. 그로 인해 다양한 형태의 문서 스타일을 나타내고 있다. 여기서 우리는 규격에 딱 들어맞지 않는 각주와 참고문헌에 대해 독자들이 보다 유연한 자세로 받아들여줄 것을 부탁한다. 주 편집자인 로즈 도우셋(Rose Dowsett)과 나는 기고자들 중 아무도 표절하지 않았을 것이라고 굳게 믿고 있지만, 어떤 사람들의 경우는 글을 쓰는 동안 학문적 규격에 맞춰 모든 일차 자료를 밝힐 수 없는 경우가 있었을 것인데 특별히 그러한 자료들을 쉽게 구하기 어려운 언어와 국가들의 경우에서 그러할 것이다.

마지막으로 나는 세 사람에게 감사를 표하고자 한다. 주 편집자인 로즈 도우셋에게는 프로젝트 초기에 다른 두 사람의 보조 편집자가 있었지만 계속하지 못하고 그만 두었다. 따라서 로즈는 그것을 혼자서 감당해야 했다. 그녀와 나는 선교계 안에서 무엇인가 말할 수 있는 기고자들을 선정하기 위해 함께 일했는데, 그들 중 많은 이들이 처음으로 글을 발표하는 사람들이었다. 그것은 선교위원회가 책 출간에 대해 가진 또 하나의 가치이며 즐거움으로서 새로운 저술가들에게 미래의 선교 전망을 형성하도록 돕는 기회를 열어주는 것이라고 생각한다. 로즈는 기고자들을 잘 인도하였고, 몇몇 사람들에 대해서는 여섯 번째 마감시간까지 그들의 작업을 마무리하여 제출할 수 있도록 계속 격려해야만 했다. 그녀는 개인적으로 모든 글을 일일이 살피고 편집하였다. 그녀의 끈질긴 헌신이 없었다면 우리는 이 책을 갖지 못하였을 것이다. 그녀의 많은 작업은 제3차 로잔대회를 돕는 자원 봉사자로의 매우 무거운 책임, 특별히 "케이프타운 헌신"(The Cape Town Commitment)이라는 핵심문서를 만들어내는 8인 위원 중의 한 사람으로 섬기는 상황에서 이루어졌다. "로즈, 당신에게 단순하지만 진심에서 우러나오는 한마디를 전합니다. 고마워요."

우리는 또한 충성스러운 교정 책임자 코 팔카(Koe Pahlka)에게 사의를 표하고자 하는데 그녀는 현재까지 이 시리즈의 책 네 권이 출간되는 것을 도왔다. 코는 여러 명 입양한 자녀들을 돌보는 젊은 엄마인데, 그녀의 가족 농장을 방문해본 나로서는 어떻게 자신의 스케줄을 조절할 수 있는지 상상이 가지를 않는다. 나는 가정의 여러 가지 일들을 도와주는 그녀의 남편과 아이들을 인하여 하나님께 감사드린다.

캘런 카우(Kalun Kau)는 홍콩에서 살며 일하고 있는데 우리를 위해 세 번째로 책 표지를 만들어주었다. 우리의 부족한 재정에도 불구하고 명민한 창의성을 가지고 기꺼이 일해준 친구에 대해 감사한다.

독자들은 이 책의 주제와 저자들의 글들을 읽어가면서 성령께서 여러분의 마음과 정신에 창조적으로 일하고 계신 것을 발견하게 될지 모른다. 아무쪼록 이 책을 통해 격려와 자극과 도전을 받고 여러분의 사역이 강화되기를 바란다.

윌리엄 D. 테일러(William D. Taylor)
WEA-MC 출판 코디네이터

## 한글판 서문

지난 40여 년간(1072-2014년) 선교학계에서 이루어졌던 가장 중요한 발전을 한두 분야만 꼽아보라 하면 필자는 서슴지 않고 "상황화"와 "선교적 교회론"을 택했을 것이다. 이 두 가지 경우 중 하나만을 택하라고 했다면 좀 더 어려웠을 것이다. 두 경우 모두 다 선교학계에 있어서 지대한 기여를 한 바 있고 지금도 그 분야의 발전이 없었다면 선교학의 의미가 그 만큼 축소될 수 있기 때문이다. 그 외에도 글로벌화 된 세계를 위한 선교학적 발전도 어려웠을 것이고, 현 세상을 위한 이해도도 떨어졌을 것이기 때문이다.

그럼에도 불구하고 마지막 최종 한 가지로는 상황화를 택했을 것이다. 그 이유는 아주 단순하다. 첫째는 상황화가 먼저 선교학계에 데뷔를 했기 때문이다. 1950대에 신학교육기금(Theological Education Fund)이 마련되면서 어떻게 하면 비서구권에서의 신학교육을 더 잘 할 수 있는가를 연구하도록 쇼키 코(Shoki Coe)를 중심으로 한 위원회가 구성되었다. 여러 차례 시도 끝에 마지막으로 1972년에 채택된 것이 바로 상황화 개념이었는데, 단순히 전통문화를 고려한 신학교육이 아니라, 현대화를 위한 변화의 전 과정을 고려한 현 상황 속에서의 신학교육이 해답이라고 결론을 내렸던 것이다. 지금 생각하면 아주 단순한 이론 같지만 이런 이론이 지난 40여 년간 선교계를 알게 모르게 주도했으며, 마치 약방의 감초처럼 이 내용이 포함되지 않은 선교학적 이론은 없을 정도로 광범위하게 활용되었다. 그중에 하나가 선교적 교회론이다.

복음주의계에는 1974년 로잔 1차대회 때 소개가 되었고, 1978년에는 윌로뱅크(Willowbank)에서 더 깊은 논의를 하였다. 그 후에도 많은 논의를 거쳐 거의 모든 진영이 이를 기정사실로 받아들이고 있는 현실이다. 다만 한국 선교사들이 이를 얼마나 이해하고 현장에서 적용하고 있는지는 세부적인 조사를 해보지 않아서 잘 알 수 없다. 아마도 대개는 이 개념에 대해서 들어봤거나 부분적으로 이를 사역에 적용시키고 있을 것이다. 한국 교계는 어떠한가? 교계 역시 확실한 연구를 바탕으로 받아들이고 적용하는가에 대해서는 의문이 있지만 대체적으로 이 이론을 활용하고 있다고 느껴진다.

지난 40여 년간 상황화에 대해 여러 차례 논의되었고, 또 많은 저서들이 집필되었지만 선교계나 교계에 명확한 케이스들을 제시하는 데는 큰 진전을 보지 못했다고 느껴왔다. 이 책은 이론과 각 문화권에서 나타난 실제적인 케이스들을 함께 다룸으로써 글로벌화 된 상황 가운데서 상황화가 실제로 어떻게 나타나는가를 제시했다는 데 그 강점이 있다. 이처럼 이 책은 우리가 희미하게 알던 상황화 개념을 좀 더 구체적으로 알 수 있게 해주었고, 이것을 더욱 잘 적용할 수 있게 해주었다. 따라서 사역 현장에서 상황화의 필요성을 절감하고 더 깊이 이해하고 이를 실제로 사역 가운데 적용하기를 원하는 선교사들과 목회자들에게 이 책을 적극 추천하는 바이다.

**이태웅**
전, 세계복음주의연맹 선교위원회 회장
현, 글로벌리더십포커스 원장(GLfocus.org)

## "선교의 세계화"(Globalization of Mission) 시리즈

William D. Taylor, ed., *Internationalizing Missionary Training: A Global Perspective*, Paternoster Press, Baker Book House, 1991.

William D. Taylor, ed., *Kingdom Partners for Synergy in Missions*, William Carey Libarary, 1994.

Jonathan Lewis, ed., *Working Your Way to the Nations: A Guide to Effective Tentmaking*, InterVarsity Press, 1996. 『열방을 향하여』(GMF 출판부, 1994).

William D. Taylor, ed., *Too Valuable to Lose: Exploring the Caused and Cures of Missionary Attrition*, William Carey Library, 1997. 『잃어버리기에는 너무나 소중한 사람들』(죠이선교회 출판부, 1998).

William D. Taylor, ed., *Global Missiology for the 21st Century: The Iguassu Dialogue*, Baker Academic, 2000. 『21세기 글로벌 선교학』(CLC, 2004).

Kelly O'Donnell, ed., *Doing Member Care Well: Perspectives and Practices from Around the World*, William Carey Library, 2002. 『선교사 멤버케어』(CLC, 2004).

Richard Tiplady, ed., *One World or Many: The Impact of Globalization on Mission*, William Carey Library, 2003.

Robert Brynjolfson and Jonathan Lewis, eds., *Integral Ministry Training:*

*Design and Evaluation*, William Carey Library, 2006. 『전인적 선교 훈련, 어떻게 할 것인가?』(GMF 출판부, 2013).

Rob Hay, Valerie Lim, Detler Blöcher, Japp Ketelaar, and Sarah Hay, *Worth Keeping: Global Perspectives on Best Practice in Missionary Retention*, William Carey Library, 2007.

Mattew Cook, Rob Haskell, Ruth Julian, and Natee Tanchanpongs, eds., *Local Theology for the Global Church: Principles for an Evangelical Approach to Contextualization*, William Carey Library, 2010.

Rose Dowsett, ed., *Global Mission: Reflections and Case Studies in Contextualization for the Whole Church*, William Carey Library, 2001. 『범세계 교회를 위한 상황화 이론과 실제』(GMF 출판부, 2014).

William D. Taylor, Tonica van der Meer, and Reg Reimer, eds., *Sorrow and Blood: Christian Mission in Contexts of Suffering, Persecution, and Martyrdom*, William Carey Library, 2012.

#### 머리말
## 검은 수염의 남자를 만난 무당

"저기 긴 검은 수염을 가진 남자는 누군가?"라고 정글 속 길을 목사와 함께 걸어오고 있는 나를 보자마자 무당은 물었다. 그는 비록 이전에도 인디언이 아닌 많은 사람을 보았지만, 과라니(Guaraní) 부족 외부의 누군가가 자신을 만나러 오는 일은 흔치 않은 일이었다.

수년 전 내가 파라과이 북쪽에 사는 과라니 부족을 방문한 이유는 상황화와 관련된 것이다. 몇 년 동안 우리는 파라과이의 동역 교회들 안에 있는 과라니 사람들을 위한 지도자 훈련을 진행했지만 결과는 만족스럽지 못했다. 커리큘럼도 좋았고, 교사들도 잘 준비되었으며, 교재의 질은 최상이었다. 매년 15명에서 20명의 남녀 과라니 청년들이 성경학교와 훈련세미나에 왔고, 그들은 언제나 이웃 나라로부터의 도움에 감사를 표현했다. 그러나 결국 이 모든 시간 동안 우리는 좋은 결과를 보지 못했고, 돌아간 학생들 중 극소수만이 지역교회들의 사역에 참여하였다.

이러한 훈련이 끝난 어느 날 나는 정말로 낙심이 되어서 한 지역 목회자에게 조언을 구하러 갔다. 로하스(Rojas) 목사는 토착민 출신으로서 그 나라의 대다수를 차지하고 있는 과라니 역사와 문화를 이해하는 것의 중요성에 관해 나에게 이야기해주었다. 그것은 상황화의 필요성에 관해 긴요하고도 매우 큰 도움을 주는 가르침이었다. 브라질에서는 어느 정도 효율적이었던 훈련 방법들과 리더십 모델이 파라과이 상황에서 반드시 적합한 것은 아니었다. 로하스 목사와의 대화는 파라과이 문화 특별히 과라니 부족이 리더십에 대해서 어떤 견해를 가지고 있는지를 더욱 알아보기 위한 여행으로 나를 이끌었다.

어떤 선교사들로부터 부족에게 들어가 아직도 정글 지역에서 살고 있는 한 싱글 여자 선교사를 통해 많은 인디언들이 회심했다는 이야기를 들었다. "인디언 안나"(Indian-Anna)라고 불리는 그 여성은 나를 기쁘게 맞아주었고 그 지역 리더에게 나를 소개해주었다. 나는 전통 과라니 부족 안에서 리더십에 관한 "원자료"로부터 배우고자 거기에 있었다. 그곳 회중의 목회자는 과라니 사람이었는데 그 교회의 모든 것은 투피-과라니(Tupi-Guaraní) 언어로 진행되었다. 그 목사는 지역 인구의 대부분이 교회에 속해 있고 오직 몇 명만이 정령숭배적 신념을 가진 채 남아있다고 했다. 나는 어떤 사람들이 기독교 신앙을 받아들이지 않았는지를 질문했다. 그의 대답은 단지 술 중독을 벗어나기를 원하지 않는 두 세 사람과 여전히 전통적 마술을 행하고 있는 무당만이 있을 뿐이라는 것이었다.

물론 무당을 만나 이야기하고자 하는 나의 소원을 듣고 그 지역 목사는 크게 놀랐는데 그 부족을 방문하는 외국인의 행동과는 다른 것임을 분명히 알았지만 그 무당에게 나를 소개해주기로 했다. 무당의 집은 나머지 부족 사람들로부터 몇 킬로미터 떨어진 곳에 있었다. 무당은 우리가 오는 것을 보고 처음에 충격을 받았지만 몇 마디 인사말을 나눈 뒤에는 우리를 자신의 집 앞 마당에 앉도록 초대했고 흥미로운 대화가 전개되었.

내가 알고 싶었던 첫 번째 것은 "왜 당신은 주술사가 되었고 그것이 의미하는 바가 무엇인가?"였다. 나의 통역자는 그 질문이 마음에 들지 않았지만 협조하기로 했고 그에게 묻기를 감행했다. 그 후 이십

분 정도 무당은 자신의 이야기를 우리에게 해주었는데 자신이 소년이었을 때 정글을 걷다가 그의 비밀 이름을 부르는 목소리를 들었다는 것이었다. 처음에는 자기 아버지가 부르는 소리인 줄 생각했으나 아무도 볼 수 없었다. 그 목소리가 세 번째 그의 이름을 부르자 그는 그것을 과라니 부족의 주신(主神)인 창조자 투판(Tupan)이 그를 부르는 것으로 이해하였다. 그 목소리는 계속해서 그가 부족의 영적 리더가 되어 그 부족을 낙원으로 인도하라고 도전하였다. 그는 무당이 되라는 그 목소리를 받아들이기로 결정하였고, 자신의 부친의 뒤를 이어 지난 세월 투판에게 충성하였다. 하지만 거의 대부분 부족 사람들이 새로운 종교인 기독교 신앙으로 개종하였기에 이제 그가 할 수 있는 것은 더 이상 없었다. 그 부족은 낙원 찾기를 중단하였고, 단지 소수의 사람들만이 도움을 받으러 찾아왔다.

갑자기 그 무당은 일어서더니 우리에게 자신의 집을 떠나달라고 하였는데, 아마도 자신의 삶의 이야기를 우리에게 말하였던 것이 후회되었던 모양이었다. 나는 더 많은 질문이 있었지만 거기에서 멈춰야 했다. 마을로 돌아오는 동안 우리 둘은 그가 들려주었던 이야기에 대하여 생각하느라 아무 말도 하지 않았다. 그는 자신의 이야기를 우리 그리스도인들이 들을 수 있도록 "상황화"시켰던 것일까? 그 내용은 사실이었을까? 우리는 그가 묘사한 리더십 역할이 옳다는 것은 알았다. 왜냐하면 후에 우리는 리더십 이슈들을 이야기하면서 크리스천 리더십으로 발전하고자 헌신할 때 사람들이 여전히 믿고 있고 그들 안에 깊은 뿌리를 내리고 있는 전통과 신화들을 어떻게 적용할 것인가를 논의했기 때문이다.

전형적인 과라니 리더십은 분명한 역할의 구분이 있었는데 추장(cacique)과 무당은 하나의 팀을 이루는 것이었다. 추장은 부족이 한 장소에 정착했을 때 책임을 졌고, 무당은 한 장소에서 다른 장소로 유랑하는 생활을 할 동안에 지도력을 발휘했다. 따라서 추장은 보다 행정적 리더에 더 가까운 반면, 무당은 사람들을 궁극적이고 완전한 장소(낙원)로 인도하는 특별한 과업을 지닌 영적 리더였다.

이 경험을 한 뒤로 우리 성경학교와 훈련세미나들에 괄목할 만한 변화가 있었다. 로하스 목사는 나의 현지 멘토가 되었다. 과라니 역사와 문화의 교사로서 그는 언제나 학생들과 상황화에 관해 나누도록 초청되었다. 수년 동안 우리는 현지 리더십을 개발하고 준비시키는 데 있어 그들의 전통에 대한 이해를 활용하여 그들 자신의 모델을 발전시키는 가능성을 가지고 함께 일하였다.

상황화는 선교사역의 주요한 도전들 중 하나가 되어왔다. 그것은 단지 지역과 민족의 관습 및 종교적 표현들에 적응하고자 하는 것이 아니다. 성경적 원리들을 존중하면서도 동시에 문화, 종교적 관습들 뒤에 있는 신념과 세계관을 알고자 하는 것이다. 인도의 선교학자인 하랑쿠마(Hrangkhuma)는 그가 인도에서 본 5가지 부정적인 결과를 "성육신에 대한 선교사들의 실패"라고 부르면서 다음과 같이 제시했다.

1. 인도사람들의 세계관을 모르는 가운데 깊은 차원의 복음을 전달하는 데 실패했다.
2. 수용자들의 토착 문화를 거부하면서 그들에게 변화를 강요했다.
3. 선교사들은 자신들의 신학 또한 그들 자신의 문화에 의해 형성되었다는 것을 이해하지 못하는 가운데 신학 교육을 인도에 상황화시키지 못했다.
4. 선교사들을 파송한 본국 교단의 교회 모델을 거의 똑같이 복사하는 "이국풍" 교회들을 만들었다.
5. 선교사들이 보여준 모델을 따라 상의하달(top-down) 방식의 리더십을 만들어냈다(1998, 318-22).

당신이 손에 들고 있는 이 책은 이러한 종류의 실패들을 피할 수 있도록 하는 매우 귀중한 도구이다. 성경적 원리들에 대한 확실한 가르침과 인류학 및 타문화 법칙의 기본을 결합한 이 책의 다양한 내용들은 다른 문화적 상황 속에서의 선교 사역과 의사소통을 하는 모든 사람들에게 귀중한 자료를 제공하고 있다.

**베르틸 엑스트롬**(Bertil Ekström)
세계복음주의연맹 선교위원회(WEA-MC) 대표

# GLOBAL MISSION

### Reflections and case studies in contextualization for the whole church

제1부

# 상황화에 대한 성찰과 기초

# 서론

## 다양한 색깔의 무지개 신앙

### 범세계적 전망에서 본 진정한 제자도

로즈 도우셋(Rose Dowsett)

나의 다락방에는 변발(pigtail)이 하나 있다. 그것은 머리카락을 길게 땋은 것으로, 19세기 말 중국의 학자들을 비롯한 많은 사람이 머리 뒷부분에 썼던 작은 모자에 매달아 착용했다. 내 다락방에 있는 변발을 사용했던 사람의 이름은 정확히 모르지만 나는 그가 중국내지선교회(CIM) 선교사였다는 것을 알고 있다.

이따금씩 그 모자와 변발을 만져볼 때마다 나는 광대한 땅과 무엇보다 엄청난 인구가 살던 중국 내륙을 향해 대단한 열정(헌신뿐 아니라 문자 그대로 고통을 감수한)으로 복음을 전달했던 나의 선배들을 기억하게 된다. 또한 나는 그 무명의 선교사가 왜 중국식 복장을 입기로 결정했는지를 기억한다. 그러한 복장으로 인해 자신의 나라 사람 대부분으로부터 멸시와 조롱을 당하면서도 말이다. 그는 복음을 전달하기 원했던 백성과 동일시되고 그들의 문화를 존중한다는 것을 보여주기 위해 그렇게 했던 것이다. 비록 나는 그를 알지 못하지만 하나님은 잘 알고 계실, 그리스도 안에서 형제인 그분에게 경의를 표한다.

이 글을 쓰는 내 곁에 섬세한 선으로 그려낸 동판화 복제본이 하나 있는데, 그것은 사진촬영 기술이 나오기 전에 만들어진 것으로 원래는

1860년대 후반에 한 선교사 잡지에 실렸던 것이다. 그림에는 나이지리아의 요루바(Yoruba) 부족 왕이 수백 명의 신하에 둘러싸여 스코틀랜드로부터 막 도착한 세 명의 선교사들을 환영하고 있다. 두 명의 남자와 한 명의 여자로 구성된 그 외국인들은 매우 격식을 갖춘 서구식 정장으로 남자들은 긴 프록코트를 입고 바지와 모자를 착용하고 있으며 여자는 바닥에 끌리는 무거운 드레스와 숄을 걸치고 턱 밑에 리본을 맨 보넷(bonnet)을 쓰고 있다.

그 우스꽝스러워 보이는 모습에 실소(失笑)를 금할 수 없다. 더 진지하게 생각해본다면, 아마도 그 모습은 다른 문화에 적응하지 못하는 것을 적나라하게 보여주는 것으로서 복음을 상황화(contextualization)하는 데 실패한 것을 암시하고 있는 듯하다. 하지만 나는 이들에게도 경의를 표한다. 그들은 자신들의 고향을 떠날 때 "백인들의 무덤"이라고 알려진 서부 아프리카 땅에서 일 년 혹은 기껏해야 이 년 이상을 생존하지 못할 것이라는 사실을 잘 알면서도 용감히 나섰던 사람들이다. 그들은 자신의 생명보다도 복음을 위한 대의가 더욱 긴급하고 귀중하다는 것을 믿었다.

교회의 선교 역사는 좋고 나쁜 이야기, 어처구니없을 정도로 비극적인 것과 경탄스럽고도 영감을 주는 이야기들로 가득 차 있다. 타락한 인간 존재들로서 우리의 동기는 온전히 순수하기가 어렵고 우리가 누구든, 어떤 시대와 문화의 일부이든지 간에 우리의 사역은 인간성의 모든 모호성을 지니게 될 것이다. 구속받았음에도 불구하고 우리는 여전히 완전하지 않다!

19세기 초의 근대 개신교 선교 운동의 대부분을 문화적 혹은 정치적 제국주의라고 정의하면서 그것이 해로운 것이었다고 쉽게 결론내리는 것이 요즘의 유행이다. 그 때문에 우리는 결함 많은 인간 존재들을 택하시고 그들을 통해 역사의 모든 특이한 상황 속에서 일하신 하나님의 놀라운 은혜에 대한 전망을 쉽사리 잃어버리게 된다. 물론 다르게 행해졌어야 할 많은 것을 꼭 집어내기는 쉽다. 하지만 우리는 미전도 종족들에게 복음을 전달하고자 때로는 엄청난 대가를 지불하면서 자신을 드렸던 사람들에 대해 경의를 표해야 할 것이다. 우리는 또한 주님이 생생하게 표현하셨듯이 우리 자신의 눈 안에 있는 들보를 보기보다는 항상 다른 사람들 눈 안에 있는 티끌을 보기 쉽다는 것을 인정해야 한다. 오늘날 우리가 행하고 있는 선교에 대해 우리는 얼마나 분별력을 가지고 있는가? 이것은 단지 서구 선교의 문제만은 아니다. 나는 하나님이 아프리카, 아시아, 라틴아메리카의 새로운 선교 운동들 안에서 놀랍게 역사하고 계심을 보고 있지만, 동시에 그 속에서도 상황화는 여전히 쉽지 않다는 것을 관찰하게 된다. 그들 역시 자신들에게 익숙했던 것을 새로운 상황에 동일하게 전달할 듯싶다.

다시 말하자면, 상황화는 우리 모두에게 어려운 도전이다.

## 1. 인류 역사만큼이나 오래된 것

"상황화"라는 단어는 요즈음 쓰이고 있지만, 그 실행은 인류 역사만큼이나 오래 되었다. 구약에서 수세기 동안 하나님의 백성들은 광야 생활을 할 때나 정착했을 때, 종이 되었을 때나 자유로울 때, 포로 생활 중에서나 본국에서 살고 있을 때 무엇이 진정한 제자도를 나타내는 것인가를 연습해야만 했다. 많은 상황과 문화들 가운데 무엇이 믿음으로 사는 것이며 순종하는 것인가? 어떻게 그들이 받은 소명과 메시지, 그리고 그들이 속한 하나님의 유일함을 독특하게 드러낼 수 있을 것인가? 우리가 알다시피 그들은 거듭해서 실패했고 문화적 율법주의로 빠져들었다. 그러나 다른 한편으로 그들은 거듭해서 하나님의 은혜를 통해 갱신되었고, 히브리서 11장에서 칭찬하고 있듯이 거기에는 믿음의 남녀들의 많은 빛나는 예들이 있다.

신약도 동일한 믿음의 여정을 예시하고 있다. 그것이 우리 주 예수 그리스도의 삶과 죽음, 그리고 부활과 승천의 빛 아래서 한층 더 놀랍게 변화되었지만 말이다. 반복하건데, 우리는 지금도 과거와 동일한 도전에 직면하고 있다. 그것은 주권자이신 주님이 우리에게 허락하신 어떤 상황에서든지 믿음과 순종으로 진정한 제자도(authentic discipleship)를 살아내야 한다는 것이다. 개인과 믿음의 공동체는 성품과 언어, 그리고 행위를 통해 유일하시며 살아계신 하나님을 증거하고 하나님께 삶으로 산제사를 드림으로 하나님의 진리를 세상에 전달하는 가시적인 보조물(visual aid)과 빛나는 등대가 되어야 한다. 유대인이나 이방인, 종이나 자유자, 남자나 여자, 젊거나 나이 들었거나, 예루살렘에 살든지 고린도나 그 어느 곳에 살든지 우리는 많은 다양하고도 풍요로운 특수성(particularity)들과 함께 그리스도인으로서 보여줄 수 있고, 들려줄 수 있는 공통의 DNA를 가지고 있을 것이다.

수세기를 걸쳐 그렇게 많은 문제들을 일으키는 것들은 특수성들이었다. 우리 모두는 우리와 다른 사람들에 대해서 거부하거나 의심하는 고유의 경향을 가지고 있다. 다르다는 것은 불안과 위협감을 만들어낼 수 있다. 그것은 우리 자신의 정체성이 주는 안정감에 도전한다. 창세기 3장 이래로 타락의 결과는 힘센 사람들이 약한 사람들에게 자신의 의지를 강요하는 지속적인 패턴을 보이는 것이다. 동시에 우리는 자신의 문화를 비평하는 능력에 있어서는 매우 미숙하다. 우리는 친숙하고 편안하게 느끼지만 어떤 면에서 성경적 기준과 양립할 수 없는 가치, 믿음, 행동들을 보지 못하는 맹점을 가지기 쉽다.

우리가 교회와 선교 역사를 공부하다 보면, 슬프게도 복음이 정치적, 경제적, 군사적 혹은 문화적 권력과 결탁되어 반복적으로 왜곡이 일어났던 것을 본다. 교회 권력에도 이러한 유감스러운 진실이 똑같이 적용되었는데, 특별히 그 권력이 다른 것들과 한 통속이 될 때 그런 일이 일어났다. 나아가 정복 권력들은 그들이 접촉했던 문화에 대하여 존경이나 진정한 이해를 보여주지 않았다. 안타까운 것은 교회 내부에서조차 기독교 역사 초기부터 쓰라린 분열이 일어났는데, 그것은 대부분 다른 문화로 말미암아 신앙의 표현과 이해가 달라진 공동체들 사이에 벌어진 것이다. 예를 들어, 서방 교회와 동방 교회 사이의 폭력적 결별은 신학적인 이유 못지않게 문화(헬라, 라틴) 및 권력 다툼과 연결된 것이었다.

동시에 교회와 선교 역사는 자신들의 소중한 메시지를 민감성과 창의성을 가지고 상황화시킨 훌륭한 개척자와 그룹들이 보여준 모범들로 은혜롭게 빛나고 있다. 네스토리우스 선교사들과 이후의 중국에서의 예수회 활동, 북유럽에서의 켈트 선교사들, 모라비안 교도들, 윌리엄 캐리와 그 친구들의 벵골에서의 사역, 그 외 더 많은 예가 자신이 이르렀던 문화에 대해 진정한 존중을 보여주었다. 그들은 자신들의 사역의 대상이었던 특수한 청중들에게 이해될 수 있는 형태로 복음을 나누고자 하는 갈망, 접근하기를 원했던 사람들의 언어를 배우고 그들 곁에 오랜 기간 머물고자 했던 의지, 그리고 이러한 특수한 상황에서 교회는 어떤 형태를 취하여야 할 것인가에 대한 사고의 유연성을 보여주었다. 더욱 놀라운 것은 이러한 사람들은 자신들이 선교사로 가기 전에는 문화적으로 다른 사람들과의 만남을 거의 가져보지 않았었다는 것이다.

지난 두 세기의 선교 역사를 살펴보면 많은 결점을 보게 되지만, 더불어 특정 문화에 대한 사려 깊은 연구 및 이방 종교와 다른 사고방식, 이질적 관습과 가치 및 사회 조직이라는 도전에 대응하기 위해 적절한 상황화에 대한 많은 생각들이 있었다는 풍성한 증거들 또한 발견하게 된다. 물론 거기에는 우리를 격분시킬 만한 매우 부적절한 예들도 많이 있다. 가령, 어떤 열대 지역들에 세워져 있는 서구 교회 형태의 건물들, 아프리카로 수출된 파이프 오르간, 온도가 섭씨 30도 이하로 거의 떨어지는 일이 없는 곳에서 흰 눈의 아름다움을 노래하는 찬송가와 같은 것들이다. 하지만 거기에는 또한 당시의 신자들이 자신들의 언어와 문화적 방식으로 드리는 고유의 예배형태를 발전시키도록 격려하고 그들의 상황 속에서 그리스도를 따르는 것과 양립할 수 없도록 만드는 특정한 문제들과 직면하도록 도왔던 많은 예도 존재한다.

## 2. 현재 직면하고 있는 도전들

왜 상황화가 현재에 있어 북반구(서구) 교회와 남반구 교회 양쪽 모두에 있어 그토록 시급한 문제가 되고 있는가? 그 이유는 지역이나 공동체들마다 다르겠지만 몇 가지 공통적으로 퍼져있는 문제들이 있는 것으로 보인다.

### 1) 서구 및 북반구의 교회들이 직면하는 문제들

서구/북반구(전체는 아닐지라도)의 대부분 지역에서 교회는 쇠퇴하고 있으며 다른 세계 종교들 면전에서 복음 및 그리스도의 유일성에 대한 확신을 광범위하게 상실해가는 문제에 직면하고 있다. 심지어 복음주의자들도 여기에 휩쓸리고 있다. 우리는 진리에 대한 종교개혁적 이해를 상실하였고 그것과 함께 성경의 권위는 잠식당하고 있다. 기독교 세계(Christendom)의 몰락은 공적 영역에서 목소리를 내는 교회의 신빙성을 대부분 상실하도록(특별히 유럽은 현재 세속주의가 지배하고 있음) 만들었을 뿐 아니라, 교회 내부적으로는 교회의 삶과 가치의 전통적 형태들로부터 점점 더 철저히 멀어져가고 있는 세대를 향해 어떻게 접근할 것인가라는 도전에 직면하고 있다. 더욱이 우리의 교회론 자체가 대부분 기독교세계 및 계몽주의적 구조의 문화적 포로였다는 불편한 진실에 대한 자각이 존재한다. 교회는 너무나 빈번히 권위가 힘을 통해 표현되어야 한다는 통념에 도전하기보다 오히려 그것을 반영해왔다. 또한 교회는 하나님 백성들이 성령 안에서 단순하고도 유연한 진실된 삶을 표현하기보다 구조와 조직에 매몰되도록 했다.

서구/북반구로의 대규모 이민이 의미하는 바는 우리가 생애 처음으로 무슬림, 힌두교도, 불교도들을 얼굴과 얼굴로 마주하게 된다는 것이며, 다른 한편으로는 세계 다른 지역으로부터 온 그리스도인들도 또한 만나게 된다는 것인데 그들은 자신들의 기독교 신앙을 다른 형태로 살아내고 있는 사람들이다. 그들 중 많은 사람은 다른 세계 주요 종교가 지배하는 상황 가운데 그리스도를 증거함에 있어 우리보다 훨씬 더 많은 경험을 가지고 있으며, 따라서 우리처럼 기독교세계의 길고 어두운 그림자의 영향을 받지 않았다.

이러한 모든 요인은 과거 방식과 통념들을 뒤흔들어 놓으며, 우리가 가진 정체성에 대해 도전하는 가운데 21세기에 있어 개인적, 공동체적으로 진정한 제자도는 무엇인지에 대한 심오한(때로는 고통스러운 동시에 유익한) 질문들을 제기한다. 여기에서 상황화는 결코 완성될 수 없는 과제이며, 결코 정체되어서는 안된다는 균형잡힌 시각이 필요하다. 그것은 민감성과 지속성을 가지고 현재 상황에 대한 비판적 성찰(critical reflection)을 진행하여야 할 필요가 있다는 것을 의미한다. 변화는 어렵지만 필수적인 것이다. 하지만 변화가 점증하고 있는 이교도 문화에 의한 것이 아니라 하나님 말씀에 대한 충실한 다시 읽기(re-reading)와 다시 살기(re-living)를 통해 이루어지도록 하기 위해서는 어떻게 해야 할 것인가?

　문제를 더 복잡하게 만드는 것은 복음주의자들 가운데는 상반되는 반응을 보이는 양극단에 속한 사람들이 있고, 다른 많은 이가 그 두 사이 어느 지점에 불안하게 자리 잡고 있다는 것이다. 한쪽 편에 있는 보수주의자들은 아주 경직된 반응을 보이는데 자신들의 전통적 신학 입장들과(어떤 경우에 있어서는) 철저한 문자적 성경 읽기, 특정한 교회 생활과 예배 형태가 진정한 정통의 본질이라고 믿는다. 그들은 어떠한 형태의 변화나 적응도 부정(不貞)한 것으로 치부한다. 그들은 많은 서투른 상황화 시도들이 신학적이기보다는 사회적 분석에 의거하여 이루어지고 있다고 믿기에 그것들을 즉각적으로 거부하고 있다. 스펙트럼의 반대편 끝에는 아마도 포스트모더니즘의 요소들을 열성적으로 수용하는 사람들이 존재할 것이다. 그들은 어떤 의미에서 진리가 진화한다고 보면서 성경을 볼 때도 그것이 특정한 상황 속에서 기록된 하나의 의미있는 이야기로서 불변의 절대적인 것이라기보다는 안내지침(guideline) 정도로만 간주한다. 이것은 사람들이 "예수님의 이야기"를 듣도록 만들기 위해 엄청나게 다양한 문화적 환경 속에서 한 사람은 자기가 원하는 만큼 융통성을 발휘해도 된다는 것을 의미한다.

　이러한 양극단 사이에 제3의 길은 있을까? 상황화 문제는 단지 전통적인 선교지로 간주되던 다수 세계(the Majority World)의 선교와 교회만을 위한 것이 아니다. 그것은 오랜 기독교 전통을 가지고 있는 서구와 북반구에 살고 있는 하나님의 백성을 위해서도 매우 중요하다.

### 2) 남반구 및 비서구 교회들이 직면하는 문제들

　남반구 및 비서구 교회들이 직면하고 있는 문제들은 교회가 쇠퇴하고 있는 서구의 것들과는 통상 다르다. 하지만 모든 남반구의 교회들이 강력한 성장을 하고 있지는 않으며 감소하고 있는 교회들도 있다. 특별히 신앙의 바통(baton)을 다음 세대에게 넘겨주는 데 있어 실패한 곳에서 그런 현상이 나타난다. 또한 남반구 교회들 사이에서도 성경에 대한 한 가지 획일적인 태도만이 존재하는 것이 아니기 때문에 북반구 교회들 사이에서 나타나는 긴장이 남반구 교회들 사이에서도 역시 보인다.

많은 남반구 교회들(결코 전부라는 말이 아니다!!)은 지난 두 세기 동안에 존재하게 된 비교적 젊은 교회들이다. 아시아, 아프리카, 라틴아메리카의 다양한 교회들 가운데는 물론 몇몇 고대 교회들이 존재한다. 그러나 개신교, 은사주의 및 오순절 계통의 교회들은 대개 한 세기 정도의 역사를 가지고 있다. 많은 교회의 뿌리는 서구 선교사들의 사역으로 거슬러 올라간다. 정당하게도 그들은 외국인들에 의해 전달된 기독교 신앙의 형식이나 설명 및 행위들을 더 이상 아무런 의심 없이 받아들이려 하지 않는다. 특별히 제국주의 및 식민주의와 더불어 복음화가 이루어졌던 곳에서는 근원적인 의문들이 제기되고 있는데 그것은 기독교 신앙의 형태가 건강치 못한 문화적 패턴들을 강요하고 매우 긍정적인 문화 형태조차 배제시킴으로 외국적이고 이질적으로 되어버리지 않았나 하는 것이다.

만일 교회가 빈약하게 상황화된 선교 활동에 의해 형성되었다면, 오랜 기독교 역사가 없는 사회 안에서 제기되는 진짜 의문들에 대해 거의 연관(engagement)을 맺고 있지 않을 것이다. 거기에서 제기되는 특별한 문제들(예를 들어, 기독교가 들어오기 전의 조상들과 관련한 것이라든가, 기독교 전파 이전의 종교들로부터 얻어낼 수 있는 유익은 무엇인가 등등)에 대해 적절히 답변해주지 않는다면 우리 주님이 모두에게 요구하신 깊은 차원의 회심에 비해 매우 적은 정도의 변화만 가져 올 가능성이 높다. 그러한 깊은 차원의 변화가 일어나지 않을 때 혼합주의가 따라온다. 피상적인 상황화는 기껏해야 외적인 행동만을 다루고, 한 언어를 다른 언어로 바꾸는 문자적 번역만 해준다거나, 지역 이야기들을 사용하는 것 정도만을 할 수 있을 것이다. 거기에는 한 사람이 가진 문화의 세계관과 성경적 진리 사이의 심오한 만남-모든 차원에서 "예수는 주님이시다"를 인정하는-이 존재하지 않기에 신앙의 기초는 매우 얕아질 것이다. 문제를 더 복잡하게 만드는 것은 서구 신학이 오랜 세월 동안 그리스와 라틴어 세계의 논리와 명제적 사고에 의해 형성되었다는 것이다. 이것은 남반구 사람들의 사고하는 방식이 아닐뿐더러 더 이상 많은 북반구 사람들도 그렇게 사고하지 않는다. 하지만 자신들의 세계관과 연관성이 있고 수용하기에 더 쉬운 형태로 신학을 재편(recast)하고자 애쓰는 사람들은 전통적인 북반구 사람들에 의해 오해받거나 비판받는 문제가 생길 수 있다. 남반구에 사는 대부분의 사람들은 계몽주의적 사고에 의해 수세기 동안 영향을 받아온 북반구 사람들보다는 매우 자연스럽게 총체적 사고를 하고 있고, 훨씬 덜 개인주의적이다.

이러한 것들은 신속하게 해결할 수 있는 문제가 아니고, 진실로 성령님의 은혜로운 변혁적 사역이 없이는 결코 해결될 수도 없다. 급진적 제자도(radical discipleship)의 결핍은 지리적 위치에 근거한 세계 교회 어떤 지역들만의 문제가 아니다. 그것은 우리 모두가 직면하고 있는 문제다.

### 3) 특수성, 다양성, 그리고 상황화

그렇다면 여기에서 어떻게 앞으로 나갈 것인가? 우리는 어떻게 서로를 도울 수 있을까? 세계 어느 곳에 살고 있든지 복음을 더욱 신실하게 살아내는 가운데 서로 다른 것을 존중하고 축복하는 가운데 주님께 영광을 돌리는 급진적 변혁을 추구할 수 있을 것인가? 어떻게 우리는 성육신의 패턴을 따라 살아감으로 세상이 단지 어떤 이질적 철학이 아니라 이해될 수 있는 방법으로 그리스도를 볼 수 있도록 만들 수 있을까?

오늘날 우리의 놀라운 특권 중 하나는 세계로부터 온 형제, 자매들과의 진정한 만남을 가질 수 있는 기회를 갖는다는 것인데, 그를 통해 우리는 각자 자신의 문화적 사각 지대를 규명하는 데 도움을 받는 한편 긍정적으로는 우리가 가진 공통점들을 인식할 수 있다는 것이다. 이를 위해서 우리는 정직, 겸손, 진실, 배우려는 마음, 신뢰, 그리고 다른 사람으로부터 최상의 선을 찾으려는 노력을 해야 한다. 우리는 다른 문화로부터 온 사람들이 성경을 강해하는 것을 들음으로 성경을 새롭게 보게 된다. 우리는 다양한 스타일 및 전통들에 우리 자신을 개방하는 가운데 함께 기도하고 예배할 수 있으며, 성령님의 역동적인 만져주심을 새로운 방법으로 경험하게 된다. 우리는 실패와 죄악, 그리고 아픈 역사와 씨름하면서 함께 울 수 있다. 우리는 수천수만 종류의 나무, 나비와 꽃들을 만들기를 기뻐하신 주님이 우리 모두에게 똑같이 되라고 요구하지 않는다는 것을 즐거워할 수 있다.

우리는 문화적 다양성을 경축할 것이지만 우리 문화들이 최종적 결정을 하도록 만들지는 않을 것이다. 지난 최근 수십 년 동안 문화인류학자들에게 있어서 문화는 중립적이기에 우리는 어떤 것도 도전하거나 적대시해서는 안되고 무엇을 보든지 간에 그 유용성을 단지 수용하고 긍정해주라는 주장이 대세를 이루었다. 그러나 그리스도인들인 우리는 문화 안에 있는 은혜와 죄악의 두 가지 측면 모두를 말할 수 있어야 한다. 따라서 우리는 모든 문화에서 하나님의 형상을 따라 창조된 인간성과 자신의 창조물을 다루시는 하나님의 자비와 은혜를 발견할 수 있다는 것을 인정할 것이며, 또한 우리의 타락한 죄성으로 말미암아 우리가 본성상 선한 것들을 왜곡하는 데로 이끌리며 반역하기를 즐겨한다는 것도 슬프지만 확고하게 인정할 것이다. 따라서 우리가 발전시키는 문화들은 아름다움과 추함, 선함과 사악함을 동시에 가지게 될 것이다. 우리의 다양성 속에서, 다른 문화들은 다른 영역들 안에서의 죄악성과 다른 영역들 안에서의 선함을 드러낼 것이다. 우리가 서로 교류할 때 우리 과업의 일부는 무엇이 하나님께 영광을 돌리며 그분의 아름다움을 반영하는지를 규명하도록 도움으로 그것이 강화되도록 격려하며, 무엇이 타락성을 나타내는지를 규명하도록 돕고 그것이 하나님의 성품 및 말씀과 일치하는 가치, 믿음, 행위로 대체될 수 있는 길을 찾도록 하는 것이다.

우리는 한 지역에서 발전시킨 프로그램, 방법론, 훈련들이 어떤 다른 곳으로 이전될 때에 더욱 분별력을 가질 것이다. 비록 이런 것들이 자주 좋은 의도를 가지고 전수된다고 하더라도, 그것들이 상당한 각색(adaption)을 거치지 않고서는 다른 상황에 잘 들어맞지 않을 것이기 때문이다. 실로 타문화 상황에 있어서 외부인은 지역 신자들이 자신들의 것을 발전시킬 수 있도록 촉매자(catalyst) 역할을 하는 데 만족하는 것이 훨씬 효과적이다. 케냐에서 "작동하던"것이 프랑스에서는 안 될 수 있고, 한국에서 잘 되던 것이 페루에서는 잘 안 될 수 있다. 유사한 예로, 우리는 전 세계에서 기독교 문서와 찬양의 자원들이 새롭고도 다양한 모습으로 표출되는 것을 볼 수 있기를 기대한다. 그것은 특정 장소에 오로지 한 종족 그룹만이 존재하는 예외적 상황을 제외하고서는(오늘날처럼 이동이 많은 시대에는 점점 불가능하겠지만) 우리 모두가 각각 분리된 종족 그룹 안에서 예배하리라는 의미가 아니고, 또한 언어 장벽들을 진실로 넘을 수 없다는 것도 아니다. 다른 민족 배경의 사람들이 함께 모여 조화로운 교제를 나눈다는 것은 오늘날 분열된 세계 속에서 복음에 대한 가장 강력한 표징들 중 하나이며 우리는 단일문화적 예배뿐 아니라 다중문화적 예배와 가시적으로 함께 삶을 나누는 일을 위해서도 열심히 노력해야 한다. 그러한 다중문화주의(multi-culturalism) 안에는 그리스도 안에서의 우리의 일치뿐 아니라 다양성을 경축하기 위해서 표현의 다양성을 담보할 공간을 필요로 한다. 최근 급증하는 이민의 패턴을 볼 때 이것은 가까운 장래에 가장 신나는-그리고 요구되는-도전들 중 하나가 될 것이다.

상황화는 때때로 실험을 포함해서 익숙하지 않은 것을 다뤄야 하기에, 그것은 혼란스럽고 당황스러운 것이 될 수 있다. 현재 이런 것이 분명하게 드러나는 영역 중 하나는 내부자 운동들(insider movements)에 대한 논쟁이다. 이것들이 아주 새로운 현상은 아니지만 어떤 그룹들 안에서 색다른 방법으로 분석되고 토의되고 있다. 유사하게도, 현재 C1-C6 척도라고 잘 알려진 것은 수세기 동안 진행되었던 어떤 것을 평가하기 위한 특정한 방법이다. 이것들이 "최신 유행"이 되지 않도록 우리는 과거 역사로부터 다양한 방법으로 표현되고 실현된 제자도의 강점들과 약점들로부터 배우는 것도 중요하다. 우리가 그 속에 믿는 자들이 거의 존재하지 않는 세상을 휘감고 있는 거대한 띠를 가슴 아프게 바라보면서 무슬림, 불교도, 힌두교 세계 속에 복음이 얼마나 조금 밖에 들어가지 못했는지를 인식할 때에, 우리는 그러한 상황 속에서 사역하고 있는 사람들을 겸손한 마음으로, 또 기도하는 마음으로 지원하면서도 동시에 주님께 영광을 돌리는 삶과 사역 방식이 되기를 바라는 마음으로 경계를 게을리하지 않을 것이다. 그것은 새롭고도 예상치 못한 것들을 배제하지 않는다! 하나님은 우리 전통들과 안전지대에 묶여있지 않으시다.

지난 삼십 년 동안 상황화에 대한 엄청난 토론과 저술들이 있었지만 그것이 반드시 더 많은 상황화의 실천으로 이어지는 것은 아니었다. 이런 현상은 무엇보다 선교 공동체에 있어서 그러한데, 아마도 특별히 장기 선교에 비해 단기 선교가 급증하고 있기 때문일 것이다. 단기 선교 여행은 특별히 그것에 참여하는 사람들과 때때로 그들의 교회나 주변 친구들에게 많은 귀중한 유익들을 주지만, 단기 선교사들은 단기라는 특성상 민감하고도 깊은 상황화 작업에는 연관될 수 있을 것 같지 않다. 쉽게 말해서, 그들은 표면적인 것을 넘어 배우고, 관찰하고, 이해할 수 있는 시간을 가질 수 없다. 심지어 방문한 곳의 언어가 같은 경우라도 마찬가지이고, 단지 서구에서 온 사람들뿐 아니라 세계 어느 곳으로부터 온 단기 선교사들에게도 이것은 동일한 사실이다. 주 예수님도 그의 삼 년간의 공생애를 그것도 자신이 태어난 나라에서 시작하시기 전에 삼십 년의 시간을 배우고, 듣고, 관찰했다는 것을 기억하면 좋을 것이다. 성급한 시대 속에서, 우리는 "한 방향으로의 오랜 순종"을 하는 가운데 복음의 대의를 위해 기꺼이 전 생애를 투자하는 사람이 된다는 타협할 수 없는 원칙을 재천명할 필요가 있다.

## 6. 이 책으로의 초대

다음에 이어지는 내용을 통해 여러분은 상황화와 관련된 많은 쟁점들을 발견하게 될 뿐 아니라 그것들을 발전시키고 성찰한 것들을 보게 될 것이다. 어떤 장들은 신학적이고 성경적인 근거를 살피고, 어떤 것들은 일반적 쟁점들을, 어떤 것은 매우 특수한 상황과 주제를 다룰 것이다. 어떤 글에 대해서는 여러분은 자신도 모르게 "아멘!"이라고 말하게 되겠지만, 어떤 글을 읽으면서는 당황할 것이며, 심지어 어떤 글에는 강한 거부감을 느낄 수도 있을 것이다. 그러한 반응은 하나님 백성의 공동체 안에서든지 또는 하나님을 모르는 사람들 사이에서 우리가 그분을 증거하려고 추구할 때든지 우리가 하나님의 말씀을 신실하고, 창의적이며, 적절하게 전하고 살아내려고 할 때 우리가 겪어야 할 갈등의 일부이다. 그것은 결코 쉬운 작업이 아니며, 거기에는 쉬운 해답도 없지만, 우리가 분명히 확신 가운데 아는 것은 하나님 자신이 우리가 사는 세상의 모든 곳에 있는 사람들이 그분을 예배하는 제자, 구속받고 변화되며 변화를 일으키는 사람으로 될 수 있도록 그분 자신을 나타내시고 의사소통하기를 원하신다는 것이다.

이 책의 기고자들은 아주 다양한 상황들로부터 온 사람들이며 매우 다양한 종족 그룹들과 함께 살며 일하고 있다. 그들은 실천가들(practitioners)로서, 사역에서의 경험을 바탕으로 쓰고 있기에 실험되지 않은 이론을 쓰는 것과는 다르다. 그들의 많은 이야기는 특수한 상황으로부터 온 것이지만, 대부분은 훨씬 더 넓게 적용할 수 있는 교훈들을 담고 있다. 각 장의 끝부분마다 읽은 것으로부터의 이해와 적용을 돕기 위한 몇 개의 토의 질문들을 제시하고 있다. 하나님의 보좌를 둘러싸고 어린 양을 예배하기 위해 모이게 될 각 족속과 방언과 나라들에 대한 약속이 성취되는 것을 추구하는 우리들의 순례에 당신도 함께 참여하기를 초대한다.

## 7. 결론

성경은 우리가 주님의 재림을 날마다 기다리며 준비하는 삶을 열심히 살아가야 할 것을 가르치고 있다. 동시에, 그리고 역설적이게도, 우리는 또한 농부의 인내와 장기적인 안목을 나타내어야 하는데, 농부는 씨를 뿌리는 것과 추수할 때가 무르익은 계절 사이의 긴 기다림이 있을 것을 알고 있다. 상황화에 대하여 생각할 때에, 우리가 주님의 시간표상 어느 지점에 있는지 모르기에 많은 이들은 추정하려고 애쓰고 있지만 주님 자신은 그렇게 하지 말라고 우리에게 말씀하셨다. 우리가 단지 아는 것은 현재와 아직 사이의 어느 지점, 즉 역사 안의 우리의 상황과 영원 사이에 존재하고 있다는 것이다. 지금 여기에서, 우리는 제한된 이해를 가지고, 결함있는 사역을 하며, 우리가 인식하고 있는 것보다 우리 자신의 문화와 유산에 의해 형성된 삶을 살고 있다. 하지만 그럼에도 불구하고, 우리는 귀중한 보물, 복음이라는 보물을 가지고 있다. 바울은 우리가 낡은 질그릇에 그 보배를 지니고 있는데, 모든 영광이 주님의 것임을 드러내도록 그렇다는 것이다. 주님이 우리를 어떤 문화 안에 두셨든지 예수님의 아름다움을 펼쳐 보이고, 어떻게든 복음을 명백하게 드러나고자 하는 것이 우리의 기도와 사역이 되도록 하자.

◈ 로즈 도우셋(Rose Dowsett)은 아시아와 영국에서 40년 동안 해외선교회(OMF)와 함께 섬겼다. 그녀는 국제적 강사, 저술가이며 세계복음주의연맹 선교위원회(WEA-MC)의 부회장이다.

# GLOBAL MISSION

**REFLECTIONS AND CASE STUDIES
IN CONTEXTUALIZATION
FOR THE WHOLE CHURCH**

1장

# 상황화를 위한 성경신학

호날두 리도리우(Ronaldo Lidório)

우리가 상황화에 대하여 생각할 때 교회가 직면하는 가장 큰 도전은 "어떻게 우리가 신학적으로 그리고 성경적으로 충실하면서도 동시에 인간적으로 이해될 수 있고 우리 삶과 연관되도록 복음을 소통할 수 있을 것인가?"이다.

역사적으로 상황화에 대한 성경신학의 부재는 세계 선교 운동에 있어 종교적 혼합주의(syncretism)와 복음주의적 명목주의(nominalism)라는 두 가지 파괴적인 결과를 초래했다. 성경에 대한 부적절한 이해는 인류가 제기하는 어떤 의문들에 답변을 하지 않고 남겨둠으로 전통적 종교에서 그 해답을 찾도록 부추김으로써 혼합주의가 탄생하도록 이끈다. 그래서 정령숭배로부터 새로 회심한 사람이 하나님을 예배하고, 말씀을 선포하며, 그것을 가정생활에서 적용하지만 그가 하나님을 추구하고 예배하는 것 뒤에 놓여있는 성경적 원리들을 이해하지 못한다면, 가족들 중 누가 질병에 걸리게 될 때 지역 심령술사를 찾아가 해결책을 구하게 될 것이다. 이러한 혼합주의는 하나님 말씀의 불충분한 소통, 즉 말씀이 쉽게 이해될 수 있도록 만드는 상황화의 부족으로부터 나타나는 것이고 그 결과 혼합주의 현상을 가중시킨다. 성경에 대한 잘못된 혹은 부족한 이해는 복음에 관심을 가지고 있으나 진정으로 회심하지 않은 사람들을 양산할 수 있는데 그런 현상이 바로 기독교 명목주의이다.

나는 어떤 보편적 원리도 상황화되지 않고는 한 그룹이나 특정한 사회 조직에 올바로 전달될 수 없다고 믿는다. 예수님이 상황화된 메시지를 전하는 데 있어 가장 위대한 모델이라는 것은 의심할 여지가 없다. 그가 유대인들에게 말씀하실 때에 세리들, 예배 자리에서의 위선, 결혼 잔치와 같이 그들의 세계에 속한 주제로 말씀하셨다. 그는 어부들, 농부들, 그리고 집안을 비추는 등불에 대해 말씀하셨다. 그는 수확하는 것, 빵과 밀에 관련된 것을 말씀하셨다. 그는 예루살렘을 여러 번 언급하셨고 조상들에 대해 자주 말씀하셨다. 따라서 그의 메시지는 그것을 듣는 사람들에게 이해될 수 있었고 그들의 세계에 적절하였다. 그것은 의미심장한 충격을 주었고 개인 및 사회의 변혁을 요구하였다. 동시에 그것은 하나님의 계시인 성경에 충실하였고 확고한 신학적 바탕을 가지고 있었다. 나는 마태복음 24:14 말씀을 살펴봄으로 상황화에 관한 주제로 이끌고자 한다.

## 1. 교회개척과 상황화의 연관성

마태복음 24장의 장면에서 예수님은 승천을 얼마 안 남겨둔 시점에서 그의 제자들과 만나고 계시는데, 자신의 재림을 앞두고 어떤 징조들이 있을 것인가에 관한 제자들의 질문에 답변하신다. 몇 가지 역사적 징조들(전쟁과 전쟁의 소문들)과 교회적 징조들(박해와 거짓 선지자들)을 언급하신 다음에, 예수님은 완전히 선교적인 징조를 말씀하셨다.

이 천국 복음이 모든 민족에게 증언되기 위하여 온 세상에 전파되리니 그제야 끝이 오리라(마 24:14).

"전파되리니"라는 헬라어 표현은 그 어원을 **케리그마**(kerygma)에 두고 있는데 그것은 복음을 들을 수 있고 이해될 수 있도록 선포하는 것을 의미하는 것으로서, 한 사람의 삶을 통한 증거를 의미하는 "**증언**"(마르튀리아⟨martyria⟩)이라는 좀 더 개인적 단어와 평행을 이루고 있다.[1] 이러한 선포적 행동(kerygmatic action)은 복음이 이해될 수 있는 방식으로 설교되어야 한다는 사실을 강조하고 있다. 이 본문에서 "세상"은 **오이쿠메네**(oikoumene), 즉 인간이 거주하는 세상을 의미한다. 그러므로 본문에서 세상은 지리적 혹은 영토적 개념이 아니라, 사람들과 관련된 인구 통계학적(demographic) 개념으로서, 이 천국 복음이 사람들이 거주하는 모든 세상 안에 체계적으로, 명료하게 선포되어야 한다는 것을 말하고 있다.

본문에 따르면 이것은 모든 민족에게 증언되는 것을 통하여 일어난다. "증언"이라는 단어의 헬라어 어원은 **마르튀리아**(martyria)인데 그것은 복음을 선포하는 선포적 행동이 그리스도의 성품을 지닌 증언하는 **교회**(witnessing church)를 통해 일어난다는 것을 가르쳐주고 있다. 그것은 단지 구원받은 자들에 의해서 이 천국 복음이 선포된다는 것이다. 이 구절의 마지막 부분은 증언이 모든 민족에게 다다를 것에 대하여 말하고 있는데, "민족들"이라고 번역된 **에쓰네**(ethnē)는 언어적으로 문화적으로 구별되는 그룹을 말한다.

그러므로 우리는 14절을 다음과 같이 풀어쓸 수 있다.

---

[1] "마르튀리아"(증언)는 행동의 비공식적(informal)인 형태를 지칭하는 한편, "케리그마"(선포)는 복음에 대한 보다 조직적인 설교를 전제한다.

천국 복음은 온 세상에서 교회의 삶의 증언을 통해 모든 민족 그룹들에게 명료하고 이해될 수 있는 방법으로 선포될 것이다.

구절의 마지막에 "그제야 끝이 오리라"고 했을 때 "끝"(텔로스⟨telos⟩)은 주님의 재림, 그분의 나타남을 가리킨다.

나는 소통의 성경적 원리에 대해 주의를 집중시키고자 한다. 여러 경우를 통해 예수님은 복음 지식의 전달은 그리스도의 복음을 선포하고 설명하는 행동뿐 아니라 교회의 삶과 증언 둘 다를 포함할 것이라고 가르치신다.

따라서 문화를 넘어서고자 하는 전망 가운데서의 복음의 소통은 언어와 문화라는 두 가지 특정한 영역에서의 "번역" 작업을 필요로 한다. 언어들은 소통을 가능케 하는 다른 문화적 코드를 가졌고, 문화도 마찬가지이다. 만일 당신이 이누트(Inuit) 혹은 에스키모에게 예수님의 피가 우리를 눈보다 더 희게 만들 것이라고 설명한다면, 그는 흰색의 정도에 관해서 질문할 것인데 수천 년 동안 눈과 얼음 속에서 살아온 사람들의 문화적 인식에 따르면 흰색에는 13개의 색조가 있기 때문이다. 문화적 차원을 무시하게 되면 깊이 없는 설교를 하거나 하나님 말씀에 대한 혼동을 주는 왜곡으로 향하게 될 것이다.

이 본문으로부터 우리가 배운 것을 요약하자면, 메시지는 각각의 언어와 상황에 이해될 수 있는 방법으로 전달되어야만 하며, 우리가 예수님을 삶으로 보여줄 뿐 아니라 이해할 수 있는 방법으로 선포해야 하기에 상황화는 지상명령을 완수하기 위해 필수적인 것이다. 구속받은 교회만이 이 과업을 성취할 수 있다. 세계를 복음화하는 것은 기독교세계(Christendom)가 아니라 거듭난 사람들, 즉 교회이다.

이러한 생각과 함께 나는 이 글이 가지고 있는 몇 가지 전제를 밝히고자 한다.

(1) 하나님 말씀은 문화와 시간을 초월해서 존재하기에 모든 시대, 모든 사람, 모든 문화에 적절하게 소통될 수 있다. 나는 하나님 말씀이 인간을 정의(定義)하는 것이지 결코 그 반대 방향으로 이루어지지 않는다고 믿는다.

(2) 복음을 상황화한다는 것은 복음을 다시 쓰거나 인류학에 비추어 재형성하는 것이 아니고, 하나님 말씀을 전달하려고 하는 사람의 평소 시나리오(scenario)와 아주 다른 시나리오 속에 복음을 언어학적으로 그리고 문화적으로 번역함으로 모든 사람들이 성경적이고 역사적인 그리스도를 이해할 수 있도록 만드는 것이다.

(3) 상황화의 최종 목표는 그리스도를 제시하는 것이다. 교회는 오로지 선교사들이 제기하는 질문들에 대한 해답으로서 예수 그리스도를 제시하고, 대상 청중들에게는 이상하게 보이는 메시지를 전하는 것을 반드시 피하여야만 한다.

상황화는 다양한 반응들을 불러일으킨다. 한쪽에는 문화간 소통의 일반적 원리들에 근거를 두고 그것의 타당성을 옹호하는 사람들이 있다. 그들은 상황화가 없이는 어떤 진정한 소통이 불가능하다고 믿기에 상황화된 소통을 위해 다른 가능한 접근방식들을 연구하고자 한다. 다른 쪽에 있는 사람들은 상황화의 방향을 제시하고 그것을 비평하는 데 있어 필수적인 성경신학과 분리되었을 때의 위험을 우리에게 경고하고자 할 것이다.

"상황화"라는 용어는 찰스 크래프트(Charles Kraft)에 의해 광범위하게 사용되었는데, 그것은 키에르케고(Kierkeggard)적 상대주의를 출발점으로 삼고 있으며 엄밀한 의미에서 하나님 말씀을 믿지 않는 자유주의 신학의 기초 위에 서있다. 그의 사상은 하나님 말씀이 단지 그것이 처음 계시되었던 상황과 비슷한 상황에서만 적용될 수 있다고 믿는다.

즉 하나님 말씀이 문화와 시간 위에 존재하지 않는다.

그와 대조적으로, 나는 상황화를 이끌 성경적 기반의 필요성과 함께, 상황화의 가능성뿐만 아니라 성경적 개념의 충실한 전달을 위해서는 상황화가 필수적이라고 믿는다. 루터(Martin Luther)는 성경 진리의 온전성(wholeness)을 믿는 가운데, 대중들의 언어와 그들의 문화적 상징으로 가득 채워져 소통될 수 있는 복음을 설파했지만, 그것은 진리를 희석시키지 않는 성경적 복음이었다. 그는 멜랑히톤(Melanchton)에게 "사람들이 죄를 미워하든지 아니면 너를 미워할 수 있도록 설교하라"고 여러 차례 말했다.[2] 성경을 대중들의 언어로 번역하고, 그 시대적 상황에 맞게 설교를 하며, 평신도들이 사역에 참여하도록 만들되 문화적 저항을 두려워하여 하나님 말씀의 내용을 재단(裁斷)하는 일이 없어야 한다는 것을 분명히 하라는 것이었다. 만일 신학이 문화를 결정짓는 것이 아니라 반대로 문화적 민감성이 루터의 신학을 결정짓도록 하였더라면, 우리는 교회의 개혁이 아니라 완전히 인본주의적인 종교개혁을 경험하였을 것이다. 만일 그렇게 되었다면 종교개혁은 하나님이나 구원을 포함하지 않고, 오로지 사상 및 표현의 자유라는 의미에서 해방 운동의 시작이 되었을 것이다. 그것은 사람들을 하나님의 왕국으로 인도하는 것이 아니라 단순히 문화적 정체성을 회복하려는 호소에 그쳤을 것이다.

## 2. 상황화의 전제들 속에 있는 위험

우리가 선교 사역 속에서 상황화를 다룰 때 피해야 할 세 가지 기본

---

[2] Reformed Church Publications,(Toronto, 1937)에서 인용.

적 위험들이 존재한다.

첫째, 위험을 나는 **강제하는 것**(imposition)이라고 부를 것이다. 그것은 인간의 자연적 성향 안에 뿌리를 두고 있는 것으로서 다른 사람들에게 자신의 생각과 해석을 부과하는 것이다. 그와 같은 것은 과거와 현재의 정치적 운동에 의해 광범위하게 수행되어 왔을 뿐 아니라, 복음의 의미를 단지 자신의 세계관, 문화 및 언어의 견지에서만 이해하는 선교사들에 의해서 행해졌다. 따라서 교회의 높은 종탑들, 성만찬 대의 테이블 덮개 색깔, 설교단의 정확한 높이, 존경심을 표현하는 표정들은 한 특정한 시대의 어떤 특별 집단이 만든 그 이상의 것이 되어 버렸고, 그것들은 복음의 본질들과 뒤섞이게 되었다. 메시지를 전달함에 있어 그것들은 영혼을 구속하기 위한 것이 아니라 메시지를 전하는 사람들에게만 문화적 의미가 있는 것이었다. 하지만 그 메시지를 받는 사람들에게는 중요하지 않은 요소들이 강제로 부과된 것으로 그것을 부과한 집단 네트워크에 단지 순응하도록 만드는 역할을 할 뿐이다.

문화적 복음(cultural gospel)을 강제하는 것의 결과는 다르게 나타나는데, 가장 공통적인 것이 한쪽으로는 명목주의이고 다른 쪽으로는 심각한 혼합주의의 양산이다. 보쉬(David Bosch)는 복음 선포의 효과는 그것을 받는 사람들의 문화적 이해에 의해서만 측정될 수 있다고 단언했다. 조지 훈스버그(George Hunsburger)는 복음을 받아들이는 문화에 대한 이해 및 세계관과 분리된 "문화 없는"(acultural) 복음을 선포하는 것은 불가능하다고 보았는데, 그 이유는 그리스도가 자신을 말씀 안에 계시하셨을 때의 목표가 인간이라는 조건을 가진 사람들에게 도달하고자 하는 것이었기 때문이었다. 복음을 강제하듯 제시하는 것은 그리스도를 전하는 것이 아니라 단지 메신저(messenger)의 문화적 옷을 전달하는 것이다.

둘째, **실용적**(pragmatic)인 위험이라고 부를 수 있는데, 그것은 우리가 상황화에 대해 순전히 실용적 접근을 취할 때 나타나는 것이다. 상황화는 현장에서의 방법론 및 과정들과 빈번히 연관되는 주제이기 때문에, 우리는 신학보다는 결과에 기초해서 상황화를 이해하고 평가하게 된다. 결과적으로 성경적이고 신학적인 증거가 기능적이고 실용적으로 효율성있는 것에 비해 상대적으로 덜 중요하게 된다.

가장 상황화되었고 진취적인 선교 운동들 중에서 많은 이단적인 움직임을 보게 되는데, 가나(Ghana)의 성령의 교회(the church of the Holy Spirit) 같은 예에서 보듯이 그 창시자는 자신이 하나님의 성령이 성육신한 존재라고 선언하고 있다. 순전히 실용적 관점에서만 보자면 그 교회는 메시지를 상황화하였고 전통적이면서도, 성육신적이고, 신비적인 여가장적(matriarchal) 문화의 색조에 민감성을 나타낸 것이라고 볼 수 있다. 우리가 기억해야 할 것은 **작동하는 것 모두가 성경적은 아니다**(not everything which work is biblical)라는 사실이다. 실용주의는 상황화의 방법론에 과도하게 가치를 부여함으로 정작 상황화되어야 할 내용을 희생시킨다.

셋째, 위험은 **사회학적**(sociological)인 것인데, 그것은 상황화를 인간적 필요들에 대한 해결책 그 이상으로 보지 않는 순전히 인본주의적인 접근방식이다. 이 점증하는 위험은 우리가 기독교 후기(post-Christian), 포스트모던(postmodern)적이고 쾌락지상주의적인 상황 속에 살고 있기 때문에 더욱 주의를 요청한다. 이 위험은 선교사들이 성경의 가르침이 아니라 순전히 사회학적인 평가와 인간 필요에 대한 해석에 근거하여 결정을 내릴 때 나타난다. 이 경우에 성경이 아니라 문화적 쟁점들이 메시지를 결정하고 특정 그룹이나 구성원들에게 적용될 수 있는 신학으로 변형시킨다. 사회 정의에 대한 열망이 우리로 하여금 복음의 제시를 잊어버리도록 만들어서는 안 될 것이다.

어떤 선교학자들은 교회의 본질에 대한 깊은 성경적 지식(엡 1:23)만이 단지 사회의 요구들이 아니라 **하나님의 선교**(missio Dei)에 뿌리를 내린 태도를 갖도록 만들 것이라고 말한다. 총체적 복음(holistic gospel)을 수호하고 상황화된 메시지를 전달하려는 열망이 교리적 기초와 성경적 신학을 잊어버리도록 우리를 이끌어가도록 만들어서는 안된다. 실제로 복음에 대한 총체적 이해, 인간 필요에 대한 민감성, 그리고 사회를 변혁시킬 수 있는 실제적인 행동으로의 요청에 있어 진정한 동기를 부여하는 것은 이러한 성경적 기초들이다.

### 3. 신학과 상황화

신학과 상황화 사이의 현존하는 세계적 난제는 선교학의 가르침과 신학의 가르침 사이의 분리된 현실의 반영이라고 볼 수 있다. 어떤 이들은 선교학을 신학적으로 단순한 것으로 보며 결과적으로 세계 많은 지역의 학문적인 신학 연구 기관들이 선교학을 가르치지 않거나, 가치가 덜한 비주류에 속한 것으로 취급한다.

우리는 이것이 심각한 오류라고 보는데, 그로 인해 비전이 없는 목회자, 적절한 준비 없는 선교사, 교회가 일상적 삶에서 선교에 관여할 때 지녀야 할 매우 유용한 신학적 통찰력을 전달할 수 있는 길을 찾지 못하는 신학자들을 양산하고 있다. 성경적 상황화에 대한 건전한 신학의 부족은 많은 교회로 하여금 자신들의 생각을 상황화라는 개념으로 포장하여 "진열"하는 자유주의 신학에 의해 영향을 받도록 만들고 있다.

쇠렌 키에르케고(Soren Kierkegaard)[3]는 그의 실용주의적 상대주의와 더불어 진리는 절대적 교리가 아니라 개인적 기반에서 이해되어야

---

[3] Kierkegaard(1813-1855)는 덴마크 신학자요, 철학자로서 실존주의의 아버지로 알려져 있다.

만 한다고 주장했다. 1907년에 윌리엄 제임스(William James)는 신학이 사회문화적 또는 언어학적 바탕 위에 갱신되어야 한다고 주장함으로 "철학 및 신학적 상황화 운동"의 기반을 마련하였다. 같은 맥락에서, 루돌프 불트만(Rudolf Bultmann)은 현대인의 상황에 적절하지 않은 모든 신화를 폐기하는 식의 복음의 철학적 상황화를 옹호했다. 이러한 영향력 있는 사상가들은 문화 위에 존재하고 모든 문화에 보편적으로 적용 가능한 객관적 진리는 없다고 하는 상황화를 위한 새로운 개념적 기반을 주장했다. 진리는 개인적인 것이기에 수용자 상황에 이해되고 적용되는 형태로 형성되어야만 한다는 것이다.

이러한 사상은 수십 년 동안 복음주의 세계를 분열시켰고, 지금까지도 그 영향력이 느껴지는데, 어떤 선도적 그룹들은 복음이 수용자 문화가 용인할 수 있다고 간주하는 방법으로만 제시될 수 있다고 주장한다. 토고의 바싸리스(Bassaris) 부족 가운데서 사역 중인 영국 팀과의 짧은 토론에서 나는 그들의 선교 전략을 감지할 수 있었다. 그것은 바싸리스 사람들이 개인적 희생을 약함의 징표로 보기 때문에 예수님을 자신의 희생 없이 우리의 구원을 쟁취하신 분으로 가르치고 있었다. 이것은 사회학적 신학으로부터 나온 결정으로서, 한 공동체에 의해 더 잘 수용될 수 있는가에 따라 하나님 말씀을 재형성하는 실용주의적 경향의 한 가지 예를 보여준다.

이러한 사고의 경향을 더욱 조직적인 차원에서 분명히 보여준 것은 1968년 웁살라(Uppsala)에서 개최되었던 세계교회협의회(WCC) 총회였다. 거기에서 교회의 인간화에 대한 강조는 신학보다는 인류학에 기반을 둔 상황화 연구를 위한 길을 열었다. 또한 1977년 태국 치앙마이에서 열렸던 "살아있는 신앙과 이데올로기를 가진 사람들과의 대화"에 관한 회의는 만인구원론(universalism)과 가치의 상대화 형태로서의 상황화가 강조되었다.

이러한 경향에 대한 무게 있는 신학적 반격은 1974년 로잔세계복음화대회(Lausanne Congress on World Evangelization)에 이르러서야 시작되었다고 느껴진다.[4] 거기에서는 세계 다양한 종족들 사이에서의 문화적, 언어학적, 해석적 차이들을 인정하면서도 하나님 말씀만이 선포될 진리를 생성시키는 유일한 근원임을 확언하였다. 전도와 문화에 관하여 로잔언약은 다음과 같이 선포하였다.

> 세계 복음화를 위한 전략 개발에는 창의적이고 개척자적인 방법이 요청된다…문화는 항상 성경을 표준으로 해서 검토되고 판단받아야 한다. 사람은 하나님의 피조물인고로 인간 문화의 어떤 부분은 대단히 아름답고 선하다. 그러나 인간은 모두 타락하였기에, 그들이 만든 모든 문화는 죄로 물들어 있고 어떤 것은 악마적이다…교회는 문화를 변혁시키고 풍요하게 만들기에 힘쓰되 모든 것을 하나님의 영광을 위해서 해야만 한다(막 7:8-9, 13; 창 :21, 22; 고전 9:19-23; 빌 2:5-7; 고후 4:5).

브루스 니콜스(Bruce Nicholls)는 신학적 기반이 없는 실존주의적 상황화의 결과로서 혼합주의와 명목주의의 위험을 강조하였다. 그는 혼합주의는 기독교 신앙과 다른 종교들 사이의 합성물인데, 그 안에서는 성경적 메시지가 비기독교적 교의와 전제들에 의해 점진적으로 대체되고 예배, 증거 및 윤리 영역과 같은 종교 생활에 있어 기독교적 표현들은 점점 더 비기독교적 대화 상대에 흡수되어 간다고 단언한다. 종국에는, 기독교 선교란 기껏해야 소위 그리스도인으로 존재하는 것(Christian presence)이나 사회적, 인도주의적 관심으로 축소되어 버리고

---

[4] 로잔언약(1974년 스위스 로잔대회)은 하나님의 주재권, 그분의 객관적 계시 및 세상을 향한 그분의 목적을 성경에 근거하여 보여주는 15개의 선언으로 구성되어 있다. 전문(영어와 포르투갈어)은 www.lausanne.org에서 볼 수 있다.

만다. 혼합주의는 교회가 서서히 죽어가는 것이며 복음화의 종말을 의미한다.

다른 이들은 만일 하나님이 성경의 저자이고, 자신의 피조물을 사랑하는 창조주라면, 우리는 또한 복음이 모든 인류를 향한 것임을 믿어야 한다고 충고한다. 예를 들어, 일부다처제와 같은 불편한 주제를 다룰 때 복음의 메시지를 최소화시키는 것은 그 문화권의 사람들이 하나님의 왕국에 들어가도록 돕지 못할 것이며, 성경의 나머지 부분을 다룰 때에도 동일한 편견을 가지고 다루도록 만들 것이다. 히버트(Pual Hiebert)는 우리가 다양한 세상의 맛을 즐기려는 나머지 성경의 메시지가 문화와 대결하여 그 죄악을 드러내고 어린양을 통하여 변혁을 요청하는 것을 잊어버리는 것에 대해 경계하고 있다. 헤셀그레이브(Hesselgrave)는 성경을 선별적으로 제시하는 것의 위험을 우리에게 경고한다. 복음은 심지어 가장 적대적인 문화적 상황 속에서도 자유롭게 하는 역사를 이루어낼 수 있기 때문이다. 키에르케고, 제임스, 불트만의 신학적 자유주의는 상황화의 성경적 이해에 대한 위협이라고 결론내릴 수 있다. 그것은 우리로 하여금 변혁을 일으키지 않는 복음이나(어떤 문화적 변화도 나쁜 결과를 초래할 것이기에), 문화와 대결하지 않는 복음(진리는 객관적인 것이 아니고 개인적인 것이기에), 또는 자유롭게 하지 않는 복음(단지 사회적 자유를 제공하기에)을 제시하도록 유도하기 때문이다.

만일 우리가 하나님이 성경의 저자이시고, 복음이 "모든 믿는 자에게 구원을 주시는 하나님의 능력"(롬 1:16)이며, "복음에는 하나님의 의가 나타나 있다"(롬 1:17)고 믿는다면, 우리는 어떻게 이러한 진리를 이해될 수 있고 적용될 수 있는 방법으로 가장 잘 소통할 수 있을지에 주의를 기울여야만 하는데, 그 지식 안에 문화와의 대결과 변화를 촉발하는 것은 모든 믿는 자를 해방시키는 하나님의 진리여야 한다.

## 4. 상황화를 위한 성경적 전제들

로마서(1:18-27)에서 사도 바울은 문화순응(inculturation)과 대립되는 상황화의 개념을 우리에게 소개하고 있는데, 복음 선포를 위한 몇 가지 결정적인 진리들을 성경적이고 계시적인 전제들과 함께 보여주고 있다.

18절에서 바울은 사람들의 태도를 심판하시는 하나님의 진노를 보여주는데 그 진노는 모든 "경건하지 않음"(사람들이 하나님과 그분의 신적 가치들과의 관계를 망가뜨리는 것)과 "사악함"(사람들이 자신의 이웃과 인간적 가치들과의 관계를 망가뜨리는 것)을 대적하는 진노이다. 그는 우리 인류가 부패하여 불의를 행할 뿐 아니라 자신의 진리를 만들어내고 있음을 보여주었다.

19-20절에서 하나님은 그분의 피조물을 통해 자신을 나타내고 계시는데, 거기에는 다음과 같은 한 가지 보편적인 요소가 있다. 즉 그분이 창조한 만물 위에 모든 권위를 가지고 계시는 우주의 주권자, 창조주, 통치자이신 하나님이 계시다는 것이다. 세상의 처음부터 하나님은 피조세계 안에 자신의 "영원한 능력"과 "신성" 양자 모두를 계시하고 있기에 18절에 언급된 사람들은 핑계할 수 없다. 그러므로 타락한 인류는 자신의 불의, 경건하지 않음 및 사악함에 사로잡혀 있기에 바울은 그것이 교회적인 것이든 사회적인 것이든 인간적 해결책을 제시하고 있지 않다. 그는 하나님을 제시하고 있다. 바울의 신학에서는 인간을 위한 해결책은 인간이 아니라 하나님과 그분의 계시로부터 제시된다.

21-23절에서 사람들은 하나님과 그분의 진리를 조작하려고 시도한다. 만물을 통해 하나님에 대한 자연스런 지식을 가졌음에도 "그들은 하나님을 영화롭게도 아니하며 감사치도 아니한다." 사람들은 제단을 세우고, 자기 마음의 소원과 염려를 좇아 자신들의 신들을 만드는

데, 그 신들은 조작되고 명령될 수 있는 것들로서 타락한 인간 의지의 반영이다. "그들의 생각이 허망하여"졌기에 그들은 "썩지 않는 하나님의 영광을 썩어질 사람과 새와 짐승과 기어다니는 동물 모양의 우상"으로 바꾸었다. 그러므로 사람들은 성경적 역사를 모른다고 정죄받지 않고 하나님께 영광을 돌리지 않음으로 인해 정죄받는다. 그들은 하나님 말씀을 듣지 못했기에 정죄받는 것이 아니라 스스로 지은 죄 때문에 정죄받는다.

24-27절에서 이러한 사람들은, 자신들의 죄악과 불의의 색깔로 재창조한 세상 속에서 "하나님의 진리를 거짓 것으로 바꾸어 피조물을 조물주보다 더 경배하고 섬긴다." 하나님의 대응은 심판인데, 성경은 하나님이 사람들을 "성적 부도덕"과 "부끄러운 정욕"에 넘겨주셨다고 말하고 있다.

이 본문에 상황화에 관한 위한 몇 가지 기본적인 원리들이 나타난다.

(1) 모든 문화들 위에 있는 보편적인 진리가 있다. 하나님이 주권자이시고 모든 영광은 그분께 속한다. 이 진리는 복음을 설교하기 위한 기반을 제공한다.

(2) 의도적인 죄악(경건하지 않음과 사악함)은 우리를 하나님으로부터 분리시킨다. 인간의 죄악과 전적인 구원의 필요를 보여주지 않고 인류와 관계 맺기를 원하는 하나님을 제시할 방법은 없다.

(3) 문화적으로 우리는 우상숭배적 존재이다. 타락한 인류에게 지극히 정상적인 생각은 죄악을 대면하지 않고 자신들의 필요를 만족시켜줄 하나님을 만들어내고자 하는 것이다.

(4) 바울이 전파한 메시지는 **상황화된 것**으로서, 하나님을 실제적인 삶 및 인류의 타락성과 연관지어 제시하였다. 그것은 수용할 수 있거나 바람직한 하나님을 전파하는 문화순응적인 것이 아닌 참된 하나님

을 계시하는 것이었다. 만일 우리가 죄에 대한 메시지를 부드럽게 만들면 우리는 복음을 오해하도록 만드는 데 기여하게 될 것이다.

## 5. 상황화의 성경적 모델들

상황화를 조금 더 자세히 살펴보면 우리는 바울의 경험에서 그것을 실행했던 세 번의 순간들을 볼 수 있다. 바울은 이방인의 사도(갈1:16)였지만 동시에 열렬한 유대인이었는데, 우리는 그의 설교와 가르침에서 몇 가지 원리들을 추려낼 수 있다. 그는 먼저 순수한 유대인 그룹에게로, 그 다음에는 경건한 이방인들이 포함되어 있는 다른 유대인 그룹에게로 갔고, 마침내 유대교 세계나 구약성경의 가치와 전혀 연관이 없는 이방인들에게로 갔다. 그 과정을 살펴보게 될 때 바울이 성경적 메시지의 권위를 타협하지 않았지만 문화적으로 적용될 수 있는 방식으로 그것을 전달했다는 것이 분명히 드러날 것이다.

사도행전 9:19-22에서 우리는 다메섹에서 바울이 제자들과 함께 있으면서 회당에서 그리스도를 전파하며 그를 "하나님의 아들"로 제시하는 것을 본다. 그는 "예수가 그리스도임을 입증함으로 다메섹에 있는 유대인들을 당황스럽게 만든다." 22절의 "입증하다"는 헬라어 용어는 객관적이고, 눈에 보이는 증거를 제시하였음을 내포하는데 그것은 바울이 신성한 자료인 성경을 활용하였다는 인상을 우리에게 준다. 유대인들 사이에서 사역할 때 그의 설교 방식은 동일했는데 성경을 사용하여 예수가 오랫동안 기다리던 메시아였음을 보여주는 것이었다(행 17:1-3). 바울은 누군가 유대인에게 한 사람이 메시아라는 것을 납득시키려면 성경을 사용해야 한다는 것을 잘 알고 있었다. 바울은 여기서 자신들을 "약속의 자녀들"[5]이라고 보고 있는 이스라엘 사람들에게 말하고 있기에 그의 모든 설교에서는 하나님이 그의 택하신 백성을 다루신 역사적 기록에 호소하고 있다.

사도행전 13:14-16에서 바울이 어떤 안식일에 비시디아 안디옥에 있는 회당에 들어가서는 그들에게 곧바로 그리스도를 전파하는 것을 본다. 이 본문의 그룹은 유대인들로 구성되어 있기에 앞의 그룹과 문화적으로 동일하다. 그러나 그 중에는 이방인들이 존재하고 있었는데 그들 중 일부는 유대교 신앙에 공감하는 사람들이었다. 바울은 유대 역사의 한 가지 중요한 사실인 출애굽으로부터 설교를 시작한다. 이어서 그는 다윗에 이르는 이스라엘의 역사를 상기시키면서 의도적으로 메시아에 대한 약속을 꺼내어 그것을 예수님과 연결시킨다(행13:23).

이 경우에 있어 바울이 어떻게 "이스라엘의 하나님"으로부터 시작하여 그리스도를 전파하고 구약성경에 기반을 둔 용어를 사용하고 있는지를 살펴보는 것은 흥미롭다. 이는 그가 그들 중에 있는 이방인들이 구약을 알고 있을 뿐 아니라 따르기를 원하고 있음을 알았기 때문이다. 또한 여기서의 바울의 설교는 강력하면서도 도덕적이고 종말론적인 특징을 지니고 있는데, 그것이 사도행전 9장과의 차이를 나타내는 것으로 일차적으로 유대인들로 구성되었지만 이방인들이 섞여있는 청중임을 그가 민감하게 인식하고 있음을 나타낸다. 39절에서 바울은 이전 배경에서 유대인들에게 말할 때 좀 더 배타적인 형태로 했던 것과 대조되는 포용적인 어법("누구든지"라는)을 사용함으로 이제는 믿는 사람은 모두가 구원을 받게 된다는 것을 말하고 있다. 분명 이방인 공감자들은 이스라엘과 생물학적 연결이 없다고 할지라도 자신들이 여

---

[5] 유대인들은 구약성경 예언에 비추어 자신들을 하나님이 아브라함에게 주신 약속의 자녀라고 보았다. 한편, 신약성경에서는 교회가 자신을 "약속의 자녀들"(롬 9:8; 갈 4:28), "천국의 아들들"(마 13:38), "빛의 자녀들"(눅 16:8; 엡 5:8)로 보고 있다.

기에 포함된다는 것을 보았을 것이다. 유대인의 메시아는 유대인 **그리고 이방인**을 위한 분이라는 사실을 그들은 깨닫게 되었다.

사도행전 17:16-31절에서 바울은 유대인 성경을 전혀 모르는 이방인들에게 그리스도를 선포하고 있다. 바울은 그 시대 철학의 수도라고 할 수 있는 아테네에 있었는데, 그는 에피쿠로스 및 스토아 철학자들에 의해 아레오바고 법정으로 끌려간다. 이제 그는 유대인들이 가진 전제들을 전혀 갖고 있지 않은 완전히 이교도적인 배경 앞에 서있다. 그의 설교가 이번에는 성경이나 메시아에 대한 약속으로부터 시작되지 않는다. 바울은 그들에게 창조의 증거 및 알지 못하는 신으로부터 출발하여 하나님을 전파한다.

> 그런즉 너희가 알지 못하고 위하는 그것을 내가 너희에게 알게 하리라 (행17:23).

그는 계속해서 하나님의 속성을 제시하는데 그는 "만물을 지으신 하나님"이시며 "천지의 주재"(24절)시고, "한 사람으로부터 인류의 모든 민족들을 만드신"분(26절)으로서 "우리 각 사람에게서 멀리 계시지 아니하시고"(27절), "어디에 있든 모든 사람에게 다 회개하라 명령하고 계시고"(30절), "그가 정하신 사람을…죽은 자 가운데서 다시 살리셨다"(31절). 24절에서 바울은 디오스(theos)라는 단어를 "만물을 지으신 하나님"을 언급할 때 사용하고 있다. 그것은 "알지 못하는 신"을 언급했을 때 사용한 것과 동일한 단어이다. 그는 헬라어에 존재하는 단어를 하나님 말씀에 계시된 하나님, 만물의 창조주를 소개하는 데 사용하고 있다. 그의 메시지에서 바울은 신(god)과 하나님(God)을 명백하게 구별하고 있다. 메시지의 끝은 동일하게 예수님의 죽으심과 다시 살아나심이다.

요약하면, 우리는 어떻게 바울이 성경의 하나님을 알고 있고 자신들을 약속의 자녀들로 보고 있는 유대인들에게 그들을 이집트에서 이끌어 내신 약속의 하나님을 이야기했는지 주목했다. 두 번째 그룹에게 바울은 약속의 하나님 및 이스라엘 역사의 하나님을 이야기하지만 거기에 있었던 이방인들을 위해 또한 모든 믿는 자들에게 구원을 주러 오신 메시아에 관하여 언급한다. 여기서 우리는 바울이 유대인들을 위해 얼마나 강력한 성경적 증거를 제시하는가를 보는 한편 하나님을 경외하는 이방인들을 위해 강력한 도덕적 및 종말론적 호소를 하고 있는지를 보았다.

완전히 이방인들로 구성된 세 번째 그룹에서는 오실 메시아가 적용할 수 있는 메시지가 아니다. 이 그룹은 자신들을 **약속의 자녀들**(children of the promise)이 아니라 **창조의 자녀들**(children of creation)로 보고 있었다. 그들은 창조된 사물에 매우 매력을 느꼈고 창조주라는 존재에 열광했던 사람들이었다. 그들은 해답을 찾고 있었고, 어떤 종교들로부터도 배우고자 했다. 따라서 바울은 그들에게 창조의 하나님에 관하여 설교하였는데 그는 창조 이전에 존재하시는 분이었고, 모든 만물을 존재하도록 하시는 능력을 가지신 분이며, 그는 인류 및 우주를 유지하고 계시는 분이다. 바울은 유일하고, 주권을 가지셨으며, 우리 가까이 계시고 죄를 용서하시는 하나님의 속성에 대하여 자세히 설명하고 있다. 마지막으로 그는 예수님을 하나님의 구원 계획의 중심이며, 모든 인류의 메시아라고 선언하고 있다.

바울의 복음 설교 모델로부터 상황화에 관한 몇가지 결론들을 추출하고자 한다.

(1) 상황화의 과정에서 메시지는 결코 희석되어서는 안된다. 성경에 대한 충실함은 우리의 최우선 순위가 되어야 하는데, 바울이 아레오바

고 법정에서 철학자들에게 논쟁을 불러일으킬 소지가 된다는 것을 알면서도 그리스도의 부활에 관하여 말했던 것처럼 말이다.

(2) 대상 청중은 그들이 가진 하나님에 대한 문화적, 언어적 전제들 및 개념들과 함께 어떻게 우리가 복음을 전하여야 할지에 있어서 연관되는 요소이다. 바울은 세 종류의 그룹들에게 동일한 방법으로 그리스도를 전파하지 않았다. 그의 청중에 대한 민감성은 그의 접근방식에 영향을 주었다.

(3) 문화적 상징들은 그것들이 복음의 유효성을 분명히 보여줄 수 있다면 성경적 진리를 설명하기 위해 사용될 수 있다. 이것은 바울이 어떻게 "알지 못하는 신"을 복음의 진리를 분명하게 설명하기 위해서 그의 사회문화적 출발점으로 취하였는가에서 나타난다. 다른 경우에서는 창조로부터, 혹은 하나님과 그들이 예배하는 신들을 대조함으로써, 혹은 인간의 잃어버려진 느낌이나 삶의 방황으로부터 설교를 시작하였다.

(4) 복음은 문화적인 것이 아니라 그 자체의 용어로 설명되어야 한다. 복음의 내용은 타협될 수 없다. 바울이 유대인들에게 메시아에 대하여 이야기하고 예수님을 소개할 때, 그는 상황화된 소통에 있어서 "안전선" 안에 있었다. 좋은 분위기를 조성하고자 하는 갈망을 가지고 있었지만 마침내 그 자신이 거부와 무시를 당하게 만들고, 의문과 거부감을 불러일으킬 수 있는 복음의 진리들을 최소화시키도록 만들지는 않았다.

(5) 메시지 제시의 최종 목표는 단지 소통(communication)이 아니라 청중들에게 그리스도의 지식을 전달하는 것이다. 바울의 소통은 그들이 약속의 자녀들이든지 아니면 창조의 자녀들이든지 간에 진리를 제시하기에 용이하게 만들었다.

(6) 메시지의 언어학적, 문화적 상황화는 성공적인 소통과 복음을

명백하게 이해될 수 있도록 전달하는 도구이다. 바울은 이 도구를 훌륭하게 사용하였는데 유대인과 이방인, 종과 자유자, 주인과 종들에게 다른 방법으로 말하였다. 예수님 또한 "사람 낚는 어부"에 대해서 말씀하실 때, 혹은 설교에서 빛을 비추는 등불, 다른 토양에 뿌려진 씨, 타작마당의 알곡과 가라지, 잃어버린 동전, 물고기로 가득 찬 그물 비유를 사용하셨을 때, 이 모든 것은 말씀의 핵심이 그것을 듣는 사람, 사회, 문화에 이해될 수 있는 방식으로 도달할 수 있도록 한 것이다.

(7) 복음을 상황화하여 제시하는 것으로부터 기대하는 결과는 죄로부터 회개하고 진정한 회심을 하도록 만드는 것이다. 사람들이 자신들의 죄악된 상태를 편안하게 느끼도록 만드는 어떤 복음의 제시가 있다면 그것은 불완전한 것이다. 바울이 자유롭게 하고 변화를 일으키는 방식으로 복음을 제시하였다는 것으로부터 이것을 분명히 알 수 있다.

## 6. 상황화를 위한 성경적 기준들

티펫은 사람들이 예수님을 외국적 그리스도가 아니라 개인의 구주로 보게되고, 기독교적 가치를 따라 자신의 문화 속에 적용하는 행동을 하게 될 때, 그들의 세계관 속에서 합당하게 복음을 살아내면서 그들이 이해할 수 있는 방법으로 주님을 예배하게 될 때, 그제야 우리는 그들 사이에 교회가 존재하게 되는 것을 보게 될 것이라고 강조했다 (Tippet 1971).

비록 복음이 모든 시대와 모든 사람들을 위한 것으로, 문화와 시간을 초월하는 것이지만, 각각의 문화는 하나님 말씀에 의해 응답되어야 할 의문들을 자신의 방식대로 제기할 것이다. 호색(好色)하는 것은 성경이 정죄하는 것이지만, 각각의 백성들은 무엇이 호색하는 것이고 무엇이 아닌지에 대한 자신만의 분명한 문화적 이해를 발전시키고 있다. 토고 북쪽지역의 바싸리스 부족 가운데서는 여성의 신체 부위 중에서 팔뚝(forearm)이 가장 관능적인 부분으로 간주되기에 반드시 품위있게 가려져야만 한다. 그러나 동일한 여성이 그녀의 가슴을 가리지 않고 다니는 것은 그녀를 보는 사람들을 당황스럽게 하거나 관능적인 반응을 촉발하지는 않을 것이다. 메시지가 충실하게 전달되려면 상황화의 과정을 반드시 거쳐야만 한다.

예를 들어, 폐렴을 앓고 있는 서구 도시의 한 남자를 생각해보자. 서구에서 이러한 병은 그 질병에 관해 알려진 사실들에 의거하여 치료되고 그것을 다루는 처방법이 있다. 따라서 중요한 질문은 어떻게 그것을 다루는가이다. 아프리카 상황에서는 그 질문이 어떻게가 아니라 왜이며 그것에 의해 처방이 결정된다. 가장 연관성 있는 질문은 질병의 원인에 관한 것이며 이에 대한 답변이 주어지기 전까지는 어떠한 행동도 취하지 않는다. 객관적인 질병은 같은 것이고, 동일한 생물학적 작용에 의한 것이지만, 문화적 접근방식은 다르다. 만일 복음 선포가 변혁을 일으킬 수 있도록 "해독되어"(decoded) 전달되려면, 사람들 가슴 속에서 야기되는 질문들에 대한 지식을 갖는 것이 중요하다.

따라서 논점은 단순히 어떻게 상황화를 할 것인가가 아니라 특별히 무엇을 상황화할 것인가이다. 중요한 것은 복음이다. 상황화는 단지 도구일 뿐이다. 우리는 다음과 같은 것을 질문할 필요가 있다.

(1) 사람들이 복음을 자신들의 세계와 연관성이 있는 것으로 보는가?
(2) 그들이 그 지역의 세계관과 비교해서 기독교적 원리들을 이해하는가?
(3) 그들이 자신들의 일상의 갈등에 대한 해결책으로 복음적 가치들을 적용하고 있는가?

복음의 상황화는 그리스도의 주재권(lordship)을 단순히 추상적 원리나 그저 수입된 교리가 아니라, 인간의 삶을 그렇게 살아가도록 만드는 문화적 가치들과 비교되는, 삶을 형성시키는 요소요, 모든 차원의 기본적 규범으로 볼 수 있도록 번역하는 것을 의미한다.

이러한 일이 일어나려면, 복음의 소통을 위한 몇 가지 기준들이 준수되어야만 한다.

(1) 복음의 모든 커뮤니케이션은 그것이 전달자의 것이든 수용자의 것이든 성경적 원리들에 기반을 두어야지 문화적 전제들의 포로가 되어서는 안 된다. 그렇다. 나는 하나님의 말씀이 문화를 넘어(cross-culturally) 적용될 수 있고 초문화적으로(supralculturally) 명백하며 연관성이 있다고 생각한다. 따라서 복음은 도시민이나 부족민, 과거와 현재, 학자나 일반인을 포함한 모든 사람을 충족시킬 수 있다.

(2) 복음의 커뮤니케이션은 메시지가 듣는 사람들의 매일의 삶 속에 의미가 있도록 되어야만 한다. 사람들은 하나님이 그들의 언어로, 그들의 문화 속에서, 그들의 가정과 매일의 삶 속에 말씀하시는 것을 볼 수 있어야만 한다.

(3) 복음에 대한 거부는 반드시 상황화가 잘 안되었기 때문만은 아니다. 하나님 말씀은 언제나 지역문화와 대결하기 마련이기에, 그것이 성경적 메시지에 대한 거부로 이어지게 할 수 있다.

(4) 복음을 제시함에 있어 접근방식을 만들 때, 우리는 언제나 성경으로부터 문화로 가는 방식을 취하고 그 반대 방향으로 해서는 안된다.

교회개척자는 다른 무엇보다 복음을 설교해야 한다. 사회봉사, 총체적 사역, 문화 이해는 분명한 복음의 전달을 결코 대체할 수 없으며, 그것들은 교회의 존재 이유를 정당화시킬 수 없다. 어디에서, 어떠한 교회개척 사역을 하든지 복음을 진술할 때 그 내용에 반드시 포함되어야 할 것은 다음과 같다.

(1) 창조주이신 하나님(엡 1:3-6)
(2) 인간과 하나님 사이에 분리의 원인인 죄(엡 2:5)
(3) 하나님의 인류 구속을 위한 역사적, 중심적 계획으로서 예수님, 그분의 십자가와 부활(히1:1-4)
(4) 하나님 약속의 성취로서 성령과 그분의 세상 끝 날까지 교회를 인도하심

요약하자면, 우리는 문화적 민감성과 관심을 사역의 토대가 되는 성경적 신학과 결합시킬 필요가 있다. 우리는 우리의 전도 및 교회 활동을 단지 무엇이 실제로 일어나고 있는가 뿐 아니라 그 신학적 기초의 빛 아래서 재평가할 필요가 있다. 이것은 메시지의 전달뿐 아니라 교회의 형태도 포함한다. 동시에 우리는 성경적 메시지가 언어학적으로, 문화적으로 그것을 듣는 이들에게 적용할 수 있고 자신들의 삶과 연관성 있는 어떤 것으로 이해되고 있는지 확인해보아야 한다.

슬프게도, 오늘날 우리는 전 세계적으로 기독교 명목주의와 종교적 혼합주의의 쓰디쓴 열매들을 거두고 있는데, 그것은 복음을 전달하는 사역에 있어서 하나님 말씀을 중심에 두는 것을 실패하는 데서 나타나는 현상이다. 이러한 실패를 정당화시켜 온 역사적 요인들은 언제나 두 가지 지점을 맴돌고 있다. 순전히 사회 정의만을 강조하는 것, 그리고 문화적으로 더욱 민감한 의사소통을 추구하는 것이 바로 그것이다. 하지만, 만일 우리가 하나님이 창조자이시며 역사와 모든 민족과 언어 및 문화의 주인이심을 믿는다면, 우리는 그분의 말씀이 단지 진실일 뿐 아니라 나아가 정의를 증진시키고(약하고 압제당하는 자를 해방시키는

것), 모든 인류와 모든 사람의 심령에 전달될 수 있음을 믿어야만 한다.
하나님 말씀을 신뢰하고, 그것이 우리의 상황화의 중심이 되도록 하자. 복음의 능력은 모든 상황을 변화시킬 수 있다.

◈ **호날두 리도리우**(Ronaldo Lidório)는 브라질 장로교 목사로서 가나와 브라질에서 교회개척 사역을 해왔다.

◈ 토의를 위한 질문들

1. 호날두 리도리우는 문화보다 성경의 우위를 강력히 강조하는 입장을 취하고 있고 우리는 언제나 성경으로부터 문화로 나아가야만 하며 그 반대로는 안 된다고 말한다. 그는 이것의 근거로 어떤 주장을 펴고 있는가? 왜 그는 이처럼 강력한 입장을 주장하는가?

2. 그의 글의 거의 마지막 부분에서 호날두는 모든 지역의 교회개척 사역을 하는 사람들이 복음에 포함시켜야 할 내용의 필수적인 네 가지 요소를 제시하고 있다. 당신은 이것이 도움이 되는 요약이라고 보는가? 그 이유를 설명해보라. 당신의 상황에서 당신이 생각하기에 "필수적인 것들"에 추가해야 할 다른 것이 있는가? 당신의 상황에서 리도리우가 인용한 각 요소들을 어떻게 충실하게 전달할 수 있을 것인가?

3. 리도리우는 상황화를 시도할 때 주의해야 할 세 가지 위험들을 제시한다. 강요, 실용주의, 그리고 일차적으로 사회학적 접근을 하는 것인데 어떻게 이런 각각의 요소들이 당신의 선교 현장에서(타문화든 당신의 민족과 나라 가운데에서든) 도전이 되고 있는가?

# GLOBAL MISSION

**REFLECTIONS AND CASE STUDIES
IN CONTEXTUALIZATION
FOR THE WHOLE CHURCH**

## 2장

# 관찰하기, 배우기, 살아가기
#### 예수님의 모범에서 배우는 선교사 훈련 원리

폴 우즈(Paul Woods)

한 기독교 대학에서 선교 훈련을 받고 있는 두 청년이 각각 길거리로 나가 실제적인 경험을 쌓도록 요청받은 것에 관한 이야기가 있다. 그들은 돌아와서 서로의 노트와 경험을 교환했다. 한 청년은 자신이 친구보다 더욱 주님을 가까이 본받는 경험을 하였다고 확신하였고 그것을 다음과 같이 요약하였다. "우리는 둘 다 복음을 위해 열심히 사역하였지만, 너는 네 방식대로 나는 그분의 방식대로 하였다."

이러한 재미있는 일화는 하나님의 평범한 일꾼들이 "예수님이 하셨던 것처럼 일을 하는 것"을 시도할 수 있는가, 또는 시도해야만 하는가의 쟁점을 드러낸다. 아마 그것보다 조금 더 절제된 기대는 롤랜드 앨런(Roland Allen)이 쓴 선교학의 고전『선교방법론-바울의 것인가? 우리의 것인가?』(*Missionary Methods: St. Paul's or Ours*)의 책 제목에서 나타난다고 할 수 있을 것이다. 하지만 여전히 남아 있는 중요한 사실은 타문화 사역에 대한 식견(insight)을 얻고 격려를 받기 위해 그리스도의 삶과 사역을 검토하는 것이 큰 가치가 있다는 것이다. 이것이 한 사람으로 하여금 문화와 풀뿌리 차원의 상황에 대한 민감성을 갖도록 만드는 과업과 관련되었을 때 특별히 더욱 그렇다. 여기에 그것을 돕기 위한 몇 가지 간략한 지침들이 있다.


## 1. 우리의 모범인 성육신된 말씀

우리가 훈련과 교육을 위한 유용한 개념들을 판별하기 위해 예수님의 삶과 사역의 스타일을 주목한다면, 시작부터 우리는 어느 정도 채택하거나 본받기를 기대하는 요소들과 우리가 시도하기에 절대로 불가능한 것들을 구별할 필요가 있다. 다시 말해서, 오직 한 분 성육신하신 하나님의 아들이 존재할 수밖에 없다는 사실과 그분의 이 땅에서의 사역은 우리가 넘볼 수 없는 어떤 것들을 분명히 가지고 계셨다는 것이다.

제한되고 타락한 우리 인간의 마음을 가지고 무한하신 하나님이 유한한 인간으로 오신 경험을 이해할 수 있는 길은 없다. 어떤 의미에서 그것은 신적 영역에 관한 것이기에 우리는 알 수 없는 것이 너무 많이 있다. 우리는 예수님의 문화 및 언어 습득 능력 중 어느 만큼이 인간적인 것이고 어느 만큼이 신적인 것인지 측정할 수 없다. 이러한 세밀한 접근은 필요치 않다. 여기서의 과제는 우리가 기계적으로 따라야 할 세세한 규칙들보다는 일반적인 원리들을 추출하는 것이다. 예수님의 지상사역과 지역문화의 사용 및 일상의 삶에 대한 대략적 묘사는 성육신적 사역(역사 속에 유일한 의미로서가 아니라 우리가 현재 이해하는 대로의)의 강력한 원리와 함께 우리가 따라야 할 많은 유익한 개념들을 제공한다.

첫째, 우리는 요한복음 1장에서 사람들 사이에 거한다, 즉 "텐트를 친다"는 개념을 보게 된다. 자주 방문하거나 일시적으로 머무는 것과는 달리, 예수님은 자신이 구원하려는 사람들에게로 오셔서 살기로 결정하셨다는 것을 본다. 실제로 하나님이 인간이 되셨다는 전체 생각은 잃어버린 사람들을 향한 장기적인 헌신, 동일시, 함께 거주한다는 것과 단단히 연결되어 있다. 우리는 성육신을 순전히 희생적 기능을 위한 준비라고 성급히 결론내리지 않도록 주의해야만 한다. 예수님은 이 땅에서 삼십여 년을 사셨고, 우리가 아는 대로는 오로지 마지막 삼 년 동안에 활동적인 사역을 펼치셨다. 그분의 이 땅 위에서의 생애는 단지 희생제물이 될 목적만을 위해 필요한 것보다는 더 긴 시간이었다. 예수님은 대중들을 또한 가르치셨고 그분 가까이 있던 사람들의 멘토(mentor)가 되셨다. 이 영역에서 예수님은 존재론적 의미(우리는 신성을 가지지 않았다는 측면)에서가 아니라 실제적인 의미에서 우리 중 대부분이 거부하고 있는 하나의 원리를 구현하셨는데, 즉 그분은 자신이 온전히 속하지 않았던 사역적 상황 가운데 탄생하시고 성장하셨다는 것이다.

하나님이셨던 그분이 거의 삼십 년 동안이나 자신이 목표로 했던 민족들의 삶과 고난을 체득하고 성찰하며 그들의 신앙을 이해하기 위해 시간을 보내셨다는 것은 분명히 우리가 주목해야만 하는 중요한 사항이다. 예수님은 자신이 사역했던 사람들의 종교적 배경을 매우 잘 아셨고, 그런데도 그들의 문화와 세계관을 습득하는 긴 준비 기간을 보내셨다. 아마도 우리는 두 가지 방식으로 이것을 생각해볼 수 있다. 예수님이 유대인 노동자 계층 사이에서 삼십 년간을 보내셨던 것은 그들을 이해하고 그들과 동일해지시기 위함이었다. 또한 그분은 유한한 인간 존재들 사이에서 삼십 년을 사셨는데 그들을 지적으로뿐만 아니라 경험적으로 이해하시기 위함이었다. 선교사들에게는 문화 습득과 관련하여 학문적인 것과 실제적인 것, 이론적인 것과 경험적인 것이 결합되어야 한다는 교훈을 주는 것이 아닐까?

이 지점에서 우리는 예수님이 자신이 사역 목표로 삼았던 민족의 상황을 배우고 이해하기 위해 보내셨던 삼십 년 간의 시간과 노력이 담고 있는 의미를 밝히는 데 시간을 투자할 필요가 있다. 이 과정에서 우리는 일반 선교사와 성육신하신 하나님 아들과는 차이점들이 있다는 것에 유념해야 하겠지만, 그분에게 중요했던 것처럼 분명히 우리에게도 중요한 몇 가지 요소나 원리들을 정제해낼 수 있다. 이것을 한마디로 표현하자면, 그분에게 유익했던 것이라면 확실히 우리에게도 또한 유익하리라는 것이다.

## 2. 예수님의 "삶의 정황"(SITZ IM LEBEN)

이 땅에서의 예수님의 생의 초기, 즉 사역을 시작하시기 전의 생애의 기본적 세부 사항들에 관하여 우리가 할 수 있는 만큼 복음서들로부터 찾아내는 것은 유익하다. 흥미롭게도 신학과 선교 역사에 대한 데이비드 보쉬(David Bosch)의 뛰어난 책에서 그는 누가가 예수님의 사역을 유대 백성 사이의 장벽들을 무너뜨리고 하나님의 포용성을 보여주는 것으로 보았다(Bosch 2000, 27). 누가에게 있어 예수님의 사역은 유대인 공동체 안에서 개인과 그룹들 사이의 화해를 포함하고 있는데, 특별히 그때까지 소외되었던 사람들을 포용하는 것이었다. 예수님이 미심쩍은 가족 배경 아래 탄생하셨고, 천한 환경에서 자라나셨다는 사실 자체가 그것을 잘 나타낸다. 그 후 예수님은 이집트에서 피난민이 되셨고, 아마도 그의 공생애를 시작하시기 전에 지상의 부친을 잃으셨을 것이다(Carson 1991). 여기에는 부랑자, 빈민, 소외층과의 분명한 동일시가 존재하며 우리는 이것이 그분의 지상사역 속에서 흘러나오는 것을 볼 수 있다. 이것이 사역 훈련의 일부분이라고 정상적으로 간주될 수 없을지라도, 이러한 경험들이 그분의 세계관과 그 후의 사역의 실천에 있어 매우 중요한 요소들이 되었으리라는 사실은 남는다. 동일시와 개인적 경험들은 사역을 준비시킨다. 사회적 이슈들과 부패에 대하여 책을 통해 아는 것과 그것들을 직접 경험하는 것은 아주 다르다.

그분이 사역하셨던 사람들과의 일종의 감정적 소속감이라고 부를 수 있는 것과 더불어 우리는 또한 예수님의 초기 생애 속에 있던 강력하고도 실제적인 학습 환경을 관찰할 수 있다. 우리가 알다시피 예수님은 대략 삼십 세 정도 나이에 공생애를 시작했는데 그의 고향에서는 "목수의 아들"로 널리 알려졌다(막 6:1-3). 추측컨대 그분은 적어도 일정 기간 동안 그의 지상의 부친과 동일한 직종에서 일하였을 것이다. 얼핏 보아서는 예수님이 목수로 혹은 목공소 주변에서 보낸 시간들이 그가 후에 일하게 될 상황을 위한 선교사 훈련으로서 최적의 환경이라는 생각이 들지 않는다. 예수님의 가르침에서는 우리가 보건데 많은 이야기와 비유들이 농부의 삶이나 고용된 노동자들의 경험, 다양한 가정사와 가족관계로부터 나오지만 목수일이나 가구제작과 관련해서는 아마도 눈에 티끌과 들보 이야기 외에는 없기 때문이다.

하지만 조금만 추측해보면, 특별히 농업이 주종인 사회에서 소읍(urban)이나 어느 정도 마을이 형성된 배경에서 서비스 산업으로서의 목수 일이란 공동체의 중심 내지 중심에 가까운 것이었음을 알 수 있다. 예수님은 (목자들처럼) 들판에서 가축들과 함께 지내면서 사람들로부터 멀리 떨어져 지내지 않았다. 달리 말하자면, 목수일이란 그의 서비스를 필요로 하는 온갖 종류의 배경으로부터 온 사람들을 만나고 사귀는 직종이었다는 것이다. 목수라는 직종의 물리적 위치와 특성에 의해 최근 일어난 모든 사건들, 험담, 소문들을 듣게 되며 실제적으로 "행동의 결집점"(the center of the action)에 존재하게 되기에 그러한 사람은 이야기와 전해들은 소문, 일화들 및 일상의 삶이라는 정황 속에 뿌리내린 세상의 지혜들이 모아지는 거대한 저장소(storehouse)를 짓게 되는 것이다.

이러한 사실은 지역문화를 배우고 지역문화로부터 배워야 하는 선교사들의 필요에 관한 어떠한 논의에라도 영감을 불어넣는 것이 되어야 한다. 그것은 우리가 그리스도를 전파하고자 하는 사람들이 사는 작은 마을에서 목수가 되어야 한다는 것은 아니지만 거기에는 간접적 교훈들이 있다.

광범위한 사람들과 함께 섞이기를 추구하셨고 그들의 삶의 쟁점들과 상황으로부터 배우셨다는 것이다. 그는 많은 사건들과 농부와 노동자들의 삶에서 일어난 일화들, 다양한 사회경제적 계층의 가족들과 관련한 많은 이야기를 들으셨을 것이다. 타문화 상황 속으로 들어가는 외국인 선교사들도 분명 그와 같은 동일한 노력을 기울여야만 한다. 그렇게 함으로써 우리는 지역의 쟁점과 문제들에 대한 좋은 통찰력을 얻게 된다. 우리는 주변 사람들의 매일의 삶으로부터 일련의 예화들과 "비유들"을 발전시킬 수 있게 된다.

예수님의 모본은 또한 이러한 과정이 시간이 걸린다는 것을 계시해주고 있다. 그것은 급하게 해치워질 수 없고, 책자나 파워포인트, 혹은 멀티미디어 프레젠테이션으로 압축될 수 없다. 그런 현대적 도구들이 쓸모 있기는 하지만 말이다. 진실로 그 어떤 것도 우리가 목표로 하는 사람들이 모국이라고 부르는 살아 움직이며 때로 상처를 주는 사회 속에서 시간을 보내며, 그 속에 깊이 잠겨 들어가는 것을 대체할 수 없다. 예수님이 목수로서 생애를 사셨던 것에는 상당한 시간과 에너지의 투자, 그리고 성찰이 동반되었다.

타문화 훈련의 방법이나 이러한 훈련을 위한 정신의 근거로서 예수님의 "삶의 정황"을 살펴보는 것으로부터 이제는 그분이 공생애 삼 년 동안에 적용하셨던 실질적인 교훈과 통찰력들에 대해 더 살펴보겠다.

## 3. 당시 사회적, 정치적 상황에 대한 예수님의 이해

예수님은 목공소의 작업대에서 시간을 보내며 살아가고 계셨고 장차 사역하시게 될 사회에 대한 지식을 얻기 위해 눈을 여시고 귀를 기울이셨을 뿐 아니라, 기꺼운 마음으로 그 사회를 이해하고 감정이입을 하셨던 것처럼 보인다. 우리는 하나님 백성 사이에 존재하는 장벽들을 제거하고자 하시는 예수님의 소원에 대해 언급하였는데, 그것은 후에 그리스도 안에서는 인종, 사회적 신분, 성별이 아무것도 아니라는 사도 바울의 급진적인 선언 안에서 요약되어 표현되었다(갈 3:28).

예수님은 이러한 넓은 관심을 가지고 신분과 장벽의 이슈들을 사려 깊고도 민감하게 다루실 수 있었다. 그분은 기존 현상에 대해 도전할 때와 융통성을 발휘할 때를 알았던 것으로 보이는데, 그분의 주요 목표는 하나님 왕국을 선포하는 것이었다. 예수님은 부자 청년 관원, 세리 마태와 삭개오, 마리아와 마르다 자매, 그리고 또한 어린 아이들 무리를 어떻게 다룰지를 아셨다. 그분은 사회에서 버림받았던 나병환자들과 귀신 들린 사람들과 관계를 잘 맺었고, 니고데모와 같이 원로 정치인에게도 무엇을 어떻게 말씀하실지를 알았다. 예수님은 유대인 진영을 벗어나 사마리아 여인을 다루실 때는 관심과 직설적 대화법, 그리고 문화에 도전하는 용기를 결합시키셨다. 그분은 또한 로마 정복 권력의 상징 중 하나라고 할 수 있는 백부장과도 교류하셨다. 후에 예수님은 제자들의 발을 씻어 주심으로 확립된 사회적 규범을 충격적으로 허물어버리셨다. 이미 우리가 생각하였듯이 이 모든 상황들 속에는 분명 우리가 가질 수 없는 그분의 신성이 작동하였을 터이지만, 동시에 그분의 지혜와 융통성은 그분이 사셨던 사회에 대한 깊은 지식과 성찰을 보여주고 있다.

바리새인과 율법사들과의 갈등이 격화되고 이러한 긴장은 당시 지배하던 로마 당국의 주의를 점점 더 끌었음 직한데, 우리는 거기서 지역에 관한 그분의 섬세한 지식(detailed knowledge)이 적용되는 또 다른 영역을 보게 된다. 1세기 팔레스타인 지역의 사회정치적, 민족적, 종교적 환경은 부글부글 끓는 가마솥과 같았고 이런 폭발하기 쉬운 혼합물에 더하여 하나님의 왕국이라는 요소가 첨가되었다. 하나님의 왕국은 유대적이면서 또한 유대적이 아니었고, 급진적이나 혁명적이 아니었으며, 강력하나 평화적인 것이었다. 놀라운 것은 예수님이 사역에서 정치적이기를 피하면서도 간접적으로 정치적 주제들을 다루시는 사려 깊음을 보이셨다는 것이다. 우리는 가이사에게 세를 바치는 문제에 대한 질문에 답변하신 예수님의 놀라운 지혜를 기억하고 있다. 그분의 사회와 대중문화에 대한 섬세한 지식은 그로 하여금 그분의 메시지 자체에 초점을 맞출 수 있도록 하였고, 바리새인들과의 점증하는 어려움을 다루는 그분의 솜씨는 그 시대 전반의 사회적, 정치적 주제들을 깊이 터득하고 있음을 암시하고 있다. 예수님은 어디를 밟아야 하며, 얼마나 세게 다뤄야 할지를 아셨다. 다시금 강조하거니와 타문화권 선교사들도 이러한 종류의 지식을 터득해야 할 필요가 있다. 우리는 정치적 행동이나 연루를 피하여야 하지만 동시에 지역의 이슈들과 난제들을 이해하고 그것들 가운데서 어떻게 움직여야 할지를 알아야만 한다.

## 4. 예수님의 가르치시는 방식과 내용

예수님은 삼 년 동안 순회하며 가르치셨는데, 인류를 위한 하나님 계획에 관한 복합적이고도 도전적인 메시지를 설교하셨다. 우리는 복음서로부터 예수님의 가르치시는 방법과 그분이 가르치셨던 재료의 성격에 대해 배울 수 있다. 우리는 그분의 가르침의 내용과 더불어 전달하는 방식을 검토할 수 있다. 이러한 두 가지 요소는 모두 그분의 공동체에서 사시면서 배우는 자로 준비하시던 시간으로부터 유래한다.

예수님은 소통에 있어 다른 방식들을 다양하게 사용하셨다. 그는 수동적 청중에게 매우 직설적인 **선포**(proclamation) 형태를 사용하셨는데, 게네사렛 호숫가(눅 5장) 혹은 산상수훈(마 5-7장)의 경우에서 볼 수 있다. 누가복음 4장에서와 같이 회당이라는 보다 공식적 환경에서 행해진 것도 있다. 우리는 또한 많은 대화가 거의 "질의-응답" 형태로 일어난 것을 볼 수 있다. 한편 거기에는 구도자들이 주님께 다가온 경우들도 있었는데(마 19장의 부자 청년의 예), 친절하고, 호의적인 만남도 있었고 또는 회개와 행동변화를 촉구하는 더 강한 도전을 주는 경우도 있었다. 나아가 우리는 간략한 가르침의 경우들도 발견하게 되는데, 중풍병자의 치유의 예(눅 5장)와 같이 대부분은 기적적 치유 또는 특정 사건과 연관하여 주어지는 것이었다.

현대적 용어로 표현하자면, 예수님은 청중의 배우는 스타일과 교육적 수준 및 삶의 경험을 아셨고 그들에 맞게 자신의 가르침을 적응시킬 의향과 능력을 가지셨다. 그는 주어진 상황에서 무엇이 효과를 낼지를 아셨다. 반복하거니와 이 또한 사람들 사이에서 장기간 사는 헌신과 그들이 어떻게 배우고 어떻게 토론하며 어떻게 새로운 것들과 교감하는지를 관찰하는 것의 중요성에 대해 말하고 있다. 다시 또 말하지만 이러한 지식은 학문적 연구로부터 습득하기 어렵고 사람들 사이에 살면서 그들을 관찰하는 것 외에는 대체할 수 있는 것이 없다.

이것과 관련하여 마지막 주제는 메시지 내용 또는 예수님에 의해 주어진 가르침에 관한 것이다. 요즈음 스토리텔링과 구전 학습자에 대해 말하는 것이 유행인데 이러한 개념들에는 많은 가치가 있다. 예수님의 이야기 및 은유 사용은 매우 중요하며 타문화 선교사들과 그들의 훈련 필요에 있어 의미가 있다. 예수님은 대중을 가르침에 있어 명제적 진리 주장을 피하셨던 것으로 보이는데, 삶의 경험에 기반을 둔 담화(narrative) 및 이야기에 초점을 두셨다. 동시에 우리는 더 직설적인 논리(넓은 의미에서)를 사용하신 것과, 바리새인들과 율법사들을 다루실 때에는 논박을 사용하셨던 것을 볼 수 있다. 누가복음 5:23에서 "**네 죄사함을 받았느니라 하는 말과 일어나 걸어가라 하는 말이 어느 것이 쉽겠느냐?**"라고 바리새인들을 향하여 던지셨던 예수님의 강력한 질문을 생각해보라. 한편 예수님이 니고데모에게 사용하셨던 스타일(요 3장)은 씨 뿌리는 사람 비유를 듣던 평범한 농부들(마 13장)에게는 아마도 효과가 없었을 것이다.

예수님은 **탁월한** 메시지를 가지셨던 분으로, 그분의 전 생애의 목적은 사람들에게 하나님의 말씀을 성취하고, 선포하며, 모델을 보여주고, 그 말씀 자체가 되는 것이었다. 하지만 이러한 명확하고 분명한 메시지와 대조적으로, 우리는 예수님에게서 엄청난 유연성과 광범위한 분야의 자료들을 사용하려는 자발성을 볼 수 있는데 특별히 비유들의 경우에 있어 그렇다.

비유들은 종종 영적 의미를 가진 세상 이야기들이라고 묘사된다. 즉 예수님은 당시 사회 속에 자리 잡고 뿌리를 내린 전통적 지혜와 더불어 당신이 들었던 이야기, 소문, 그리고 심지어 험담의 요소들을 취하여 영적 내용으로 만들어내셨고 그것들을 메시지에 있어 강력한 예화들로 활용하셨다. 그 위대한 교사는 일상적 삶을 사용하여 사람들이 인간의 이해를 넘어서는 교훈을 이해할 수 있도록 만드셨다.

우리는 이미 비유들 안에 농업 관련 내용이 상당히 많다는 것을 주목했다. 거기에는 또한 주인과 종들 혹은 일꾼들에 초점이 맞추어져 있다. 가정생활로부터 나온 예화들도 있다. 그러나 예수님은 건축과 고기잡이와 관련된 것들을 사용하셨고, 자신의 메시지에 현실감을 더 하시려고 부자들의 삶도 언급하셨다. 여기서 사용된 범위와 형태를 생각해볼 때 우리는 이런 이야기들 중 어떤 것들은 그분 자신이 꾸며낸 것이며 한편 다른 자료들은 그분의 매일의 삶 속에서 나온 것이라고 결론내릴 수 있다. 어쨌든 거기에는 목공 일에 관한 비유는 없다!

이런 종류의 세상 이야기를 사용하여 영적 주안점을 가진 것으로 만드는 데에는 자연스럽게 통찰력과 대담성이 요구된다. 즉 그것이 올바른 메시지로 전달될 것이라는 것과 적합한 방법이라는 것에 대한 확신 말이다. 어떤 이는 이천 년 전 농업 사회의 삶은 오늘날 현대 사회에 비해 단순했으며 우리는 현재 바쁜 노동 스케줄, 가족, 그리고 시간을 잡아먹는 각종 전자 통신 기구들 때문에 더 많이 정신을 빼앗기게 된다고 말한다. 그것은 사실이나 동시에 우리는 시간을 더욱 효율적으로 사용할 수 있게 하는 수많은 광범위한 자원들을 가지고 있다.

사역을 시작하기 전에 한 곳에서 삼십 년을 보내는 것은 교회와 후원자들 쪽에서의 인내는 말할 것도 없고 우리 연령과 삶의 정황, 가족, 비자 또는 재정의 측면에서 그것은 아무도 감당할 수 없는 사치가 될 것이다. 하지만 예수님의 사역으로부터의 메시지는 바른 장소에서 고도의 집중력을 가진 장기간의 몰입은 우리로 하여금 더욱더 공동체 안으로부터 사역을 하며 점점 더 내부자로서 기능을 할 수 있도록 돕는 강력한 도구가 될 수 있다는 것이다. 그것은 또한 우리로 하여금 친절하기는 하지만 지역문화 및 사회정치적 뉘앙스를 파악하지 못해서 현지인들에게 혼동을 주는 외국인의 얼굴을 감추게 만들 것이다. 데스크탑 컴퓨터를 통한 출판, 웹 페이지와 다중매체의 시대에도 우리는 이런 원리들을 폭넓게 채택할 수 있어야만 한다. 또한 우리 앞서 간 사람들의 경험, 일반 인류학과 문화 연구들로부터 나온 통찰력들을 사용하여 높은 수준의 학습 교재들과 동기를 부여할 수 있는 도구들을 생산해 냄으로 더 깊고 강력한 배움과 정체성을 갖도록 도울 수 있어야 한다.

## 5. 결론

이 짧은 글을 통해 예수님의 생애, 삶의 정황 및 사역 스타일의 요소들을 살펴보았다. 이들 통해 예수님을 단순하게 모방하자는 주장이 아닌, 일반 선교사들에 의해 사용될 수 있는 일반적 원리들을 끌어내려고 시도하였다. 사역을 위한 예수님의 준비로부터 얻는 교훈들은 분명하다. 선교사들은 자신들이 사역하고자 하는 문화를 배우고 경험하기 위한 시간이 필요하다. 머릿속 지식은 문화 몰입 경험을 통해 얻어진 지식에 의해 보완될 수 있다. 학문적 연구는 현장에 있는 진짜 사람들의 삶에 노출됨으로 보충될 수 있다. 선교사들은 현지 사람들과 접촉을 유지해야 하는데 그래야만 대인관계 의례, 당면 이슈들, 그 사회의 광범위한 분위기에 대한 민감성의 측면에서 적절한 안목을 가질 수 있다. 이러한 노출의 과정과 배움은 분명 시간과 노력, 학습 및 성찰을 필요로 한다. 장기간의 진지한 사역을 하려는 선교사들을 훈련시키는 일에 참여하는 사람들은 다시 한 번 주님의 발 앞에 앉아 그분의 모범으로부터 배울 수 있기를 소망한다.

◈ 폴 우즈(Paul Woods)는 싱가폴 성경대학(Singapore Bible College)에서 선교학을 가르치고 있다.

## ◈ 토의를 위한 질문들

1. 폴 우즈는 만일 우리가 한 문화를 이해하고 그 속에서 효과적으로 사역하려면 그 문화 속에 장기간 몰입하는 것의 중요성을 강조하고 있다. 반대로 많은 선교회들이 오늘날 단기 선교에 재정을 투자하고 있으며 그러한 경향이 확산되고 있다. 이러한 두 가지가 양립할 수 있을까? 각각의 접근 방법이 가지는 강점과 약점들은 무엇인가?
2. 예수님은 여러 해 동안 "일상적인" 노동을 하며 사셨고 공적 "전임 사역"을 시작하시기 전에 그 사회의 평범한 한 사람이셨다. 어떻게 그러한 패턴이 오늘날 사역과 선교사 훈련 그리고 봉사에 영향을 줄 수 있을까? 어떻게 우리는 그리스도인들을 일상적인 매일의 삶 속에서 효율적인 증인이 되도록 가장 잘 준비시킬 수 있을까?
3. 여러분의 문화 속에 복음의 진리를 전달하기 위해 어떤 현대적 비유와 이야기들을 만들어낼 수 있는가?

# GLOBAL MISSION

**REFLECTIONS AND CASE STUDIES
IN CONTEXTUALIZATION
FOR THE WHOLE CHURCH**

# 3장

## 상황화, 토착화, 혼합주의

릭 브라운(Rick Brown)

우리는 한 사람이 가진 핵심 신념과 가치의 틀을 가리켜 "세계관"(worldview)이라는 용어를 사용한다. 과거에는 세계관을 흔히 문화의 한 측면으로 취급했었는데 이것은 우리 목적과 어울리지 않는다. 한 공동체에 속한 개인들은 공통된 문화를 공유하면서도 다른 세계관을 가지고 있을 수 있다. 예를 들어, 도로의 같은 방향으로 자동차를 몰고 있지만(문화) 교통 법규를 따르는 것에 있어서는 다른 관점(세계관)을 가질 수 있다. 고립되어 있는 공동체들을 제외하고는 이 세상의 종족 그룹들(ethnic groups) 안에서 다양한 세계관들이 발견되는 것이 점차 보편화되고 있다. 나는 "문화"를 한 종족이 공유하고 전수하는 사회적 합의를 지칭하는 더욱 제한적 의미로 사용할 것이고, "세계관"이란 용어는 전체 공동체가 그것을 공유하든 아니든 간에 어떤 사람들이 가진 핵심 신념과 가치의 네트워크를 지칭한다.

## 1. 상황화에 대한 성경의 명령

성경은 하나님의 계시의 기록으로서 그것이 주어졌던 사람들뿐만 아니라 그것을 따르는 사람들의 신념과 가치를 개혁하려는 의도를 가진다. 성경 저자들은 주장, 의미있는 사건들에 대한 이야기, 그리고 그러한 사건들의 원인과 결과 및 목적들을 밝혀주는 것을 통하여 자신의 독자들과 청중들의 세계관을 형성(form)하고 재형성(reform)한다. 이것은 예수님의 선교의 일부였는데 그는 다음과 같이 말씀하셨다.

> 내가 이를 위하여 세상에 왔나니 곧 진리에 대하여 증언하려 함이라.
> 무릇 진리에 속한 자는 내 음성을 듣느니라(요 18:37).

달리 말하자면, 성경의 주된 기능 중 하나는 사람들이 가지고 있는 세계관을 변화시켜 하나님이 계시하신 유일한 세계관과 일치하도록 만드는 것인데 성경 저자들이 그것을 "진리"와 "믿음"이라고 부른다. 성경적 세계관은 인간 중심적이 아니라 하나님 중심적이다. 그것은 인간 개인이 아니라 하나님의 목적과 계획 및 가치에 기반을 둔다. 그것은 또한 관계적이다. 하나님의 역사와 인류를 향한 계획은 그분의 왕국을 발전시키는 것이며, 그분은 사람들이 예수님을 자신의 왕으로 영접함으로 그분의 왕국의 영원한 일원이 되도록 초대하신다. 이것은 물론 사람들에게 매우 좋은 소식이지만 하나님의 계획을 정당화시키는 것은 그것이 사람들을 기쁘게 하는 것이 아니라 하나님을 기쁘시게 한다는 데 있다. 이것이 하나님이 우리에게 계시하신 성경적 세계관에 독특성을 부여한다.

그러나 신약성경은 문화에 관하여서는 획일성보다는 다양성을 승인하고 있다. 예수님은 이것을 자신의 사역에서 보여주셨는데 그는 사마리아인들(눅 17:11-19; 요 4:5-42), 레바논과 데가볼리의 이방인들(막 5:1-20; 7:24-8:10) 갈릴리의 로마인들에게 복음을 전파하시면서 그들에게 유대인의 관습과 정체성을 가지라고 요구하지 않으셨다. 예수님은 모든 각각의 문화가 하나님 앞에서 가치가 있다는 것을 강조하셨다. 주님은 돌아오시기 전에 모든 족속에게 복음이 전파되어야 할 것을 말씀(마 24:14)하셨고, 모든 족속과 방언으로부터 하나님을 찬양하게 됨으로 그 목적이 마지막 때에 완성될 것임(계 5:9-10; 7:9-10)을 요한에게 비전으로 보여주심으로 그렇게 하셨다. 이러한 목적이 완성될 것에 대한 예고편(preview)이 오순절에 성령이 제자들로 하여금 수많은 언어로 하나님을 찬양하게 할 때(행 2:4-11) 나타났다. 그것이 보여주고자 한 것은 하나님의 왕국은 종족과 문화 및 언어들의 완전한 다양성을 대표하는 사람들이 포함되기 전까지는 완성되지 않을 것이라는 것이다!

초대 교회의 많은 제자들이 이방인들로 하여금 그리스도를 따르도록 초청하는 것을 달가워하지 않았지만(행 11:19-20), 주님은 베드로에게 환상을 보여주셨고, 유대인의 종교적 관습을 채택하지 않았던 이방인들에게 믿음과 구원을 주시고 성령을 부어주셨다(행 10:1-11:18). 더욱 중요한 것은 주님은 야고보와 사도들에게 중요한 성경 구절들과 성령의 나타나신 증거를 통하여 모든 곳의 이방인 신자들이 몇 가지 나쁜 관행들은 피해야 하지만 유대인들의 종교적 관행들이 아니라 자신들의 문화 관습을 따라야 한다는 것을 보여주셨다(행 15:1-35). 이러한 정책을 따른 바울은 획일성을 원하던 종교적 전통주의자들로부터의 혹독한 비난에 직면하였음에도 불구하고, 사람들에게 바울 자신이 가졌던 유대 종교적 전통으로 회심하라고 하기보다 각 지역문화에 맞는 지역교회들을 개척(행 17-28장)하였다. 바울의 사역 팀은 다양한 종족 그룹으로부터 온 사람들을 포함시킴으로 문화적 다양성을 보여주었다(행 20:4). 바울은 그의 서신에서 문화적 다양성을 포함한 영적 일치를 강조하였다(골 3:11; 롬 10:12:1; 고전 12:13; 갈 5:6). 실제로 그는 자신의 삶의 방식과 설교 스타일¹을 그가 사역하던 사람들의 관습에 맞춤으로 사역 안에서 다양성을 보여주었다(고전 9:20-23).

그 결과 다른 문화 속에 사는 신자들은 다른 형태의 예배 방법과 각자 자신들이 속한 공동체 안에서 신앙을 살아내는 다른 방식들을 갖게 되었다. 이러한 신자들이 형성한 각각의 하부 문화(subculture)들은 그것이 존재하고 있는 문화에 적합한 것이었다. 다른 말로 하자면, 신자들의 전도, 제자도, 교제 및 예배의 외부적 표현은 그들의 문화에 상황화된 것이었다. 문화적 차이점들과 종족적 정체성을 계속 가지고 있었지만 이것이 더 이상 그들 사이의 교제에 장애가 되지 않았던 이유는 그들이 그리스도의 제자요 하나님 왕국의 시민이라는 공통의 정체성을 공유하고 있었기 때문이었다.

요약하자면, 성경은 예수 그리스도를 통한 하나님의 계획을 계시하고 있는데, 그것은 문화적으로 적합한 예배 및 제자도를 포함하여 문화의 다양성을 유지하면서도 단 하나의 계시된 신 중심적 세계관에 따르는 공동체들을 세워감으로 이 땅위에 하나님의 왕국을 진전시키는 것이다. 이러한 프로그램은 모든 민족과 백성과 언어로부터 나온 믿음의 공동체들이 함께 하나님을 예배하게 될 천국에서 궁극적인 완성을 볼 것이다(계 7:9). 따라서 상황화에 대한 성경의 명령은 성경적 믿음과 문화적 다양성 양자를 유지하라는 것이다. 이는 각각의 언어와 문화

---

1 사도행전 22:3과 23:4에서 바울은 그의 메시지를 종교적 유대인들과 특별히 바리새인들과 일치시킴으로 시작한 반면 사도행전 17:2-4과 같이 일반적으로 유대인과 유대교로 개종한 사람들에게는 구약을 인용함으로 설교를 시작하였다. 하지만 아테네의 아레오바고에서 그리스인들을 향하여 설교할 때는 그들의 종교적 관심을 칭찬하는 것과 하나님이 모든 사람을 한 사람으로부터 만드셨기에 모든 민족들이 하나님을 추구하는 것이 마땅하다는 원리(행 17:26-27)를 그리스 시인 두 사람의 말을 인용함(28절)으로 지지를 이끌어내는 것으로 설교를 시작한다.

안에서 믿음이 그 의미와 총체성(integrity)이 보존된 형태로 표현되어야 함을 보증한다. 결과적으로 한 지역교회는 성경에 계시된 세계관을 따르는 것, 그것들이 성경과 배치되지 않는 한 자신들의 고유문화의 관습에 따르는 데까지 상황화될 수 있어야 한다고 우리는 말할 수 있다. 나는 더 나아가 한 지역교회는 성경 안에 계시된 세계관으로부터 벗어나는 것만큼, 그리고 성경과 양립할 수 있는 고유 관습으로부터 벗어나는 것만큼 혼합주의적이 될 수 있음을 주장하고자 한다.

## 2. 토착화와 구별되는 상황화

토착화에 관한 논의는 그 용어를 다르게 사용하는 것 때문에 혼탁해졌다. 어떤 선교사들은 상황화가 마치 토착화와 동의어인 것처럼 부정확하게 사용한다. 그러나 어떤 것을 토착화한다는 것은 지역 관습에 맞춘다는 것을 의미한다(혹은 그것을 지역의 통제 아래 놓는 것이다). 어떤 것은 "기독교"의 형태를 성경적 세계관과 거의 공통점이 없는 지점까지 지나치게 토착화시켰는데, 많은 서구 기독교 전통들이 바로 그렇게 한 것 같다. 한편, 어떤 것을 상황화시킨다는 것은 그것의 형태를 새로운 상황에 맞춘다는 것인데 그렇게 함으로써 그것의 의미가 그 상황 안에서 보존된다. 따라서 **과도하게 토착화하는 것**(over-indigenize)**의 가능성은 있지만, 과도하게 상황화하는 것**(over-contextualize)**은 불가능하다**("언어적 상황화 연습"이라는 제목이 붙은 도표를 보라).

상황화에 대한 이러한 설명은 영어에서 그 용어가 정상적으로 사용되는 용례이다. 그것은 어떤 상황 안에서, 의도한 목적을 성취하기 위해 주어진 언어학적 혹은 문화적 상황에 알맞은 연설 방법 혹은 관습을 채택한다는 의미이다. 예를 들어, 광고회사가 다양한 지역에서 효과적인 광고를 만들어 냄으로 특정 상품의 세계적 판매를 촉진시키라는 과업을 받았다고 가정하자. 그 회사는 그 상품에 대한 획일적 소개를 통해서는 심지어 같은 영어권 안에서도 그 일을 효과적으로 달성할 수 없다는 것을 발견하게 될 것이다. 캘리포니아에서 효과적이었던 광고가 런던에서는 완전히 실패로 끝날 수 있고, 시드니를 위해 고안된 것은 나이로비에서 성공하지 못할 수 있다. 따라서 광고 회사는 다른 문화권들을 위해 그 메시지를 상황화시켜야만 한다. 그것이 힌디어, 아랍어 혹은 중국어와 같이 영어가 아닌 다른 언어로 광고 메시지를 만들게 될 때는 상황화의 필요는 더욱 커질 것이다.

상황화의 실패는 오해와 의도하지 않은 반응을 일으킨다. 코카콜라가 중국으로 처음 도입되었을 때, 사람들은 그 이름을 "왁스 올챙이를 물어뜯어라"로 오해하였다. 하지만 회사는 좋은 의미를 가진 이름으로 그것을 표기하는 방법을 발견하였다. 1960년대에 펩시콜라의 "활기차게 살라"(Come Alive)는 광고가 재상황화(re-contextualization)되지 않고 중국에 수입되었을 때 사람들은 자신들의 죽은 조상들에게 새로운 생명을 약속해주는 것으로 생각했다.[2]

서양 문화에 상황화된 교회 관습들이 재상황화되지 않고 아시아 문화에 수입되었을 때 그 결과는 오해나 혼합주의를 만들어낼 수 있다. 다른 말로 하자면, 미흡한 상황화(under-contextualization)는 혼합주의를 유발시킨다(Owens 2007, 74-80을 보라). 예배 장소에 신발을 신고 들어가는 것, 성경책을 땅바닥에 놓는 것, 아무 관계없는 남녀가 바로 옆자리에 앉는 것, 특별히 여자들이 머리에 너울을 쓰지 않는 것들이 그 예가 될 수 있다. 어떤 문화들에서는 이러한 관습들이 불경건하고 음탕한 것으로 간주되며, 새로운 신자들은 물론 심지어 신생 교회들조차 경건

---

[2] http://www.sopes.com/business/misxlate/ancestor.asp

과 순결은 그리스도 제자의 삶에 있어 중요하지 않은 것이라는 생각을 갖도록 만든다.

히버트(Paul Hiebert)에 의해 묘사된 "비판적 상황화"(Hiebert 1987, 104-112를 보라)를 교회가 실행하는 것이 필요한데, 그것은 믿음을 표현하는 데 있어 문화적 상대주의에 빠지지 않으면서도 문화적으로 적절한 방법으로 제자도를 실천할 수 있도록 한다. 이것은 문화 속에 있는 각각의 관습을 다음과 같은 면에서 살피도록 한다.

(1) 만약 특정한 문화적 관습이 성경의 가르침에 부합한다면 그대로 유지한다.
(2) 만약 특정한 문화적 관습이 성경의 가르침에 부합할 수 있는 가능성이 있을 때는 수정하여 사용한다.
(3) 만약 특정한 문화적 관습이 성경의 진리와 대립된다면 거부하거나 다른 것으로 대체한다.

예를 들어, (1) 결혼은 성경이 가르치는 것과 조화된다. 그러나 (2) 신자들에게 있어 결혼관계가 의미하는 바는 재정의 될 필요가 있고, (3) 아내를 구타하는 관습은 버려야 한다. 토착화만 가지고서는 이러한 결론들에 이를 수 없을 것인데 왜냐하면 그것은 한계를 설정하는 기준이 부족하기 때문이다. 비판적이고 성경적인 상황화가 필요하다.

## 언어적 상황화 연습

당신이 한 나라의 보건 감찰관(health inspector)이라고 가정하고 어떤 항구 도시의 여러 장소를 검사해야 한다고 가정해보자. 당신은 각 장소에서 최고 행정 책임자가 있는지를 질문하고 그 상황에 통상적인 행정적 명칭을 사용하고자 할 것이다. 따라서 당신은 그 명칭을 상황에 적합하게 "상황화"할 필요가 있다. 아래 왼쪽 각 칸에 있는 상황에 대해 오른쪽에 가장 적합한 명칭이 있는지를 살펴보라. 어떤 상황은 시설물의 형태뿐 아니라 지리를 포함하고 있음에 주의하라(영-영국, 미-미국).

"실례지만 제가 _____ 와 이야기할 수 있을까요?"

| 시설물(상황) | 책임자 명칭 |
|---|---|
| 1. 성공회 교회 | a. 점장(store manager) |
| 2. 아파트 건물(미) | b. 선장(master) |
| 3. 병영 | c. (열차) 차장(conductor) |
| 4. 아파트 건물(영) | d. 부대장(commanding officer) |
| 5. 교회(천주교) | e. (열차) 차장(guard) |
| 6. 교회(감리교) | f. 부서담당(site manager) |
| 7. 교회(오순절) | g. 수간호사(charge nurse) |
| 8. 수녀원 | h. 목회자(minister) |
| 9. 병원 병동 | i. 목사(pastor) |
| 10. 집 | j. 교구사제(rector) |
| 11. 수도원 | k. 랍비(rabbi) |
| 12. 감옥(영) | l. 교장(head teacher) |
| 13. 감옥(미) | m. 가장(head of household) |
| 14. 학교(영) | n. (공사) 십장(construction foreman) |
| 15. 학교(미) | o. 감독관(superintendent) |
| 16. 배(상선) | p. 수도원장(abbot) |
| 17. 배(군함) | q. 주거 관리 책임자(residential block manager) |
| 18. 철도역 | r. 선장(captain) |
| 19. 수퍼마켓 | s. 여자 수도원장(abbess) |
| 20. 회당 | t. 교도소장(warden) |
| 21. 열차(미) | u. 교도소장(governor) |
| 22. 열차(영) | v. 교장(principal) |
| 23. 매장(영) | w. 매장 관리인(station master) |

| 24. 매장(미) | x. 사제(priest) |

한 가지 개념에 대해 과도한 상황화를 하는 것은 불가능하지만, 모든 상황에 "책임자" (manager)라는 말을 사용함으로 미흡한 상황화를 하거나, 열차 책임자를 "captain"(선장), 병영 책임자를 "warden"(교도소장)으로 부르거나, 슈퍼마켓에서 "governor"(교도소장)을 찾는 식으로 잘못된 상황화를 할 수 있다. 이러한 실수는 잘못 상황화된 번역에서 나타나는데 다른 언어에서는 범주가 다르게 분류되기 때문이다.

## 3. 선교 과업으로서의 상황화

성경은 사람들에게 자신의 세계관을 성경에 맞추어 재조정하되 성경과 양립할 수 있는 관습들은 보유할 것을 요청하고 있는데 이는 선교사들로 하여금 상황화를 실행하도록 의무를 부과하고 있다. 대럴 와이트맨(Darrel Whiteman)은 이러한 선교사의 과업을 다음과 같이 묘사하고 있다.

> 상황화는 복음을 말과 행위로 전달하려고 시도함으로 사람들이 자신의 지역문화적 상황 안에서 이해될 수 있는 방식으로 교회를 세우려고 하는 것이다. 사람들의 가장 깊은 필요를 채우며 그들의 세계관에 침투하도록 기독교를 제시하는 것은 그들로 하여금 그리스도를 따르지만 자신들의 문화 내부에 머무는 것을 허용한다(Whiteman 1997).

나아가 와이트맨은 상황화가 선택사항이 아니라 의무라고 주장한다.

> 상황화는 실용주의적 효율성에 의하여 동기를 부여받아 우리가 추구하는 어떤 것이 아니다. 오히려 그것은 우리를 살리시려고 자신의 아들을 종으로 보내신 하나님께 대한 우리의 신실함 때문에 따라야만 하는 것이다(Whitman 1997).

와이트맨은 예수님의 성육신적 사역을 상황화의 대표적인 명령으로 제시한다. 상황화를 하되 위에서 이미 언급했듯이, 성경은 여러 곳에서 하나님이 사람들과 공동체들이 자신들의 문화적 정체성을 유지하면서 도덕적, 정신적으로 예수님을 닮아가며 변화되어야 할 것을 요청하고 있음을 분명히 밝히고 있다.[3] 와이트맨은 그 첫 걸음을 하나님 말씀이 "그들의 세계관에 침투하는 것"이라고 보았지만 나는 그것의 궁극적 목적이 성경의 세계관과 온전히 조율되도록 하는 것이라고 본다.

비록 성경 전체가 어떤 특정한 문화를 승인하거나 관습 전체를 명령하지 않을지라도(이슬람이 그렇게 하듯이), 성경적 세계관은 특정한 가치들을 거듭해서 강조하고 있다. 예수님은 그분의 제자들의 삶에 그러한 가치들이 실현될 수 있도록 성령을 보내셨다. 예를 들어, 신약성경은 어떤 특정 형태의 옷을 입으라고 명령하지 않지만, 옷을 정숙하게 입는 것을 요청하고 있다. 또한 어떤 특정 정치 시스템을 명령하지 않지만, 탐욕을 정죄하고 관대함을 옹호하고 있다. 성경은 지역적 관습을 단순히 반영하는 특정한 기도 자세를 명하지 않으나 우리가 하나님께 자주 기도할 것을 요청한다.[4] 성경은 특정한 음악 형태나 악기를 명령하지 않지만 우리가 주님을 찬양할 것을 요청한다.

하나님의 프로그램은 그분의 백성을 구원하여 공동체라는 상황, 즉 지역교회를 통해 거룩하게 만드시는 것이다. 이상적으로는 이러한 그리스도 중심적 공동체들이 성경적 세계관을 발전시키고 성경

---

[3] 상황화에 대한 성경적 명령에 대한 깊은 논의를 위해서 Flemming(2005)을 참조하라.
[4] 성경은 무릎을 꿇거나, 땅에 엎드리고, 기도 중 손을 드는 것을 승인한다. "오라 우리가 굽혀 경배하며 우리를 지으신 여호와 앞에 무릎을 꿇자"(시 95:6). "성소를 향하여 너희 손을 들고 여호와를 송축하라"(시 134:2). 성경은 기도에 있어 몇 가지 모델들을 제공하고 있지만 그것들이 기도를 반드시 효과적으로 만든다고 말하고 있지는 않다.

과 갈등을 초래하는 행태들을 피하는 가운데 자신들의 문화 안에서 최상의 것을 이끌어내는 것이다. 이런 방법으로 그들은 자신들의 공동체 안에 하나님 왕국을 상황화시키는 것을 성취할 수 있다.

## 4. 혼합주의의 위험

상황화에 있어 주요한 위협은 혼합주의이다. **옥스퍼드 영어 사전**은 혼합주의를 "다른 종교들, 문화들, 혹은 사상의 계파들의 결합 혹은 결합하는 시도"라고 정의하고 있다. 우리는 이 정의에서 적어도 두 종류의 혼합주의를 볼 수 있다. 하나는 다른 문화들로부터 온 요소들을 섞은 결과로 나타난 문화적 혼합주의이고, 다른 하나는 다른 세계관들의 요소들을 섞은 결과로 나타난 이데올로기적 혼합주의이다. 여기서 우리는 유신론적 세계관들의 상호작용에 관심이 있기 때문에, 니콜스(Nicholls)가 후자를 **신학적 혼합주의**(theological syncretism)라고 부르고 다른 하나를 **문화적 혼합주의**(cultural syncretism)라고 부른 것을 채택할 수 있다. 지금까지의 논의를 통해볼 때 두 가지 혼합주의 모두가 미흡한 상황화에 원인이 있는 것으로 보인다.

## 5. 문화적 혼합주의

교회 생활의 대부분의 측면들은 문화적으로 규정된다. 사람들이 입는 옷, 그들이 세우는 집이나 건물들, 사회적으로 사람들이 교류하는 방법, 남녀 사이의 관계, 사람들이 모임 중에 앉거나 혹은 서는 방법, 노래 부르는 방법, 그들이 사용하는 악기들, 삶 속에서 성경읽기의 역할, 기술과 정보를 전수하는 방법, 그리고 음악, 시, 노래와 미술에 있어서의 관례 등이 영향을 미치는 것들이다. 만일 교회 생활 형태가 외부로부터 수입되거나 강제된다면, 이것은 교회 안에 문화적 혼합주의를 만들어낼 수 있다. 문화적 혼합주의는 현지 문화를 외국 문화의 요소들로 쓸데없이 대체시킴으로 인해 현지 문화를 훼손시킨다. 예를 들어, 교회 지도자들은 사람들이 외국 옷을 입고, 외국 음악을 사용하며, 외국 방식으로 먹고, 심지어 외국어를 사용하도록 사람들을 이끌 수 있다. 이것은 특별히 지도자들이 외국인이거나, 외국에서 혹은 외국 기관에서 훈련받았을 경우 그러할 것이다.

교회가 외국적 관습을 채택할 때 그 지역 공동체에게 교회는 외국적 기관이나 심지어 그들의 문화를 위협하는 존재로 보일 수 있다. 그것이 현지인들로 하여금 교회는 자신들 사회에 속하지 않는다고 보게 만들고, 지역 공동체의 일원이라면 교회에 속해서는 안 된다고 간주하도록 만든다. 이러한 교회들은 사람들로 하여금 자신들의 문화를 싫어하고 외국적인 어떤 것을 원하도록 함으로 그들 공동체의 주요 흐름에는 거의 영향을 주지 못하도록 만든다. 실제로 그 공동체는 이러한 교회들에 소속된 사람들을 자신들의 백성과 문화를 거부한 사회에서 버림받은 자(outcast)로 간주할 수 있다.

예를 들어, 진정으로 열린 마음을 가지고 이국적 교회를 방문했던 많은 무슬림 구도자들이 문화적 혼합주의 때문에 혐오감을 가지고 떠나간다. 왜냐하면 사람들이 예배처소에서 신발을 신고 있고, 마치 선술집에서처럼 의자나 벤치에 앉아 있는가 하면, 성경책을 마룻바닥에 놓아두기도 하고, 여성들은 아무 것도 쓰지 않은 채 남성들 사이에 섞여 있고, 기도할 때 무릎을 꿇거나 손을 쳐들지도 않으며, 서구 멜로디나 외국적 가사들을 담은 "대중"(pop) 가요들을 부르기 때문이다(또한 1세기 유대 기독교인들 깜짝 놀랄 것인데 그들의 예배 관습도 무슬림들의 그것과 유사했기 때문이다). 따라서 혼합주의적 교회 문화는 많은 구도자들에게 걸림돌이 될 수 있다.

문화적 혼합주의의 두 번째 문제는 교회 안에서의 외국적 생활 스타일과 언어 사용이 사람들로 하여금 그들의 삶과 세계관을 구분하도록 만든다는 것이다. 결과적으로, 교회 모임에 있을 때 사람들은 외국 기독교인 것처럼 생각하고 행동하지만, 막상 그들이 자기 문화 공동체에 있을 때는 다른 사람처럼 생각하고 행동한다는 것이다. 그러므로 외국적이거나 혼합적인 문화를 교회 안에 도입하는 것은 이중적 마음과 혼합주의적 세계관으로 이끌 수 있다. 와이트맨은 그것을 다음과 같이 말했다.

> 상황화에 실패하게 될 때, 우리는 연약한 교회들을 설립하는 더욱 커다란 위험을 떠안게 되는데, 그 교회 신자들은 비성경적 생활습관을 따르고, 마법적 의식에 참여하면서, 비기독교적 혼합주의로 돌아서게 될 것이다(Whiteman 1997).

하지만 비상황화의 주요 문제는 방법론적이라기보다는 성격상 신학적이다. 그것은 하나님이 가치를 두신 것, 즉 문화적 다양성의 가치를 인정하지 않음으로 인해 하나님의 선교적 프로그램과 상충된다. 외국적 관습을 현지 지역교회에 채택하는 것은 하나님이 구속하기를 원하고 그분의 왕국에 들여오기를 원하는 문화들을 훼손시키는 것이다. 따라서 선교에 있어서 비상황적 접근들은 성경적으로 건전하지 못한 것인데 왜냐하면 하나님의 선교적 계획의 일부를 거부하기 때문이다.

## 6. 비상황화(Non-Contextualization)를 회피함

비상황화에 대한 해결책은 다음과 같다.

(1) 비상황화의 비성경적인 철학적 기반들을 이해하고 거부
(2) 비상황화의 심리적 기반을 이해하고 거부함
(3) 상황화를 향한 다른 장애물들을 밝혀내고 극복함
(4) 예수님이 현지 지역교회의 주인이 되도록 함

히버트가 앞에서 언급한 그의 글 "비판적 상황화"에서 (1)과 (4)에 대해 논하였기에 여기서 그가 쓴 것을 다시 언급하지는 않겠다.

(2)의 심리적 요인들과 관련하여 히버트는 반복해서 자문화중심성(ethnocentricity)을 문제로 언급하고 있다. 그러나 나는 거기에 두 종류의 자문화중심성이 있다고 본다.

하나는 순박함(naïveté)에 기인한다. 타문화 선교사들과 그들의 지도자들, 그리고 후원자들은 지역문화를 이해하지 못하거나 존중하지 않을 것이고 혹은 자신들이 일을 하는 방법이 유일한 길이라고 순진하게 가정할 것이다. 선교지 신자들 또한 선교사들에 의해 실행되는 방법이 오직 유일한 옳은 길이라고 순진하게 믿는다. 타일랜드와 같은 전통적 불교 국가들 안에서 이러한 것을 볼 수 있다. 심지어 선교사들이 같은 나라의 다른 그룹에서 온 경우에도 이런 일이 일어날 수 있다.

자문화중심성의 다른 한 형태는 교단적 자부심과 민족적 편견에서 기인한다. 사람들은 자신들의 길이 최상이라고 생각하고 다양성에 대해 마음을 닫는다. 어떤 사람들은 이것을 정당화하기 위해 그리스도인들의 연합은 전 세계 교회의 삶이 일률적이 되게 만든다고 말하지만 실제로 의미하는 바는 모든 사람들이 그들이 하는 방식대로 교회에서

행하여야 한다는 것이다. 그들의 안전지대는 다양성에 의해 위협받고, 지역교회를 향한 하나님의 뜻을 추구하는 불확실성에 의해 위협받게 되는데 그럴수록 그들은 전통주의에 매달리게 된다.

(3)에 언급된 다른 장애물들에 관해서 와이트맨은 다음 세 가지를 언급했다.

첫째, 교단주의라는 장애물이 있다. 특별히 그는 후원교회 및 선교 집행부가 선교 현장에 모국의 것들과 똑같은 교회들을 세우고 그들과 똑같이 되기 위해 이교도들이 회심하기를 기대하는 것에 대해 말하고 있다.[5] 선교사 자신들은 통상적으로 더 상황에 민감하지만, 그럼에도 대부분 교단 선교부들의 상황화 목표는 성경적 신앙이 아니라 자신들의 교단적 전통을 현지에 상황화시키는 것이다. 결과적으로 대부분 교단의 교회개척은 모교단의 경계표지들(boundary markers)의 대부분을 보유하는 가운데 그 전통의 표현들을 상황화한다.[6] 예를 들어, 아프리카의 많은 로마가톨릭 교회들은 그들의 종교적 전통의 핵심을 유지하는 가운데 지역 악기들, 지역 스타일의 노래와 춤, 지역 의상과 장식들을 사용한다. 많은 침례교 선교사들은 서구 침례교회들의 복제품을 만들지 않으면서 상황화된 "침례교적" 가정교회들을 개척함으로 한걸음 더 나간다. 물론 그들의 교단을 정의하는 경계표지들은 도처에 남아있고 그것들은 새로운 문화 안에서 단지 상황화되는 것뿐이다.

둘째, 장애물은 외부인들(선교사들-역주)로부터 훈련을 받았던 현지 지역교회 지도자들로부터의 저항인데 그들은 교회 운영이 다른 문화

---

[5] 가장 역설적인 것 중 하나는 많은 서구 교회의 행습들이 Frank Viola가 그의 책 *Pagan Christianity: The Origins of Our Modern Church Practices* (2002)에서 보여주었듯이 이교도 문화에 기원을 가지고 있다는 것이다. 그 자체가 그러한 행습들이 성경과 배치되도록 만들지는 않으나 그것들을 다른 문화의 교회들에 강요한다면 우스운 꼴이 될 것이다.

[6] 경계표지들에 대한 토의는 Paul Hiebert의 책 *Anthropological Reflections on Missiological Issues* (1994)에 있는 교회의 중심 집합 모델과 경계 집합 모델에 대한 논의를 참조하라.

안에서도 현재 진행되고 있는 방식으로 이루어져야 한다고 배웠다. 그 방법이 알고 있는 유일한 것이기에 그것에 의문이 제기되는 것에 그들은 위협을 느낄 수 있다. 하지만 내가 목격한 것 중에서 염려스러운 것은 어떤 현지 지역교회 및 교단의 지도자들은 그들에게 재정 지원을 하는 후원자와 선교부들을 만족시키려는 방식으로 교회를 운영하는 데 관심을 기울인다는 것이다. 히버트 역시 이 문제를 알았고, 그의 글 "비판적 상황화"에서 그것을 "교회 패권"(ecclesiastical hegemony)이라고 불렀다(Hiebert 1997). 그 외에도 사람들은 자신들의 새로운 신앙을 실천하는 데 있어 모델을 필요로 하였고 따라서 선교사들의 문화적 관습까지 모방했는데 그 결과 선교사들의 가치와 실행이 그들 기독교 공동체의 기준이 되어버렸다. 스티븐 닐(Stephen Neill)은 그 과정을 다음과 같이 묘사했다.

> 많은 선교사들이 런던선교회(LMS)가 표방한대로 어떠한 서구적 조직형태와 강령과 연관되지 않는 순수한 복음을 선포하려는 최상의 의도를 가지고 나갔지만, 그들은 결국 자신들의 나라에서 익숙하였던 기독교 신앙을 아주 세밀하고 충실하게 복제한 형태로 만들어내었다. 이에 대해 전적으로 선교사들에게만 비난을 돌릴 수 없는 것은 현지 회심자들은 모방자들로서 빈번히 서구교회에서 전통적으로 행하여왔던 방식대로 모든 것이 이루어지기를 갈망했다(Neill 1990).

셋째, 종족적 자존심과 편견이 또 다른 장애물인데, 그것은 현지 기독교 하부문화들(national Christian subcultures)이 외국적인 것으로 비춰지도록 만든다. 예를 들어, 무슬림이 절대 다수를 차지하고 있는 어떤 국가의 한 전통 기독교회 주교가 왜 그가 무슬림들 사이에서 상황화된 교회개척 방법에 반대하는지를 질문 받았다. 그는 무슬림들이 단지 그리스도에게로만 회심할 필요가 있는 것이 아니라고 대답했다. 그들은 더 우월한 문화로 회심할 필요가 있다는 것이다. 그가 의미하는 우월한 문화란 그 자신이 속한 전통적 기독교 공동체의 하부문화이다. 그 주교가 제시한 조건 아래서 회심하는 무슬림들은 거의 없음에도 그러한 조건은 여전히 남아있다. 다른 곳에서 나는 무슬림들이 이전 문화와 공동체를 거부하고 기독교 공동체의 문화와 언어를 채택하지 않는 한 그들이 그리스도를 믿고 나오는 것을 전통적 기독교인들이 거부하는 것을 보았다. 다수 무슬림들 속에서 받았던 기독교인들의 상처는 무슬림들이 "우리의 모든 것은 나쁘고, 우리가 행한 모든 것을 잘못되었다. 당신들의 모든 것은 옳으며 우리는 당신들의 제자가 되기 원한다"고 말할 때라야만 받아들이겠다고 만들었다. 분명 이러한 접근은 선교학보다는 종족주의에 영향을 받은 것이고 사랑과 존중보다는 자존심과 멸시에 더욱 근거를 두고 있다. 이것은 결코 성공할 수 없다.

(4)항은 지역교회 지도자들이 자신들의 교회를 세우고 인도하기 위해 다른 교회들, 특별히 다른 문화권으로부터 온 교회들의 모본보다는 예수님을 바라보고 그분의 뜻에 따르는 것이 중요함을 강조하는 것이다.

## 7. 신학적 혼합주의

비록 성경이 어떤 특정 문화를 지지하지는 않으나, 성경은 사람들이 가지고 있는 세계관에 대하여 도전한다. 성경은 한 특정 세계관을 "진리"와 "빛"으로 계시하고 그와 반대되는 견해들을 "어둠"으로 드러냄으로 그렇게 한다. "빛"이라는 용어는 아주 적절하다. 빛이 어둠을 몰아내듯이, 하나님의 말씀은 모든 인간들의 세계관 속에서 발견되는 잘못된 신념과 부적절한 가치들을 개혁한다. 이런 개혁 과정의 결과 종족 그룹 안의 어떤 사람들은 예수의 제자가 되고 교회 공동체를 형성함으로 변혁된 하부문화를 만들어낸다. 이상적으로는 이러한 제자들의 세계관이 성경과 완전한 조화를 이루도록 변화됨으로 성경이 가르치는 모든 가치와 신념들을 구현하고 비성경적 가치들과 신념들을 제거하는 것이다. 그렇게 될 때 제자들은 진정으로 "세상의 빛"(마 5:14)이 될 것이다. 하지만 현실에 있어 성경적 세계관과 완전한 조화를 이루는 어떠한 기독교 교단도 없으며, 모두가 어느 정도 혼합주의적 세계관을 가지고 있다는 것이다.[7]

몇 가지 예외를 제외하고, 대부분의 그리스도인들은 하나님 중심이라기보다 인간 중심적 세계관을 가지고 있다. 선교학적 관점에서 미국 교회를 볼 때, 뉴비긴은 그것이 빈약하게 상황화되었고, 지나치게 혼합주의적이라는 것을 보여주었다(Newbigin 1986).[8] 그는 미국 그리스도인들이 그 사회를 지배하는 "이교적" 세계관의 많은 요소들을 채택하였음을 지적하였다. 대부분의 기독교 하부문화에 있어서 지배적인 영향을 주는 것은 설교와 전통인데, 성경은 단지 전통적 신념과 관습을 지지하기 위한 근거 본문(proof-text)으로 사용된다. 따라서 무슬림 국가

---

[7] 예를 들어, 어떤 서구 기독교 교단은 탐식은 개의치 않으나 포도주는 금지하고, 유책사유 없는 이혼은 허용하나 일부다처제는 금지하며, 탐욕과 물질주의적 가치들은 용납하지만 영화나 음악 혹은 기타치는 것, 주일 노동은 금지한다. 그들은 예수님께 대한 충성심만큼이나 왕 또는 국가에 대한 충성심을 가지고 있다. 그들은 예수님이 대속제물임을 확언하지만 그분이 지금도 모든 것의 주인이며 구세주라는 사실은 무시한다. 그들은 천국을 희망하지만 성화에 저항하며 이 세상의 삶을 살아간다. 그들은 성경을 존중하지만 읽지는 않는다. 진정한 권위는 전통적 교회의 가르침과 관습이다. 세상에 대한 그들의 관점은 성경적 석의보다는 그리스-로마적 세계관에서 온 것이다. 성경은 교회를 가족이며 공동체라고 부르지만 그들은 개인주의와 주일 예식주의를 실행할 뿐이다. 성경은 그들에게 불의를 정죄하고 의를 설교하며 진리를 선포하라고 요청하지만 그들은 종교를 사적(私的) 일로 치부한다.

[8] Newbigin은 "현대 과학적 세계관"을 수용한 결과 나타난 혼합주의에 초점을 맞추고 있는데 그것은 종교를 공적인 삶과 유리된 개인적 일로 치부하고, 과학을 진리를 발견하는데 있어 유일하게 공적으로 수용할 수 있는 것으로 보며, 가치는 과학과 진리로부터 분리되어야만 한다고 본다.

에서 회심자들이 전통적 기독교 공동체에 가입하게 될 때 그들은 비록 성경과 다른 것들이라고 할지라도 그 공동체의 전통적 가치와 신념들을 흡수하게 된다. 그 결과 그들은 문화적으로 그리고 신학적으로 혼합주의에 빠지게 된다. 물론 그들이 무슬림 공동체에 내부 신자로 남아있다면 그 공동체의 전통적 세계관 속에 있는 비성경적 요소들을 보유하게 되는 위험이 있지만 그것은 이 세상에 속하지는 않으나 이 세상 속에서 살아야 하는 모든 신자의 경우와 같은 것이다.[9]

그러나 하나님은 우리 마음과 생각을 변화시키시기 위해 우리에게 성경과 그분의 영을 주셨다. 신자들이 성경 안에 깊이 잠기고 좋은 훈련을 받게 될 때, 그들은 성경적 세계관을 이해하고 수용하는 데 있어 성장한다. 따라서 비록 그들이 성경과 불협화음을 내는 세계관을 가지고 출발한다고 해도 양질의 성경적 주입을 통해 계속 양육을 받음에 따라 그들의 세계관은 점진적으로 더욱 성경적으로 변화할 것이다.

## 8. 그리스도를 따르는 무슬림에 관한 문제

크래프트가 성경적 믿음(Kraft 2005)이라고 부른 "본질적 기독교"

---

[9] 어떤 형태의 혼합주의는 다른 것보다 더 해롭다는 것이 지적되어야 하는데 왜냐하면 어떤 성경적 세계관의 요소들은 다른 것들보다 구원과 하나님 왕국의 성장에 있어 더욱 결정적 영향을 미치기 때문이다. 예를 들어, 예수님이 주님과 구세주라는 것을 부인하는 것(자유주의자나 무슬림들이 그런 것처럼)은 삼위일체를 부인하는 것("오직 예수" 개신교인들이 그런 것처럼)보다 구원에 있어 더 치명적이다. 신적 권위를 성경과 다른 추가적 문서들에 부여하는 것보다 성경의 신적 권위를 부인하는 것은 영적 성장에 더 치명적인 해를 입힌다. 따라서 혼합주의의 위험을 평가함에 있어, 우리는 무게의 경중을 인정할 필요가 있다. 무슬림 공동체들의 경우, 아무런 운동이 없는 것보다는 꾸란을 인정함과 더불어 성경과 성경적 교리, 그리고 그리스도의 복음을 증진시키는 메시아적 무슬림 운동이 있는 것이 더 좋다고 본다.

(Essential Christianity)는 문화라기보다는 일종의 세계관이며 그리스도 안에서 하나님과의 관계이다. 그런데 "무슬림"이라는 용어는 한 특정한 세계관이라기보다는 공동체와 문화를 지칭한다. 유대인, 유대종교, 명목적 유대교신자, 그리고 다양한 형태의 메시아적 유대인들(Messianic Jews)이 있듯이 문화적 무슬림, 종교적 무슬림, 명목적 무슬림과 다양한 형태의 주 예수 그리스도를 따르는 무슬림들이 있다. 마지막 부류 중 많은 이들이 커다란 무슬림 공동체들 안에 있는 무슬림 가족의 일원으로서 무슬림 정체성을 보유한다. 자신들이 속했다고 느끼는 무슬림 공동체의 유산을 거부함으로 배신자가 되지 않지만 "내부자들"(insiders)로서 그들은 공개적으로 예수님을 따르고 성경을 최고의 권위 있는 책으로 공부한다.[10]

무슬림 사회의 대부분의 사람들은 그들 종교지도자들이 진정한 신자라고 간주하지 않는 "명목적" 무슬림들이다. 그러나 무슬림 공동체 안에 남아있기 위해 그들에게 요구되는 것은 진정한 신자가 되는 것이 아니라 하나님은 한 분이고 무하마드가 그의 선지자라는 고백을 말로 동의(voice assent)를 표하는 것이다. 어떤 국가들과 지역에서는 말로 동의하는 것은 법적 요구사항이다. 따라서 비록 이것이 드물게 요구되지만 명목적 무슬림들은 그러한 법적 요구사항 혹은 사회적 관습을 따른다. 그리스도를 따르는 무슬림들은 이 문제에 있어 나뉘는데, 대부분의 내부자들은 만일 그것이 요청된다면 여러 가지 이유로 해서 말로 동의하는 것을 따를 것이다. 여기에 몇 가지 예들이 있다.

어떤 나라에서 한 메시아적 무슬림(Messianic Muslim) 전도자가 법정에 끌려가 사형 판결도 받을 수 있는 배교자로 고발을 당하였다. 그는 자신이 예수를 따르는 무슬림이라고 증언하며 다른 이들도 그렇게 되

---

[10] Brown의 책(2008)을 보라.

기를 독려했지만, 배교자는 아니라는 것이다. 판사는 그에게 무슬림 고백을 말하라고 했고 그는 무하마드가 하나님의 선지자라는 것을 포함하여 그렇게 했다. 그러자 판사는 그것이 의미하는 바가 무엇인지를 설명하라고 요청했다. 그는 한때 아랍 국가는 존재하지 않았고 단지 서로 싸우고 침탈하는 부족들만이 있었으며 그들은 많은 우상들을 예배하고 있었다. 그러자 자비하신 하나님이 무하마드를 보내어 다신론에서 유일신론으로 아랍세계를 이끌게 하셨고 부족들 간의 혼란에서 정치적 통일을 이루게 하셨다는 의미라고 대답했다. 판사는 이 설명을 받아들였고 그를 무죄 석방했다(모든 판사들이 그렇게 하지는 않을 것이다).

다른 경우는 말로 고백하는 것을 모든 시민에게 법적으로 강요하는 국가에서 있었던 일인데, 한번은 가정 교회 지도자가 배교혐의로 고발당해 체포되었다. 그 또한 주 예수 그리스도에 대한 믿음을 인정했지만 배교자임을 부인했다. 경찰은 그에게 말로 고백하라고 했고 그는 그렇게 했다. 그리고 그는 고백에 대한 이슬람의 두 가지 가르침을 경찰에게 상기시켰다. 말로 고백하는 것은 단지 그것을 말하는 사람이 진정성(niya)을 가지고 할 때라야 유효하다는 것과 단지 하나님만이 어떤 사람이 진정성을 가지고 고백하는지를 아신다는 것이다. 경찰은 그 사람이 자신들에게 그의 고백이 확신보다는 의무적으로 말한 것임을 알리고 있음을 인식했다. 그가 경찰이 그를 처벌하지 못하도록 법에 복종했기에, 그들은 그를 구타한 뒤에 내보냈다. 그의 지혜로운 답변의 결과, 그 가정 교회 지도자는 살 수 있었고 계속 그 공동체 안에 살면서 그들 사이에서 사역을 하고 있다.

위의 두 사람의 행동은 희귀한 것이 아니다. 그들은 무슬림 사회의 오랜 관습, 즉 모든 사람이 그것을 믿든지 아니 믿든지 신앙을 입술로 고백(lip-service)해야만 하는 것을 따른 것이다. 무슬림 공동체들 안에 명목적 무슬림들의 비율이 얼마나 되는지에 대한 통계는 없지만, 많은 지역에서 틀림없이 매우 높은 비율을 차지할 것인데 그들 모두는 적어도 입술로는 신앙을 고백해야만 한다. 명목적 무슬림들이 예수님에 대한 신앙을 가지게 되더라도 그들은 이러한 관행을 실행할 수 있는데, 특별히 사형이나 추방 외에는 다른 대안이 없을 때 그러할 것이다. 이것은 비밀 신자(secret believer)들의 경우 언제나 그러할 것인데 그들은 매우 제한적으로만 증인의 역할을 하는 반면, 내부인 신자(insider believer)들은 자신들의 믿음을 공개적으로 증언한다. 그들은 자기 집에서 성경공부와 교제를 위한 모임들을 가지며 친구들과 친지들을 그 모임에 초대한다. 이러한 것들 중 어떤 성경공부 교제 모임들은 폭발적으로 증식되었다. 그러나 만일 제자들이 비밀 신자거나 배교자들인 경우 이것은 일반적으로 가능하지가 않다.

대부분 무슬림 공동체들은 예수님의 제자들이 자신들 공동체 안에 충실히 남아있는 것에 대해서는 상당한 정도의 관용을 보인다. 메시아적 무슬림들은 자신들의 역사, 문명과 문화와 더불어 이슬람을 버리지 않기 때문에 그들의 가족과 공동체에 수치심이나 불행을 가져다주지 않는다. 결과적으로 그들 공동체의 많은 다른 무슬림들이 그들과 함께 성경을 공부하고 기도하기 원하며 그들의 간증들을 듣는다. 나는 이것이 혼합주의라기보다는 상황화라고 생각한다.

## 9. 결론

성경은 각 문화 안에서 믿음의 의미는 왜곡됨이 없이 분명히 남아있도록 하되 그 문화 자체는 보존되고 개혁되도록 하는 성경적 믿음의 상황화를 명령하고 있다. 우리는 한 지역교회는 다음과 같은 정도로 상황화되어야 한다고 말할 수 있다.

(1) 그것은 성경 안에 나타난 세계관을 따라야 한다.
(2) 그것은 자신들 고유문화의 관습들이 성경과 양립될 수 있는 한 따라야 한다.

한편 한 지역교회는 성경 안에 나타난 세계관에서 벗어나는 것만큼 신학적으로 혼합주의적이 될 것이며 문화적으로는 성경과 양립할 수 있거나 양립할 수 있도록 만들 수 있는 고유 관습들을 벗어나는 것만큼 혼합주의적이 된다.

◈ 릭 브라운(Rick Brown)은 성경학자이며 선교 전략가로서 1977년 이래 무슬림 세계 선교에 관여하고 있다.

◈ 토의를 위한 질문들

1. 당신의 문화 안에서 한 교회가 성경적이고 건강한 방법으로 상황화 되었다는 것을 어떤 증거들을 통해 찾을 수 있을 것인가? 주요한 문화적, 신학적 "맹점들"은 어떤 것들이 될 것인가?
2. 릭 브라운이 각주 9에서 "아무런 운동이 없는 것보다는 꾸란을 인정함과 더불어 성경과 성경적 교리, 그리고 그리스도의 복음을 증진시키는 메시아적 무슬림 운동이 있는 것이 더 좋다고 본다"고 주장하고 있다. 당신은 이러한 주장에 동의하는가? 동의한다면 어떤 근거로 그렇게 하는가? 동의하지 않는다면 이유는 무엇인가?
3. 다른 종교를 가진 친구와 대화 속에서 무엇이 그/그녀가 경험한 기독교 신앙에 있어 그/그녀를 불편하게 하고 무엇이 매력을 느끼게 하는가를 탐색해보라. 이러한 쟁점들 얼마큼이 문화적인 것들이고 얼마큼이 진정 신학적인 것들인가? 문화적인 것들의 경우 당신은 그것을 극복할 수 있도록 무엇을 할 수 있을 것인가?

# 4장

## 상황적 석의
### 해석적 요약의 역할

매튜 쿡(Mattew Cook)

상황화는 그리스도인 삶의 모든 차원에서 일어나야만 한다. 이것은 석의(exgesis) 및 신학적 과정의 모든 분야를 포함한다.[1] 성경의 완전 영감(plenary inspiration)을 믿고 또한 상황적 절박성(contextual exigencies)을 인정하기 때문에 나는 해석적 요약(interpretive summary)을 석의에 있어 마지막 단계로 남겨둘 것을 강조한다(그리고 그것이 설교학이나 신학에 전달되게 된다). 전형적으로 영적 원리를 찾는 것은 석의 이후의 작업으로 남겨지곤 하는데, 나는 석의적 차원에서 "알맹이와 껍질"(kernel-husk)로 이분화시키는 이런 접근이[2] 본문 의미의 어떤 면을 잃어버리

---

[1] Hessel Grave는 내가 제안하는 것이 결코 상황화가 아니라고 말한다(1985, 448). "혹자는 신학하는 사람 자체가 제3세계의 시민인 곳에서의 경우에는(그래서 두 번째와 세 번째 지평이 융합되는) 완전히 다를 것이라고 주장할 것이다"(454). 그러나 한 문화권출신의 석의하는 사람이 본문(text)을 다른 문화에서 해석하는 것은 상황화라고 해야 할 것이다. 서부아프리카신학 동맹신학교(West Africa Alliance Theological Seminary)에서 중요한 것은 학생들이 그 자신의 문화 속에서 적절한 해석과 반응에 대해 숙고하도록 하는 것이다. 어떤 의미에서 우리는 그것도 상황화라고 부를 수 있다. 다른 의미에서는 그것이야말로 두 개의 지평들을 융합시키는 진짜 좋은 해석으로서 모든 석의하는 사람들이 추구해야 할 바이다. 그럼에도 불구하는 나는 이 글에서 상황화라는 단어를 계속 사용할 것이다.

[2] 상황화에 있어 "알맹이와 껍질" 논쟁 전체에 대해 이야기하는 것은 불가능하지만, 나는 해석 과정에 있어 많은 석의하는 사람들이 주장하고 있는 것(복음의 핵심이 다른 곳에 전달될 수

도록 만든다고 보며, 또한 이런 접근 방식은 어떤 초문화적 명제가 있을 수 있다는 실재와 반대되는 주장을 암시하고 있다고 본다. 나는 해석적 요약이 석의하는 사람의 문화에서 성경 구절에 대한 상황적 이해를 잘 전달하는 한편 성경의 특성 및 그 구절의 의미에 대해서도 충실함을 유지한다고 믿는다.

## 1. 성경에 의해, 성경을 통해, 혹은 성경 속에서 소통되는 초문화적 규범에 대한 탐구

성경은 그 자신의 문화로부터 멀리 떨어져 있는 문화들에 커뮤니케이션될 수 있다. 심지어 성경은 그렇게 되도록 만들어진 것이었다.[3] 하지만 우리가 배운 성경은 너무 지나치게 간소화되고 정제되어 있다.

1980년대에 성경 및 계시의 특성에 관한 매우 많은 토론이 있었다. 그 당시 R. 내쉬(R. Nash)는 계시된 명제들과 그것을 담고 있는 문장들을 구별하였다. 그는 비록 그것이 그 자신의 경우라고 말하지는 않았

---

있도록 그 문화적 껍질을 벗겨낼 수 있다)을 커다란 논쟁의 모델로 사용하고 있다. 그 논쟁은 끝나지 않았다. 한편에서는 "'기독교'에 대한 사려깊은 정의"를 내리기 위해서는 초문화적 알맹이가 필요하다고 본다. 교차문화적 의사소통(cross-cultural communication)에 있어, 거기에는 기독교의 타협될 수 없는 절대적이고 초문화적 핵심 요소들과 문화적이고 상대적인 형태 및 표현들 사이의 신중한 구별 없이는 어떤 형태의 작업적 정의(working definition)도 만들 길이 없다는 것이다(Buswell 1986, 90). 한편, Donald Carson은 다음과 같이 주장한다. "Von Allmen에 의해 추정되었던 의미에서의 복음의 핵심은 존재하지 않으며, Kraft에 의해 요청되었던 의미에서의 '초문화적 진리'도 존재하지 않는다…[이러한 핵심]은 타협할 수 없는 진리를 '예수는 주님이시다' 혹은 '그리스도가 죽으셨고 다시 사셨다'와 같은 한두 개의 명제들로 축소시킨다. 실제는 타협할 수 없는 진리 전체가 성경 모두를 포괄하고 있다"(Carson 1987, 248).

**3** 딤후 3:16 "모든 성경은 하나님의 감동으로 된 것으로 교훈과 책망과 바르게 함과 의로 교육하기에 유익하니", 고전 10:11 "그들에게 일어난 이런 일은 본보기가 되고 또 말세를 만난 우리를 깨우치기 위하여 기록되었느니라"(cf. Knight 1996, 3-13).

으나, 분명히 "이론적으로 한 사람이 명제적 계시는 수용하지만 축자적 영감은 거절할 수 있다"고 했다. 축자적 영감설은 "하나님의 계시가 단어들(words)로, 특별히 성경에 기록된 단어들 안에서 전달되는 범위까지"라는 것을 명백하게 주장했다(Nash 1982). 축자적 영감을 인정하지 않으나 명제적 계시를 취하는 사람들은 성경관에 있어 어느 정도 바르트(Barth)의 견해(quasi-Barthian)쪽으로 기울어졌다. "그들은 문장들(sentences)이 명제들을 전달한다고 주장함으로 계시를 실제 성경 본문 밖에 위치시켰고, 계시와 성경 사이에 논리적 간격을 만들었다" (Vanhoozer 1986).

성경 본문이 계시에 대한 일종의 증언일 뿐이라는 입장을 피하기 위해, 우리는 어떤 특정 본문이 하나의 명제나 원리를 통해 효과적으로 커뮤니케이션될 수 있다고 하는 생각을 버릴 필요가 있다. 불행한 것은 본문에 나타나 있는 소중한 깊이와 세심한 내용들을 벗겨내고 단지 그 본문이 말하고자 하는 "알맹이"나 원리에 도달하는 것이 석의의 정상적 목표로 계속 간주되고 있다는 것이다. 석의 방법에 있어서 조지 거쓰리(George Guthrie)와 스컷 드벌(Scott Duvall)[4]은 10.2 단계에서 다음과 같은 석의 과정을 가르치고 있다.

> 당신이 연구하고 있는 구절에 대한 확장된 의역(extended paraphrase)을 기록하라. 그것은 "당신의 번역을 확장시키고, 그 본문에서 당신이 중요하다고 본 것을 명백하게 강조하기 위한 것이다. 그것은 당신 자신의 농축된 주석을 제공하기 위한 것이며, 당신의 청중과 본문을 연결시킬

---

[4] 다른 예들은 Fee를 보라(2007, 37): "구절의 **요점**(또는 몇 가지 요점들)을 취한다." Stuart(2002, 28): "무엇이 [본문의] 중심 쟁점들인가를 결정한다." 내가 배운 이러한 기술의 원천은 카이저(Kaiser 1981)로부터 왔는데 색인에서 "원리화"(principlization) 항목으로 표기되어 논의되고 있는 곳은 92, 121, 150-63, 194, 197-8, 205, 206, 231, 236 페이지이다.

수 있는 방법으로 그 구절의 의미를 포착하기 위한 것이다. 우리는 당신이 석의 과정에 있어 어떤 부분보다도 이것을 즐기게 될 것이라고 확신한다"(Guthrie and Duvall 1998).

나는 앞의 저자들에 의해 붙여진 명칭에 반대하는데, 이 단계에서 추구하는 것은 번역도 아니고 의역도 아니다. 그것은 일종의 해석적 요약이다. 석의하는 사람은 본문을 깊이 있고 충실하게 다뤄야 할 뿐 아니라 그 자신의 문화와 연결되는 어떤 것을 만들어내야 할 의무를 가지고 있다. 나는 이것이 석의과정에 있어 가장 중요한 단계라는 것에 동의한다. 아쉽게도 그 두 사람은 계속해서 마침내 11.2 단계에 도달하라고 말하는데, 그것은 그 단락(passage)이 커뮤니케이션하고자 하는 일반적 원리들을 목록화(boiling down the truth, "진리를 달여서 졸이라는 것")하라는 것이다. 그 부분에서 말하는 다음의 단계들은 본문의 미묘한 차이(nuance)나 깊이가 별다른 차이를 만들어내지 않을 것이라는 것을 암시한다(Guthrie and Duvall 1998).

(1) 저자가 일반적 원리를 주장하는가?
(2) 더 넓은 상황이 일반적 원리를 계시하는가?
(3) 왜 이러한 특별한 명령 혹은 지시가 주어졌는가?

이것은 알맹이가 드러날 때 폐기될 수 있거나 폐기되어야만 하는 의미를 실어 나르는 문화적 운송수단(cultural carrier)이 존재하는 것을 가정할 때 가능하다.

## 2. 명제나 원리는 성경의 본문을 충분히 표현할 수 없다

석의하는 사람들은 본문의 의미를 커뮤니케이션을 하기 위한 작업에 있어서 보통은 실패하지 않는다. 오히려 그들은 자기 문화의 충만함(설명되지 않는 미묘한 차이의 양에 따라 본문 의미의 25%나 2.5% 정도)을 놓치고 있다.

내가 하나의 명제가 하나의 단락을 대표할 수 없다고 말할 때, 그것은 그 본문이 서신서이든, 이야기든 혹은 시적인 본문이든 상관없이 적용된다. 한 본문은 적용의 과정에 활용될 수 있도록 한 가지 명제나 원리로 축약될 수 없다. 본문에는 이 정도로 삭감시켜서는 안되는 깊이가 존재한다. 그것은 묘사되든지, 다른 상황에 적용되거나(비록 어려움은 있겠지만) 의역될 수 있다.[5]

한 가지 명제가 한 단락을 요약할 수 없다는 것은 언어의 의미론적(semantic) 관점에서 보아도 명백하다.

언어학적 문제를 밝히는 것은 아주 쉽다. 우리는 언어들 사이에 정확한 동의어가 존재하지 않는다는 것을 알고 있다. 번역자에게 관용구는 큰 어려움을 주는데 단어를 문자 그대로 번역하는 것은 빈번히 원래 의도했던 의미를 실제로는 전혀 전달하지 못하게 만들 것이다(Davis 2006).

---

5 Vanhoozer가 개념적 풀어쓰기 안에서는 본문의 힘과 아름다움이 상실되며 언어-행위 이론(speech-act theory)이 본문이 기록되었던 의도를 어느 정도 보유하도록 도와줄 수 있다고 말한 것은 부분적으로 맞다(Vanhoozer 1986, 74). 나의 제안은 이러한 해석적 요약을 목표 언어나 문화 안에 둠으로 단지 의미 수반 발화(illocutionary)및 효과 수반 발화(perlocutionary) 요소들의 커뮤니케이션에 도움을 줄 것이다. 비록 언어-행위 이론(존 서얼이 주장한 것으로 커뮤니케이션을 하기 위하여 언어를 사용하는 것은 사회적으로 동의된 어떤 규칙들을 따른다는 의미이므로 언어 이론은 반드시 행위 이론의 일부라고 보는 것-역주)이 내가 이곳에서 다루고자 하는 것은 아니지만, 그것은 확장된 풀어쓰기와 상황에 호소력을 가지도록 만드는 다양한 효과들에 대해 언급함으로 본문이 전달하고자 하는 동일한 힘을 해석적 요약이 발휘하도록 만드는 가치가 있다.

그런 문제는 저주나 재담(才談), 운율(韻律)에만 국한되지 않는다. 언어학자들은 정확한 동의어는 존재하지 않는다고 오랫동안 말해왔다. 작가들은 다른 저자들 작품의 의미를 변개하지 않고서 의역하려는 시도를 하면서 좌절을 경험한다(Roig 2006). 단지 다른 저자를 인용하는 것이 종종 원문에 더욱 충실한 것이 된다. 우리의 경우에 있어서는 단지 성경을 인용하는 것이나 의역을 하는 것, 혹은 본문을 전달하기 위한 시도로서 한 가지 명제를 추출하는 것을 원하는 것이 아니라 해석적 요약을 원한다. 그것은 인지적 의미(cognitive meaning)나 의미 수반 발화(illocutionary) 효과를 바꾸지 않지만 기록한 장르와 그것을 읽게 될 목표 청중 둘 다를 바꾼다. 우리는 본문을 새로운 상황에 커뮤니케이션할 필요가 있다.

## 3. 해석적 요약을 통해 성경으로부터 배우기

이러한 해석적 요약은 혁신적인 것이 아니다. 그것이 무엇인지를 다루기 전에 나는 그것이 무엇이 아닌가를 분명히 밝히기 원한다. 해석적 요약은 본문을 번역하는 것이 아니다. 나는 성경 본문을 번역하는 것이 매우 중요하다는 것에 동의한다. 그것은 상황화 작업을 위해 필수적인 것이나 단지 한 단계일 뿐 석의가 도달해야 할 최종 목표는 아니다. 해석적 요약은 E. 나이다(E. Nida)가 다음에서 주장한 방식대로의 역동적 등가(dynamic equivalence)도 아니다.

세 단계는 원래 본문을 가장 단순한 구조로 만들고 의미론적으로 가장 분명한 알맹이들을 추려, 원래 언어의 의미를 수용자 언어(receptor language)의 가장 단순한 차원으로 이동시키고 수용자 언어 안에서 문체적

으로 의미론적으로 동등한 표현을 창출하는 것이다(R. Thomas 1990).[6]

이러한 방법은 해석적 요약으로서 활용되기에는 너무 많은 해석적 상실을 가져온다. 우리는 또한 본문을 그것에 상응하는 문화적 기능으로 격하시킬 것을 요구하는 C. 크래프트(C. Kraft) 주장에 따라 역동적 등가에 대해 토론하고 있는 것도 아니다(Poythress 2006).[7] 그것은 전통적 의미에서 말하는 본문에 대한 의역(意譯)이 아니다. 주석도 아니다. 단지 본문이 의미했던 것이 무엇인가를 밝히는 것도 아니다.

해석적 요약은 문학적이고 역사적인 본문의 상황 안에 있는 전체 의미를 석의하는 사람이 그것의 깊이, 힘, 아름다움과 함께 자신의 상황 속에서 그 시간에 이해될 수 있도록 커뮤니케이션하는 하나의 방식이다. 그것은 해석학적 순환(hermeneutical spiral)을 사용하여 이해하여야만 하는 더 깊은 내용이 본문에 아직 남아 있다고 할지라도 그렇게 할 수 있다.[8]

---

[6] 이 글은 내가 석의에 있어 이 부분에서 역동적 등가를 포함시키고자 하는 결정을 정당화시키는 데 의미있는 케이스를 제공하고 있다. 실제로 역동적 등가는 Nida가 제안하고자 했던 것보다는 훨씬 더 많이 해석학 및 석의 작업과 관련되어 있다.

[7] Kraft 자신의 설명은 때로 탁월하게 보인다(비록 약간 과도해보일 때가 있다고 하더라도). 여기에 Kraft(1979, 135)가 한 설명이 있는데 그것은 Hessel Grave 책(1985, 444)에서 볼 수 있다.

> 이 접근은 언어와 문화를 성경적 목적과 해석자 자신에게 미치는 그것들의 영향 둘 다를 고려하는 가운데 더욱 깊이 들여다보려고 한다. 우리가 말하는 "상황"은 단순히 문학적이거나 심지어 그 안에서 발화(發話)가 일어나는 언어학적 상황도 아니다…그것은(문학적이고 문화적인 것 외의 요소들 둘 다 포함하는) 문화 전체 상황이다. 그리고 우리는 원래 언어학적이고 문화적 커뮤니케이션 수단(그것이 중요함으로)으로 표현된 성경의 중심 메시지에 초점을 맞출 뿐 아니라, 하나님이 그것을 커뮤니케이션하고자 하는 전체 과정과 언어와 문화를 통해서(그 당시와 현재 둘 다에) 전달하고자 하는 다른 많은 메시지들에 초점을 맞춘다.

[8] 나는 본문으로부터 커뮤니케이션되어야만 하는 의미를 향한 일종의 순환(spiraling)이 있다는 Grant Osborne의 말에 동의한다.

이런 공식은 석의 과정이 결국에는 석의하는 사람의 상황 속에 있는 독자들의 참여와 연결되어야만 한다는 것을 제안한다. 해석 과정에는 비문화적 단계(non-cultural step)란 존재하지 않는다. 해석적 요약이 석의하는 사람 자신의 말, 아마도 그의 모국어로 이루어지기 때문에, 그것이 석의하는 사람 자신의 개념적 틀 안에서 본문을 이해한다는 상황화에 있어 결정적인 첫 단계를 이룬다. 해석자는 본문의 이해를 구성함에 있어서 자신의 사회적 위치를 사용하는 것 외에 다른 선택의 여지가 없다.[9]

내가 지지하는 목표는 본문이 우리를 (석의를 통하여) 그 자신의 세계로 이끌어 들이는 것을 허용하면서도 우리의 언어로, 우리의 개념을 사용하여 의미를 온전하게 커뮤니케이션하는 것이다. 거기에는 아무런 문화적 영향을 받지 않는 초문화적 전제들 자체가 드러나는 순간이 존재하지 않는다. 그것들은 언제나 어느 정도 문화라는 옷을 입고 있다. 새로운 해석학(New Hermuneutic)은 우리 각자의 읽기는 특정한 사회적 위치로부터 이루어지기 때문에 초문화적 전제들이란 심지어 생각조차 할 수 없다고 가르친다.[10] "하나님의 관점에서는 물론 진리가 초문화적일 수 있을 것이다…[그러나] 그러한 진리는 초문화적으로 커뮤니케이션 될 수는 없다…따라서 우리는 불가피하게 '우리 것'이라고 하는 다른 문화적 복장 안에서 '발견한' 진리를 펼칠 수밖에 없다!"(Carson 1987, 249 이하).

---

**9** 나는 사회적 위치에 대한 강력한 견해를 가진 새로운 해석학(New Hermeneutic)을 지지하지는 않지만 Carson이 다음과 같이 말하는 것은 옳다고 생각한다. "우리 인간 존재들은 우리의 죄성이나 우리의 유한성에서 벗어날 수 없다. 그리고 그 두 가지는 우리에게 다른 모든 인간 존재들과 상이한 기반(matrix)을 만들어내고 그것으로부터 우리의 질문들이 부각되도록 한다…물론 이것을 너무 강조하게 되면 새로운 해석학은 모든 지식에 대한 부적격적 상대주의로 전락하고야 말 것이다"(Carson 1987, 217).

**10** Wittgenstein은 이러한 것을 알아차렸기 때문에 오래 전에 비언어적 생각의 가능성을 부인하였다.

이 요약은 각각의 상황마다 다르게 나타날 수 있는데, 동일한 번역자와 해석자라도 현재와 일 년 후가 다를 수 있다…그가 새로운 상황을 직면하게 됨에 따라 그렇게 될 것이고 또한 동시에 이루어진다고 해도 첫 번 석의하는 사람과 다른 해석자에게 본문은 다르게 보일 것이다. 따라서 우리는 결코 똑같은 두 개의 요약을 가질 수 없다. 그러므로 성경 본문 의미의 깊이와 넓이에 도달하기 위해 우리는 성경을 해석하는 데 있어 서로를 필요로 한다.[11]

수용자 문화에 의해 잘 이해되는 형태로 진술되었다고 알려진 것은 은유들을 사용한 것인데 은유들은 단지 본문의 진리뿐 아니라 본문이 가진 힘을 커뮤니케이션 할 것이다. 은유들은 본문이 쉽게 말하고자 했던 것을 훨씬 지나치는 문화의 암시들을 가져올 수 있기에 신중하게 사용되어야만 한다. 예를 들어, 한 학생은 고린도전서 11:3-13로부터 "머리"(kepahle)에 관해 논하고 싶었는데 그는 그것을 "추장"(프랑스어로 "chef")이라는 용어를 사용하였다(Traoré 2006). 만일 "추장"이라는 말이 엄청난 사회적, 관계적, 사법적 의미를 내포하고 있는 아프리카 상황이 아닌 곳에서 그 말을 사용한다면 나쁜 생각은 아닐지 모른다.

독자반응비평(reader response criticism)으로부터 제기되는 사회적으로 이렇게 다른 표상(presentation)의 차이는 석의 과정이 문화들을 넘어 다른 독자들과 토의되고, 이해되며, 정당화될 수 있고 또 그렇게 되어야만 한다는 것이다.[12] 최종 결과물은 다른 문화들로부터 온 다른 석의하

---

[11] Senegal, Dakar의 Stefan Hanger와의 개인 교신(2006, 9/12).
[12] 본래적으로 이러한 주장은 몇몇 새로운 해석학과 포스트모더니즘에 의해 지지되고 있는, 문화는 같은 척도로 비교될 수 없다(incommensurability)는 것을 거부한다. 이러한 주장에 대해 가장 신랄한 비평자는 Richard Rorty이다. 문화적 비교가 불가능하다는 생각은 아프리카에서 보이는데 서구인들은 아프리카 신학을 비평할 수 없다고 말한다. 왜냐하면 서구인들은 그 상황을 이해하지 못하기 때문이다.

는 사람들과의 대화 안에서 확인할 수 있다.¹³ 나타난 결과는 다른 문화나 다른 사회적 위치에서는 통용될 수 없는 어떤 것이 아닐 것이며, 또한 가장 낮은 수준의 공통된 의미만을 지닌 어떤 것도 아닐 것이다. 오히려 그것은 본문의 의미를 커뮤니케이션하는 단어들, 이미지들 및 문장 구조들을 논의할 수 있는 장(場 locus)을 제공할 것이다. 그것은 또한 독자들에게 문화적으로 어울리는 것을 토의하기 위한 장도 제공할 것이다. 해석적 요약이든 그 뒤에 결과로 나타난 설명이든지 간에, 석의하는 사람은 이러한 해석을 함으로 어떻게 본문의 이미지와 깊이가 목표로 하는 청중에게 효과적으로 커뮤니케이션될 수 있는지를 보여줄 수 있어야 한다.¹⁴

어떤 사람들은 이것이 단지 초문화적 알맹이와 문화적 껍질로 본문을 양분하는 또 다른 형태일 뿐이라고 주장할 것이다. 버스웰(Buswell)이 지적한 대로, "하지만 초문화적 핵심 복음이 언제나 문화적 용어와 문화적 형태로 인간 세계에서 표현되어야만 한다는 바로 그 이유 때문에 그것의 존재와 실재에 대한 어떤 의심도 필요로 하지 않는다"(1986, 90)는 말을 받아들인다고 하더라도, 나는 다음과 같은 질문을 해야만 한다. "만일 어떤 사람이 그것의 표현을 결코 형성할 수 없다면, 어디에서 어떤 의미로 그것은 존재한다는 말인가?"¹⁵ 이것이 본문의 의미에 대한 경우이다. 나는 오히려 해석적 요약에서 표현되는 의미들을

---

**13** "두 명의 그리스도인이 한 자리에 앉아서 인내심을 가지고 서로에게서 배울 뿐 아니라 서로를 통하여 교정을 받을 수 없는 어떠한 이유도 존재하지 않는다"(Carson 1987, 256).
**14** 두 지평의 융합에 대한 책들은 Anthony C. Thiselton(1980)의 시발적인 작품 이후 엄청나게 많이 나왔다.
**15** 이러한 대화는 나로 하여금 Kant의 물자체(noumenon)와(이 경우에는 "의미 그 자체"와 같은 것이다) 현상(phenomenon)(여기서는 "의미의 문화적 표현"이 될 것이다)에 대한 논의를 떠오르게 만든다. 이 유추를 좀 더 설명하자면 이렇다. 우리가 언급하고 있는 것은 물자체에 대한 어떤 접근도 없는-만일 그것이 존재해야만 한다면- 다른 현상을 대표하는 하나의 현상이다.

언급하고자 하는데 그것은 본문이 말하고자 하는 그 의미(*the* meaning)라기보다는 본문의 세부 내용에 어느 정도 충실한 의미이다. 거기에는 표현의 다양성이 존재할 것이지만 다른 문화나 상황들은 적절한 설명을 통해 해석자가 어떻게, 왜 그러한 표현의 형태(단어, 모델, 은유들)를 선택했는지를 이해할 수 있을 것이다.

이 제안에는 분명히 약점들이 존재한다.

첫째, 그것은 너무 많은 정보를 가지고 있다. 해석적 요약은 명제나 원리처럼 쉽게 꾸려지지(packaged) 않는다. 그것은 서구-현대주의의 명제적 설교 스타일 안에서 쉽사리 설교될 수 없다. 설교학적 제분소에 석의적 데이터를 깔끔하게 건네는 것이 존재하지 않는다.

둘째, 그것은 충분한 정보가 아니다. 이것은 상황적 신학을 위해 흡족하지가 않다. 물론 이것은 **단지** 석의일 뿐이다. 다른 본문들에 대한 더 많은 작업이 필요할 것이다. 그러나 이것은 상황적 신학을 위한 좋은 석의적 바탕을 제공할 것인데, 그것은 다른 형태의 제안들이 빼놓고 있는 것이다.

석의하는 사람들은 오랫동안 확장된 의역(extended paraphrase)을 해오고 있다. 왜 우리는 그와 비슷한 어떤 것을 제안하고 있는 것인가? 왜냐하면 석의가들, 설교자들, 신학자들이 원리를 추출하기 위해 해석적 요약을 편집실 바닥에 잘라서 내버림으로 성경을 지나치게 증류(蒸溜 distill)시키고 있기 때문이다. 나는 그들이 석의적 요약에서 멈춰서 그것을 신학적이고 설교학적 과정에 사용하기를 촉구한다.

## 4. 예: 마태복음 3:13-17

내가 주장하고 있는 것에 대해 시범을 보이기 위해 나는 마태복음 3:13-17에 있는, 예수님의 세례에 관한 부분의 해석적 요약을 제공하고자 한다. 이 지점에서 나는 내 결론을 정당화하지 않을 것인데 그것이 석의적 분석을 요구할 것이기 때문이다. 이 지점에서는 단순히 요약을 제공하고자 하는데 그것은 어느 정도의 희망하는 깊이를 가진 의미를 전달할 것이다. 나는 다음과 같이 해석적 요약을 제안해본다.

많은 그리스도인들이 자신들의 사회적 위치에 적합하게 보이거나 할 수 있을 때 순종한다. 요한은 예수님을 세례주기에 합당하지 않았고 두 사람 다 그것을 알고 있었다. 그럼에도 불구하고, 예수님은 자신을 준비하기 위해 요한이 그에게 세례를 베풀도록 함으로 순종하셨다. 그러한 준비는 아버지께서 아들을 기쁘게 여기시도록 하였다. 아버지의 이러한 기쁨(eudokeo)은 구원과 관련한 단락에서 대부분 나타난다. 이 아들은 모든 사람에게 구원을 가져오기 위해 기꺼이 사람이 되었다. 아버지께서는 예수님이 단지 세례를 받으셨기에 기뻐하신 것이 아니었다. 예수님은 하나님이 요청하셨던 모든 것을 수행하는 것에 순종하셨던 것이고, 그것에 의해 첫째로는 성령의 임재를 통해 커다란 시험을 대면하시고, 둘째로는 세상의 구원을 완성하도록 준비되심에 기뻐하신 것이다. 우리는 하나님 아들의 자발적인 사랑, 지상에서 그분이 겪은 어려움들, 그분의 목적 있는 순종에 대해 더욱 더 이해하고 살아내야 한다. 나아가 우리도 우리 삶에서 하나님 아버지의 그 사명을 이루기 위한 준비를 하는 데 있어 예수님을 우리가 좇아야 할 모범으로 삼아야 한다.

알다시피 어떤 해석적 요약도 완전할 수 없는데, 요점은 해석적 요약이 우리에게 다음과 같은 것들을 제공한다는 것이다.

(1) 초문화적 원리에서 가능한 것 보다 본문 및 문학적 상황에 대한 더 넓은 설명
(2) 전체 석의적 분석보다 더 빠른 요약
(3) 신학적이고 상황적 통찰력과의 통합
(4) 더 진전된 신학적 혹은 설교학적 성찰을 위한 전환의 무대

본문을 너무 달여서 졸이지 말자. 성경에 대해 더욱 충실하기 위해 모든 석의 및 신학적 과정의 단계마다 상황적 진술을 추구하도록 하자.

◈ 매튜 쿡(Mattew Cook)은 미국에서 목회를 했었고 현재 코트디브아르의 아비잔에서 신학을 가르치고 있다.

◈ 토의를 위한 질문들

1. 매튜 쿡은 "명제나 원리는 성경 본문을 온전히 대표할 수 없다"고 말한다. 거기에 동의하는가? 많은 전통적 석의, 설교와 신학은 명제와 원리들에 초점을 맞추고 있다. 어떤 것이 어떻게 변화되어야 할 것인가?
2. "해석적 요약"이 무엇을 의미하는지 당신의 말로 설명하고 예를 제시해보라.
3. 당신이 강한 구전 문화 속에서 일하고 있으며 새로운 신자들을 양육하고 있다고 상상해보라. 어떻게 매튜 쿡의 해석적 요약 방법을 활용할 수 있을 것인가? 어떤 성경 본문으로 시작할 것인가?

# 5장

# 상황화, 매우 조심해야 할 작업?
### 북미 복음주의자들과 상황화

마크 영(Mark Young)

고슴도치를 손으로 집어 드는 것은 분명 조심해야 할 작업이다. 그것을 집어 드는 것이 얼마나 필요하고 또 중요한지와 상관없이 놈의 날카롭고 빳빳한 털은 우리의 본능으로 하여금 위험신호를 울리게 만든다.

많은 경우에 있어 복음주의자들은 상황화(contextualization)를 위험스러운 작업으로 보고 있는데, 그것이 비록 바람직하고 심지어 필연적인 과업이라는 것을 인정하더라도, 경계심을 늦추지 말아야 할 것으로 간주한다. 이러한 경계심은 학문적 기관들과 선교의 최전선에서 상황화에 관해 우리가 대화하는 데 있어 긴장을 만들어왔다. 비록 복음주의자들이 그 주제에 관해 수백 권의 책들을 저술하고 그것을 토론하기 위한 회의와 포럼들에 수많은 시간들을 사용하여 왔다고 할지라도, 과도한 상황화에 대한 우리의 불안감을 경감시키는 데는 조금도 진전을 이루지 못한 것처럼 보인다. 이 지속되는 염려는 우리가 그 개념을 토론하기 시작한 지가 현재까지 대략 삼십 년 정도의 시간이 흘러갔음에도 불구하고 상황화 이론을 충분히 실행하지 못하도록 만드는 주요 원인이 되어왔다(Kraft 2005, 32).

그 시작부터 북미의 보수적 복음주의자들은 상황화에 대해 신중한 반응을 보였다(Kraft 2005, 22-26). 여기에는 그 용어가 1970년대 많은 복음주의자들로 하여금 불신을 키워가도록 만들었던 WCC(세계교회협의회)를 통해 공식적으로 도입되었다는 것도 부분적으로 이유가 있었다(Coe 1976). 더군다나, 그 초기에 있어 상황화를 주장하는 가장 지속적인 목소리들 중 일부는 라틴아메리카 상황에서의 해방신학과 연관되어 있었기에, 북미의 어떤 복음주의자들은 그 용어가 보수적 진영의 사회적, 문화적 가치들을 반영하지 않는 것에 더욱 염려하게 되었다. 냉전의 렌즈를 통해 해방신학을 보면서, 많은 이들은 그것이 자신들의 신학에 대한 위협이며 미국 민주주의와 자본주의적 가치들에 대한 공격으로 간주하였다. 이러한 연상 작용은 보수적 복음주의자들 사이에서 상황화의 이미지를 훼손시켰다. 어떤 경우 그 개념은 노골적으로 거부당했고, 다른 이들은 그 개념을 연구할 필요를 보았지만 동일한 과정과 목표를 묘사하는 데 있어 다른 용어를 채택하였다. 필자가 1970년 대 후반에 신학 훈련을 받을 때만 해도 상황화라는 용어는 노골적으로 의심을 받지는 않았지만 경계심을 가지고 취급되었다.

북미 복음주의자들 입장에서 경계심을 가졌던 이유들에 대한 1970년대의 사회문화적, 지정학적 현실을 우리가 밝힐 수 있다고 하더라도, 우리는 상황화를 향한 복음주의자들의 염려가 단지 역사 및 사회적 상황과 연관된 쟁점들에 기초하고 있었다고 성급히 종결지어서는 안 된다. 상황화에 대한 복음주의자들의 개념은 지난 사십 년간 경계심이라는 틀에 끼워져 왔는데, 선교계에서 우리가 그 용어를 사용하여 온 이유는 그것이 신학 운동의 존재와 정체성을 형성시켜 온 뿌리 깊은 신학적 가치와 헌신에 대해 도전하고 있는 듯 보이기 때문이다. 특별히, 보수적 복음주의자들이 상황화에 대해 경계하는 이유는 그것이 성경에 계시된 절대적이고, 초문화적인 진리에 대한 믿음을 위협한다고 의심하기 때문이다. 그것은 복음주의자들이 왜 B.J. 니콜스(B.J. Nicholls)가 상황화에 대하여 쓴 다음과 같은 조심스러운 정의에 공감하는 경향이 있는지를 설명해준다.

> 하나님 나라 **복음의 불변하는 내용**을 각각의 문화권과 특수한 실존적 상황 속에 살아가고 있는 사람들에게 의미있게 전달되도록 언어적 형태로 번역하는 것이다(Nicholls 1975, 675).[1]

복음주의(evangelicalism)는 단일한 역사적, 교회적인 정체성을 가지고 있는 것이 아니라 교파를 초월하여 존재하기 때문에, 복음주의 운동의 정체성에 있어 지속성과 연속성은 공통의 신조(creed)적 헌신에 기반을 두고 있다. 니콜스가 표현한 "복음의 불변하는 내용"은 보수주의적 복음주의자들의 근간을 이루는 교리이다.[2] 그것은 하나님으로부터 계시되고 성경에 기록된 모든 문화적 상황에 유효한 절대적 진리에 대한 복음주의적 신앙을 표현하고 있다. 나아가 보수적 복음주의자들은 "복음의 불변하는 내용"이 명제적(propositional)이라고 믿고 있다. 그들은 복음에 대한 공통의 신념(belief)뿐 아니라 그 신념을 고백하는 공통의 언어를 추구한다. 이러한 헌신은 초대 교회로 거슬러 올라가는 신조들의 형성 과정 위에 기초한 매우 존중받아야 할 유산이다.

만일 성경 안에 있는 불변하는 진리의 개념에 대한 헌신과 그러한 진리를 표현하는 공통된 고백적 언어에 대한 헌신이 상황화 이론과 실천에 대한 보수적 복음주의자들의 경계심을 부추기고 있다고 한다면,

---

[1] 강조체는 필자에 의한 것임. 이러한 상황화 개념의 발전에 대한 것은 Bevans의 책을 보라 (2002, 37-53).

[2] 이러한 헌신으로 인해 초기에 있어 보수적 복음주의자들은 "상황화"보다 "토착화"(indigenization)라는 용어를 더 선호했다. Taber를 보라(1991).

보수적 복음주의자들로 하여금 더욱 기꺼이 상황화를 수용하도록 만들기 위해서는 어쩌면 먼저 신학 및 신앙 고백, 그리고 성경의 성격에 대한 지속적인 재고가 필요할 것이다. 이와 같이 신학에 대한 근본적 헌신들을 놓고 토의함으로 복음주의자들로 하여금 상황화를 더 자연스럽게 수용하도록 만드는 방법들이 있는가? 물론 있다. 북미의 보수적 복음주의자들이 이러한 토의를 기꺼이 할 수 있을 것인가? 그것은 미지수이다.

불행하게도 많은 보수적 복음주의자들은 이러한 근본적 쟁점들에 대한 비판적 사고와 대화를 두려워하고 있다. 어떤 이들에게, 이러한 대화는 신념에 대한 무비판적 확실성 위에 세워진 자신의 개인적 안정감을 위협할 것이다. 또 다른 이들에게 그것은 자신의 직업적 정체성과 안정성을 위험하게 만드는 너무나 큰 대가를 지불하는 것이다. 많은 교회 및 선교회들의 관계에 있어 공통의 고백은 일종의 사회적 권력(social power)으로 작동한다. 한 신앙 공동체의 회원권이 공통의 고백적 언어에 대한 어떤 회원의 지지를 측정하는 것에 의존하고 있다면 (예: 조직에 가입하거나 남아있기 위해 그 조직의 교리적 진술문에 서명하는 경우), 활발한 신학적 토론은 사라질 것인데 왜냐하면 회원들은 자신들 위에 사회적 권력을 가지고 있는 사람들에 의해 축출될 것을 두려워하기 때문이다. 하지만 상황화는 바로 정확히 이러한 종류의 신학적 논의를 필요로 한다. 상황화는 사회적, 재정적으로 심각한 결과를 초래할 것에 대한 두려움을 갖지 않는 가운데 탐구와 지적 모험을 감행할 수 있는 자유를 요구한다.³

---

3 사회적, 경제적 권력은 세계적으로 상황적 신학들과 사역들의 발전에 있어 우리가 인정하는 것보다 훨씬 더 많이 영향을 미치고 있다. 기관, 선교회 및 교단들로부터의 축출과 같은 행위는 창조적 사고와 사역에 대한 강력한 통제력으로 작동하는데 특별히 이러한 축출이 재정적 지원의 상실을 의미할 때 그렇다.

## 1. 상황화와 신학의 성격

더욱 의미 있는 상황화 논의를 자극하기 위해서 어떻게 우리는 신학 및 신학적 고백의 성격을 재고할 수 있을까? 그리스도인 회심에 관한 신학적 고려에 있어 폴 히버트(Paul Hiebert)가 집합 이론(set theory)을 적용한 것이 시작점을 제공할 수 있을 것이다(1994). 히버트는 그가 쓴 획기적인 한 논문에서 수학적 집합의 네 가지 다른 개념을 사용하여 그것이 어떻게 우리가 "그리스도인"이라는 단어를 이해하는 데 영향을 주는지를 논했다. 그는 두 개의 변수에 근거한 네 종류의 집합들을 가정했는데, 집합을 설정하는 근거와 집합을 규정하는 경계의 성격이 그것이다. 이 글의 목적에 따라 히버트의 두 가지 집합 이론, 즉 경계 집합들(bounded sets)과 중심 집합들(centered sets) 개념을 살펴보는 것이 신학 및 신학적 고백들의 성격을 재고하는 데 도움을 줄 것이다.

히버트에 따르면, 경계 집합들은 공통된 본질적(intrinsic) 특성들에 근거해서 형성된다. 따라서 서구 과학적 사고의 전형인 분류학(taxonomy)은 경계 집합들의 좋은 예가 된다. 경계 집합들은 그 집합을 정의하는 본질적 속성들을 가졌는지에 근거하여 포함과 제외를 구분(경계)하는 분명한 선들을 가지고 있다. 어떤 사물은 그러한 속성들을 가졌든지 아니면 갖지 않았든지 둘 중 하나이다. 경계 집합은 그 집합의 안에 있는 것과 밖에 있는 것이 무엇인지를 분명하게 구별한다. 따라서 집합의 경계선들은 그 집합을 정의하며 그것들은 그 집합을 만들고 유지하는 사람들에게는 관심의 초점이 된다.

경계 집합들이 공통된 속성들을 가졌는가에 의하여 정의되는 한편, 중심 집합들은 어떤 사물이 그 집합의 중심점(center point)과 맺는 관계에 근거하여 발전된다. 중심 집합에 있어, 경계선들은 그 집합의 소속됨을 결정하지 않고 오히려 구성원들이 그 집합의 중심과 맺는 관계에 따라 부각되고 변한다. 한 구성원이 중심과의 긍정적인 관계(positive relationship)가 있는 한 그것이 중심과 공간적으로 얼마나 떨어져 있는가에 상관없이 일원이다. 긍정적 관계란 한 구성원이 중심으로부터 멀어지지 않고 중심을 향하여 움직이는 것에 의해 드러난다. 중심 집합의 구성원을 규정하는 움직임과 지향성 개념은 정서적 기준들(affective criteria)이 그 집합에 포함되는 것에 영향을 미친다는 것을 암시한다. 경계 집합들이 정태적인 것에 반해서 중심 집합들은 역동적으로 나타난다.

## 2. 경계 집합으로서의 신학

히버트의 범주들을 사용해서 신학 및 신학적 고백의 성격을 살펴본다면, 우리는 보수적 복음주의자들이 그 둘 다를 명제들의 경계 집합으로 보는 경향이 있다고 말할 수 있을 것이다. 복음주의 안에 있는 다양한 신학적, 교회적 전통들은 자신들의 경계 집합을 형성한 여러 색깔을 가진 명제들로 이루어진 본질적 속성들을 선택하고 있다. 공통된 본질적 속성은 넓은 신학적 전통들(예: 칼빈주의와 알미니안주의) 및 역사적 신조들로부터 나왔을 것이다. 교회 지도부, 학회(academic guild), 교단 및 선교부 지도자들, 그리고 지역의 종교적 권력 중개자들- 자신들이 집합에 대한 소유권과 유지할 책임을 가지고 있다고 믿고 있는 사람들-은 개별적인 명제들과 그것을 주장하는 사람들을 그 집합에 포함시킬 것인가와 배제시킬 것인가를 중재한다. 이러한 그룹들 모두가 공유하고 있는 것은 단지 동일한 고백만이 아니라 동일한 통제 가치(value of control)에 대한 헌신이다. 경계선을 설정하는 것은 그것을 통제하는 사람들에게 안정감과 정체감을 창출한다. 신학 및 신학적 고백들을 일종의 경계 집합으로 볼 때, 그것들은 지성과 사회적 통제의 변화하지 않는 경계선들로 작동한다.

　신학 및 신학적 고백이 단순히 개념적인 것으로만 종종 간주되곤 하지만 실제에 있어서 그것들은 매우 사회적이고 문화적이다. 실제로, 명제들로 이루어진 경계 집합으로서의 복음주의 신학은 일정한 개념적, 사회적, 문화적 노선을 추종하는 공동체에 의해 형성되고, 소유되며, 통제받는다. 보수적 복음주의자들은 신학에 있어 상황이 영향을 미치고 있다는 현실을 축소하는 경향이 있다. 그들은 신학적 진리는 초문화적이며 신학적 고백 또한 그래야만 한다고 주장한다. 따라서 많은 이들은 명제들의 경계 집합을 다양한 문화적 배경 속에 차용(adoption)하는 데 있어 상황과 관계없이 동일한 표현(common language)의 사용을 요구한다고 믿는다. 보수적 복음주의자들이 신학적 신념과 고백의 개인적, 사회적, 문화적 차원들을 경시하게 될 때, 절대성과 객관성을 주장하는 표현들이 신학적 담론들을 지배하게 되고 무비판적인 확실성을 가지고 신념의 경계선들을 그리게 된다. 신학에 있어 이러한 접근은 상황화가 일어날 수 없게 하고 일어나서도 안 되도록 만든다.

　앞에서 말했듯이, 신학을 명제들로 이루어진 일종의 경계 집합으로 볼 때, 신앙 고백 공동체(교회, 선교회, 교단 등)는 그 집합을 소유하며 어떤 주어진 명제가 그 집합의 안에 있는지 바깥에 있는지를 결정하기 위해서 일차적으로 경계선들에 초점을 맞추게 된다. 경계선 유지는 그 집합의 진실성과 고백 공동체의 정체성을 유지하기 위한 필수적인 것으로 간주된다. 경계 집합의 변화를 제안하는 사람들은 그것을 소유한 고백적 공동체로부터 배제당하는 위험을 무릅쓰게 된다. 신학에 대한 이러한 접근 속에서, 신학적 이해는 한 공동체가 동일하게 고백하는 언어의 명제들, 예를 들어, 교리적 선언 또는 신조 고백 속에 구현된 표현들에 묶여 있어야만 한다. 따라서 신학적 담론의 목표는 경계선들을 보강하고 공동체가 그것들을 지키도록 충성심을 강화시키는 것이다. 이런 면에서 신앙 고백문들은 종종 새로운 이해의 발전을 억누르는 일종의 교도권으로 작동한다.

기독교 진리에 대한 역사적 신조와 고백들은 복음주의자들을 위한 일치와 연속성 양자 모두를 창출했다. 그것들의 역할은 결코 과소평가되어서는 안 된다. 하지만 우리가 인정해야만 하는 것은 신조들이 그것이 형성된 시대와 장소에 있어서의 공통의 이해와 신념을 언어적 형태로 가장 잘 표현한 역사적 문서라는 것이다. 신조들은 개념적 경계선들을 재형성하고 강화하며 그룹 연대성을 추구하는 고백적 공동체에서 발생했다. 공동체로부터의 배제, 그리고 어떤 경우에 있어서는 자신들의 믿음이 집합의 경계선 밖에 있는 사람들에게 더욱 가혹한 형벌들이 주어졌다.

성경의 진리를 불변하는 것으로 보기 때문에 많은 보수적 복음주의자들은 신학적 고백 또한 결코 변할 수 없는 것(immutable)으로 보고 있다. 이러한 복음주의자들에게 신학적 고백의 경계선들은 역사적으로 규정된 것이고 그대로 남아있어야만 한다. 따라서 신념과 신념의 언어는 변할 수 없고 절대적으로 수호되어야만 한다. 불행하게도 신학의 경계 집합적 관점은 상황화를 활성화시키지 않는다. 실제로, 한 시대의 일정한 역사적 상황 속에서 조성된 신학적 언어를 다른 다양한 시대적 상황들 속에도 영구히 지속되도록 만들어야 한다고 주장하는 것은 원래 계시된 언어에 의해 구현되었던 진리를 이해할 수 있는 신앙 공동체의 능력을 억누르는 것이다.

한편 상황화는 문화와 시대를 넘는 공통의 믿음을 보존하기 위해 신조 언어를 다시 명료하게 다듬는 것(re-articulation)을 요구할 것이다. 스티브 스트라우스(Steve Strauss)는 다음과 같이 주장한다.

역사 속의 한 문화와 시대 속에 존재하던 교회들에 의해 수립된 형태들

(forms)이 다른 시대와 문화 속의 그리스도인들에 의해서도 똑같은 형태의 신학적 진리를 표현하는 유일한 방법으로 간주되어서는 안 된다. 신조와 고백들은 특정한 시대와 장소를 위한 성경적 진리의 표현들이다. 그 자체로 그것들은 보편적 교회를 공통된 역사에 결합시키며 지나간 시대 속에서의 성경적(biblical)이면서도 시대와 연관을 맺는(relevant) 신학의 모범을 보여준다. 그러나 신조와 고백의 형태들은 그것들이 표현하고자 하는 진리와 좀처럼 **동일**(equal)할 수는 없을 것이다. 어떤 문화와 상황들에서는 **다른**(different) 형태만이 같은 진리를 고백하기 위한 유일한 방법일 것이다(Serauss 2006, 118).

보수적 복음주의자들이 상황화를 더 자유롭게 수용하려면, 신학을 정태적이며 초문화적인 명제들의 집합으로 볼 것이 아니라, 믿음을 상황 속에서 역동적으로 고백하는 신학으로 보아야 한다. 상황화의 목적은 역사적 기독교의 위대한 고백적 진술들(confession statements)이 믿음의 기반으로 이해될 수 있도록 의미를 창조하는 것이다. 고대 기독교의 믿음을 영속화시키기 위해서는, 신학적 명제를 단순히 반복하는 것이 아니라, 상황화를 필요로 한다. 믿음은 고백에 기초할 뿐 아니라 그것을 넘어선다. 토마스 오덴(Thomas Oden)은 다음과 같이 말했다.

신경(Credo)을 내가 믿노라고 진정으로 고백할 때 한 사람은 마음으로부터 말하는 것이며, 자신의 근본적 믿음을 고백함으로 자신을 나타내는 것인데, 그 신앙은 삶을 살아갈 가치가 있도록 만든다. 그 신앙을 위해 고난 받고자 하는 의지 없이, 필요하다면 그 신앙을 위해 죽고자 하는 의지 없이 신경을 고백하는 것은 진정한 신앙 고백이 아니다(Thomas Oden 2006).

믿음은 상황화된 신학적 고백의 근원이 되는 동시에 목적이 된다.

## 3. 중심 집합으로서의 신학

복음주의자들 안에서 상황화가 활발해지기 위해서는 신학을 명제들로 울타리를 친 경계 집합이 아니라 **믿음을 향한 중심 집합**으로 볼 필요가 있다.

히버트에 의하면, 중심 집합에 있어서 일원이 되는 것은 그 집합의 중심을 향한 지향성과 움직임에 의해 결정된다. 이것을 신학 및 신학적 고백에 적용한다면, 중심 집합적 전망은 그 집합의 중심이 가진 가치와 그것에 대한 충실함의 중요성을 분명히 한다. 중심 집합적 관점은 인간 믿음의 정서적 차원을 표현함으로써 신학과 신학적 고백을 인간화시킨다. 그 집합의 일원이 되는 것은 단지 공통된 언어에 대한 동의가 아니라 공통된 믿음-그 집합 중심에 대한 공통된 가치 부여와 충실함-을 요구한다.

신학에 대한 이러한 전망은 복음주의자들로 하여금 성서 안에 계시된 불변의 진리에 대한 믿음에 근거한 개인적 안정감과 정체성을 보유하도록 허용할 뿐 아니라, 동시에 모든 신학적 신조와 고백들의 상황적 한계들을 인정한다. 더 나아가 신학 발전과 믿음에 있어서의 정서적 차원을 강조함으로 말미암아, 중심 집합 은유는 신학의 개인적, 사회적, 상황적 특성을 드러낸다. 그 집합에 포함되는 신학적 명제들은 현실 상황과 분리되어 단지 논리적 일관성과 역사적 고백 언어에 기반을 둔 진리 진술(truth statement)들이 아니다. 중심 집합의 관점에서 볼 때 신학적 명제들은 그 집합의 중심의 가치를 인정하고 충성을 보여주는 믿음에 대한 개인적(공동체적) 진술이다.

믿음과 충성의 초점이 되는 그 집합의 중심을 규명하는 것은 신학에 대해 중심 집합적 접근을 하는 고백적 공동체의 일차적 사명이 된다. 불행하게도, 복음주의자들에게 있어 집합의 중심에 대한 동의는 우리가 생각하거나 희망하는 것보다 포착하기 어렵다는 것이다. 예를 들어, 북미의 많은 보수적 복음주의자들은 집합의 그 중심을 성경의 무오성(inerrancy)으로 보아왔다. 예를 들어, 복음주의신학회(Evangelical Theological Society: ETS)는 1949년 설립될 때 성경의 무오성에 대한 믿음을 멤버십을 갖기 위한 유일한 기준으로 인정했다.⁴ 북미의 보수적 복음주의자들은 무오성에 대한 진술을 이런 방식으로 계속 사용하고 있다. 그러나 성경의 무오성을 복음주의 정체성의 분기점으로 놓는 것은 복잡하고도 역동적인 오늘날의 범세계적 복음주의 운동의 신학적 중심으로 묘사하는 데 있어 부적절하다.

비록 성경주의, 회심적 경건, 전도와 같은 "핵심적 확신들"이 북미와 유럽의 복음주의를 규명하기 위해 광범위하게 사용되었지만, 이러한 공통적 특징들이 "결속되고, 기관적으로 굳게 뭉쳐지거나 명백하게 구별되는 그리스도인 그룹들을 결코 만들어내지 못했다"(Noll 2003, 19).⁵ 다양한 사회적, 기관적, 문화적, 신학적, 그리고 개인적 동맹관계들이 복음주의자들을 분열시켜 때로는 많이, 때로는 적게 협력적 정체성과 실체를 이루도록 하였다. 복음주의적 신학의 중심은 존재하는가? 우리는 그것을 표명할 수 있는 희망이 있는가? 대답은 있다는 것이다.

복음주의 신학의 중심은 성경에 계시된 대로 인류를 구원하기 위해 행동하시고 그들로 하여금 그분 한 분만을 경배하도록 만드시는 유일

---

**4** ETS 웹싸이트에 따르면, 그러한 기준을 제시한 학회 설립자들의 원래 의도는 교리적 선언이나 신앙 고백이라기보다 ETS의 교리적 기반을 형성하고자 하는 것이었다. 후에 그 선언문은 삼위일체적 언어를 포함하는 것으로 수정되었다(www.etsjets.org/?q=website_constitution_amendment_announcement accessed October 9, 2008).

**5** 또한 Bebbington을 보라(1989, 1-17).

하신 참 하나님에 대한 믿음이 되어야만 한다. 성경의 하나님, 성부, 성자, 성령으로 존재하시는 유일하신 참 하나님에 대한 믿음과 충성[6] 그리고 그분을 예배하는 것이 복음주의 신학의 중심에 존재한다. 비록 우리 하나님의 인격과 사역에 관한 다양한 명제적 진술들이 그 믿음과 충성 및 예배를 여러 가지로 표현할 수 있음을 나타내지만, 복음주의 신학의 중심은 성경에 계시된 대로 유일하신 참 하나님의 인격과 목적에 머물러 있어야만 한다. 그분이 복음주의적 신학의 준거점(point of reference)과 방향성이 되시기 때문에 그분은 또한 모든 상황화의 준거점과 방향성이 되신다.

만일 우리가 복음주의 신학의 중심을 성경에 계시된대로 유일하신 참 하나님에 대한 믿음과 충성, 그리고 예배라고 인정한다면, 우리는 그 유일하신 참 하나님과 그분이 세상 안에서 행하시는 사역에 관해 단지 우리가 믿고 싶은 대로 신학을 조제하는 것을 피할 수 있다. 우리는 인간 역사에 자신을 계시하시고 자비롭게도 성경 안에 그 사실을 기록하여 우리에게 주신 유일하신 참 하나님을 믿고 예배한다. 그러므로 유일하신 참 하나님께 대한 우리의 믿음과 충성 그리고 예배는 돈 카슨(Don Carson)이 말한 대로 성경 안에 열거된 "구속사의 전환점들"을 둘러싸고 발전한다. 그는 다음과 같이 썼다.

> 아무리 충성스럽다고 해도 한 사람은 자신이 예수님께 속했는지를 스스로 판단하게 되는데, 만일 예수의 이름이 많이 인용되는 것만큼 어떤 틀에 맞춰져 선택적으로 조성됨으로 인해 그분이 성경과 아무런 관계가 없는 존재가 되어버린다면 이러한 충성심이 기독교 사상의 표지로 간주되기는 어려울 것이다(Carson 2008).

---

[6] 유일하신 참 하나님에 대한 충성은 헌신, 충절, 존경, 그리고 사랑을 내포한다.

성경 기록 안에서 묘사된 이러한 "구속사의 전환점들"은 하나님에 대한 우리의 비전을 다음과 같이 채운다.

(1) 하나님은 우주와 그 안에 있는 모든 것을 창조하시고, 보존하시며 다스리시는 분이다.
(2) 하나님은 죄악된 인류를 절망과 불행의 상태에서 그의 아들의 죽음과 부활을 통해 구속하신 분이다.
(3) 하나님은 온 세상에 그분을 증거하기 위해 성령을 통해 그의 백성에게 축복과 권능을 부어주시는 분이다.
(4) 하나님은 그의 영원한 계획을 따라 인류 역사의 완성과 모든 피조물의 회복을 이루실 분이다.

복음주의 신학들 안에 무엇이 포함되든지, 그것은 성경에 계시된 대로 유일하신 참 하나님의 이러한 본질적 이미지에 비추어 믿어져야만 할 것이다.

## 4. 부분적으로 중첩되는 중심 집합으로서 신학

인간의 타락과 유한성은 모든 신학적 지식의 전망을 제한한다. 신학에 대한 중심 집합적 접근은 모든 신학들이 부분적(partial)이라는 것을 가정하는데 왜냐하면 그것들은 특정 문화와 역사적 상황 속에 있는 유한하고 타락한 인간들에 의해 만들어진 것들이기 때문이다. 어떤 인간도 하나님에 대한 완전한 지식을 갖고 있지 않기 때문에 어떤 신학도 유일하신 참 하나님에 관해 알려질 수 있는 모든 것을 포함할 수 없다.[7] 모든 신앙 공동체의 신학은 유일하신 참 하나님에 대한 믿음, 충성, 그리고 예배를 표현하는 데 필요하다고 여겨지는 것을 둘러싸고 발전한다. 한 공동체의 집합에 포함되어 있는 확언들과 명제들이 다른 공동체들의 집합에는 포함되지 않을 수 있다.

만일 모든 복음주의 신학들이 부분적이며 상황적이지만, 유일하신 참 하나님에 대한 믿음과 충성, 그리고 예배를 중심으로 한다면 다양한 복음주의 공동체들 안에서의 확언들과 명제들의 **중첩되는** (overlapping) 집합이 떠오르게 된다. 공통의 믿음이 반드시 공통의 명제들로 표현되지는 않겠지만, 어떤 신학들은 공통된 표현을 공유하게 될 것이다. 공통의 믿음을 천명하는 것은 각 신앙 공동체에 있어 상황적으로 적절한 신학적 확언들과 명제들의 발전을 포함해야만 한다(Strauss 2006, 18). 신학적 상황화를 추구하기 위해, 복음주의자들은 유일하신 참 하나님에 대한 공통된 믿음과 충성, 그리고 예배가 언제나 공통된 신학적 표현을 공유하지 않을 수 있다는 것을 인정해야 할 것이다. 비록 그러한 것들이 믿음의 일치와 정체성을 향상시키기 위해 노력해야 하겠지만 말이다. 공통된 믿음이 복음주의 신학들의 중심에 있지만, 각 신학적 집합들의 내용과 표현 양자 모두의 발전 궤적은 각 상황에 따른 특정한 문화적 윤곽에 의해 형성된다.

---

[7] 나는 수업시간에 칠판에 커다란 원을 그리고 학생들에게 질문한다. "만일 이 원이 성경에 계시된 그리스도에 관하여 알려질 수 있는 모든 것을 나타낸다면, 여러분들의 신학 전통은 이 원에 얼마만큼을 차지한다고 생각하는가?" 대부분의 학생들은 그들의 신학적 체계가 성경에 계시된 하나님에 관하여 알려질 수 있는 모든 것을 포함하지 않는다는 것에 대해 한 번도 생각해보지 않았다는 것을 발견하게 된다.

## 5. 상황화와 성서학

성서학이 북미의 많은 보수적 복음주의자들에 있어 분기점을 이루는 주제이기 때문에, 그들 중 어떤 이들은 영감과 무오의 문제에 대한 동의를 중시하는 가운데 그것을 그리스도의 신성 및 복음의 효력에 대한 공통된 믿음만큼 높이 보고 있다. 하지만 상황에 있어 더욱 큰 자유와 편의를 위해서는 복음주의자들이 성경에 관하여 무엇을 믿는가에 대한 재고가 필요할지 모른다. 상황화를 향한 복음주의자들의 초기 염려가 북미에서 보수적 복음주의자들이 공개적으로 "성경을 위한 전쟁"(battle for the Bible)에 불을 붙였던 것과 동일한 시대에 발생했다는 것은 우연이 아니다(Lindsell 1976). 그 전쟁은 중단되지 않았고 성서학(bibliology)에 대한 주제는 상황화를 향한 복음주의자들의 염려에 지속적으로 주요한 역할을 하고 있다.

상황화를 단지 성경 해석과 적용의 문제로만 보고자 하는 유혹이 있을 수 있는데 그러한 견해는 너무 제한적인 것이다. 상황화를 향한 복음주의자들의 경계는 우선적으로 우리가 성경을 어떻게 보는가에 의해 영향을 받고 있고, 우리가 성경을 어떻게 해석하고 적용하는지는 그 다음 질문이다.

"복음주의자"라는 용어는 범세계적으로 거의 언제나 성경을 자신들의 "신앙과 행위의 최종적 규범"으로 삼는 사람들을 지칭하는 데 사용되고 있다.[8] 복음주의자들은 매번 우리가 성경을 읽을 때 그것으로부터 추출한 삶을 위한 진리와 원리들의 순수한 명제들의 실천을 통해서 이 정체성을 확언한다. 복음주의자들은 성경을 하나님에 대한 보편적인 진실을 담은 명제들과 경건한 삶을 위한 보편적으로 유용한 원리

---

[8] "복음주의 선언"(2008). www.anevangelicalmanifesto.com.(2008, 5월 10일 다운로드).

들의 근원으로 간주한다.

성경에 대한 이러한 견해는 복음주의자들로 하여금 어떤 명제들과 원리들은 "성경적"이고 다른 것들은 "비성경적"이라고 식별하도록 몰아간다. 한 특정한 복음주의를 표방하는 공동체에서 어떤 명제들과 원칙들이 "성경적"이라고 간주되었을 때, 이것들은 성경을 신앙과 행위의 최종 규범이라고 보는 모든 사람들을 보편적으로 묶어주는 것이라고 가정된다. 비록 우리가 성경적이라는 용어를 자유롭게 사용했지만 복음주의자들은 때때로 경건한 삶을 위한 하나의 명제 또는 원칙이 성경적이라고 우리가 말할 때 그것이 무엇을 의미하는지를 분명하게 밝히지 않는다. 결혼, 자녀 양육, 재정 관리 및 인간 경험의 다른 많은 차원들을 위한 성경적 원리들이 있다고 말하는 것이 의미하는 바는 무엇인가? 많은 경우에 있어 "성경적"이란 단순히 성경의 한 본문에서 발견되는 선별된 주장, 가치, 행동들과 유사한 현대적 상황 속에서 주어진 주장, 가치, 행동을 의미한다. 예를 들어, 출애굽기 18:17-23에서 선발된 지도자들에게 사법적 권위를 위임하는 모세의 실례에 근거하여, 많은 복음주의자가 이러한 권위의 위임이 지도력에 있어 성경적 원리라고 확언한다. 일단 우리가 한 원리를 성경적이라고 인정하게 되면, 그것은 모든 상황들 속에서 보편적으로 유용한 것이라고 간주된다.

불행하게도, 성경에 대한 이러한 접근은 때때로 해석자의 가치와 행위들을 성경의 특정 구절들에 근거하여 "성경적"이라고 높이는 자민족 중심주의적 비약으로 이끌게 되는데, 그런 구절들은 해석자의 문화 속에서 이미 용납할 만한 행위들로 받아들여지는 것들을 좀 더 자세히 보여주기 때문이다. 한편, 해석자 자신의 문화적 맥락에 들어맞지 않는 행위들을 묘사하는 성경구절들은 쉽게 무시된다. 이러한 구절들과 그것들이 묘사하거나 명령하는(prescribe) 행위들은 자주 "문화적"이라고 불리는 것들로서 해석자의 상황과 신앙 공동체에 있어 권위를 가진 것으로 여겨지지 않는 것들이다.

성경에 이렇게 접근하는 것은 어떤 구절들을 현재의 신앙과 행위를 위한 권위를 가진 위치로 제멋대로 높이는 한편 다른 것들은 그렇지 않은 것으로 분류시켜 버린다. 예를 들어, 지도자에 의한 책임을 위임하는 것이 해석자의 문화적 규범에 맞는 곳에서는 "성경적"이라고 간주될 수 있겠지만, 이러한 위임이 권위나 지도력의 모습에 자연스럽게 들어맞지 않는 배경 속에서 살아가는 사람들에 의해서는 단지 "문화적"이라고 쉽게 간과될 수 있다. 북미에 사는 우리들은 책임을 위임하는 것이 "성경적"이라고 기꺼이 동의할 것이다.

그러나 성경 본문에 있어도 우리의 문화적 가치의 비위를 건드리는 다른 행위들은 재빨리 거부한다. 예를 들어, 북미에 있는 사람들 중에는 아버지가 강간을 당한 자신의 처녀 딸을 그러한 일을 저지른 사람에게 돈을 받고 아내로 주어야만 한다고 주장하는 사람이 거의 없을 것인데 비록 그러한 행위가 신명기 22:28-29에 명령되고 있다고 할지라도 그렇다. 우리는 신명기 22:28-29에 대해서 그것은 "문화적"인 것이고 따라서 오늘날의 경건 생활을 위한 "성경적" 원리로 삼을 필요는 없다고 결론 내리고자 할 것이다. 성경 본문에서 발견되는 어떤 행위들에 대해서는 "성경적"이라고 하고 다른 것들은 "문화적"이라고 제멋대로 지정하는 것은 해석학적으로 방어되기 어려움에도 불구하고 광범위하게 실행되고 있다.

하나의 신앙 공동체에 의해 일단 "성경적"이라고 인정된 행동적 원리는 그 공동체에 의해 모든 상황에 보편적으로 적용될 수 있는 것으로 가정되는데, 비록 그것이 유일하신 참 하나님에 대한 믿음과 충성, 그리고 예배와 관련해서 상반되는 문화적 가치와 믿음을 가진 상황 속에 전달된다고 해도 그렇다. 이런 터무니없는 행위는 범세계적 교회 안에서 발견되는데, 특별히 결혼, 재정, 성역할(gender roles), 지도력 분야와 같은 곳에서 나타난다. 우리가 어떤 행위들은 "성경적"이라는 부르고 다른 것은 그렇지 않다고 하는 것을 일관성 없이 적용하게 될 때, 상황화 과제는 손상을 입게 되고 선교적 관계들 안에서 사회적 힘을 가지고 있는 사람들은 상황화를 억눌러 버릴 것이다.

"성경적"이라는 용어에 대한 이러한 이해와 사용은 성경 본문의 특성에 대한 제한적 견해에 기초한 것으로서 전체 성경과의 연관을 시도하지 않는 것처럼 보인다. 우리에게는 성경이 경건한 삶을 위한 명제들(하나님과 원리들에 대하여)을 모아 놓은 책 이상으로 보는 것이 아마도 도움이 될 것이다. 결국 성경은 무엇보다도 이야기이며 전체로 읽게 될 때에 일관성과 의미가 있다는 것이다.

하지만 성경은 단순히 **하나의** 이야기가 아니다. 복음주의자들은 성경이 세상 속에 있는 많은 경쟁적 이야기들 속에서 인간 역사와 존재에 대한 **유일한** 참된 이야기라고 믿는다.

> 성경은 우주적 역사이다. 그것은 전체 세상의 그 시작부터 끝까지를 이야기하고 있다. 그것은 세상에 대한 참된 이야기이며, 다른 모든 이야기들은 기껏해야 부분적 담화들로서 성경의 이야기 속에서 이해되어야만 한다(Bartholmew and Goheen 2004).

세계 종교에 대한 힌두교 학자인 차토리베디 바드리나트(Chaturvedi Badrinath)는 인도 교회에게 성경을 종교적 명제와 원리들을 담은 책으로 보는 견해를 넘어설 것을 도전하였다.

> 나는 왜 선교사들이 인도에서 우리에게 성경을 하나의 종교 경전으로 소개하는지 이해할 수 없다. 그것은 하나의 종교 경전이 아니다. 우리 인도에는 그런 유의 종교 서적들이 이미 충분하다. 굳이 또 하나를 덧

붙일 필요가 없다! 나는 당신들의 성경이 우주 역사, 전체 창조 역사와 인류 역사에 대한 독특한 해석을 담고 있다는 것을 발견했다. 인간을 역사의 책임 있는 행위자로 보는 독특한 해석을 하고 있다. 그것은 독특한 것이다. 세계의 종교 서적 전체를 통틀어 그것과 필적할 만한 것은 아무 것도 없다(Bartholmew and Goheen 2004).

우리가 성경을 인간 역사와 존재에 대한 유일한 참된 이야기라고 볼 때, 복음주의자들은 성경이 계시하고자 하는 목적, 즉 그 기원이 아주 다양성 있는 상황들 속에서 유일한 참되신 하나님의 인격과 인류를 향한 그분의 목적을 볼 수 있게 된다. 성경 전체 이야기 안에서 각각의 구절은 유일하신 참된 하나님에 대한 중요한 사항과 그분이 어떻게 그분의 영원한 목적을 성취하셨는가를 드러낸다. 각 구절은 모든 사람이 믿을 수 있도록 하나님의 인격과 목적의 계시라는 전체 이야기의 성격과 목적의 빛 아래서 평가될 수 있다. 그 해석적 과제는 두 가지 질문들이 지배하게 될 것이다.

첫째, "이러한 행위, 가치, 가르침들이 그 상황에서 유일하신 참된 하나님에 관해 무엇을 계시하고 있는가?"

둘째, "어떻게 이러한 행위, 가치, 가르침들이 하나님의 영원한 목적을 성취하는데 공헌(긍정적, 부정적)하고 있는가?"

그 두 가지 질문에 대한 대답은 해석자로 하여금 원래 배경에서 그 구절들에 대한 진지한 언어적, 문학적, 신학적, 사회문화적 검토에 토대를 둔 경건한 삶을 위한 원리들을 조성하기 위한 기반을 만들어준다. 이러한 방법으로, 전체 성경은 권위를 가진 것으로 간주된다. 정말로 성경 본문은 인간 경험의 모든 차원에 권위를 가지고 말한다. 그것은 수많은 인물, 이야기, 가르침들을 포함하고 있는데 그것은 인간 역사 속에서 유일하신 참 하나님이 어떻게 나타나셨으며 그의 백성을 통하여 그분의 목적을 어떻게 실행하셨는가를 묘사하고 있다.

사려 깊고, 문화적으로 섬세한 석의(exegesis)에 근거하여, 세계 여러 지역의 복음주의자들은 유일하고 참되신 하나님의 성품과 경건한 삶을 위한 원리들을 발전시킬 수 있는 특권과 책임을 가지고 있는데, 그것들은 자신들의 상황 속에서 하나님의 우주적 구속의 목적을 수행하는 데 기여한다. 신앙 공동체의 과업은 자신들이 처한 상황 속에서 유일하고 참되신 하나님의 성품과 목적을 그러한 방법으로 고백하고 살아내는 것이다. 하나님을 분명히 드러내고 그분의 목적을 성취하기 위해 그들의 행위를 형성할 때, 그들은 자신들의 상황 속에서 성경적이 된 것이라고 확신있게 말할 수 있다.

이런 점에서, 복음주의자들은 하나의 현 상황에서 성경적이라고 결정되었던 어떤 행위나 가치가 다른 상황에서는 그렇지 않을 수 있다는 가능성에 직면하게 된다. 달리 표현하자면, 우리는 하나의 상황에서 유일하고 참되신 하나님의 성품과 목적을 드러냈던 각각의 행동과 가치들이 다른 상황에서는 매우 다른 형태로 전달될 수 있다는 것을 인정해야만 한다는 것이다. 각 신앙 공동체가 성령의 지도 아래 성경 본문을 열심히 연구하여 어떻게 하나님의 성품과 목적이 성경의 상황 속에서 나타났는지를 이해하는 것과 그 후에 자신들의 행위, 가치 및 가르침이 성경의 권위 아래 있도록 만들기 위해 자신들의 상황을 열심히 연구하는 것은 특권이며 동시에 책임이다.

우리가 이런 방법으로 읽게 될 때, 성경은 매우 선교적(missional) 문서가 될 것이다. 또한 신앙 공동체가 자신들의 믿음과 가치 및 실행을 통해 자신들의 문화에 적절한 방법으로 유일하고 참되신 하나님을 나타내고자 하는 진정한 비전을 창출하고자 할 때 그것은 해석학적 과업을 촉발시킬 것이다. 그 때에 "성경적"이라는 것은 좀 더 확장된 의미를 가질 터인데 그것은 각 신앙 공동체에게 하나님의 커다란 목적 안에서 자신들의 특권적 역할 및 해석과 적용에 있어서의 자신들의 문화적 한계에 대한 겸손을 인식하도록 만들 것이다. 그것은 또한 모든 신앙 공동체에게 상황화 과업에 대한 긴급성과 정당성에 대한 근거를 제공한다.

## 6. 조심해야 하지만 두려워해서는 안 될 상황화

상황화를 포용하되 자제하는 것이 북미 복음주의자들의 지속되는 활동 방식(modus operandi)이 될 것이다. 그것은 바람직한 것이다. 복음주의자들에게 있어서 상황화는 반드시 조심해야 할 작업이 되어야만 한다. 신학의 특성에 대한 우리의 근본적인 이해와 하나님의 우주적, 구속적 목적을 수행할 목적으로 믿음과 가치 및 행동들을 조성할 때 성경은 신중할 것을 요구하고 있다. 그러나 우리는 상황화를 두려워해서는 안 된다. 모든 상황 속에서 하나님과 잃어버린 세상을 향한 그분의 목적에 대한 진리를 외치는 복음의 증언을 창출하는 것은 우리의 특권인 동시에 책임이다. 모든 복음주의자들이 동의하는 바와 같이 우리에게 있어 상황화는 목적이 아니라 모든 사람이 유일하고 참되신 하나님을 예배하도록 만드는 목적을 위한 방법이다.

◈ 마크 영(Mark Young)은 미국 덴버신학교(Denver Seminary)의 총장이다.

◈ 토의를 위한 질문들

1. 마크 영은 "보수적 복음주의자들이 상황화에 대해 경계하는 이유는 그것이 성경에 계시된 절대적이고, 초문화적인 진리에 대한 믿음을 위협한다고 의심하기 때문이다"라고 말했고, 경계 집합 신학은 일종의 사회적 통제라고 했다. 당신은 이러한 평가에 동의하는가? 당신은 무엇이 "절대적이고, 초문화적인 진리"라고 보는가?
2. 타문화에서의 삶은 때때로 우리로 하여금 어쩌면 처음으로(동시에 고통스럽게) 우리가 권위적이라고 혹은 문화적이라고 간주하던 성경의 부분들이 선택적이었음을 보여준다. 이러한 경향이 책임 있는 상황화와 어떻게 구별되는가?
3. 중심 집합 신학이 어떻게 세계의 그리스도인들로 하여금 더 큰 일치와 이해를 창출할 것인가? 아니면 그것이 더 큰 불일치와 오해를 만들어낼 것인가?

# 6장

# 다문화교회
왜 다문화교회가 필요한가?

폴 콜터(Paul Coulter)

안디옥교회(행 13:1)에서 보는 바와 같이 교회는 처음부터 다문화적이었고 초기의 지역교회들은 다문화적인 회중과 지도자들을 통해 이 사실을 보여주고 있다. 그러나 여러 가지 요인들이 역사적으로 특정 민족 중심의 지역교회의 발전을 주도해왔다.

첫째, 언어적 제약성 때문에 특정 민족 중심의 지역교회가 존재할 수밖에 없었다. 언어가 다른 상황에서 사람들을 전도하거나 통합하기가 어려운 현실을 고려하면 아마도 이 문제가 특정 민족 중심의 지역교회로 존재할 수밖에 없는 가장 큰 요인으로 작용할 것이다. 이민 국가의 언어를 능숙하게 사용하기 어려운 첫 세대 이민자들에게는 그들의 모국어를 사용하여 예배드리는 회중이 가장 큰 도움이 될 수 있다.

둘째, 특정 민족 중심의 교회는 해당 국가의 지배적인 인종 집단에 의한 주도권으로부터 하나의 피난처와 같은 역할을 담당하기도 한다. 특정 민족 중심의 지역교회에서는 힘없고 평범한 사람들이 그 교회 안에서 자신의 권력을 과시하기도 한다. 이러한 현상은 미국의 아프리카계 미국인 사회의 형성에 가장 큰 요인으로 작용하고 있다.

셋째, 특정 민족 중심의 교회는 문화적 전통을 보존하는 역할을 담당한다. 문화적 보존이 이민자 공동체의 자연스러운 욕구이기는 하지만 특정한 민족 중심의 교회를 이끌어가는 원동력으로 작용할 때 교회의 목표가 전도와 제자도 등에서 문화의 보존으로 옮겨가는 것은 위험한 일이다.

그러나 최근 수십 년간 단일문화교회들은 다문화교회보다 더 빠르게 성장할 수 있는 잠재력을 갖고 있다는 근거에 대해 새로운 관념적 정당성을 발견해왔다. 교회가 동질 집단의 환경 가운데서 가장 잘 성장할 수 있다는 이론은 1970년대에 풀러신학교의 도널드 맥가브란(Donald McGavran)에 의해 제기된 것이었다. 맥가브란의 동질집단의 원리(homogeneous unit principle)는 그 사회에 이미 존재하는 인종적, 경제적, 그리고 문화적 분리 현상을 사용하여 효과적으로 전도하기 위한 것이었다. 그는 "사람들이 인종적, 언어적, 혹은 계층적인 장벽이 없이 신자가 되기를 원한다"고 주장했다. 피터 와그너(Peter Wagner)는 이 원리를 지역교회에까지 확장하여 건강하게 성장하는 교회는 기본적으로 동질 집단으로 구성되어야 한다고 주장했다. 동질집단의 원리를 지지하는 사람들이 다문화교회를 절대적으로 반대하는 것은 아니지만 인종 혹은 민족 사이의 통합이 현실로 실현된(예를 들어, 다문화 결혼 비율과 교육 비율이 높을 때) 사회와 교회 지도자들이 특별한 선교사적인 사명을 갖고 있을 때에나 가능할 것으로 믿고 있다. 와그너의 논지가 미국과 영국의 교회를 중심으로 한 경험적 증거를 갖고 있는 것도 사실이다.

어떻게 보면, 기독교 역사는 "모든 새로운 교단의 발전에는 주요 문화적 쟁점들이 존재한다"(Kraft 1999)는 의미에서 문화와 복음의 상호작용의 이야기라고 할 수 있지만 문화와 복음의 상호작용은 서구 교회들이 현재 직면하고 있는 많은 문제의 핵심이라고도 할 수 있다. 다문화주의의 도전은 단순히 민족성에 한정되지 않고 "인종, 피부 혹은 민족, 성, 나이 혹은 세대, 사회적 혹은 경제적 지위, 정신적, 그리고 신체적 건강"(Milne 2006)의 차별성을 침해한다. 지역교회가 젊은 사람들을 예배에 참여하게 하거나 사회 경제적 경계를 극복하려는 근본적인 시도는 문화들 사이의 근본적인 충돌을 초래하기도 한다. 만약 동질집단의 원리가 교회 인구학의 결정적인 요소로 작용하기 시작한다면 교회는 결국 동질 세대, 경제적 지위와 삶의 경험, 그리고 인종 그룹으로 구성된 좁은 집단이 될 수밖에 없다. 일부에서는 적어도 전체적으로 볼 때 기독교 신자가 증가하기만 한다면 문제될 것이 없다고 생각할 수도 있을 것이다. 그러나 이러한 주장은 교회의 본질을 고려하지 않은 미봉책에 불과하며 다문화교회가 하나의 대안이 될 수 있을 것으로 보는 학자들이 증가하고 있는 추세이다. 그 한 예로, 그들은 동질집단의 원리가 자신의 문화에 대한 충성을 뛰어 넘는 그리스도에 대한 순종의 우선순위를 부인하는 결과를 초래할 수 있다고 주장하기도 한다.

> 특정 민족 중심의 교회들이 그들 나름대로 실제적이고 사회학적인 여러 가지 이유들을 가지고 있고…인종적으로 분리된 교회들이 여전히 유지되고 있으며…교회의 주류 신자들에게 집중하는 것은…아마도 그리스도와 복음 보다는 문화적인 영향들로 가득한 인종적 배경에 그들 스스로 더 큰 의미를 부여하고 있는지도 모를 일이다(Hays 2003).

## 1. 성경과 다문화교회들

문화적 장벽을 넘지 않아도 될 때 그리스도인이 되기가 더 쉬울 것이라는 맥가브란의 전제는 성경의 렌즈를 통해 면밀하게 검증된 이론이 아닐 수도 있다.

첫째, 예수 그리스도는 가능한 한 많은 사람이 자신을 따르도록 하기 위해 제자도에 대한 기준을 약화시키는 일을 하지 않았다. 반면에 그분은 사람들에게 대가를 지불할 것과 희생을 감수할 것에 대해 지속적으로 도전하셨다(마16:24-25과 눅14:25-33의 예를 보라). 밀른(Milne)은 "사람들에게 더욱 매력적으로 다가가기 위해 예수님의 제자가 되는 데 있어서 가능한 한 최소한의 대가만을 지불하게 하는 것은 예수님이 정하신 기준과 심각하게 충돌할 수 있다"(2006, 15)라고 말한다. 궁극적으로, 다문화주의와 동질집단의 원리에 대한 논쟁은 숫자를 극대화하는 것 보다는 어떤 이론이 교회에 대한 성경의 가르침에 더 충실한가에 바탕을 두어야 한다. 밀른은 더 나아가 다음과 같이 주장하고 있다.

> 우리의 동시대인들이 개인적으로 편안하게 느끼도록 하기 위해 하나님의 공동체에 들어가는 조건을 절충하는 것은 우리가 할 일이 아니다. 만약 그리스도의 공동체가 하나님의 선한 목적에 따라 다양한 지체들로 구성되게 하신 것이 주님께 영광과 찬송을 올려 드리는 것이고 그의 사랑하는 아들의 십자가의 의미를 더 드러내는 것이라고 성경이 가르치고 있다면 우리는 결코 이 본질을 간과할 수 없을 것이다(Milne, 154).

서로 사랑하라는 그리스도의 계명에 대한 순종은 우리와 사람들에게도 희생적인 사랑을 보여줄 수 있을 때 비로소 완전히 실행될 수 있다(눅10:25-37의 선한 사마리아인의 예를 보라). 신자들은 그들과 같은 배경을 가진 불신자들보다 다양한 문화적 배경을 가진 신자들과 더 많은 공통점을 가지고 있어야 한다. 인간으로서 우리의 근본적인 정체성은 더 이상 인간의 전통적인 사회적 관계보다는 그리스도와의 하나됨에 기초를 두어야 한다. 다른 인종의 그리스도인들은 우리와 같은 하나님의 백성일 뿐만 아니라 아니라 그리스도 안에서 확고하게 연합되어 있는 존재들이다(Hays 2003, 204). 다시 말해서, 지역교회는 동질성뿐 아니라 믿음, 비전, 사랑에 기초한 근본적인 하나됨을 추구해야 한다.

둘째, 동질집단의 원리에 대한 두 번째 반론은 다음과 같다.

이 원리는 "하나님의 백성"의 본질을 함부로 다루고 있다는 것이다… 교회 성장 이론가들은 어떤 절대적인 방법에 있어서는 큰 잘못이 없겠지만, 그들은 눈이 멀었거나, 분별력이 없고 비현실적인 사람들이다 (William Abraham, Fong〈1996, 6〉에서 재인용).

다른 많은 학자도 특정한 민족 집단만을 대상으로 하는 교회가 모두를 아우르는 복음의 메시지를 거부하고 있기 때문에 동질집단의 교회를 유지하는 것이 비성경적이며 특정한 민족만으로 분리된 교회에 대한 성경적인 지지 기반은 존재하지 않는다는 데 동의한다. 게리 페렛(Gary Parrett)은 다음과 같이 주장하고 있다.

성경에 따르면 교회 속의 다양성은 단순히 좋은 것만이 아니라 본질이다. 이것은 고려해볼 만하거나 허용할 수 있는 어떤 것이 아니라 우리가 반드시 순종하고 지키기 위해 힘써 노력해야 할 현실이다. 다양성이 없는 단일성이나 단일성이 없는 다양성의 사상도 모두 성경적인 대안이 될 수 없다(Parrett 2004, 76).

교회의 다문화주의에 대한 이해의 출발점은 문화에 대한 성경적 신학이 되어야 한다. 문화의 차이에 대한 성경적 유래는 죄의 결과로 인한 바벨에서의 언어의 혼란에서 비롯된 것이고 모든 문화는 존엄과 타락의 양면성을 갖고 있다. B.J. 니콜스(B. J. Nicolls)에 따르면 다음과 같다.

문화는 결코 중립적이지 않다. 문화는 언제나 진리와 오류, 아름다움과 추함, 선과 악, 하나님에 대한 갈망과 대적 등의 불편하고 복잡한 관계로 얽혀 있다(Parrett 2004, 53에서 인용).

그러나 신약성경은 바 사건으로 인한 인류의 분열로부터의 회복에 대한 소망과 그리스도를 통한 문화의 구속에 대해 증거하고 있다. 사도들의 교회개척 전략 특히 기독교가 시작된 유대교를 넘어 이방 문화들 가운데서 다문화 회중들로 구성된 교회를 의도하고 개척했던 바울의 사역을 통해서 볼 때도 다문화교회의 필요성을 제기할 수 있다. 이 비전은 바울이 민족, 사회적 지위, 그리고 성별에 대한 분리의 종말을 선언했던 갈라디아서 3:26-29에서 더욱 더 명확해진다. 연합과 결속력은 이와 같은 것들로부터 오는 것이 아니다. 바울의 신학은 하나님과 인간의 화해와 더불어 이전에 나뉘어졌던 인간 집단에 대한 구분이 이제는 그리스도를 통해서 새로운 인류로서의 정체성을 갖게 되는 최종적인 결과를 가져 왔다는 사실에 큰 중점을 두고 있다. 석든(Sugden)은 다음과 같이 말한다.

> 교회에 제시된 새로운 인간성(new humanity)은 민족성들을 해체하는 것이 아니라 각각의 민족성들이 전체 속에서 조화를 이루고 완성되어 가는 것이다. 이것은 십자가의 화해의 능력이 가져 온 결과이다. 이 새로운 인간성은 평화와 화해, 하나님과 사람에게 가까이 다가가는 것과 거룩함, 그리고 성령의 내주하심 등의 결과로 나타난다. 지금은 이 새로운 인간성의 시대이고 더 이상 미룰 필요가 없다(Sugden 2000, 105).

레리 맥스웨인(Larry L McSwain)도 화해의 교리를 다문화교회에 대한 신학적 기초로 인정한 바 있다.

인종, 계층, 언어, 혹은 성별 등으로 분리된 구조를 갖고 있는 교회는 화해의 복음을 거부하는 것이다. 교회는 단일 문화 집단이 아니라 다양성 가운데서 하나됨을 추구해야 하는(고전12:4-11) 많은 지체들로 구성된 하나의 몸이다(엡2:11-12). 이 실체는 개인적인 독특한 정체성을 포기하지 않고 그리스도 안에서 다른 사람들과 믿음으로 하나되어 함께 예배하고 봉사하고 교제하는 다문화교회를 통해 가장 잘 드러날 수 있다(Larry L McSwain, Milne〈2006, 152〉에서 인용).

셋째, 단일문화교회에 대한 반론은 하나님과 성경에서의 계시에 대한 개념을 약화시킬 수 있다는 것이다. 마누엘 오티즈(Manuel Ortiz)는 다음과 같이 언급했다.

하나님을 우리의 언어만 사용하고 우리가 처한 상태만을 다루는 지역신(local God)으로만 알고 있다면 우리 주님의 위대성을 제한하는 결과를 초래할 수 있다(Manuel Ortiz 1996, 13).

엘머(Elmer)는 다음과 같이 주장한 바 있다.

우리가 다른 문화들을 이해하고 존중하기 위해 헌신하는 것은 신학적인 정당한 이유를 갖고 있다. 이 헌신을 통해 우리는 오직 다양성 가운데서 가장 적절하게 나타내시는 하나님의 성품의 새롭고 아름다운 차원을 보게 할 것이다(Elmer 1993, 13).

단일문화교회의 한계는 "교회가 문화적 포로(cultural captivity) 상태인 것을 보지 못하게 만들 수 있고 왜곡된 복음을 믿고 전파할 가능성도 배제할 수 없다"는 비나이 사무엘(Vinay Samuel, Sugden 2000, 22에서 인용)의 주장에서 잘 나타나고 있다. 다양한 문화적 배경을 가진 그리스도인들이 함께 상호작용하는 가운데 성경을 공부할 때 "하나의 문화에서는 드러나지 않았던 강한 영감과 진리가 다른 문화적 배경을 가진 제자들을 통해 나타날 수 있다"(Samuel, Sugden 2000, 52에서 인용). 만약 우리가 자신의 문화적 보호막 속에 갇혀 있다면 우리 스스로는 풀 수 없고 다른 사람들은 해결할 수 있는 문제들에 대한 대답을 얻을 수 있는 기회를 잃어버릴 수 있다. 에릭 로우(Eric Law)는 다문화 성경공부를 통한 배움의 역동성에 대해 다음과 같이 표현했다.

> 독자들의 문화적 배경과 다문화 환경의 상황에 따라 같은 성경의 본문으로부터의 도전, 지지, 확신, 동기부여, 혹은 심지어 사람들에 대한 잘못된 인식 등에 대한 이해가 달라지기도 한다. 다시 말하면 만약 다양한 문화적 배경을 가진 사람들이 함께 성경을 공부하면 어떤 하나의 문화적 배경을 가진 사람이 같은 성경 본문에 대한 서로 다른 문화적 상호작용을 들을 수 있게 된다(Eric Law 1993, 55).

다른 문화들과의 상호작용을 통해 우리 문화의 약점을 알 수 있는 유익도 있다. 브루스 밀른(Bruce Milne)은 그의 저서 『역동적 다양성』(*Dynamic Diversity*)을 통해 성경신학의 전반에 걸쳐 다문화교회를 세울 것에 대해 명령하고 있다고 주장한 바 있다(Milne 2006, 56). 그가 제시한 여섯 개의 주요 교리는 다음과 같다.

(1) 다양성 가운데서의 동질성과 신성의 본질을 증거하는 삼위일체 하나님
(2) 모든 인간은 공동체를 위해 하나님의 형상을 따라 지은 바 되었다고 가르치는 창조

(3) 모든 경계를 허무신 사랑의 궁극적 예시로서의 성육신

　(4) 기독교 신앙의 핵심 교리로서의 희생적 사랑을 통해 화해를 이룩한 그리스도의 속죄

　(5) 다양성 속의 동질성이 정상적인 것이고 교회에 유익하다는 것을 가르치는 그리스도의 몸으로서의 교회

　(6) 다양성 가운데서의 연합이 인간을 향한 하나님의 영원한 목적이라는 것을 보여주는 모든 민족과 방언의 신자들로 구성된 영광스러운 공동체의 종말론적 관점


## 2. 다문화교회의 장점

　교회성장운동을 주장하는 사람들과는 달리 다문화교회론의 지지자들은 선교에 있어서 특정 민족 중심의 교회들보다 다문화교회가 더 효과적이라고 주장한다. 다문화교회들은 회중들이 서로 그들의 민족 전통을 일깨워줄 수 있기 때문에 세계 선교에 대한 더 깊은 이해와 구체적 헌신의 기회를 창출하기도 한다. 만약 모교회가 다양한 문화의 그리스도인들로 구성되어 있다면 타문화 선교사로서도 훨씬 더 잘 준비될 수 있을 것이다. 더 나아가 다문화교회들은 지역사회에서 전도할 때도 도움이 될 수 있다. 21세기는 맥가브란이 그의 이론을 정립했던 1970년대와 달리 서구 사회의 문화적 다양성이 더 커져서 동질집단의 원리는 시대에 뒤떨어진 이론이라고 밀른은 주장한다.

　동질집단 이론의 정당성이 확립되었던 되었던 시대는 사실상 빠르게 사라지고 있다. 내일의 세상은 오늘과 많이 달라질 것이다. 그러나 하나님의 말씀에 순종하고 하나님이 기뻐하시는 뜻을 깨닫고 다민족과

다문화교회 생활의 풍성함을 발견하는 새로운 기회들을 제공해주는 세상이 될 수도 있다(Milne 2006, 156).

이러한 사회적 변화는 전도를 위한 새로운 기회를 만들어주기도 하고 서로 다른 문화적 배경을 가진 사람들에 대해 알고 이해할 가능성에 대해 관심을 가진 많은 사람의 변화를 이끌어가기도 한다. 아시아계 미국인들을 대상으로 사역해온 켄 퐁(Ken Fong)은 이렇게 말한다.

> 엄격한 동질집단의 접근 방식은 그리스도를 통해 하나된 믿기 어려울 정도로 다양한 그리스도인들의 교제가 특히 아시아계 미국인과 같은 믿음이 없는 사람들의 호기심을 불러일으킨다는 사실을 깨닫지 못하게 한다…미국화된 아시아계 미국인들이 세대, 문화, 결혼 관계, 그리고 언어 등의 복합적인 혼합체가 되어 있는 공동체에 대한 탁월한 감각을 갖고 있는 불신자들이 증가하고 있다(Ken Fong 1999, 7).

퐁의 관찰은 다른 많은 민족 배경을 가진 사람들에게서도 동일하게 나타나고 있는데 특히 이민자들에게는 다문화공동체가 단지 바람직할 뿐 아니라 절실하게 필요한 필요한 것이다. 다문화교회를 하나로 묶는 "다른 사람을 배려하는 사랑"은 그리스도인들이 세상을 향해 나아가 교회 공동체 밖에 있는 사람들을 품어주는 가장 핵심적인 특징이다. 다문화교회가 된다는 것은 교회가 내향적이고 세상의 필요에 무관심한 공동체가 되지 않게 한다는 것과 같다. 살아계신 하나님의 사랑으로 변화된 다문화교회가 사랑에 굶주린 다양한 문화적 배경을 가진 사람들로 구성된 사회에 다가갈 수 있는 가장 적절한 형태의 공동체가 될 수 있을 것이다.

마지막으로, 다문화교회의 장점 가운데 하나는 오늘날의 깨지고 분열된 세상이 절실하게 필요로 하는 서로 다른 인종과 배경을 가진 사람들이 어떻게 조화를 이루며 살 수 있는가를 보여주는 모델이 될 수 있다는 것이다. 이와는 대조적으로, 동질집단으로 구성된 교회는 소수 민족 집단들과 주류 사회 사이의 불신과 오해를 불러일으킬 위험성을 지니고 있는 반면 다문화교회들은 화해를 이끌어낼 수 있다. 이민자의 통합 문제가 심각하게 대두되고 있는 국가들에서 그리스도인들은 모든 장벽을 무너뜨린 예수 그리스도의 십자가를 증거해야 할 특별한 책임과 기회를 가진 사람들이다. 통합은 오직 하나님의 능력을 통해서만 이루어질 수 있다.

## 3. 다문화교회의 모델

이러한 다문화교회의 신학적이고 실천적인 논의에 기초하여 모든 교회는 특히 점차 다문화 사회가 되어가고 있는 지역에서는 궁극적으로 다문화 공동체로 나아가야 한다고 주장하는 학자들이 증가하고 있다. 다문화교회를 실현하는 세 가지 방법을 제시한다.

첫째, 다른 교회 건물의 일부를 임대해서 기존의 교회와 다른 언어를 사용하는 형태의 첫째 모델 교회는 진정한 의미에서 다문화교회가 아니다.

둘째, 첫째 모델 교회의 주류 회중과 소수 민족 회중 사이의 진실한 교제의 발전을 위해 진정한 관심을 기울이는 형태의 자매 교회가 둘째 모델 유형에 속한다. 여기서, 일부 활동은 별도로 진행하지만 가끔 연합 예배와 활동을 함께 진행한다. 각각의 공동체는 평등하고 서로 규칙적이고 의도적으로 초청하여 함께 활동한다.

셋째, 다양한 배경을 가진 사람들이 통합된 다문화 회중을 가진 형태의 교회이다. 이 모델을 실현하는 것은 쉬운 일이 아니다. 의도적인 포용은 교회 생활의 모든 영역에 영향을 끼칠 뿐만 아니라 모든 민족 그룹의 엄청난 노력과 희생을 필요로 한다. 모든 권한은 세심하게 분배되어야 한다. 특히 어떤 특정한 민족 집단이 절대 다수를 차지하고 있을 때 소수 민족 그룹의 사람들이 그 지역사회에서와 마찬가지로 정당한 권리를 행사하지 못할 수도 있다. 대다수의 사람들은 그들의 문화적 편안함에 안주하기를 원하지만 누구도 모든 문화를 초월하는 권위를 가진 성경에 대한 헌신을 타협하지 않아야 한다. 서로 일치하지 않는 부분에 대해서는 인내하는 가운데 지혜롭게 표현하고 신중하게 경청하고, 화해하고, 회개하며, 겸손해야 한다. 목표는 모든 사람들이 주류 민족 그룹의 신자들에게 동화되는 것이 아니라 다양성 가운데서 풍요로움을 누리는 것이다.

이민교회는 첫 세대와 그 다음 세대들과 관련된 독특한 문제들이 있다. 첫 세대는 이민 온 국가의 언어와 문화가 결코 편안하게 느껴지지 않는데 심지어 자신의 국가 내에서도 마찬가지이다(예를 들면 다른 도시로 이주했을 때의 지역 방언과 문화 차이 등). 그들은 어디를 가든지 감성을 공유할 수 있는 동질의 집단을 찾게 된다. 그들에게 있어서 자매 교회 모델은 최선의 대안이 될 수 있다. 그들은 자녀나 손자, 손녀들이 그들의 고유한 민족적 정체성을 유지하기를 바라는데 이런 경우에 교회가 언어 학교를 운영하여 도와줄 수 있을 것이다. 이것은 그 지역사회의 소수 민족 공동체 불신자들에게 전도하는 좋은 도구가 될 수도 있다.

두 번째 혹은 세 번째 세대 이민 세대들은 주류 사회의 언어와 문화에 훨씬 더 동화되어 있어 진정한 다문화교회를 이루어가기가 한결 쉬워진다. 단기적으로는 두 세대가 연합하는 것이 어려울 수 있지만 통합의 궁극적인 목적은 기존의 특정한 민족으로 구성된 회중들이 그 다음 세대들을 격려해서 다문화교회를 이루어갈 수 있도록 격려하는 것이다. 젊은 세대가 주류 사회의 언어로 예배를 드리는 가운데 의도적으로 새로운 회중들로 구성된 다문화적이고 다인종적인 교회를 만들어 가는 것도 하나의 대안이 될 수 있다.

신학적이고 실제적인 이유로 예수 그리스도의 이름을 부르는 모든 교회는 서로 다른 문화적 배경과 계층과 세대와 인종과 성별을 초월하여 성경에 기초하여 공통의 "그리스도인의 문화"로 통합을 적극 추구해야 한다. 그 한 예로, 영국의 중국인 교회들이 특정 민족만을 위한 교회로 남을 것인가 아니면 영어로 사역하는 다문화교회로 갈 것인가에 대한 기로에 섰을 때, 그들은 미국의 중국인 교회를 참고하고 영국의 상황을 조사했다. 그 결과 영국에서 태어난 중국인들은 두 문화 사이의 교류를 즐기는 특권을 누리고 있었고, 그들의 부모 세대와의 연관성을 유지하는 가운데 다문화교회가 되고자 했다. 이 일은 중국인 교회들이 영어로 사역하는 다민족 회중을 활성화할 때 비로소 성취될 수 있다. 이런 일이 일어나기 위해 지도자들은 이 목표에 적합한 전략을 수립하고 그들의 교회를 의도적으로 이 방향으로 이끌어가야 한다. 영국의 중국인 교회들은 교회와 영국 사회 전체를 큰 틀에서 이해하고 이상적으로 자리잡을 수 있다. 그들이 만약 이 방향으로 간다면 그리스도께서 진정으로 모든 것이 되시고 모든 것 안에 계시는(엡4:6) 화해의 역동적이고 강력한 구심점이 되실 수 있을 것이다.

이것은 단지 중국인 교회나 영국에만 해당되는 것이 아니다. 이러한 원리들은 다른 민족 공동체와 범세계적으로 적용되어야 한다. 하나님의 뜻은 그의 백성들이 가시적인 다문화공동체가 되어 모든 인간의 장벽을 초월하는 복음의 화해하는 능력을 보여주는 것이다.

◈ 폴 콜터(Paul Coulter)는 북아일랜드에서 중국인과 지역 주민들로 구성된 회중을 대상으로 목회하고 있다.

◈ 토의를 위한 질문들

1. 당신이 살고 있는 지역에 다민족, 다문화, 다세대로 구성된 교회가 있는가? 만약 있다면, 그 교회의 주요 장점과 단점은 무엇인가? 없다면 이러한 교회를 만들기 위해 어떤 일들이 일어나야 하겠는가?
2. 당신이 낯선 국가에 이민자 혹은 난민으로 살고 있는 불신자라고 가정해보라. 당신과 같은 배경을 가진 사람들로 구성된 교회에 가고자 하는 요인이 무엇이겠는가? 당신이 다문화교회로 가고자 한다면 그 이유는 무엇이겠는가?
3. 당신이 동질집단의 교회 지도자인데 주님이 다문화교회가 될 것을 원하신다는 확신을 갖게 되었다고 가정해보라. 어떻게 이 변화를 이끌어 갈 것인가? 이 변화의 과정에 예상되는 어려움들은 무엇인가? 어떻게 해결할 것인가?

7장

# 우상이 아닌 보물

하나님의 영광을 위한 부족과 민족 상황화

미리암 애드니(Miriam Adeney)

"미국에서 주일 아침 11시는 가장 특별한 시간이다." 맞건 틀리건 간에 이 말을 수없이 되풀이하고 있다. 그러나 인종차별주의는 단지 미국만의 문제가 아니다. 다른 대륙에서도 부족주의가 폭력을 유발하고 있다. 이 슬픈 역사적 현실 속에서 그리스도인들은 부족주의와 인종주의를 최소화해야 하는가? 우리는 하나님의 가족의 일원이기 때문에 우리가 갖고 있는 독특한 문화적 전통을 더 이상 강조하지 않아야 하는가?

## 1. 동질성(Unity)과 다양성(Diversity)

아니다. 동질성과 다양성 모두 하나님의 계획의 일부이다. 예수님은 우리 모두가 하나가 되게 해 달라고 열정적으로 기도하셨다(요17). 우리가 서로 사랑할 때 예수님의 제자가 될 수 있다(요13:35). 사도 바울은 다음과 같이 말했다.

너희는 유대인이나 헬라인이나 종이나 자유인이나 남자나 여자나 다 그리스도 예수 안에서 하나이니라(갈3:28).

예수님은 모든 민족들 사이의 막힌 담을 단호하게 무너뜨리셨기 때문에 우리는 외인도 아니고 나그네도 아닌 오직 하나님의 권속이 되었다(엡2:14-19). 베드로는 다음과 같이 선포했다.

너희는…거룩한 나라요…너희가 전에는 백성이 아니더니 이제는 하나님의 백성이요(벧전2:9-10).

그러나 문화는 하나님의 선물이다. 문화는 자신의 형상을 따라 우리를 만드신 하나님이 우리에게 창의성과 함께 주셨고 가능성의 세계에 우리를 초대하셨다. 우리는 하나님이 주신 은사를 사용하여 세상의 문화를 발전시켜 왔다. A.A. 스톡데일(A.A. Stockdale)은 다음과 같이 말한 바 있다.

하나님이 땅을 만드셨을 때 완성하실 수 있었지만 그렇게 하지 않으셨다. 그는 이 땅을 원재료 상태로 두시고 우리를 재촉하시고, 애태우게 하시고, 생각하게 하시고, 시도하게 하시고, 위험을 감수하게 하시고, 모험을 하게 하셨다. 그리고 우리는 그 곳에서 삶의 궁극적인 목적을 발견하게 되었다. 하나님은 완전함에 대한 만족이나 완료된 것을 주신 것이 아니라 원 재료의 도전을 주신 것이다. 그는 아직 부르지 않은 노래와 공연되지 않은 드라마를 주셨다. 그는 사람들이 지루하지 않도록 하기 위해 꿈에도 상상해본 적이 없는 시를 주시기도 했지만, 성취의 기쁨과 만족을 위해 생각하고 일하고 시도하고 경험하는 가운데 신나고 창의적인 활동에 참여하게 하신 것이다(Stockdale 1964, 20).

## 2. 문화 속에서 기쁨을 찾다

나는 수년 동안 필리핀에서 살면서 강한 결속력을 가진 가정을 많이 보았다. 그들에게는 따뜻한 환대, 자녀들에 대한 아낌없는 헌신, 지속적인 우정, 여성들의 경제적 자유를 위한 상속 문화, 적은 돈으로도 관대하게 사는 능력, 적은 양의 고기를 많은 사람과 나누어 먹는 기술, 나눔에 대한 열정, 여가를 즐기는 기술, 유연한 몸, 많은 사람과 더불어 지속적으로 즐거움을 누리는 능력 등이 있었다.

이러한 좋은 특징들은 단순한 자연의 산물이 아니다. 모든 좋은 은사들은 위로부터 오는 것(약1:17)이고 모든 지혜와 지식은 그리스도로부터 오는 것이다(골2:3). 필리핀의 아름다운 문화는 수많은 독특한 성품, 냄새, 색깔, 게다가 열대어까지 만드신 다양성을 사랑하시는 하나님의 선물이다.

만약 하나님이 자연의 다양성을 좋아하신다면 그가 만든 세계의 문화를 풍성하게 할 수 있는 능력을 우리에게 주셨다는 것은 전혀 놀라운 일이 아니다. 그리고 하나님은 마지막 때에 그의 보좌 앞에서 어떤 일이 일어나기를 원하시는가? 획일성? 아니다. 그분께서는 각 나라와 족속과 백성과 방언의 다양성을 환영하신다.

문화에는 죄성이 포함되어 있고 이는 심판받아야 한다. 그러나 우리 문화 속에서 즐거움을 누리는 것은 죄가 아니다. 이것은 마치 자녀에 대해 부모가 느끼는 즐거움과도 같다. 자녀가 잘 하면 부모는 자부심을 느끼게 마련이다. 이웃집 부모의 희생으로 그들의 자녀가 주는 즐거움에서 오는 자부심이 아니다. 그가 아팠을 때의 슬픔과 재능을 발휘했을 때의 기쁨 등 자녀의 이야기를 잘 알고 있는 부모이기 때문에 당신이 자부심을 느끼는 것이다. 당신은 자녀를 위해 울고 웃으며 많은 시간을 아낌없이 내주었다. 문화가 주는 즐거움의 참 모습은 훌륭한 가족의 자부심을 확대한 것과도 같다. 이것은 정체성과 관련된 타고난 권리이다.

인간의 역사는 슬픔과 성공의 이야기들로 가득 차 있다. 이것은 타고난 권리이다. 유대인들은 그들의 역사를 갖고 있다. 중국인들도 그들의 고유한 역사를 갖고 있다. 아프리카계 미국인들도 그들 나름대로의 역사를 갖고 있다. 누구도 그들의 역사를 빼앗을 수 없다. 인간의 역사는 다른 사람들을 위해서가 아니라 그들 자신의 공동체의 즐거움을 위한 장을 제공해준다.

## 3. 문화를 초월하다

우리는 인종, 부족, 민족, 그리고 문화에 대해 어느 정도의 가치를 부여해야 하는가? 이것은 단순한 문제가 아니다. 하나님은 동질성을 통해서 영광을 받으신다. 그리고 하나님은 다양성을 통해서도 영광을 받으신다. 하나님의 영광을 위해 우리는 양쪽 모두 발전시켜야 한다. 우리는 우리의 문화를 기뻐하고 그 속에서 즐거움을 누려야 하며 이것을 위해 희생할 수 있어야 한다. 그러나 문화 그 자체가 최종적인 목적이 될 수는 없다. 우리는 문화적 안전지대 속에서 안주하지 않아야 한다. 그리스도인들은 문화의 차이를 이해하고 문화 사이의 가교가 되어야 한다.

이것은 자연스러운 일이다. 아브라함은 이 땅의 모든 가족들의 복의 근원이 되라는 명령을 받았다. 모세는 하나님의 사람들에게 "너희는 나그네를 사랑하라 너희도 애굽 땅에서 나그네 되었음이니라"고 명령했다. 다윗은 "모든 민족들이 주를 찬송하게 하소서"라고 노래했다. 이사야는 하나님의 백성들이 만민의 빛이 될 것을 예견했다. 바울은 복음을 듣지 못한 사람들에 대한 열정으로 가득 차 있었다. 요한은 마지막 때에 나라와 족속과 백성과 방언에서 큰 무리가 하나님의 보좌 앞에 나아올 것에 대한 환상을 보았다.

내가 사는 곳에는 러시아와 우크라이나의 이민자들이 예배드리는 여섯 개의 교회가 있다. 어떤 이유에선지 어느 이란 무슬림이 이 교회들 가운데 하나에 참석하기 시작했다. 그 무슬림은 오후 예배를 마친 후에 차를 마시며 신자들과 토론하는 것을 좋아했다. 몇 개월이 지난 후 러시아 전도자가 개최한 특별 집회에서 놀랍게도 그 무슬림이 예수님에 대한 믿음을 고백했다. 그 러시아 교회는 그를 그리스도의 제자로 양육하기 시작했다. 얼마 지나지 않아 그는 다른 이란 무슬림들을 데리고 왔고, 그 러시아 교회는 더 이상 동질집단으로 남아 있을 수 없게 되었다. 이란 사람들을 맞이하기 위해서 변화를 수용한 것이다. 다른 지역의 그리스도인들과 마찬가지로 그들이 예상했던 하지 않았던 간에 변화하는 상황에 따라 타문화를 받아들일 수밖에 없었던 것이다.

### 4. 밀입국한 중국인의 구원

몇 년 전 수십 명의 중국인들이 선박의 컨테이너에 숨어 미국에 밀입국했는데, 그들 대다수가 사망했다. 일부 생존자들은 병원에서 치료를 받은 후 시애틀의 감옥에서 강제 출국을 기다리고 있었다. 이 도시의 중국계 미국인 신자들 사이에서 "그들을 돕는 사람이 아무도 없다. 우리가 그들을 도와야 한다. 중국도 그들을 싫어하고, 미국도, 다른 밀입국자들도, 심지어 그들의 가족들조차도 밀입국 때문에 많은 빚을 졌기 때문에 그들을 싫어한다"라는 말이 돌았다. 그 결과로 중국계 미국인 신자들은 감옥에서 예배를 드릴 수 있게 해 달라고 미국 정부에 청

원했다. 많은 중국인 죄수들이 믿음을 갖게 되었고, 강력한 기도 운동이 일어났다. 그들은 중국어로 된 복음성가를 만들어 CD도 제작했다. 그들이 다른 감옥으로 이송되거나 본국으로 강제 송환되었을 때도 그들은 선교사로 그곳에 갔다.

그동안에 다른 죄수들도 중국인 예배에 참석하기 시작했다. 비록 중국어를 알아들을 수 없었지만 하나님이 그곳에 임재하시고 하나님의 도움이 필요하다는 사실은 알고 있었다. 이들을 돕기 위해 사역자 팀들도 다양해질 수밖에 없었다. 최근에 "주일 저녁에 감옥에서 세례를 주기 위해 러시아어, 스페인어, 페르시아어, 몽골어, 그리고 중국어를 사용할 수 있는 목회자들을 보내주시기 바랍니다"라는 이메일을 보내왔다.

한 중국인 신자가 중국으로 강제 송환을 당했다. 그러나 그는 중국에서 어떤 희망도 발견할 수 없었다. 삼촌이 그를 에콰도르의 한 새우잡이 중국인 마을에 초대했다. 그는 그 마을 전체가 복음을 듣지 못했다는 사실을 알게 되었다. 그는 시애틀에 있는 중국계 미국 교회들에게 "와서 교회개척을 도와달라"고 요청하는 편지를 보냈다. 처음에는 거부했지만 점차적으로 시애틀에 있는 다섯 개의 중국인 교회들이 사역 팀을 에콰도르에 보내 집집마다 그리고 가게들마다 방문해서 복음을 전했고 교회를 개척해 지금은 30여명의 신자가 참석하고 있다. 이 다섯 개의 교회는 기도하고 방문하고 사역자를 훈련하는 일을 담당하고 있다.

## 5. "만약 우리 문화가 생존한다면…"

민족, 인종, 그리고 문화는 하나님이 선물하신 보물들이다. 시애틀의 중국인 교회 신자들은 그들의 문화를 사랑한다. 중국어를 사용하는 교회들이 그들의 문화를 보존하고 있다. 그러나 그들은 문화를 숭배하지는 않는다. 만약 필요하다면 그리스도의 사랑으로 그들의 문화를 초월할 준비가 되어 있다. 이와 마찬가지로, 러시아 교회도 러시아 언어와 문화를 보존하고 있다. 그러나 그들은 이란 사람들을 환영하고 변화를 두려워하지 않았다.

아프리카 대륙에서 르완다와 브룬디의 유혈 사태가 최고조에 이르렀을 때 후투족(Hutu) 학생들은 교내에서 투치족(Tutsi)의 동료 학생들에게 살해를 당했다. 탈출을 계획한 후투족은 산으로 피신했다. 후투족이 두 부족 사이의 경계 지역에 도달했을 때 후투족을 따라 산으로 올라 갔던 투치족 기독교 학생들이 음식과 의복을 가져다 주었다. 얼마 후에 투치족 기독교 학생들은 더 많은 식량을 가져와서 심지어 그들이 모르는 낯선 사람들에게까지도 나누어 주었다. 이 일로 인해 그들의 가족들조차도 그들을 싫어했다.

이 대학교의 불신자인 총장이 이 사건에 주목하고 살펴본 후에 다음과 같은 연설을 했다.

> 우리의 문화는 통합을 이루지 못하고 있다. 우리 학교에는 세 가지 종류의 사람들이 있다. 후투족, 투치족, 그리고 그리스도인들이다. 만약 우리 문화가 생존한다면 우리는 그리스도인의 모범을 따라야만 한다 (Brown 2006, 134).

◆ 미리암 애드니(Miriam Adeney)는 국제적인 강사, 저술가, 그리고 저술 훈련가로 알려져 있다. 미국의 태평양대학교(Pacific University)와 풀러신학교(Fuller Theological Seminary), 그리고 캐나다의 리젠트칼리지(Regent College)에서 가르치고 있다.

◈ 토의를 위한 질문들

1. 민족중심주의와 우리 자신의 문화를 존중하는 것 사이에는 어떤 차이가 있는가?
2. 우리의 지역교회에서 다양성과 동질성의 조화를 이루기 위한 구체적인 실천 방안은 무엇인가?
3. 이 글의 마지막 부분에서 미리암 애드니는 르완다의 대량학살 이야기를 전해주고 있다. 그리스도인들이 어떻게 화해, 변화, 그리고 문화적 적대감의 극복을 위해 매개체가 될 수 있겠는가? 당신이 처한 곳이나 알고 있는 공동체에서 어떻게 이 역할을 담당할 수 있겠는가?

# 8장

## 상황화와 열매맺는 사역

밥 피쉬(Bob Fish), 진 다니엘스(Gene Daniels)

그리스도에 대한 믿음의 표현들은 이 믿음이 한 세대에서 다음 세대로, 한 문화에서 다른 문화로 건너갈 때마다 언제나 끊임없이 변화해왔다. 구속의 이야기는 이 복음을 처음 듣는 사람들과 그들의 삶의 방식에 직면했을 때마다 이 메시지를 전하는 사람들의 문화적 전통을 벗어나 새로운 문화적 용어들로 표현되어 왔다. 라민 사네(Lamin Sanneh)는 이렇게 표현했다.

> 기독교 역사는 **단순히 선교사들의 역사와 그들의 문화가 아닌** 세상의 사람들과 세상의 문화에 정당한 역사가 되었다(Sanneh 2008, 56, 강조는 필자에 의한 것).

다른 말로 표현하면 새로운 개척지에서 그리스도에 대한 믿음이 전파될 때마다 상황화는 그 일부가 되었던 것이다.

오늘날 이 2000여 년의 과정의 한 부분을 차지하고 있는 것이 이슬람의 세계이다.¹ 지난 수십 년간 기독교의 이슬람권 선교는 점차적으로 증가해왔다. 이 과정에서 그들의 사역에 있어서 어느 정도의 지역 이슬람 문화를 수용할 수 있는가에 대한 논쟁이 끊이지 않고 있다. 이 논쟁의 이면에는 그리스도에 대한 믿음의 각 지역의 고유한 표현 방식이 다른 선교지에서는 타협의 여지가 있다는 사실이 자리잡고 있다.

"열매 맺는 사역 연구팀"(The Fruitful Practice Research team)은 무슬림 세계에서 하나님이 어떻게 일하시는 가를 연구하는 특권을 누려 왔다. 이 글은 그 가운데서 상황화와 관련된 연구의 일부를 제시한 것이다. 열매 맺는 사역이 모두 상황화된 사역은 아니다. 그러나 현장 사역자들의 사역을 주의 깊게 검토해보면 그들의 상황화에 대한 노력이 무슬림들이 주님께 돌아오고, 그의 제자 공동체로 성장하는 데 있어서 긍정적인 영향을 끼치고 있다는 것은 부인할 수 없는 사실이다.

계속하기 전에, 우리의 연구 모델의 객관성에 대해 잠시 논의하고자 한다. 과학적 연구가 객관성을 유지하기란 언제나 어려운 일이다. 열매 맺는 사역 연구팀은 특정한 상황화 모델을 권장하거나 지지할 의도가 없다는 사실을 명확히 밝혀둔다. 이 연구팀은 매우 광범위한 관점을 가진 회원들로 구성되어 있다. 상황화가 혼합주의를 초래할 때 우리는 또 다른 함정에 빠지게 된다. 그럼에도 불구하고 우리 팀은 상황적 접근의 영향과 열매 맺는 사역에 대한 상황화에 대해 객관적인 방식으로 연구해야 한다는 데 대해 동의하고 있다. 우리는 가능한 한 최대한 일관성을 가진 엄격한 질적, 양적 연구 방법을 유지하는 가운데 자료를 수집하고 분석해왔고, 실천가들이 사역 현장에서 유익하게 사용할 수 있기를 바란다.

---

1 사실상, 이것은 Sanneh 박사의 상황에서 말한 것이다. 그는 아프리카 왕족 가운의 후손이고, 서아프리카 감비아에서 무슬림으로 성장했다. 그는 지금 예일대학교 신학부 교수로 재직 중인 선교신학자이다.

## 1. 상황화에 대한 연구 결과

우리 팀은 광범위한 조사 결과를 다듬고 요약하여 68개의 "열매 맺는 사역들"의 목록을 만들었다. 우리의 연구를 목적으로 열매 맺는 사역들을 무슬림 상황 가운데서 예수를 따르는 사람들의 발생, 성장, 그리고 배가를 증진하는 활동들로 정의한다.[2] 열매 맺는 사역들의 전체 목록은 알렌의 책(Allen, et al. 2009)을 참고하라.

이 열매 맺는 사역들의 목록에서 우리는 상황화와 직접적으로 관련이 있거나 이 주제를 내포하고 있는 사역들을 열거하면 다음과 같다. 이 사역들은 이슬람 문화권에서의 타문화 사역자들의 관계를 반영하여 정리한 것이다.

### 1) 사회와의 관계

(1) 열매 맺는 사역자들은 올바른 문화적 방식으로 의사소통을 한다

선교지의 문화에 대한 사역자의 태도는 열매 맺는 사역에 큰 영향

---

[2] 열매 맺는 사역 연구팀(The Fruitful Practice Research team)은 무슬림 상황 가운데서 예수 그리스도를 따르는 사람들의 발생, 성장, 그리고 배가를 증진하는 활동들을 연구하는 다수의 단체들로 구성된 팀이다. 이 프로젝트의 철학은 다른 글들에서 찾아 볼 수 있다(Allen 2008과 Allen and fish 2009 등을 참조하라). 이 팀은 무슬림 세계에서 사역하는 13개의 선교 단체 소속의 약 5,800명의 사역자들을 대상으로 설문 조사와 인터뷰를 진행해왔다. 이 인터뷰를 통해 104개의 잠재적인 열매맺는 사역의 목록을 작성했다. 2007년도에는 100명 이상의 사역자들을 대상으로 녹음 인터뷰와 다섯 개의 세부적인 항목들로 구성된 설문 조사 분석과 매일 진행된 25개의 그룹 토의를 진행했던 4박5일의 협의회 기간 동안 이 목록을 평가하는 시간을 가졌다. 이 기간 동안 76개의 선교 단체에 소속된 300여 명의 이슬람권 사역자들의 반응이 도출되었다. 이 가운데 2/3 이상의 응답자들이 이슬람권에서 적어도 한 개 이상의 신자 공동체를 목격했다고 보고했다. 우리가 실시한 이 자료들에 대한 분석은 인터뷰, 표적 집단(focus groups), 양적 조사, 질적 조사 등을 포함하는 혼합 조사 방식을 채택했다. 이 조사의 결과는 조사 응답자들이 열매를 맺는 데 있어서 의미심장한 기여를 했다고 인식하고 있는 활동의 목록인 "열매 맺는 사역들"(Fruitful Practices)이라는 결과물로 만들어졌다.

을 준다. 열매 맺는 사역자들은 옷차림과 음식, 그리고 특히 손님에 대한 예의 등과 같은 주요 문화적 양식에 적합한 행동을 한다. 지역사회의 모든 문화적 관습을 수용하는 것이 아니라 그 문화에 대한 민감성이 핵심이다.

### (2) 열매 맺는 사역자들은 성 역할(gender roles)에 대한 지역문화를 존중하며 사람들과 어울린다

성 역할과 성과 관련된 금기 사항들은 무슬림 세계에서 매우 중요한 주제이다. 이 주제에 대한 성경적인 관점을 견지하는 가운데 열매 맺는 사역자들은 사역 현장의 성 역할에 대해 이해하고 그들의 보편적인 사회적 관습을 존중하는 태도를 보여주어야 한다.

### (3) 열매 맺는 사역자들은 탁월한 언어 구사 능력을 소유해야 한다

선교지의 언어로 자유롭고 명확하게 의사소통할 수 있는 사역자들이 더 많은 열매를 맺을 수 있다. 열매 맺는 사역자들은 선교 대상자들의 실생활 언어(heart language)와 공식적 언어(trade language), 세속적 언어와 영적 언어 등을 포함한 다양한 언어들 가운데 신중하게 어떤 언어를 배울 것인가를 선택해야 한다. 언어 습득은 문화를 더 깊이 이해할 수 있게 하고 능숙한 언어 구사 능력은 열매를 맺을 수 있는 수많은 기회를 갖게 해준다.

## 2) 구도자와의 관계

### (1) 열매 맺는 사역자들은 기존의 사회적 네트워크를 통해 복음을 전한다[3]

---

3 이 부분을 상황화에 대한 글에 포함하는 것이 적합하지 않아 보일 수 있다. 그러나 여기서의 네트워크는 다른 사회학적, 전략적, 그리고 선교학적 논의를 제외하고 새로운 것을 만

집단적 반감은 어떠한 사회적 변화에도 심각한 장애를 초래한다. 반면에 집단적 동의는 많은 사람이 회심하는 데 있어서 매우 의미있는 촉진제가 될 수 있다. 사역자들이 초기 단계에서 전한 복음의 메시지를 첫 회심자가 그의 가족들과 공동체에 나눌 때 많은 사람이 함께 예수님을 영접하는 것을 볼 수 있다.

### 3) 신자들과의 관계

(1) 열매 맺는 사역자들은 문화적으로 적절하고 재생산할 수 있는 방식으로 제자를 훈련한다

제자들은 일반적으로 그들이 필요로 하는 책과 도구들과 자료들이 그들의 지역 상황에 적합한 형태로 준비되어 있을 때 그들의 믿음을 새로운 제자들과 나눌 수 있게 된다. 열매 맺는 사역자들은 해외에서 보내 온 제자훈련 지침서나 현지에서는 감당할 수 없는 값비싼 전자 장비들이나 오직 다른 지역에서만 받을 수 있는 훈련 등에 의존하지 않는다.

(2) 열매 맺는 사역자들은 구도자와 회심자들이 그들의 고유한 신분을 포기하지 않고 예수를 따르는 사람들로서 그들이 속한 공동체의 일원으로서의 정체성을 갖고 살아갈 수 있도록 돕는다

열매 맺는 사역자들은 구도자와 회심자들이 자신이 누구인가에 대한 대안을 찾을 수 있는 질문을 통해 그들이 속한 공동체에서 스스로 정체성을 확립할 수 있도록 돕는다. 외부자가 그들의 정체성을 추정하거나 미리 결정해주는 것을 피한다.

---

들기보다는 기존의 사회 구조에 상황화한다는 것을 말한다.

### (3) 열매 맺는 사역자들은 회심자들이 기존의 사회적 네트워크를 유지할 수 있도록 돕는다

대다수의 구도자들과 회심자들은 기존의 가족, 사회, 그리고 종교적인 강력한 네트워크 속에서 살고 있다. 복음은 이 네트워크를 통해 전파될 때 가장 빠르게 퍼져나갈 수 있다. 열매 맺는 사역자들은 구도자와 회심자들로 하여금 기존의 관계를 유지하게 하고 가족과 친구들에게 복음을 전하게 한다. 그리고 새로운 구도자와 회심자들이 이 네트워크 속에서 서로 교제를 나누게 한다.

### (4) 열매 맺는 사역자들은 회심자들이 성령의 인도하심을 따라 그들의 상황에 적합한 방식으로 성경 말씀을 적용하게 한다

성경 본문에 대해 그들 임의로 해석하고 적용하게 하기보다는 열매 맺는 사역자들은 구도자와 회심자들로 하여금 성경적 진리를 발견하고 그들의 상황에 맞게 적용하는 데 있어서 하나님의 도우심을 구하도록 돕는다. 열매 맺는 사역자들은 그들이 하나님의 도우심을 구할 때 하나님이 응답하신다는 것을 신뢰하게 한다.

### (5) 열매 맺는 사역자들은 문화를 고려하는 가운데 성경적 방식으로 죄의 문제를 다룬다

열매 맺는 사역자들은 마태복음 18장과 갈라디아서 6:1-2에 기록된 죄로부터의 회개와 회복에 대한 성경적 진리를 이해하고 문화적 상황과 세계관에 적합한 방식으로 적용한다. 성경적 가르침을 적용하는 가운데서 열매 맺는 사역자들은 명예와 수치, 성 역할, 공동체의 규범, 가족과 친족의 지위, 그리고 사회적 입장 등에 대한 지역문화의 역동성을 고려한다.

### 4) 지도자와의 관계

**(1) 열매 맺는 사역자들은 현지 지도력 개발을 추구한다**

열매 맺는 사역자들은 가능한 한 최대한으로 현지화된 지도력을 개발한다. 만약 지역적으로 현지화된 지도력의 개발이 불가능한 상황이라면 현지의 문화와 사회적 규범을 존중하는 가운데 지도자를 훈련한다. 지도자가 외부에서 훈련을 받았을 때 돌아가기가 쉽지 않다. 지도자 훈련이 그 지역사회로부터 멀어질수록 돌아와서 재적응하기가 어려워진다.

### 5) 의사소통 방법

**(1) 열매 맺는 사역자들은 문화적으로 적절한 성경의 본문을 사용하여 하나님의 말씀을 전한다**

성경은 하나님의 말씀을 전달하는 것이 핵심이지만 이것을 효과적으로 사용하기 위해서는 문화적 통찰력이 필요하다. 열매 맺는 사역자들은 구도자들에게 그들의 문제를 적절하게 다루고 있는 본문을 찾을 수 있도록 돕는다. 성경의 진리를 그들의 삶 가운데 효과적으로 적용할 수 있는 능력을 갖추기 위해서는 하나님의 말씀에 대한 전반적인 지식과 하나님으로부터 오는 지혜에 대한 지속적인 의지가 필요하다.

**(2) 열매 맺는 사역자들은 특별한 경우를 제외하고 실생활언어를 사용하여 복음을 전한다**

대부분의 상황 가운데서 실생활언어는 의심의 여지가 없이 복음을 전하는 최선의 방법이다. 그러나 한 개 이상의 언어를 사용하는 지역에서 특정 언어 사용을 다른 사람들이 반대할 때 기존의 질서를 따라야 한다. 열매 맺는 사역자들은 언어 사용에 대한 지역의 상황을 이해하고 이에 따른 의사소통 전략을 수립한다.

(3) 열매 맺는 사역자들은 청중들이 선호하는 배움의 방식을 고려하여 복음을 전한다

서구 국가의 사람들은 일반적으로 기록된 문서에 많이 의존하지만 다른 지역에서는 구술적 전통에 따라 의사소통하는 것을 선호한다. 의사소통을 잘 하는 사람은 그들의 청중이 배우는 방식을 이해하고 이에 따른 의사소통 전략을 수립한다.

(4) 열매 맺는 사역자들은 복음을 전할 때 꾸란을 가교로 사용한다

꾸란의 특정 본문들은 복음 증거에 효과적으로 사용할 수 있다. 꾸란을 잘못 사용했을 때 구도자의 믿음에 대한 성경적 기초가 흔들릴 수 있기 때문에 분별력이 필요하다. 일반적으로 이미 꾸란을 잘 알고 있는 구도자에게는 꾸란을 가교로 사용하는 것을 권장할 수 있다. 열매 맺는 사역자들은 꾸란에 집착하지 않지만 성경의 복음을 전하기 위해 제한적으로 다양한 꾸란의 본문을 사용할 수 있다.

### 6) 열매 맺는 팀

(1) 열매 맺는 팀은 그들의 사역에 대한 자성적 평가와 새로운 정보를 수용한다

사역의 진전에 대해 의도적으로 평가할 때 열매 맺는 팀이 될 수 있다. 필요하다면 방법과 전략을 수정한다. 하나님의 나라를 확장하기 위해 해당 지역에 대한 전문가들의 경험과 다른 여러 가지 노력들을 존중하고 수용한다.

### 7) 열매 맺는 신자 공동체의 특성

(1) 열매 맺는 신자 공동체는 상황화된 방식으로 예배를 드린다

열매 맺는 신자 공동체는 그들의 토착적인 음악과 기도 자세, 좌석 배치, 혹은 성만찬에 사용하는 음식의 종류 등을 포함하는 다양한 전통적 표현 양식을 반영하여 예배를 계획한다.

(2) 열매 맺는 신자 공동체는 전통적인 축제와 의식들을 보완한다

결혼, 장례, 출생, 그리고 죽음 등과 관련된 의식들과 특정 문화의 역사적 정체성을 확립하는 다양한 축제들을 포함하는 생활 주기와 관련된 의식들은 어느 사회에서나 중요한 역할을 담당한다. 열매 맺는 신자 공동체는 과거의 모든 전통적인 축제와 의식들을 거부하기 보다는 예수 그리스도에 대한 믿음을 나타내는 새로운 방식으로 보완하여 의사소통할 수 있도록 돕는다.

(3) 열매 맺는 신자 공동체는 문화적 전통을 고려한 예전을 실시한다

열매 맺는 신자 공동체는 그들의 문화적 상황에 부합하는 형태로 주의 만찬을 거행한다. 서구에서는 일반적으로 빵과 포도주를 사용하지만 다른 많은 지역에서는 빵을 구하기 어렵고 포도주는 금기시되어 있다. 마찬가지로 식사하는 동안 혹은 주의 만찬을 위한 특별한 예배 등 다양한 방법으로 이 예전을 진행할 수 있다.

(4) 열매 맺는 신자 공동체는 여성들이 문화적 전통을 고려하여 사역에 참여한다

주님은 남성과 여성 모두 사역에 참여하도록 부르셨다는 것을 이해하고 열매 맺는 신자 공동체는 문화적 상황에 적합한 방식으로 사역에

참여할 수 있는 방법을 찾는다. 일부 지역에서는 손님 접대에 한정되기도 한다. 다른 지역에서는 예전에 참여하거나 다른 여성들과의 성경 공부 모임을 인도하기도 한다.

### (5) 열매 맺는 신자 공동체는 문화적으로 적절한 방식으로 그들의 믿음을 전하도록 준비시킨다

신자들은 다양한 방법으로 그들의 믿음을 전할 수 있다. 어떤 문화적 상황에서는 적절하지만 다른 지역에서는 역효과를 낳을 수 있다. 열매 맺는 신자 공동체는 신자들로 하여금 믿음을 나누도록 격려하되 문화적 상황에 적합한 방식으로 그렇게 할 수 있도록 도와준다.

## 2. 토론

열매 맺는 사역 연구 팀은 또 다른 관점으로 연구 자료를 분석하여 상황화의 주제와 관련이 있는 다른 내용들도 관찰할 수 있었다. 이 연구 내용들을 살펴보면 다음과 같다. 상황화와 관련된 이와 같은 사역들을 통해 우리는 무엇을 배울 수 있는가?

### 1) 상황화된 접근

여기서 "상황화된 접근"이라는 용어를 사용한 것은 우리와 같은 외부자가 하고 있는 것들, 우리의 노력이 세심하고 적절해 지는 것, 그리고 의사소통을 할 때 우리가 취하는 일반적인 단계들 등을 가리킨다.[4] 앞서 열거한 항목들은 대다수가 기본적인 내용들이지만 많은 타문화 사역자들이 이 기본을 무시하거나 제대로 실천하지 않고 있는 것도 사실이다. 이 "기본" 내용들은 언어 선택, 성 역할, 그리고 문화적 민감성 등을 다루고 있다. 다니엘스(Daniels)는 다음과 같이 지적한 바 있다.

> 문화적 적응은 단순히 옷이나 음식을 바꾸는 것이 아니다. 이것은 태도에 관한 것이다. 우리가 그 사람들과 그들의 사회적 규범을 존중할 때 신뢰라는 형식의 풍성한 배당금이 되어 돌아 올 것이다(Daniels 2010, 22).

이 조사에서 옷차림, 음식, 그리고 손님 대접 등의 영역에서 현지인들의 기대에 부합하는 것을 포함하여 "열매 맺는 사역자들은 문화적으로 적절한 방식으로 존중하는 가운데 의사소통한다"는 사실을 보여주고 있다. 그러나 율법적으로나 유별나게 하지는 않아야 한다.

이슬람권에서 일반적으로 성의 역할은 명확하게 규정되어 있는데 남성은 오직 남성들과, 여성은 오직 여성들과만 사회적 관계를 맺어갈 수 있다. 그러나 문화의 심층부까지 깊이 이해하는 사람이라면 미묘한 예외 사항들도 발견할 수 있을 것이다. 우리가 조사한 바로는, 여성 사역자들이 여성들과만 교제권을 형성하는 것을 남성들이 남성들과 그렇게 해야 한다는 것보다 더 중요하게 인식하고 있었다(Greenlee and Wilson 2008). 타문화 사역자들의 성의 역할을 존중하는 가치관이

---

[4] Global Dictionary of Theology에서 Gener는 "외부로부터의 상황화"(contextualization from without)와 "내부로부터의 상황화"(contextualization from within)라는 용어를 구분한 바 있다(2008, 193). 우리는 이 부분과 정체성, 그리고 사회 네트워크 등에서 "외부로부터의 상황화"에 초점을 맞추어 이 용어를 사용한다.

"나이가 많아짐에 따라 점점 희박해 져 가고 있다. 이 사실은 무슬림 사회에서 나이에 따라 존중하는 관습이 성 역할과 관계된 금기 사항을 넘어설 만큼 강한 문화라는 사실을 보여주고 있다"(Daniels 2010, 23). 그는 또한 여성 사역자가 가정에서는 남성을 가르칠 수도 있다는 사실도 사례로 제시한 바 있다. 이 사례가 공개적으로나 일대일의 상황에서는 상상도 할 수 없는 일이지만 가정에서는 열매 맺는 사역이 될 수 있다는 사실을 보여준다. 이 사례는 열매 맺는 사역을 실천하는 것이 때로는 상식을 초월하기도 한다. 사역자들은 사역을 펼쳐감에 따라 그들이 처한 상황에 대해 매우 진지하게 배움의 자세를 견지해야 한다.

### 2) 정체성과 상황화

예수를 따르는 사람들이 새로운 신자로서의 정체성을 확립하는 것은 매우 어렵고도 복잡한 문제이다. 많은 타문화 사역자들이 "C-스펙트럼"을 이슬람권 사역을 위한 상황화 척도로만 인식하고 있다. 존 트레비스(John Travis, 1998)가 개발한 이 스펙트럼 모델은 종교적 실천의 영역에서 상황화의 척도를 묘사한 것이다(존 트레비스는 신자 공동체가 외부에 의해 규정되지 않고 그들 스스로 어떻게 정체성을 확립하고 있는가를 기술하는 도구로 C-스펙트럼을 개발한 것이다). 이 스펙트럼 모델은 상황화에 대한 논의를 활성화하는 데 있어서 기여를 했다. 그러나 더 치밀하고 복잡한 사회적, 영적, 생태학적, 그리고 심리적 특성을 고려하여 최근에 개발된 종교적 정체성에 대한 새로운 모델들도 환영한다. C-스펙트럼이 갖고 있는 한계에도 불구하고 일반적으로 공유하고 있는 다른 도구가 부족하기 때문에 열매 맺는 사역 연구팀은 상황화의 정도에 기초한 열매 맺는 사역을 평가하는 도구로 이미 잘 알려져 있는 이 도구를 사용하고 있다. 작은 크기의 표본(n=137)이라는 한계를 인정하는 가운데,

브라운(Brown)은 다음과 같은 사실을 발견했다.

> C3부터 C5까지의 세 가지 상황화 단계들 모두 교회의 형태와 관련을 갖고 있다. 그러나 높은 단계의 상황화로 갈수록 사역이 더 잘 확장되는 것으로 나타났다. 이 통계는 C5 공동체가 모든 상황에서 더 잘 배가 한다고 해석하는 것은 잘못된 것이다. C3나 C4 모델도 대등하거나 오히려 더 효과적인 경우도 많이 있다. 서로 다른 상황화의 단계가 무슬림들에게 서로 다른 형태의 반응을 보이게 하는데 동일한 사회에서 C4와 C5 단계에서 가장 효과적으로 배가되는 것으로 나타났다(Brown, et al. 2009, 22-23).

브라운은 높은 단계의 상황화가 사회적 네트워크 속에서의 복음의 확산과 관련이 있다고 결론을 내렸다.

### 3) 사회적 네트워크와 상황화

열매 맺는 사역 프로젝트에 참여하고 있는 다른 연구원들은 상황화와 사회적 네트워크 사이에 연관성이 있다는 데 동의했다(이 개념은 Gary and Gary 2009a; Gary and Gary 2009b; Gary, et al 2010에서 나온 것이다). 게리가 편집한 책(2010)에서 저자들은 이 자료에서 두 가지 형태의 교회개척 유형이 나타났다고 보고했다.

첫째, 기존의 사회적 관계에서 벗어나 서로 연관성이 없는 신자들이 함께 모여 새로운 사회적 네트워크(교회)를 구성하는 유인 모델(attractional model)이다.

둘째, 기존의 자연 발생적 사회 네트워크를 따라 복음을 전하고 그 네트워크 구성원 개개인의 믿음의 수준과는 상관없이 점차적으로 그리스도께로 나아오는 변혁 모델(transformational model)이다.

이 책의 저자들은 상황화와 변혁 모델 사이에 연관성이 있다고 주장한다. 이 연관성은 단순히 사회적으로 타당성이 있는 올바른 방법을 사용하는 것에 대한 문제가 아니라 교회의 본질에 대한 타문화 사역자의 관점에 영향을 주는 깊은 의미를 갖고 있다. 이 연관성은 또한 전도방법에도 영향을 끼친다. 이 책의 저자들은 다음과 같이 말한다.

복음을 증거하는 문화적으로 적절한 방법과 사회 네트워크를 통한 복음의 전파 사이의 연관성을 볼 수 있다. 한 사역 팀이 어느 여성에게 적절한 방법으로 복음을 전했을 때 그녀는 자신의 영향권에 있는 다른 사람들에게 자신의 믿음을 적절한 방법으로 전하는 것을 볼 수 있다. 이 인터뷰에서 추론할 수 있는 핵심적인 교훈은 복음의 메시지가 세계관과 정체성의 단계에 까지 상황화되었을 때 사회적 네트워크를 무너뜨리지 않고 오히려 포용하는 것을 볼 수 있다는 것이다(Gary and Gary 2009a, 26-7).

이 책의 저자들은 다음과 같이 결론을 내린다.

상황화가 교회개척 분야에서는 많은 논쟁의 여지가 있지만, 우리가 인터뷰를 통해 분석한 바로는 교회개척운동을 전개해 나가는 데 있어서 상황화 그 자체가 핵심적인 요소는 아니라는 사실을 보여주고 있다. 이 조사에서 상황화는 교회의 변혁적 모델을 추구하는 한에 있어서는 유효하다는 사실을 증명해주었다. 상황화의 외적인 요소들(예를 들면 수염을 기르는 등)은 세계관 차원(언어, 용어, 집단 정체성, 그리고 성경의 가르침에 대한 실제적 적용 등을 포함하여) 의 상황화 보다 덜 중요한 것으로 파악되었다(Gary and Gray 2009a, 28).

상황화, 정체성, 그리고 복음에 의한 사회적 네트워크의 변혁과 관련된 더 심층적인 연구가 필요하다.

## 3. 결론

열매 맺는 사역 연구팀은 오늘날 하나님이 무슬림들 가운데 어떻게 역사하고 계시는지를 알기 위해 지속적으로 자료를 모으고 있다. 우리가 개발하고 있는 이 원리들을 주의 깊게 성찰하는 가운데 실천하고 우리의 경험을 체계적으로 축적하여 정립해가야 할 것이다(Torkko, Adams, and Adams 2009). 우리가 이 원리들을 그대로 적용할 수는 없겠지만 우리가 사역하는 지역의 문화에 대해 연구해야 하고 성령의 인도하심을 따라 우리가 할 수 있는 최선의 방식을 찾아 적용해야 할 것이다. 이 원리들은 성공을 보장해주지 않는다. 우리는 심고, 다른 사람들이 물을 주지만 자라게 하시는 분은 오직 하나님이시다(고전 3:6-8).

◈ 밥 피쉬(Bob Fish)와 진 다니엘스(Gene Daniels)는 무슬림들을 대상으로 하는 국제 단체 소속으로 사역하고 있다.

우리(피쉬와 다니엘스)는 이 글을 점검해준 돈 앨런(Don Allen)과 데이비드 그린리(Greenlee)와 많은 양의 글을 분류해준 E. J. 마틴(E. J. Martin)에게 감사를 전한다.

◈ 토의를 위한 질문들

1. 이 글의 저자들이 "열매 맺는 사역자들"과 세부적으로 연관된 열네 개의 실천 사항들을 열거했다. 각 사항들을 살펴보라. 어떻게 좋은 사역의 개발을 시작할 수 있겠는가? 무엇이 포함되어야 하는가? 예상되는 어려움은 무엇인가? 당신의 상황 가운데서 어떻게 적용할 수 있겠는가?

2. 이 글의 저자들은 "열매 맺는 팀"과 관련된 한 개의 항목을 제시했다. 당신이 또 다른 항목을 추가해보라. 저자들이 "열매 맺는 신자 공동체"에 대한 다섯 개의 항목을 열거했다. 각각의 항목에 대한 성경적 근거를 제시해보라. 이 공동체들이 극복해야 할 어려움들은 무엇이 있겠는가?

3. 저자들은 연관성이 없는 신자들의 모임인 "유인 모델"(attractional model)과 기존의 사회적 네트워크를 따라 함께 믿음을 갖게 된 신자들의 모임인 "변혁 모델"(transformational model)을 비교했다. 각 모델의 장점과 단점은 무엇인가? 두 모델이 모두 성경적인 근거를 갖고 있다. 이 두 모델에서 무엇을 배울 수 있는가? 실천적으로나 전략적으로 이 두 모델을 어떻게 적용할 수 있겠는가?

9장

# 아시아 교회 지도자로부터 배운 교훈
화융(Hwa Yung)의 선교신학 탐구

워렌 비티(Warren Beattie)

　상황화에 대한 대부분의 논의는 이론에 머물러 있고 실제적인 단계에 까지 도달하지 못하고 있는 것이 사실이다. 동아시아에서 상황적 신학의 이론적인 측면뿐만 아니라 이 이론을 교회의 실제 사역에 적용하고자 시도한 화융(Hwa Yung)이라는 신학자가 있다. 그는 싱가포르와 말레이시아에서 신학 교육 사역에 참여한 바 있고 최근에는 서부 말레이시아 감리교의 주교로 활동하고 있다. 화융의 선교신학은 교회의 목회적 필요와 사회적 상황 모두를 중요하게 다루고 있다. 그가 목회적으로나 사회적으로 선교에 참여하는 가운데서 경험한 대부분의 문제들이 상황화와 관련이 있다는 사실에 직면하게 되었다.
　이 글은 화융의 선교적 입장과 교회의 목회와 전도 사역과 관련된 종교적, 사회적 환경 가운데서의 상황적 신학의 적용점을 탐구하는 데 그 목적이 있다. 화융은 상황적 선교신학을 정립했다. 그는 상황화에 대한 논의는 실제적인 삶의 경험을 바탕으로 한 현지 신자들의 관심으로부터 도출되어야 한다고 주장했다. 그는 내부자로부터의 상황화와 중국계 말레이시아 교회가 의미 있게 다루고 있는 "심층 구조"(deep structures)와 "근원적 은유"(root-metaphors)를 강조했다(Maggay 2001, 9).

## 1. 상황적 신학에 대한 선교적 관점

아시아의 상황에서 화융은 선교(mission)를 "수직적, 수평적 차원"을 가진 포괄적 개념으로 인식해야 한다고 주장하고 있다. 선교는 모든 사람들에게 복음을 전하는 것과 관련이 있다. 선교는 "타문화에서 복음을 증거하기 위해 부르심을 받은 선교사에 대한 논의도 있지만 전도와 교회개척, 영적 전투, 그리고 세상의 자유와 정의를 위한 사회, 정치적 활동 등도 포함한다"(Hwa 1997, 43, 57). 건강한 선교신학은 사회, 정치적 상황, 교회의 전도와 목회적 사명 강화, 그리고 자신학화(self-theologizing)의 과업을 포함하는 상황화에 대한 논의 등을 포함해야 한다. 화융에게 있어서 선교신학은 아시아의 상황과 성경을 보는 아시아 사람의 관점을 고려하여 형성되어야 한다고 보았다. 그의 선교신학은 아시아의 상황과 아시아 기독교 신자의 정체성을 갖게 하는 성경에 대한 아시아 사람들의 관점 사이의 상호작용이라고 볼 수 있다. 이 정체성은 그리스도의 제자 공동체를 형성하는 구심점이 되어 상황에 적합한 방법으로 선교에 참여할 수 있게 하는 왕국 공동체 속에서 표출된 것이다.

### 1) 아시아인의 관점에서 본 성경

성경은 다른 곳에서와 마찬가지로 아시아 상황[1] 가운데서의 선교를 수행하는 데 있어서 구심점의 역할을 해왔다. 그러나 아시아 복음

---

[1] 이 글은 동남아시아의 기독교에 초점이 맞추어져 있지만 이 지역에서 기독교가 직면하고 있는 문제들은 다른 지역에서도 유사하게 나타날 수 있다. 그러나 동남아시아 기독교의 독특한 문제는 다른 지역에서 아시아로 건너 온 신학적 저술들(특히 유럽, 북미주, 그리고 호주 등에서 영어로 저술된 방대한 문헌들)이 아시아의 문화적 상황에 적합하다고 말하기 어렵다.

주의 진영은 그동안 아시아의 대중적 영성의 관점 혹은 서구의 학문적 관점으로 성경을 읽어 왔다(Hwa 1997, 42-43, 57-58). 이러한 접근들을 넘어서기 위한 시도 가운데 하나로 화융은 아시아 기독교 해석학 개발의 필요성을 제기했고 "아시아 기독교는 그들의 독특한 상황으로부터 성경을 읽고 이해하는 법을 배우기 시작해야 한다고 제안했다"(Hwa 1997, 224).[2] 그는 영적인 측면과 물리적 현실 모두에 대한 관심을 보여주는 누가복음 4장과 6장 등 복음서의 많은 예를 제시하면서 신약성경에서 발견할 수 있는 선교의 총체적 차원을 고려하여 성경을 읽어야 한다고 강조했다. 요약하면, 성경을 읽는 행위 자체도 "총체적"이어야 한다는 것이다.

### 2) 아시아 그리스도인의 정체성 개발

#### (1) 왕국적 정체성

왕국의 개념은 선교학의 중요한 주제이다. 하나님 왕국의 비전은 왕으로서의 예수, 영들과 악한 세력을 물리치는 능력, 치유의 권능, 그리고 인간 사회에 대한 하나님의 통치(Hwa 2002)라는 네 개의 상호연관성을 가진 주제들을 강조하고 있다. 그리스도인들은 하나님의 자녀[3]로서의 기본적인 신학적 정체성과 함께 그들의 사회적 환경으로부터 영향을 받는 문화적 정체성을 갖고 있다. 화융은 말레이시아 그리스도인으로서의 정체성을 형성하는데 관심을 갖고 있는데 이는 순수한 말레이시아 사람으로 인식되게 하기 위한 것이다. 말레이시아 상황 가운데서

---

2 화융은 영적 영성에 대한 서구적 해석과 민중적 이해는 영적인 측면을 경시하고 양쪽 모두 성경의 적용을 회피한다고 보았다.
3 이 개념은 화융의 신약성경에 대한 해석에서 나온 것이다. 예를 들면, 롬 8:14-17에서 사무엘이 하나님의 자녀로서의 그리스도인의 정체성을 말하고 있다고 보았다. 화융의 Mangoes or Bananas(1997, 197)을 참고하라.

의 선교는 사회에 깊이 뿌리를 내린 그리스도인들을 보여주는 것이 필요하다고 보았다. 말레이시아와 같이 강력한 획일적 종교적 전통을 가진 국가에서는 그리스도인과 말레이사아 국민으로서의 이중적 정체성을 동시에 갖는 것이 쉬운 일은 아니지만, 그리스도인들은 아시아의 상황에서 진실된 그 사회의 일원이면서 동시에 그리스도인으로 살아가야 하는 중압감을 다루지 않을 수 없다.

말레이시아와 같은 지역에서의 교회의 특성과 신학은 반드시 고유한 지역적 정서를 고려해야 한다. 화융은 상황화와 토착화에 대한 현대의 논의들을 기꺼이 받아들이고 있다. 문화는 하나님의 왕국의 조명을 받음으로 일부가 기독교화될 수 있고 일부는 그대로 남아 있게 된다.

> 무엇이 옳은 것인가는 반드시 하나님의 왕국의 가치에 평가하는 것이 그리스도 안에서 우리의 정체성의 일부가 되어야 한다(Hwa 1997, 3-7).

화융은 하나님의 왕국의 개념을 사용하여 아시아의 기독교 공동체가 그들의 정체성을 확립하는 데 있어서 하나님의 왕국의 가치와 그들 자신의 고유한 국가와 문화적 전통에서 나온 가치를 반영해야 할 필요가 있다고 논증한 바 있다.

뚜렷한 왕국적 정체성은 다음을 포함한다.
① 아시아 기독교 신학과 선교를 위한 의제 개발(Hwa 1997, 19)
② 아시아의 사회적 그리고 종교적 상황 가운데서의 선교 참여
③ 그리스도의 제자들의 개인적 그리고 공동체적 생활

이렇게 할 때 왕국의 신학이 신학적 탐구의 핵심이 되어 교회의 아시아적 정체성을 확립할 수 있다. 왜냐하면 왕국이 영적인 측면(내적 세계)과 삶의 사회적 현실(외적 세계) 모두를 다루기 때문이다.

(2) 왕국 공동체

"왕국 정체성"은 개개인의 그리스도인과 기독교 공동체 모두가 갖고 있는 특성과 다양한 차원의 그리스도인의 행동을 이끌어가는 역동성 등을 포함하는 교회의 역할을 함축적으로 내포하고 있다. 아시아 교회는 세 가지 우선순위를 가지고 있다. 사회, 정치적 변혁의 과업을 공유하는 것, 전도를 위해 복음의 메시지를 선포하는 것, 그리고 아시아 상황 특히 아시아의 독특한 영적 상황 가운데서의 기독교 공동체의 목회적 필요에 열정적으로 관심을 갖는 것 등이다(Hwa 1998, 48-52).

하나님 왕국의 신학과 관련이 있는 이 우선순위에 따라 기독교 공동체는 반드시 다음과 같아야 한다.

> 하나님의 왕으로서의 다스리심과…전도와 삶의 변화를 일으키는 복음의 능력, 선행과 사회적 변혁, 축귀, 그리고 치유 등을 포함하는 왕국의 예표가 드러나는 사역 등을 증거해야 한다(Hwa 1998, 48-52).

(3) 왕국 공동체의 목회적 구조와 지도력

각 지역의 왕국 공동체는 아시아 기독교의 정체성이 반영된 지도력, 목회적 구조, 그리고 목회적 활동 등을 개발해야 할 필요가 있다. 목회적 지도력에 있어서 화용은 진실성과 그리스도를 닮은 섬김의 모범을 보이는 교회 지도자의 성품을 강조했다(Hwa 2004, 30). 다른 사람, 재정, 그리고 관계에 대한 균형의 상실은 그 지도자의 진실성을 약화시키는 결과를 초래한다.

목회적 구조는 개인과 그의 지도자 사이의 실제적인 상호작용을 돕는 역할을 한다. 웨슬리의 소그룹 모델은(Hwa 2002) 말레이시아 신자들의 실제적인 필요를 고려하여 이 국가에 적절하게 상황화된 모델이 될 수 있음을 보여주고 있다. 소그룹 전략은 널리 보편화되어서 교회의 성장에 기여해왔고, 지속적으로 그리스도인으로서의 삶을 살아가는 데 도움을 주어 왔다. 목회적 구조는 그리스도인들이 일상의 삶에서 윤리적인 문제들을 다루는 데 유익을 끼쳤지만 대다수의 기독교 저술가들은 아시아 국가들 가운데서 일어나는 세부적인 문제들에 대해서는 많이 다루지 않았던 것이 사실이다. 다양한 소그룹 모델들이 활력이 넘치고 진실하며 사람들로 하여금 아시아의 일상적인 삶의 압박을 극복할 수 있는 역량을 강화시켜 주는 등의 그리스도의 삶을 풍요롭게 하도록 도와줄 수 있다.

### 3) 아시아의 종교적 상황과 관련하여

#### (1) 다원주의와 종교적 부흥의 영향을 인정하라

아시아의 현대 기독교를 위해 화융은 종교적 영역에 대한 새로운 접근을 시도하고 있다. 대다수의 아시아인들은 종교적 다양성을 다루는데 있어서 익숙해져 있다. 이들의 경험은 과거에 서구 기독교가 경험한 것과는 많은 차이가 있다. 대다수의 아시아 국가에서 기독교는 소수 종교에 불과하기 때문에 다른 종교 문화의 제약을 받아 왔고, 이러한 현상은 지금도 마찬가지일 뿐만 아니라 때로는 더 강화되고 있다. 종교적으로 다원화된 사회에서 그리스도인들은 무슬림과 불교인들과 같은 다른 공동체의 종교적 정서를 반드시 이해해야 할 필요가 있는 사람들이다. 이것은 다음과 같은 이유들 때문에 중요하다.

첫째, 사회의 종교적 다원성에 직면하여 기독교의 정체성을 확립하는 것이다.

둘째, 기독교의 외형적 본질은 그리스도인들이 그들이 믿음을 타종교 신앙의 영향 가운데서 증거하는 것이다.

사무엘 헌팅턴(Samuel Huntington)은 비서구 사회에서 전통적 문화와 종교가 부활하고 있다는 사실이 오늘날의 아시아에서 확인되고 있다고 주장한 바 있다(Hwa 2000, 86). 화융은 헌팅턴의 이러한 주장에 동의하는 가운데 아시아 사회의 엘리트 집단 상당수가 비서구 가치에 더 매력을 느낀다고 보았다(Hwa 2002b). 말레이시아 상황 가운데서 그는 이슬람의 부흥이 이 지역의 교회에 새로운 중압감으로 작용하고 있는 가운데 교회가 이 문제를 건설적으로 다루는 방법을 배워가고 있다고 말했다(Hwa 2004, 86).

(2) 영적 현실

아시아 사람들은 내세에 대한 깊은 관심을 갖고 있다. 화융과 또 다른 학자들도 그리스도인들과 다른 종교인들이 경험하고 있는 삶의 영적 차원에 대한 더 많은 인식과 이해가 필요하다는 사실을 인정하고 있다.[4] 아시아의 종교적 상황 가운데 존재하는 이러한 영적 현실에 대해 인정하고 존중할 때 그리스도인들은 아시아 사람들의 고유한 필요에 대해 적절한 방식으로 대응할 수 있게 될 것이다.[5] 아시아의 기독교 지도자들은 이러한 영적 현실에 대해 이해하고 참여하는 방법을 개발하고(Hwa 2002c, 3-27), 그리스도인들이 아시아 타종교의 관점과 영성의 표현을 고려하여 믿음을 증거할 수 있도록 돕고자 하는 열망을 가지고 있다. 비록 아직은 복음주의자들 가운데서 이 과업이 완전히 실현된 것은 아니고(Ng 2002) 좀 더 신선한 신학적 연구가 더 필요한 상황이지만 의미있는 진전이 있는 것도 사실이다(Thomas 2002, 126ff).

---

[4] Solomon이 저술한 싱가포르에 거주하는 중국계 이주민의 "영적 세계"에 대한 관심(1992, 48-74)을 참고하라.

[5] 이 주제에 대한 Lee(2003)의 글을 참고하라.

(3) 복음주의와 종교

화용과 같은 기독교 지도자들은 복음주의가 종교와 문화에 대한 성경적 이해가 부족하고, "복음주의 진영에서는 찾아보기 힘든 아시아 문화와 종교의 신비"를 포함한 일반 계시에 대한 교리가 약하다고 지적한 바 있다(Hwa 2000, 89). 화용은 아시아의 타종교들에 대한 논쟁과 관련하여 성경적 관점을 제시했다. 그러나 이 관점을 사용하는 데 있어서는 창의성과 유연성을 필요로 한다. 그는 모든 인간과 자연 계시 속에서 형성된 그들의 종교적 신념들과 "모든 피조물의 구속"을 위해 다른 사람들과 함께 일할 가능성을 지지하는 창조 신학이 필요하다고 강조했다(Hwa 2000, 90). 그러나 이것은 기독교와 타종교 사이의 차이점 특히 예수 그리스도에 대한 믿음과 구원론에 대한 기독교의 관점 등의 영역을 인정할 필요가 있다는 것을 간과하지는 않는다. 그는 이 영역에 있어서의 통합의 필요성을 제기하고 있다. 그는 종교적으로 다원화되어 있는 어느 지역에서 사회적 변혁을 필요로 할 때 믿음의 실체를 보여주는 기독교 공동체의 존재가 그 역할을 담당하여 이러한 사회적 변화가 매우 중요하다는 것을 일깨워주어야 한다고 강조한다.

(4) 영적 현실에 대한 관점

아시아 그리스도인들은 그들의 영적 상황과 이러한 배경 가운데서 어떻게 그들에게 목회적 돌봄을 제공해야 할지에 대해 재평가해야 할 필요가 있다. 화용은 서구 신학이 아시아의 영적 세계를 직면했을 때 이 문제를 적절히 다루지 못했다고 지적했다. 서구에 의해 주도된 신학은 아시아의 상황을 언급하고 있다고 하더라도 "악령의 세계, 점성술, 무속 신앙, 그리고 아시아 세계관에 내포되어 있는 총체성(wholism) 등의 아시아의 영적 세계를 다루지도 않았고 그렇게 할 수도 없었다…." 그리고 그 결과로 "그들의 주장은 권위를 잃어버렸다"(Hwa 2005, 53).

서구 신학은 인간 경험의 영역에 대해 다루지 않았고, 이 분야의 연구는 계몽주의 시대 이후로 거의 진전을 경험하지 못하고 있다.

아시아 문화권이 아닌 다른 지역에서 온 기독교 사역자들도 때로는 핵심적인 요소들을 적절하게 구분하지 못한 채 종교와 문화에 대해 매우 부정적인 판단을 내리기도 한다. 비기독교 종교 전체가 악한 영에 속해 있다고 거부하는 태도는 비기독교 "문화들"을 같은 이유로 거부하는 결과를 초래한다. 이러한 주장은 서구 사회는 어떠한 이교적이거나 악한 영들과 결부되어 있지 않다는 사실이 증명되었을 때만 가능한 것이다. 이것은 불행한 결과를 초래하기도 한다. 한 예로, 중국 기독교는 "그리스도인들은 어떤 부분이 선하거나 사용 가능한지에 대해 그리고 어떤 부분이 악한 영의 영향을 받은 거부해야 할 영역인가에 대해 심층적인 분석을 하지 않은 가운데 침술이나 무술이 이교적이거나 악한 영의 영향을 받았기 때문에 전적으로 거부해야 한다고 가르쳐 왔다"(Hwa 2000, 88). 이것은 기독교 신앙에 대한 아시아적 양식을 왜곡하고 순수한 아시아 기독교 정체성의 형성을 저해하는 결과를 가져 오게 한다.

(5) 문화적 실체의 영향–중국 종교, 축제, 그리고 조상 숭배

중국의 영적 생활을 보면서 화융은 아시아 사회의 가족과 공동체를 배려한 목회 사역을 개발해야 할 필요성을 제기하고 있다. 중국의 사회 구조는 개인보다 집단을 강조한다. 그리고 가족 구성원에 대한 헌신 특히 부모를 매우 중요하게 생각한다. 좀처럼 벗어나기 어려운 집단 중심의 사회 구조는 그리스도인들이 왕국적 가치를 추구하는 데 있어서도 중요한 자원이 될 수 있다. 만약 부모의 의견과 대립될 때 지역 교회는 그 사람이 직면한 전환기와 압박의 시기에 잘 견딜 수 있도록 도와주어야 한다.

목회 사역은 영적 압박으로부터 벗어나 치유와 자유를 누리는 것과 관계가 있기 때문에 중요하다. 중국계 이주민 그리스도인들은 말레이시아와 같은 지역의 우상숭배, 주술, 사악한 목적의 마술, 그리고 이교적 종교 행위 등 많은 영적 실체들과 직면하고 있다. 이러한 행위들은 기독교 지도자들로 하여금 어떻게 "예배와 기도"를 드려야 하는가, 어떻게 "예언자적 은사와 치유의 은사"를 개발할 것인가, 그리고 어떻게 "악한 영의 속박으로부터 해방"되게 할 것인가에 대해 신중하게 생각할 것을 도전하고 있다"(Hwa 2002d, 9). 왜 아시아 사람들이 기독교와는 거리가 먼 다른 종교를 선택하고 있는가를 보여주는 그들의 "실제적인 필요들"도 논의하고 분석하여 이 필요가 그들이 갖고 있는 진정한 관심과는 차이가 있다는 것을 볼 수 있어야 한다. 다소의 진전이 있는 것은 사실이지만 이 영역에 대한 아시아에서의 신선한 신학적 분석이 나와야 할 필요가 있다(Thomas 2002, 126ff).

마지막으로, 우리는 조상숭배, 장례, 그리고 문화적 축제 등과 같은 중요한 의식들에 적용할 수 있는 "그리스도인의 기능적 대체"를 연구해야 할 필요가 있다. 현재 중국 그리스도인의 삶의 사회, 문화적 영역에 대해 논의가 되고 있지만 무슨 "기능적 대체"가 가능한지에 대한 연구는 아직도 미약한 실정이다.[6]

### 4) 아시아의 종교적 상황과 전도의 과업

#### (1) 선포-변증과 증거

화웅은 그리스도인들이 "사람들이 회개와 그리스도에 대한 믿음을 가질 수 있게 하고 교회를 개척하기 위해 전도와 목회적 사명을 다할

---

[6] Mary Yeo Carpenter, 1996, 503-17의 예를 참고하라.

수 있도록 교회의 역량을 강화시켜야 한다"고 말했다(Hwa 1997, 57). 선교는 회심과 진정성과 의미가 있는 제자도를 통해 성장하는 결과를 얻기 위해 복음을 명확하게 해야 할 기본적인 목표를 갖고 있다. 선포된 복음은 총체적인 복음, 삶의 전 영역을 다루는 복음 그리고 "영적, 심리적, 혹은 생태계적이고 현재와 내세를 포함하는" 삶의 전 영역의 주님이 되시는 예수 그리스도를 선포해야 한다(Hwa 2004, 31ff).

따라서 복음의 선포는 타종교와의 책임 있는 상호작용에 참여하는 것을 포함해야 한다. 변증과 증거의 영역에 대한 아시아 기독교의 노력을 더욱 발전시킬 필요가 있다. "타종교 전통에 대한 신중하고 동정어린 이해는 설득력 있는 기독교 변증을 통해 복음을 증거하기 위한 새로운 기회를 부여해 줄 것이다"(Hwa 2000, 89ff). 이것은 아시아에서의 상황적 전도를 위한 명확한 적용점이 될 수 있을 것이다.

### 5) 아시아의 사회적 상황에 대한 참여

#### (1) 총체적 접근에 대한 필요성을 인식하라

화융은 그가 쓴 글에서 그리스도인들은 "이중적이지 않고 근본적으로 총체적"이어야 한다고 주장하는 가운데 기독교 신앙이 사회적 참여로 적용되어야 한다고 명시적으로 밝힌 바 있다(Hwa 2004, 31-32). 선교학은 전도와 사회적 행동을 분리하는 이중성이 아닌 총체성을 강조해야 한다는 것이 아시아에서 보편적인 지지를 받고 있다.[7] 화융은 선교에 있어서 이 부분을 적극적으로 지지하고 있다.

화융은 "변화"(transformation)의 개념을 사용하여 아시아 상황에서의 총체성을 표현하고 있다.

---

[7] Vinay Samuel에 대한 화융의 글(Hwa 1997, 196-205)을 참고하라.

…복음과 세상의 관계를 진전시킬 수 있도록 도와주고, 죄에 빠진 세상 가운데서 우리가 어떻게 그리스도인으로서 올바르게 윤리적, 사회 정치적 행동에 참여할 수 있는가에 대해 알려주는 신학이 부족한 실정이다. 다른 말로 표현하면 우리는 사회의 정의와 공적인 영역에서의 사회적 거룩성에 대한 관심을 상실한 채 사적인 영역에서의 개인적 경건과 내적인 영성에만 집중하는 경향을 보이고 있다(Hwa 1998b, 62-63).

따라서 총체성의 개념은 말레이시아 교회가 경제, 정치, 그리고 사회적으로 변화하고 있는 세계와 관계를 맺어갈 수 있도록 도와준다.

사회적 증거와 참여는 그리스도인의 고유한 가치관과 이것을 실현하는 현장인 사회에서의 삶을 통해 표현되는 것이다. 앞서 제시한 바와 같이, 왕국 신학은 일상의 삶을 위한 선교적 관점과 활동 계획을 제공해준다.

(2) 아시아 사회에서의 적절한 사회 참여

말레이시아에서 부흥하고 있는 이슬람은 현대화와 포스트모더니즘 등에 대한 토론에 적극적으로 참여하는 등 말레이시아 사회에 공헌하기 위해 노력하고 있다. 이슬람은 일반적으로 사회적 차원을 매우 중요하게 다루고 있다. "이슬람은 언제나 경제와 정치를 포함한 삶의 모든 영역의 변화를 강조한다"(Hwa 1999, 40). 화융은 말레이시아 상황 가운데서 교회가 시민 사회와 사회의 관심에 대해 외면하지 않고 심각한 책임의식을 가져야 한다는 데 관심을 갖고 있다.

(3) 아시아 가치관에 대한 논쟁

"아시아의 가치관"에 대한 논쟁은 사회에 대한 현대 아시아인들의 논의의 한 부분이다. 아시아 문화는 전통적이고 토착적인 가치를 강조하고 그들 자신의 지적 자원과 계층을 사용하여 미래를 대비한다. 때로는 이런 용어를 사용해서 논쟁, 참여, 그리고 소수 집단의 자유를 억압하기도 한다. 논쟁은 아시아 그리스도인들로 하여금 그들의 믿음의 가치 체계를 통해 그들이 살고 있는 아시아 사회에 참여할 수 있는 기회를 제공해준다. 이런 일이 성공적으로 이루어지려면 이러한 논점에 대한 민감성과 적절한 토론 방식을 수용하는 자세를 가져야 한다.

전통적인 아시아의 가치관에 대한 논쟁은 가치관에 대한 아시아 사람들의 의제들과 대조되는 그리스도인들의 관점을 소개하는 기회를 제공해주기도 한다. 기독교의 가치관이 반영된 의제는 복음과 성경으로부터 도출될 수 있다. 왕국적 가치를 포용하고 살아가는 것은 아시아 사람들이 살고 있는 다른 사회를 변화시킬 수 있는 확고한 의제를 제공해주기도 한다. 이것은 강요가 아닌 대화의 과정이다. 화융은 마태복음과 그리스도인들이 세상에서 빛과 소금이 되라고 하는 왕국에 대한 예수님의 가르침에 주목했다(마 5:13-16). 그는 그리스도인들로 하여금 화평하게 하는 자가 되라는 권면에 대해서도 언급했다(마 5:9). 화융은 기독교 가치관이 가정 생활, 성적 윤리성, 그리고 재정과 청지기 직분에 대한 책임 등을 포함하는 것이라고 말했다(Hwa 1999, 66-70). 그는 특히 격변의 시기에 가난하고 고통 당하는 사람을 위한 긍휼에 대한 오랜 기독교 전통을 언급한 바 있다.

(4) 사회적 윤리 개발

윤리의 상황화는 아시아 상황 가운데서 다루어야 할 또 하나의 중요한 신학적 영역이다. 지금까지의 윤리에 대한 신학적 논의는 주로 서구의 상황과 환경을 기초로 하고 있다.

기독교 윤리에 대한 우리의 생각은 거의 대부분 현대 서구 기독교 사상을 토대로 형성되어 왔다. 기독교 사상은 관계(relationships)가 아닌 원칙(principles)에 우선 순위를 두고 있다. 그러나 원칙보다 관계를 중시하는 사회에서 이러한 기독교 윤리가 어떻게 실현될 수 있겠는가? 예를 들면, 가족적 유대 관계가 매우 긴밀한 아시아 사회는 족벌주의가 만연해 있다. 그럼에도 불구하고 그리스도인들이 가족을 돌보지 않으면 그 문화에서 비난을 피할 수 없게 된다. 혹은 관계를 견고히 한 것에 대한 감사의 표시로 주는 선물과 뇌물 사이의 경계를 구분하는 기준이 무엇인가? 좀 더 문화를 고려한 기독교 윤리를 개발해야 한다(Hwa 2000, 90).

아시아 기독교는 관계와 원칙 사이의 상호작용에 대해 인식해야 할 필요가 있고 성경의 가르침을 적용함에 있어서 아시아 사람들의 정서에 적합한 성경 해석을 추구해야 한다. 선물을 주는 것은, 서구 기독교는 이 아시아 문화의 문화를 이해하기 힘들겠지만, 관계의 중요성과 다른 사람들과의 관계의 긍정적이고 조화로운 발전과 긴밀한 연관성을 갖고 있다. 버나드 애드니(Bernard Adeney)의 글은 아시아 사람들이 이러한 논제들에 대해 생각하는 데 도움을 주는 유익한 출발점을 제시하고 있다(Adeney 1995). 애드니는 서구에서 태어났지만 오랫동안 인도네시아에서 살아 왔고 이러한 문제들에 대해 깊이 이해하고 있다. 이 주제에 대한 화웅의 관점은 말레이시아 사회에서의 윤리에 대한 그의 글에 더 잘 나타나 있다(Hwa 2010).

### 6) 아시아 선교와 상황적 제자도

#### (1) 아시아에서의 상황적 제자도를 위하여

윤리에 대한 논의는 우리의 개인적인 행동을 포함해야 한다. 적절한 윤리적 입장에는 선교에 참여하기 위해 기꺼이 자신의 자원을 사용하고 헌신하는 생활 방식의 선택 등이 포함되어야 한다.

화융에게 있어서 말레이시아 사회에서 교회의 인상이 부와 돈벌이에 사로 잡힌 모습을 연상할 수밖에 없었다. 때로는 말레이시아 교회의 가장 대중적인 가르침은 번영신학의 울타리를 벗어나지 못했다. 화융은 개인적 풍요와 같은 주제에는 큰 관심이 없어 보이는 존 성(John Sung)과 같은 사람들의 생활 방식에 주목했다(Hwa 1999, 27-28). 화융에게 있어서 가난의 문제는 복음주의자들이 사회에 참여해야 할 필요가 있다는 것을 상기시키는 독촉장과 같은 것이라고 말했다. 그는 단순히 개인적 경건에만 몰두하는 기독교 신앙을 강조하는 복음주의의 관점을 거부하고 아시아의 복음주의자들이 이 틀을 깨어주길 희망하고 있다. 화융은 말레이시아와 같은 경제가 성장하고 많은 사람에게 기회가 주어지고 있는 사회에서 번영신학은 일부 복음주의자들에게 매력적으로 여겨질 수 있겠지만(Hwa 1999, 20, 25-26, 44), 이러한 신학의 함정에 대해서도 경종을 울리고 있다.

교회가 선교 활동에 참여할 때 타문화 상황 가운데서 함께 생활하는 가운데 그들이 겪고 있는 난관들에 대해 깊은 차원의 동질성을 이루려고 하지 않고 멀리 떨어져서 단순히 돈으로 해결하려고 하는 모습을 자주 볼 수 있다. 돈을 주기 전에 현지 상황을 먼저 이해해야 하고, 의존성을 강화시키는 돈의 부정적인 영향을 반드시 고려해야 한다. 교회는 선교에 있어서 진실한 만남을 위해 다른 사람들과 동일시해야 할 필요성을 이해해야 한다. 부유한 그리스도인들은 다른 동남아시아 국가에 단기 선교 여행을 하면서 물질적인 지원을 하고자 하는 유혹을 받기도 한다. "사람들이 우리를 이토록 사랑하고 있다니…"(Hwa 2008, 10). 이것은 근시안적이며 건강한 전략이 아니다. 만약 우리가 장기적인 안목을 갖고 선교해야 한다면 선교의 과업을 개인적 차원에서만 수행하여 완수할 수 있다는 생각은 잘못된 것이다. 이는 단지 해외로 가는 타문화 사역자들뿐만 아니라 아시아 사회의 타 지방이나 가난한 지역에 가는 사역자들에게도 마찬가지이다.

## 2. 결론

화융의 선교 신학은 상황화와 관련된 많은 의미심장한 논제들을 제기하고 있다. 아시아 선교는 세상을 위한 하나님의 목적을 명확하게 이해하는 가운데 진행되어야 한다. 하나님의 목적은 통합적이고 총체적인 특성을 갖고 있고 하나님과 우리의 수직적인 관계와 다른 사람과 우리의 수평적인 관계 속에서 더불어 살아가는 그리스도인의 왕국 공동체를 세워가는 것을 목표로 한다. 선교에 대한 이러한 이해에 따라 우리는 우리가 처한 구체적인 상황에 대해 깊은 관심을 가져야 한다. 동아시아의 그리스도인들은 그들이 속한 사회가 직면하고 있는 사회, 종교, 문화적 영향들을 고려해야 한다. 이러한 사회종교적 상황이 우리의 성경 그 자체에 대한 우리의 관점과는 상관없이 상황화를 주도한다. 선교에 있어서 상대적인 우선순위는 상황에 의해 부여되는 것이며 단순히 진공 상태에서 성경을 읽는 것에 기초해서 연역적으로 결정할 수 있는 것은 아니다. 사회 정의, 가난, 그리고 부정 부패 등이 문제가 되고 있는 아시아 사회에서 기독교 가치관과 그리스도인의 생활 양식이 통합된 모델을 제시하는 것은 다른 무엇보다도 중요한 일이다.

상황화는 단순히 사회 정치적 상황에 적절한 방법으로 대처하는 것 이상을 의미한다. 상황화는 아시아의 종교적 상황을 이해하고 대응하는 것도 포함한다. 말레이시아에서는 이슬람이 기독교의 형태에 영향을 끼치고 있는데 이는 곧 삶의 전 영역에 영향을 끼치는 종교적 신념의 중요성과 공적인 자리에서 기독교의 대응이 아직 환영 받지 못하고 있는 실정인 것을 보여주고 있다. 화융은 이러한 도전에 직면한 그리스도인들이 후퇴하거나 믿음을 개인화하지 않고 더 총체적인 접근 방안을 개발해야 한다고 주장한다. 종교적 상황이란 영적 현실에 대해서도 다루어야 할 필요가 있다는 것을 뜻한다. 종교 현상을 다루는 신학적 방법이 상황화 활동의 방법론에 영향을 줄 수 있다. 상황화는 종교적 관습, 종교적 쟁점, 그리고 종교 문화적 축제 등에 대한 인식을 필요로 한다. 더 나아가 아시아 사회에서 많은 관심을 기울여야 할 필요가 있는 교회의 변증적 활동에까지 상황화의 영역이 확장되어야 한다. 아울러 교회의 목회와 전도의 과업도 구체적인 사회 상황과 세부적인 관심들을 고려하여 진행해야 한다.

상황적 신학의 모델은 서구의 상황, 교과서, 혹은 사람에 의해 형성되지 않아야 한다는 것이 화융 사상의 핵심 논지이다. 만약 우리가 한 손에 성경을 잡고 있다면 다른 한 손은 우리가 살면서 일하고 있는 상황을 잡고 있어야 한다는 것이다. 우리의 사고와 신학은 우리가 처한 상황의 필요와 보조를 맞추어야 한다. 아시아의 그리스도인들은 성경, 아시아의 정체성, 그리고 아시아 상황에 의해 조성된 아시아 기독교의 정체성을 확립해야 할 필요가 있다. 그리스도인으로서의 정체성과 아시아인으로서의 정체성이 적절하게 긴장을 유지할 때 아시아 사람들을 위한 선물인 왕국의 복음을 가진 진정한 아시아 그리스도인으로서의 정체성을 확립할 수 있다. 화융은 아시아 사상가와 교회 지도자들 가운데 한 사람으로서 진정한 신학적 통찰력과 어떻게 해야 할지에 대한 실제적인 지혜를 제시해주고 있다.

◈ 워렌 비티(Warren Beattie)는 해외선교회(OMF) 선교사로 싱가포르에 있는 제자훈련센터(DTC, Discipleship Training Center)의 학장을 역임했다.

◈ 토의를 위한 질문들

1. 서구가 주도한 신학의 사각지대로 인해 당신이 태어난 지역이나 사역하고 있는 지역에서 어떤 식으로 복음을 왜곡하고 있는가? 어떤 부분이 개선되어야 하고, 당신이 이 변화를 위해 무엇을 시도하겠는가?
2. 화융은 서구에서는 아시아와는 반대로 신학과 문화적 원칙이 관계보다 우선시되고 있다고 지적했다. 각각의 장점과 단점을 말해보라.
3. 이슬람과 힌두교를 비롯한 타종교 전통 가운데서 일반 계시라고 인정할 수 있는 요소들을 제시해보라. 이 요소들에 대한 성경적 관점은 무엇인가?

제2부

상황화의 실제

# GLOBAL MISSION

**REFLECTIONS AND CASE STUDIES
IN CONTEXTUALIZATION
FOR THE WHOLE CHURCH**

## 10장

# 개인적 여정

추아 하우 추앙(Chua How Chuang)

  10여 년 전 국제 해외선교회(OMF)의 선교사로 내 아내 카오리와 함께 일본에 도착한 지 얼마 지나지 않아 한 선배 선교사가 다음과 같은 이야기를 우리에게 들려주었다. 대중 전도 집회에서 한 선교사가 복음을 증거했다. 그는 다음과 같은 열렬한 호소를 하였다.
  "만일 당신이 예수 그리스도를 당신의 주님과 구세주로 영접한다면, 당신은 영원한 생명을 갖게 될 것입니다. 이것은 당신이 이 땅에서 죽고 난 뒤 천국에 가서 영원히 살게 된다는 것을 의미합니다." 불행하게도, 아무도 그 선교사의 초청에 응답하지 않았다. 하지만 집회를 마치고 나자 한 노부인이 다가와 그 선교사에게 다음과 같은 말을 하였다.
  "선생님, 당신은 왜 우리가 영원토록 살고 싶어 할 것이라고 생각하십니까? 더구나, 나는 천국에 가고 싶지 않아요. 내가 죽으면, 나는 조상들이 계신 곳으로 가고 싶습니다."
  나는 그 이야기가 실화인지는 모르겠지만, 일본에서 우리의 첫 임기를 지내는 동안에도 여러 번 그것과 비슷한 일화들을 경험하게 되었다. 즉 많은 일본 사람들이 그들에게 제시되는 복음을 이해하는 데 매우 큰 어려움이 있다는 것이었다.

이러한 인지적 어려움의 핵심 원인이 세계관의 충돌에 있다는 것을 내가 발견하는 데는 오랜 시간이 걸리지 않았다. 유대-기독교적인 도덕적 기초 위에서 자라난 대부분의 서구인들은 영원한 생명을 가치 있다고 보고, 따라서 누구나 죽은 후에 천국에 가고 싶어한다고 가정한다. 그러나 불교에 깊이 영향을 받아 인생의 실존적 실재가 고통이라고 생각하는 문화 속에서 영원한 삶을 원한다는 것은 영속적인 고통을 원하는다는 것이다. 이러한 종교적 사고방식은 일본인의 세계관에 있어 제거할 수 없는 일부이며 계속 존재하고 있다고 믿는 조상들에 의해 더욱 복잡해진다. 청중들이 그들의 조상들이 어디에 있는가에 많은 관심을 가지고 있을 때 천국에 가는 것에 대해 설교하는 것은 어렵다. 내가 일찍이 배운 매우 중요한 교훈 중 하나는 우리가 전도하려고 하는 사람들의 사고방식과 인생을 이해하는 방법에 관해 이해하는 것의 필요성이다. 일본에 갔을 때 나는 두 개의 신학 학위를 가지고 있었기에 복음을 전파하기에 충분한 준비를 갖추었다고 생각했다. 하지만 내가 배워야 할 것이 얼마나 많은가를 발견하기까지는 오랜 시간이 걸리지 않았다. 나는 신학적 지식은 가지고 있을지 모르나 복음전파에 꼭 필요한 문화적 지식을 갖고 있지 않았다.

어느 날 한 일본 남자와 긴 대화를 하였는데, 그는 삶과 죽음에 관한 어려운 질문을 던졌을 뿐 아니라 불교가 진리라는 것을 열정적으로 내게 설득하려고 하였다. 나는 물론 복음에 대하여 열정적이었지만, 내가 나누려고 했던 메시지가 그에게 전혀 이해될 수 없는 것이라는 사실로 인해 열정이 무색해져 버렸다. 그리고 나는 일본 불교에 대해 거의 아무 것도 몰랐기에, 그가 이해할 수 있는 어떤 연결점을 만들 수 없었다. 그것은 나를 겸손케 만드는 경험으로서 그때부터 나는 "지식 없는 소원은 선하지 못하고 발이 급한 사람은 잘못 가느니라"는 잠언 19:2 말씀을 항상 간직하게 되었다. 나는 타문화권 상황에서 복음을 나눈다는 것은 진리 대결뿐 아니라 일종의 세계관 대결을 포함한다는 것을 배웠다. 세계관을 이해한다는 것은 교실에서 단지 그 문화에 대하여 배우는 것으로 충분치 않다. 우리에게 더욱 중요한 것은 복음을 나누기 원하는 사람들과의 지속적인 연관을 맺어가는 가운데 우리 선교의 행위를 숙고하는 마음 자세를 가꿔가야 할 필요가 있다는 것이다. 물론 이것은 시간, 인내, 그리고 배우고자 하는 마음을 필요로 한다.

세계관의 장벽 이외에도, 기독교가 서구 종교이기 때문에 보편적 유용성을 갖고 있지 않다는 지배적인 견해가 많은 일본 사람들로 하여금 복음을 이해하는 데 어려움을 가중시키고 있다는 것을 알았다. 사실 나는 일본인 친구들이 내가 선교사라는 사실을 발견하고는 놀라움을 표시하였던 몇 번의 재미있는 경우가 있었다. 그들의 마음 속에 모든 선교사들은 서양인들이었기에, 어떻게 아시아 사람인 내가 선교사가 될 수 있는지가 그들에게는 잘 이해되지 않았던 것이다. 물론 그들이 오해하고 있는 것이지만, 그것이 전적으로 근거 없는 것은 아니다.

일본에서 사역하고 있는 대부분의 선교사들은 지금도 서구인들이고, 그들이 가져온 복음도 여전히 서구적 색깔을 띠고 있다. 예를 들어, 많은 선교사들이 죄를 "과녁을 빗나간 것"으로 정의하는 경향이 있는데, 이것은 일본인들에게 이해불능의 장벽을 제공하는 것일 뿐이다. 이 정의는 성경적이지만 죄에 대한 유일하거나 온전한 성경적 설명이 아니다. 그것은 법과 죄의식에 대한 서구의 도덕적 이해와 통하는 하나의 설명일 뿐이다. 깊이 생각하는 일본 사람들이라면, "왜 과녁이 거기 있어야 하는가? 누가 그 과녁을 설정하였는가?"라고 질문할 것이다. 법과 죄의식보다는 관계와 수치를 많이 생각하는 일본과 같은 공동체 문화 속에서는 죄의 의미를 설명할 때 후자와 관련된 성경적 강조를 사용하는 것이 훨씬 더 유익할 것이다. 한 일본인 신학자가 죄를 "하나님의 사랑에 대한 배반"이라고 정의한 것이 내게 도움이 되었다.

내가 경험한 바로는 그러한 설명이 "과녁을 빗나간 것"이라는 것보다 일본인들의 이해를 훨씬 쉽게 만들었다.

나에게 있어 우리가 자신의 복음에 대한 특정한 문화적 이해와 복음 그 자체를 때때로 혼동한다는 것을 깨달은 것은 일종의 계시와 같은 것이었다. 서구로부터 온 우리 동료들뿐 아니라 모든 선교사들은 사각 지대를 가지고 있다. 따라서 내게 있어 성찰하는 실천가가 된다는 것은 최소한 세 가지 일을 해야 한다는 것을 의미한다.

첫째, 그것은 우리가 전도하려는 사람들을 내가 이해해야 한다는 것을 의미한다.

둘째, 나는 복음 이해에 있어 내 자신의 문화적 전제들을 비판적으로 인식할 필요가 있으며 나의 일본 형제, 자매들로부터 다른 성경적, 신학적 관점을 배울 필요가 있다는 것을 의미한다.

셋째, 선교사의 실천을 성찰하는 안목을 키운다는 것은 성경의 순전성을 타협하지 않으면서도 문화적으로 이해될 수 있는 복음을 전하기 위한 창조적 방법들을 모색한다는 의미이다. 일본에서 나의 선교사로서의 목표는 싱가폴식 혹은 중국식 교회가 아니라 성경적이고 일본적인 교회를 설립하는 것이다.

개인적 간증으로 나의 글을 마무리하고자 한다. 작년에 우리는 병원에 입원해 계셨던 93세 된 아내의 할머니를 방문하였다. 의사는 할머니가 곧 돌아가실 수 있다고 알려주었다. 할머니는 쇠약하여 거의 아무 말도 할 수 없었다. 하지만 그분은 불안해하고 있는 듯이 보였다. 우리는 수년 동안이나 그분과 복음을 나누었지만, 할머니는 우리가 말하는 것을 도통 이해하지 못했다. 할머니의 불안을 감지한 카오리는 이번에는 다음과 같이 질문했다.

"할머니 마음에는 평안이 있나요?"

할머니는 머리를 천천히 흔드셨다.

그때 카오리는 만일 할머니가 자신의 죄를 고백하고 예수님을 믿는다면, 할머니가 "영원한 평안"의 선물을 받게 될 것이라고 말했다. 카오리는 할머니의 손을 붙잡고, 만일 예수님을 주님과 구주로 영접하기를 원한다면 자신의 손에 힘을 주라고 요청했다. 놀랍게도 할머니는 카오리의 손을 꽉 잡았다. 그래서 우리는 할머니와 함께 하나님이 그분의 죄를 용서하여 주시고 영원한 평안의 선물을 주실 것을 기도하였다.

할머니가 "영원한 생명"의 개념은 이해하기 어려웠던 반면, 그분은 "영원한 평안"은 쉽게 이해하였던 것은 그분의 상태에 적절한 것이었기 때문이었다. 물론, 우리가 나눈 것이 완전한 복음은 아니었다. 심지어 우리는 할머니가 얼마나 이해했는지도 모른다. 하지만 나는 할머니가 그분의 믿음을 그리스도께 두기로 결정을 내릴 수 있을 만큼 충분히 들은 것을 이해했다고 믿는다. 하나님의 은혜로, 그 때로부터 할머니의 건강은 호전되었다. 일 년이 지난 이번 여름, 우리는 할머니를 다시 방문했다. 감사하게도 할머니가 작년에 자신이 기도했던 그 기도를 여전히 기억하고 있는 것을 보고 우리는 격려를 받았다.

이 사건은 개인적으로뿐 아니라 복음을 성찰하는 전달자로서의 우리의 사역에 말할 수 없는 격려를 주었다. 우리가 사람들을 주님의 제자로 삼아 우리에게 분부한 "모든 것"을 가르쳐 지키게 하라는 명령(마 28:20)을 순종하려고 할 때에, 대상 문화 안으로 복음이 결정적으로 진입할 수 있도록 만드는 창의적인 지점들을 우리가 찾아낼 수 있다면 그 과업을 성공적으로 수행하게 될 것이다.

◈ 추아 하우 추앙(Chua How Chuang)은 싱가폴 출신 선교사로 일본에서 교회개척 사역을 하고 있다.

◈ 토의를 위한 질문들

1. 추 하우 추앙의 경험을 통해볼 때, 다른 문화 사람들의 세계관 속으로 들어가는 것이 왜 그처럼 중요하며, 우리는 어떻게 그것을 배울 수 있을까?
2. 아시아의 대부분 지역에서 기독교는 여전히 서양 종교라고 간주되고 있다. 상황화에 집중하는 것은 그러한 인식을 바꾸어 놓는 데 얼마나 도움이 될 것인가?
3. 서구의 대부분 지역에서, 특히 유럽에서는 기독교가 기껏해야 부적절한 사상으로 간주되거나 최악의 경우에는 해로운 거짓말로 여겨지고 있다. "복음이 결정적으로 진입할 수 있도록 만드는 창의적인 지점들"은 어떤 것들이 될 수 있을까?

# 11장

# 상황화에 관한 개인적 성찰

짐 추(Jim Chew)

미국으로부터 온 선교사들이 나의 조부모들에게 복음을 전해주었다. 내 조모께서는 말레이 반도에 있는 말라카(Malacca)에서 감리교 선교사들을 통해 그리스도를 믿게 되었다. 그 선교사들은 교육학을 전공했던 사람들로서 학교들을 시작했다. 내 조모의 부친께서는 자기 딸이 영어로 교육받는 것에 깊은 관심이 있는 정도가 아니라 아예 그의 집에서 학교를 시작하도록 하였다. 낸 조모님은 처음으로 세례받은 회심자가 되었을 뿐 아니라 감리교 여학교의 첫 현지인 교사가 되었다.[1] 나의 친가와 외가 조부모님들은 모두 "페라나칸"(Peranakan)이라 불리는 말레이 반도에서 태어난 중국인들로서 그들은 말레이 사람들과 어울려 살았고, 말레이어로 소통하였다. 과거를 돌아보면, 나의 이러한 배경이 다른 문화들을 존중하도록 도와주었음을 깨닫게 되고 감사한다.

서구 교육에 노출됨과 함께 기독교로 회심한 사람들은 서구 양식을 아주 기꺼이 받아들였던 반면 자신들의 어떤 관습들을 버렸다. 이것들이 때로 긴장을 야기했다. 예를 들어, 나의 조모 세대에서 배우자 선택

---

[1] 나의 책 My Times Are in His Hands(1991, 23-25)를 보라.

은 부모에 의해 이루어지는 것이 보통이었는데 내 조모가 자신의 남편은 그리스도인이어야 한다고 주장하였기에 선택이 어려워졌었다. 왜냐하면 말라카에는 적당한 그리스도인 남자들이 없었기 때문이었다. 따라서 그녀의 아버지는 싱가포르까지 여행을 해야만 했다. 선교사들의 도움을 받아, 그는 딸을 위한 다섯 명의 좋은 그리스도인들을 만나게 되었고, 맏딸이었던 내 조모님은 그 중 한 사람과 연결되어 결혼하게 되었다. 감리교 선교사들의 기록물 보관소에는 오늘날 우리에게 매우 흥미롭게 여겨질 관습들을 묘사한 것들이 있다(Lau 2003). 교육사업을 통한 감리교 선교는 많은 열매들을 거두었다. 내 부친인 벤자민 추는 영어를 사용하는 중국계 학교에서 전도자 스탠리 존스(E. Stanley Jones)의 설교를 통해 십대 때 그리스도께 헌신하였다.

나의 외가쪽 식구들은 장로교 선교사들의 영향을 받았고 뛰어난 평신도 지도자들이었다. 나의 부모님은 또한 형제회(Brethren) 선교사들의 사역으로부터 영향을 받으셨다. 부모님이 싱가포르에서 결혼하셨을 때, 두 분은 이미 형제회의 회원이셨다. 설립된 교회들은 영국 또는 미국으로부터 온 감리교, 성공회, 장로교, 회중 교회의 교회 정치와 예전 양식을 추종했다.

어린 나이에 나는 우리 교회에 왔던 뉴질랜드 사람 오스왈드 샌더스(J. Oswald Sanders)를 통해 복음에 응답하게 되었다. 나는 온 회중이 사용했던 킹제임스 흠정역 성경을 사랑해서 킹제임스 성경에 있는 많은 구절들을 암송했다. 우리 지도자들은 기도할 때 "Thee," "Thou," "Thy"와 같은 단어들을 사용했고 우리는 이것이 경외심을 가지고 하나님을 부르는 방법이라고 가르침을 받았다. 찬송과 합창곡들 역시 "구식 영어"로 불렸다. 그것들은 오늘까지도 나에게 의미를 전달해준다.

이전에 "불교도"(더 정확하게는 중국 종교들과 혼합된 신앙을 가진)였거나 "자유사상가"(자신들이 아량을 가지고 있다고 생각하던 사람들이 즐겨 사용하는 표현)였던 많은 싱가포르 사람들이 새로운 "종교"인 기독교로 돌아섰다. 회심은 흔히, 종교를 바꾸는 것으로 간주되는데 세례의식을 통해 한 사람은 기독교식 이름을 받기도 한다. 어떤 기독교 지도자들은 진정한 회심과 기독교로의 개종의 차이에 대해 잘 알지 못할 것이다. 아시아에서 기독교는 일반적으로 여전히 서양 종교로 간주되고 있다. 그에 대해 폴 존슨(Paul Johnson)은 다음과 같은 날카로운 진술을 하고 있다.

> 비록 기독교는 아시아에서 탄생했지만, 그것이 16세기 이래 다시 아시아로 수출되었을 때 아시아적 얼굴을 되찾는 데 실패했다(1976, 410).

그는 "탈유럽화하지 못한 기독교의 무능력은 좋은 기회를 놓치고 말았다"라고 말한다. 기독교는 싱가포르에 영국 식민주의와 함께 들어왔다. 하지만 식민주의는 정치적 이슈이지 종교적 이슈는 아니었다. 나는 기독교인들이 "문화 제국주의"(cultural imperialism)에 대해 말하는 것을 들어보지 못했다.

1949년 10월 1일에 중화 인민 공화국이 선포되었다. 중국은 1950년대 들어서면서 선교사들을 추방하기 시작했고, 중국내지선교회(CIM)는 싱가포르에 본부를 두게 되면서 나중에 이름을 해외선교회(OMF)라고 바꾸었다. 많은 해외선교회(OMF) 선교사들이 싱가포르에 들어오게 되면서 교회들은 유익을 얻었다. 성서유니온, 예수전도단, 네비게이토와 같은 "선교단체"(parachurch)들도 싱가포르에 들어왔다. 이러한 단체들은 교회들에게 성경읽기, 성경공부, 전도와 제자훈련에 영향을 주었다. 신학교들이 설립되었고 또한 복음주의적 교수진을 확보하게 되었다.

나는 영어를 말하는 사람으로서 중국어를 말하는 회중들과는 제한적인 접촉을 하였다. 내가 참석했던 어떤 중국어 예배들은 그 예배 형식과 찬양들이(언어만 다를 뿐) 영어를 말하는 교회들과 비슷했다. 보비

(Bobby) 박사의 책 『하나님의 시간에』(In His Good Time, 2003)는 싱가포르 교회의 이야기를 들려주고 있다. 현재는 영어 회중과 중국어 회중(지방어를 포함)뿐 아니라 타밀어 회중과 다른 언어 그룹들이 있다. 그러나 내가 아는 바로는 소수의 무슬림들이 그리스도를 따르는 자들이 되었고 기독교 공동체의 일원이 되는 일이 있지만 오늘날까지도 말레이 무슬림들로 구성된 공식적인 교회는 존재하지 않는다. "상황화"가 문제였을까? 나는 그렇다고 본다.

내가 대학생이었을 때 강한 힌두교 배경을 가졌던 한 친구가 그리스도를 영접하였다. 그는 인도에서 흔히 그렇게 하듯이 자신의 이름을 "토마스"나 "존"으로 바꾸지 않았다. 만일 그렇게 하였다면 그리스도인으로서 자신의 가족에게 영향을 미치기가 더욱 어렵게 되었을 것이다.

내가 "상황화"의 개념을 처음 접하게 된 것은 말레이시아에서 대학생 사역을 할 때였다(David Bosch에 의하면 "상황화"라는 용어가 처음 만들어진 것은 1970년대 초였다⟨1991, 240⟩). 예를 들어, 나는 어떤 말레이 무슬림들이 종교적인 일들에 관하여 이야기하는 데 개방적인 것을 보았다. 나는 무슬림들을 다른 종교로 "개종"시키는 것이 법을 어기는 것임을 알고 있는 가운데, 복음이 무슬림들에게는 어떤 연관성이 있을지에 관해 생각했었다. 무슬림들로 하여금 그들의 종교를 "기독교"로 바꾸게 하고 "교회"에 가입하도록-기독교 문화를 채택하도록-하는 것이 그리스도의 명령이 아니라는 것을 나는 확신하고 있었다. 그러나 이러한 생각들은 씨앗으로 남아있을 뿐이었다.

말레이시아에서 나와 아내는 우리 가정을 개방하여 삶을 나누고 학생들 및 젊은 졸업생들과 함께 살면서 "성육신"의 원리를 적용하는 것의 중요성을 배웠다. 그들은 비기독교 배경으로부터 온 사람들이었다. 우리가 훈련시켰던 학생들 가운데 일부는 나중에 타문화권 사역자들이 되었다(Bok 2001과 Scott 1970, 203-208을 보라).

1970년대 초에 우리는 네비게이토에 의해 뉴질랜드로 파송을 받았고 그곳에서 4년을 섬겼다. 처음에는 "기독교" 국가라고 생각했던 곳에 아시아 사람들인 우리가 간다는 것이 이상하게 보였다. 우리의 "선교지"는 주로 대학이었고, 거기서 우리는 (아시아 사람이나 해외 유학생들이 아닌) 뉴질랜드 학생들을 대상으로 제자훈련을 하였다. 이 학생들과 동일시하기 위해 나는 학교에 등록을 하였고 뉴질랜드 친구들은 우리가 문화를 익히도록 도와주었다. 우리는 영어를 사용하였기에 언어 학습을 위한 도움이 필요하지는 않았다. 말레이시아에서처럼, 우리 가정은 많은 사람이 그리스도께로 나오도록 하는 사역의 센터가 되었다. 거기에서는 메시지를 "상황화시킬" 필요가 별로 없었다. 우리는 성경을 공부하였고, 학생들 안에 공동체 의식을 발전시켰으며, 그들에게 무엇보다 먼저 하나님의 나라를 추구하는 삶의 비전을 갖도록 하였다. 뉴질랜드로부터 젊은 선교사 후보생들이 타문화 선교 경험을 위해 주로 아시아 여러 나라들로 파송되었다. 선교사 파송이 늘어나면서 나는 선교사 준비와 오리엔테이션이 절대적으로 필요하다는 것을 인식하였다. 선교현장에서 선교사들은 무슬림, 힌두교인, 불교인 및 동아시아 중국인들 사이에서 개척적인 사역을 시작하였기 때문이었다.

우리 부부는 1970년대 중반에 아시아로 귀환했다. 선교사 후보생들(서구와 아시아로부터 온)을 사역을 위해 준비시키는 일의 필요성을 보면서, 나는 동료들과 문화와 상황화에 대한 긴 토론을 하였다. 우리는 성경을 공부하고 문화 및 문화인류학에 관한 책들과 자료들을 읽었다. 교재 중 하나가 루이스 루즈베탁(Louis Luzbetak)의 『교회와 문화』(The Church and Cultures)였다. 나는 또한 유진 나이다(Eugene Nida 1963)와 폴 히버트(Paul Hiebert 1978) 및 다른 기독교 인류학자들의 책들을 읽었고, 『복음주의 선교』(Evangelical Missions Quarterly, EMQ)에 실려 있는 기사들도 읽었다. 데이비드 헤셀그레이브(David Hesselgrave)의 책 『선교 커뮤니케이션』(*Communicating Christ Cross-Culturally*, 1991)도 유익했다. 나는 "세계관"이해의 중요성을 인식했다. 세계관은 한 사람의 문화, 가족, 종교로부터 온 신념들로 구성되고 실재를 어떻게 보고 해석하는가를 결정하는 것으로서 그 개념은 복잡할 수 있다. 이 세계관으로부터 한 사람의 가치가 흘러나오고 그것은 행동에 영향을 미치게 될 것이다. 사람의 마음 깊은 곳으로부터의 변혁없이는 행동의 변화도 있을 수 없다. 나는 왜 스탠리 존스(E. Stanley Jones)와 같은 선교사들이 깊은 감명을 주는 사역을 하였는지를 알게 되었는데 그들은 자신들이 사역하던 문화의 세계관을 이해하였기 때문이었다. 나는 존스가 "회심"에 "한 사람이 자신의 왕국으로부터 하나님의 왕국으로의 점진적이거나 갑작스러운 변화"라고 설교 중에 했던 말을 기억한다. 그는 분명히 하나님의 왕국에 관해 열정적이었다. 그는 "예수님은 하나님 왕국에 사로잡히셨다…하나님 왕국은 복음의 유일한 내용이었다"(Jones 1968, 153)라고 기록했다. 우리는 예수님과 그분의 왕국 복음을 열방 가운데 확장시켜나가라는 부름을 받은 사람들이다.

나는 상황화에 관한 나의 확신들을 성경 안에 뿌리를 내림으로 강화시켰다. 물론 예수님이 우리의 최상의 모범이시다.

말씀이 육신이 되어 우리 가운데 거하셨다(요 1:14).

모든 신약성경의 저자들이 "상황 안에서" 기록했다. 바울은 끊임없이 상황적으로 사역했고 그의 메시지는 다른 배경을 가진 각각의 청중들에게 적중했다. 예를 들어, 그가 비시디아 안디옥의 유대인들에게 한 설교(행 13:14-41)는 아레오바고 법정에서의 메시지(행 17:22-31)와 매우 달랐다. 상황화는 우리의 메시지뿐 아니라 우리의 삶의 형태와 사역 방식에도 영향을 미칠 것이다.

1978년에 복음전도에 관한 한 대회에서 나는 "회심에 있어 문화 및 종교적 배경"에 관한 글을 제출하고 강의하였다. 그 때는 이미 상황화가 더욱 많이 논의되는 주제가 되었다. EMQ(1978년 1월)는 상황화에 관한 이슈를 다루었다. 1978년 1월에는 또한 "복음과 문화"에 관한 획기적인 회의가 개최되었다. 그 회의에서 나온 윌로우뱅크 보고서(Willowbank Report)는 반드시 읽어야만 한다.[2] 그 보고서의 한 부분인 "선교사의 겸손"에 관한 부분은 여러 번 읽을 가치가 있다. "자문화중심주의"(ethnocentrism)는 타문화에서 우리가 직면하게 될 장애물이다. 우리 중 아무도 예외라고 주장할 수 없다! 베드로(행 10장)는 고전적인 예이다. 딘 플레밍(Dean Flemming)은 베드로가 자신의 유대 자문화중심주의로부터 회심한 것에 관하여 언급했다.

> 메신저의 "회심"이 그 메시지를 필요로 하는 사람들의 회심에 앞서 일어나야만 한다(Flemmin 2005).

겸손이란 우리가 섬기는 사람들의 문화를 진정으로 존중하는 것을 의미한다. 1980년대에 나는 계속해서 상황화 이슈들에 관해 동료들과 함께 성경을 연구하였다. 우리는 힌두교인, 무슬림, 불교도와 세속적인 사람들 사이에서 사역하고 있는 선교사들과 함께 협의하는 모임들을 열었다. 갈라디아 사람들에게 보낸 바울의 편지는 우리 연구와 논의을 위한 핵심 서신들 중 하나였고, 초대 교회 역사와 많은 교훈들을 담고 있는 사도행전을 공부했다. "사역의 성경적 근거"라는 프로젝트가 출범되었다. 우리는 복음의 순수성과 더불어 그것이 상황 속에서 전개되는 기동성에 관심을 가졌다. 성경을 공부하는 것은 생각을 확장시키

---

2 htto://www.lausanne.org/willowbank-1978/lop-2.html.

고 또한 자유롭게 하였다. "복음은 무엇인가?"와 "교회란 무엇인가?"라는 두 가지 질문이 있었다. 후자의 질문을 살피면서 서구의 교회론이 소위 "교회개척"의 개념과 전략에 큰 영향을 미쳤다는 것을 알게 되었다. 이러한 교회론은 적대적인 종교적 상황 속에서 매우 불리하게 작용하고, 이것이 복음의 기동성에 악영향을 미친다. 성경은 "교회"와 "교회의 사역"(doing church)에 관한 문제를 어떻게 보고 있을까?

나는 뉴질랜드에서 안식년을 보내면서 선교 정책가이며 나의 멘토 중 한 분인 오스왈드 샌더스와 토론을 하였다. 상황화와 선교 이슈들에 관해 이야기를 하는 가운데 그는 나에게 집필을 권유하였고 나는 『선교사가 되려는 사람에게』(When You Cross Cultures, 1990)라는 책을 썼다. 나는 바울과 그의 팀이 데살로니가전서 1:5-9 및 2:1-12에서 보여준 모범에 특별히 깊은 감명을 받았다. 그들은 단지 자신들의 메시지뿐 아니라 자신들의 삶과 삶의 형태까지 상황화시켰다. 나는 책에서 문화적 의사소통의 다섯 단계를 언급했다(이것은 짐 피터슨의 상황화에 관한 세미나에서 많은 영감을 받을 것이다)(Jim Peterson 1990, 8-10).

1. 첫 번째 단계는 "친밀한 관계"(Rapport) 형성이다. 메신저는 자신의 문화적 배경을 인식하고 새로운 문화와 연관을 맺는 것을 방해할 수 있는 전통들로부터 자신을 해방시켜야 할 필요가 있다. 자신이 사역하고 있는 문화(host culture)의 배경을 지속적으로 배우는 것이 필수적이다. 라포는 받아들이는 문화의 사람들이 "이제 나는 당신이 말하고자 하는 것을 듣기 원하다"고 말할 때 형성된다.

2. 두 번째 단계는 "이해"(Comprehension)인데, 이는 수용자가 "이제 나는 당신의 말하는 바를 이해한다"고 할 때 일어난다.

3. 세 번째 단계는 수용자 쪽에서 "그것이 나에게도 동일한 것을 의미한다"는 "같은 반응"(Equivalent Response)을 보이는 것이다. 메신저

가 알아들을 수 있게 의사소통한 것은 긍정적 반응을 일으킨다.

4. 네 번째 단계는 "삶과의 연관성"(Relevance to Life)이다. 메시지는 수용자의 삶에 변화를 일으켜 진정한 회심이 일어나도록 한다.

5. 다섯 번째 단계는 "성숙한 동역자관계"이다. 복음의 진전 안에서 "성숙한 동역자관계"(Mature Colaborship)를 보는 것이다. 사도 팀은 그 역할을 하였고 수용자들은 문화적 전통으로 왜곡시키지 않는 가운데 상황속에서 복음을 전파했다. 짐 피터슨 다음과 같이 말했다. "상황화의 이슈는 복음의 진실성과 기동성이다…그것은 복음을 듣는 자들의 문화에 의해 그것이 왜곡되지 않게 남아있게 하는 것에 주의를 기울인다는 것을 의미한다. 복음에 무엇인가를 더하는 것은 비복음(non-Gospel)이 된다"(1990, 10-11).

실제로 이 과정은 복잡하고 심지어 혼란스럽기까지 하다. 한 가지 명백한 문제는 자신의 전통으로부터 오는 것이다. 예루살렘 공의회(행 15장)는 이 문제를 다루기 위해 소집되었고 갈라디아서는 "복음의 진리"가 위협받고 있었기 때문에 기록되었다. 우리는 바울과 베드로가 이 문제를 위해 맹렬히 싸웠던 것을 본다. 사도행전 15:10의 "이방인 중에서 하나님께로 돌아오는 자들을 괴롭게 하지 말아야 한다"는 야고보의 말은 이러한 상황을 상기시킨다.

나의 이해는 폴 히버트의 책 『선교현장의 문화이해』(*Anthropological Reflections on Missiological Issues*)를 통해 향상되었는데 거기서 그는 "경계 집합"(bounded sets)과 "중심 집합"(centered sets)에 관해 다루었다(1994, 110-136). 서구 문화와 교회들은 대개는 실재에 대한 그리스적 세계관을 가지고 경계 집합적으로 생각하고 행동한다. 히버트는 히브리 문화를 "중심 집합"을 가지고 검토하였다. 이것은 나로 하여금 그리스도의 인격에 초점을 맞추지 않고 "교회주의"(churchianity, 교회의 전통과 형태를 조장하는 것)와 기독교(하나의 종교로서)를 확산시키려는 것의 위험성을 보도록 하였다.

1980년대에 더 많은 아시아 사람들이 타문화 선교의 도전에 응답하였고, 많은 사람은 창의적 접근 국가들에 이중 직업을 가진 전문인 사역자(tentmaker)로 갔다. 선교사 훈련 및 사역지 부임전 오리엔테이션의 부족이 분명하게 드러났다. 여덟 개 선교단체들의 선교 지도자들이 싱가포르에서 만났고 해외선교회(OMF)의 제임스 테일러(James Taylor) 박사의 지도 아래 아시아타문화훈련원(ACTI)을 만들었다. 우리는 커리큘럼을 만들었는데 거기에는 타문화 삶과 사역, 상황화, 문화인류학 같은 것이 포함되었다. ACTI는 계속 잘 가동되고 있다. 그것이 간행하는 「아시안 미션」(Asian Mission) 2007년 9월호는 "상황화와 교회"에 초점을 맞추고 있다.[3]

아프리카, 아시아, 라틴아메리카의 교회들이 성장하고 있다. 복음주의 지도자 존 스토트(John Stott)는 이러한 놀라운 성장에 관해 질문을 받았을 때, 그 성장은 아브라함에게 하나님이 주신 약속의 성취라고 답변하였다. 그리고 이 성장을 어떻게 평가하느냐는 질문에 그는 "'깊이 없는 성장'이라고 답하겠다"고 했다.[4] 이는 복음의 기초를 잘 놓는 것의 중요성에 대해 다시 한 번 언급하는 것이다. 그것은 또한 우리 교회들을 세우는 것의 중요성을 강조하는 것인데 진정한 영적 변혁이 일어나야 한다는 것이다. 그렇게 하면서, 나는 기능(function), 형태(form), 의미(meaning)와 같은 개념들의 중요성을 배웠다. 신앙 공동체들의 성장에 있어 하나님의 역사를 볼 수 있도록 기능과 형태들을 적절하게 갖추고 있는가?

---

3 Website www.acti-singapore.org ("Press" 항목을 보라)
4 Christianity Today, October 2006.

마지막으로 지난 십 년동안 "C5/내부자 운동" 이슈가 전면에 등장하였다. 그 개념은 존 트래비스(John Travis-가명)가 1998년에 발의한 것인데, 그는 무슬림 상황 안에서 발견되는 "그리스도 중심적 공동체들"의 여섯 가지 유형을 묘사하기 위해 C1-C6("C"는 그리스도인 공동체를 나타냄)스펙트럼을 제안했다(405-408). "C5"는 자신을 "예수님을 따르는 무슬림"이라고 간주하는 무슬림 신자들을 지칭한다. 이 주제에 관해 이미 많은 글들이 있기에 이 논쟁에 들어가지는 않겠다.[5] 이 이슈가 어떤 때는 통찰력을 주기보다는 감정을 상하게 하는 많은 논쟁을 유발했다. 유념해야 할 것은 C1-C6가 분석적 도구(처방이 아니라)로 시작되었다는 것이다. 그것은 무슬림 국가에서 일하는 한 미국인 사역자에 의해 고안된 것이다(함께 일하는 아시아 동료가 내게 일깨워주었듯이). 미국 사람들은 모형들(matrices)과 스펙트럼의 관점에서 생각한다. 이것은 유익하다. 하지만 아시아 사람들과 대부분의 무슬림들은 분명 이러한 패러다임을 사용해서 논의하지는 않는다. 우리는 통상(예수님이 그러하셨듯이) 이야기를 통해 의사소통한다.

삶이 변화된 내부자 운동의 몇몇 신자들을 만나보니 각 공동체마다 그들의 이야기를 가지고 있었다. 그들은 하나님을 깊이 예배하고 자신들과 연관된 네트워크 안에서 복음의 운동을 보고 있었다. 나는 그들의 삶에서 계속 일하고 계신 성령을 그려보았다. 나는 사도 바울이 고

---

5 더 깊은 연구를 위해서는 EMQ 1998년 10월 호에 실린 Phil Parshall과 John Travis의 글(404-415)을 비롯하여 다음의 글들을 보라. Joshua Massey, "His Ways are Not our Ways," *EMQ*, 1999년 4월호; *International Journal of Frontier Missions*, 2000년 봄호, Vol. 17에 실린 John Travis, Bernard Dutch의 글; Charles Kraft가 편집한 *Appropriate Christianity*(Pasadena, CA: William Carey Library, 2005) 397-414에 실린 John and Anna Travis의 글 "Appropriate Approaches in Muslim Contexts"; Bill Nikides의 "Evaluating 'Insider Movement': C5(Messianic Muslims)," *St. Fransis Magazine*, No.4, 2006년 3월호. Interserve와 Arab Vision 출간; *International Journal of Frontier Missiology*, 2007년 1-3월호 Vol. 24에 실린 Gary Corwin, Herbert Hoefer, J. Dudley Woodberry, Kevin Higgins의 글; *International Journal of Frontier Missiology*, Vol. 24:2(www.ijfim.org/archives.htm)을 보라.

린도 교회의 성장을 보기 위해 수년 동안 수고하였던 것을 생각하지 않을 수 없었다(Chew 2007, 50-63을 보라). 비슷하게 이러한 신자들 사이에서의 개척 사역(apostolic ministry)은 열매를 보고 있다. 인종, 종교, 언어, 정치가 서로 복잡하게 얽혀있는 한 아시아 국가에서 C5는 최상의 사역으로 보인다. 나는 비판하는 사람들이 이러한 내부자 운동을 위해 더 많이 기도하고 하나님의 역사를 확인할 수 있기를 바란다. 그 논쟁은 진행 중이고 우리가 취하여야 할 태도는 배우고자 하는 것이 되어야만 한다.

수년 전에 나는 한 특정한 종족 그룹 안에서 성장하고 있는 이러한 신자들이 예배에 대해 장시간의 성경공부를 한다는 말을 들었다. 그것은 중대한 연구가 될 것이다! 나는 종종 요한계시록 5장의 장면을 눈에 그려보려고 시도하면서 이러한 신자들과 하늘에서 함께 예배하는 모습을 상상해본다! 존 파이퍼(John Piper)의 말은 강력한 도전을 준다.

> 선교의 궁극적 목적은 교회가 아니다. 예배이다. 선교는 예배가 드려지지 않기에 존재한다. 예배가 궁극적인 것이다…왜냐하면 하나님이 궁극적인 분이시기 때문이다. 이 세상이 지나가고 셀 수 없이 수많은 구속받은 자들이 하나님의 보좌 앞에 엎드리게 될 때, 선교는 더 이상 없을 것이다…예배는 영원토록 남을 것이다(1993, 11).

그것이 궁극적인 실재이다!

◈ 짐 추(Jim Chew)는 네비게이토 선교회의 아시아-태평양 코디네이터로 현재 뉴질랜드에 거주하고 있다.

◈ 토의를 위한 질문들

1. "메신저의 '회심'이 그 메시지를 필요로 하는 사람들의 회심에 앞서 일어나야만 한다"(Dean Flemming). 당신은 성경에서 이러한 예들을 찾을 수 있는가? 당신 자신의 삶에 그것이 의미하는 바는 무엇인가?
2. 짐 추는 친밀한 관계 형성, 이해, 같은 반응, 삶과의 연관성, 성숙한 동역자 관계라는 문화적 의사소통의 다섯 단계를 제안하고 있다. 다른 신앙을 가진 누군가를 제자훈련하는 것과 관련하여 당신 자신과 다른 사람 또는 공동체들 양자 모두를 위해 이러한 것들이 적용될 바는 무엇인가?
3. "복음에 무엇인가를 더하는 것은 비복음(non-Gospel)이 된다"(Jim Peterson). 이렇게 "더하는 것들"을 없애기 위해 우리가 취하여야 할 조치들은 무엇인가?

# GLOBAL MISSION

**REFLECTIONS AND CASE STUDIES
IN CONTEXTUALIZATION
FOR THE WHOLE CHURCH**

# 12장

# 월로프 종족의 사회변혁

아다마 듀프(Adama Diouf, J. 본맨〈J. Bornman〉 번역)

모든 이데올로기, 종교, 정부, 기업의 목표는 사회변혁이다. 현재 아프리카 국가들을 만들었던 아프리카 독립 운동가들은 사회변혁을 갈망했다. 오늘날 NGO들은 정부가 사회변혁에 실패한 것을 보면서 정부 조직 밖에서 일하는 것을 추구한다. 그러므로 사회의 진정한 변혁은 오래된 생각이지만 역사를 볼 때 그 결과는 실망스럽다. 역사는 많은 성공적인 변화를 우리에게 제시하지 않는다. 어떤 변화들은 잠시, 10년 혹은 15년 동안 지속되었지만 그 후에는 실패했다. 소비에트 사회주의 공화국(USSR)이 한 예로서 다른 많은 경우들도 그렇다.

예수님을 믿는 자들로서 우리 또한 공동체 변혁에 대한 목표를 가지고 일하고 있다. 우리는 똑같은 함정에 빠지지 않아야 한다. 아직도 지속되고 있는 유일한 변혁에 대해 역사가들은 무시하고 있다. 예수님의 생애 동안과 그 이후에 그를 믿는 공동체들마다 중요하고, 지속적이며, 획기적인 변화가 일어났다.

사도행전 2장부터 시작해서 6장에서 우리는 예수님의 제자들의 생애와 초대교회에 무슨 일이 일어났는지를 볼 수 있다. 문화가 섞여있는 한 그룹이 일련의 가치들을 공유할 수 있는 길을 어떻게 발견하였을까? 그들은 인생에 있어 동일한 목적들을 공유하기 시작했다.

예수님은 "인자는 못 걷는 사람이 걷게 하고, 맹인이 보게 하며, 포로된 자들을 자유케 하려고 왔다"(눅 4)고 말씀하셨다. 교회는 세계 역사 안에서 가장 큰 조용한 혁명이다. 교회가 성취하고 있는 것은 모든 위대한 지도자들과 개혁가들이 이루기를 희망하는 것이다. 그것은 하나님의 말씀에 기초를 둔 혁명으로서 어떤 폭력도 사용하지 않으며 모든 어려움에도 불구하고 견뎌나간다. 다른 어떤 철학도 우리에게 이런 공동체를 가져다주지 않는다. 교회는 하나님이 창조하신 것이다. 교회는 모든 시대, 모든 장소에 존재한다.

우리가 어떻게 월로프(Wolof) 사회를 변혁할지를 살피고자 할 때에 교회를 통하여 보아야만 한다. 우리는 월로프 가치들을 살펴볼 필요가 있고 어떻게 그것들이 변혁에 대한 성경적 비전에 적합한지를 보아야 한다.

우선, 월로프는 어떤 사람들인가? 이것은 답변하기 쉬운 질문이 아니다. 세네갈 전역에 걸쳐서 월로프화(wolofization)라는 커다란 물결이 휩쓸고 있다.

5세기 전만 해도 월로프 종족은 세네갈에서 가장 작았다. 1960년 이래 그들은 그 나라에서 세 번째로 큰 종족 집단이 되었다.(그리스도인들은 이 월로프화 과정을 연구하여 어떻게 우리가 이런 변화에 응답해야 할지를 알아야 하지만 여기서 이것을 논의하기는 적합지 않다.) 월로프 종족은 이집트, 북아프리카 및 세네갈의 다른 모든 종족 그룹들로부터 영향을 받은 혼합된 사람들이다. 이 문화적 혼합은 이 사람들로 하여금 다른 문화와 의사소통하는 데 있어 큰 능력과 효과적인 교류를 하도록 만들었다. 월로프 종족이 지닌 가치들은 그들이 세네갈 전역에 영향을 미치는 것이 가능하도록 만드는 도구가 되었다.

이바더 씨엄(Ibader Thiam)에 의하면 일곱 가지 월로프 가치가 있는

데 그 중 네 개가 매우 중요하다. 만일 월로프 사회를 테이블로 그려본다면 이 네 개의 가치들은 테이블을 받치는 네 개의 다리가 될 것이다. 나는 이러한 가치들은 언급한 후 어떻게 우리가 이러한 가치들을 사용하여 사회를 성경적으로 변화시키는 수단들로 사용할 수 있을지를 평가하고자 한다. 고린도전서 9:19-23은 다음과 같이 말씀하고 있다.

> 내가 모든 사람에게서 자유로우나 스스로 모든 사람에게 종이 된 것은 더 많은 사람을 얻고자 함이라. 유대인들에게 내가 유대인과 같이 된 것은 유대인들을 얻고자 함이요, 율법 아래에 있는 자들에게는 내가 율법 아래에 있지 아니하나 율법 아래에 있는 자같이 된 것은 율법 아래에 있는 자들을 얻고자 함이요, 율법 없는 자에게는 내가 하나님께는 율법 없는 자가 아니요 도리어 그리스도의 율법 아래에 있는 자이나 율법 없는 자와 같이 된 것은 율법 없는 자들을 얻고자 함이라. 약한 자들에게 내가 약한 자와 같이 된 것은 약한 자들을 얻고자 함이요 내가 여러 사람에게 여러 모습이 된 것은 아무쪼록 몇 사람이라도 구원하고자 함이니 내가 복음을 위하여 모든 것을 행함은 복음에 참여하고자 함이라(고전 9:19-23).

만일 우리가 이 구절의 전략을 따른다면 성경 대신 문화를 추종하는 실수를 범하지 않는 한 우리는 월로프 사람들의 마음에 가까이 다가서기 위해 월로프 가치들을 채택할 수 있다.

## 1. 월로프 사회를 지탱하는 네 개의 가치들

**좀**(JOM)은 명예의 특징으로 한 사람이 가족이나 부족의 품위에 치욕을 가져다 줄 수 있는 외부의 위협에 단호하게 맞서도록 돕는다. 좀에 대한 생각은 용기를 불러일으킨다. 좀은 개인이 부족의 일원이 되어야 함을 요구할 뿐 아니라 그가 자신의 명예와 부족의 명예를 수호해야 할 것을 요구한다. 한 사람의 좀이 위협을 받을 때 그것은 전체 부족의 좀 이 위협을 받는 것이며, 따라서 그는 부족과 자신을 지키기 위해 행동해야만 한다. 만일 당신이 좀을 가지지 못한다면 더 이상 그 사회 일원으로 자리잡을 수 없다. 당신은 더 이상 아내를 가질 수도 없다. 당신은 사회로부터 배척을 당한다. 공동체를 지키는 데 실패했기 때문에 당신은 더 이상 그 사회의 일원이 아니다. 당신은 사회의 구성원들에 의해 추방될 것이다.

**콜레레**(KOLERE)는 한 사람이 다른 사람을 배신할 수 없는 위치에 있게 하는 가치이다. 만일 내가 콜레레를 가졌다면 나는 더 이상 다른 사람을 배신할 수 없다. 이 가치는 인간됨의 정점이라고 할 수 있다. 이것은 왜 한 월로프 사람이 예수님에 대한 믿음을 갖기가 그렇게 어려운지를 반증해준다. 다른 종교로의 개종은 콜레레에 대한 일종의 배신이다. 개종한 사람은 콜레레와 좀을 상실했다는 최악의 상태에 이르게 된다. 콜레레는 한 사람을 그의 공동체에 연결해준다. 예를 들어, 티자니(Tiijaani: 이슬람 수피 종파의 한 부류-역주)는 그의 공동체에 이렇게 강력한 결속을 느낄 것이기 때문에 비록 그가 마우리지(Mouride: 이슬람 수피 종파의 한 부류-역주)에 동의한다고 해도 그는 콜레레 때문에 자신의 공동체를 떠날 수 없다. 이것은 월로프 그리스도인들이 얼마나 많이 존재하는지 알 수 없게 하는 이유이기도 하다. 왜냐하면 그들은 결코 자신들의 공동체를 떠나지 않을 것이기 때문이다. 전쟁터에서 도망친 한 젊은 군인이 나중에 마을 축제에서 친구들을 만났다고 상상해보라. 이것은 한 월로프 사람이 자신의 공동체를 버리고 신뢰를 깨뜨린 사람에 대한 배신감과 같을 것이다. 콜레레는 월로프 사회에 있어 매우 중요한 가치이다.

**먼**(MUŃ)은 모든 시련을 인내하는 것이며 고통을 묵묵히 참아내는 인내이다. 그것은 콜레레가 충만한 인내이다. 먼은 좀과 **피트**(*fit*)를 절대적으로 필요로 한다. 피트와 좀이 없이는 먼할 수 없다. 이 가치는 특별히 여성들에게 요구된다. 아내에게 이런 가치가 결여되어 있다면 그 가문은 존경받지 못한다. 먼의 기초는 **바악스**(*baax*)안에 있다. "*Ku amul baax menëal muń*"(쿠 아물 바악스 메네알 먼)을 번역하면, "선함이 없다면 당신은 인내할 수 없다." 선함은 먼의 본질이다. 시련과 갈등 속에서 먼은 복수를 추구하지 않는다. 그것은 영어에서 말하는 단순한 인내가 아니라 언제나 궁극적으로 선하고 아름다운 것을 찾는 가치이다. 어떤 사람들은 먼이 인내와 같다고 생각한다. 하지만 그렇지 않으며 이것은 우리가 월로프 여성 안에서 보는 위대한 자질로서 선함과 용기를 통해 마침내 용서에 이르는 것이다. 나는 이 가치 때문에 세네갈이 커다란 파국을 피하여 올 수 있었다고 믿는다.

**테랑가**(TERANGA). 만일 세네갈에서 널리 알려진 것이 있다면 그것은 이 가치이다. 많은 사람이 이것을 환대(hospitality)라고 번역하지만 그것은 우리가 환대라고 아는 것을 훨씬 능가하는 의미를 갖고 있다. 테랑가는 환대이지만 손님에게 깊은 인상을 주려는 목적을 갖고 있다. 그것은 단지 친구에게 환대를 보이는 것이 아니며, 해야만 하는 어떤 것이 아니라 섬기고 있는 상대방의 행복을 추구하고 발견하는 기쁨이다. 나의 할머니는 테랑가를 멋지게 보여주신다. 그녀는 언제나 자신을 방문하는 사람들의 행복을 추구한다. 할머니는 자신이 식사한 뒤에 누군가가 올 것을 생각하여 언제나 여분의 음식을 준비해 놓는다.

손님들은 무엇이 자신들을 행복하게 할 것인지를 숨기고 주인은 무엇이 그들로 하여금 행복하도록 만들 것인가를 찾아내야 한다. 테랑가는 다른 사람의 행복에 관여하고 찾아내는 환대이다. 테랑가를 받는 사람은 무엇을 정말로 원하는지를 자신은 모른다는 인상을 주어야만 한다. 테랑가는 역으로 손님은 가만히 있음으로써 주인으로 하여금 그가 줄 수 있는 것을 주도록 만드는 것이다. 그리고 상대편은 그것이 필요하지 않다고 주장해야만 한다. 예를 들어, 손님이 수푸칸자(su-pukanja-서부 아프리카 토착 음식-역주)를 좋아한다면 그 사람은 이것을 그대로 드러내서는 안되며, 오히려 그것을 감추려고 해야 할 것이다. 하지만 마침내 주인은 손님이 무엇을 좋아하는지를 알아낼 것이고 할 수 있는 최상의 수푸칸자를 손님을 위해 만들 것이다. 좋은 의미에서 이 전체가 일종의 게임이고 식사 내내 그 게임은 계속된다. 그들은 고기에 있어 최상의 부위를 손님에게 주고 밥을 계속 권할 것인데 손님은 더 이상 원하지 않는다는 인상을 줘야 하며 음식 그릇을 되돌려주어야 한다. 그들은 장난을 하고 있는 것이 아니다. 밥이 점점 줄어들고 있는 것을 느낄 때 손님의 좀이 발휘되어야 한다. 테랑가는 언제나 양방향으로 작동한다.

좀, 먼, 콜레레와 테랑가에 대해 생각해보라. 이러한 가치들은 성경이 말하는 것과 반대되는가? 그것들은 어떻게 용인될 수 있을까?

## 2. 성경적 가치들과 월로프 가치들의 비교

**콜레레**를 생각해보자. 성경에서 이 가치가 작동하는 것을 우리가 볼 수 있는 최상의 장소는 바로 첫 성찬식이 거행되었을 때이다. 예수님은 제자들에게 자신이 그들과 함께 먹기를 원한다고 말씀하셨고 그들은 끝까지 충실했다. 열한 제자들 모두 마지막 시간이 다가오고 있음을 알았고 베드로는 자신의 **좀**을 활용하여 "나는 결코 당신을 떠나지 않을 것이다"라고 말했다. 제자들은 이 시점에 이르기까지 많은 **먼**을 발휘해야 했다. 그들은 모욕과 핍박을 당하였고 그들을 둘러싼 상황은 어려웠다. 예수님은 "내가 너희와 함께 이 음식을 먹기를 원하고 원하였노라"고 말씀하셨다. 자신의 공동체로부터 분리시키는 것을 불가능하게 만드는 공동체의 결속이 여기서도 작동하였겠지만, 제자들은 그렇게 하지 못했다. 그들은 콜레레를 깨뜨렸다. 오로지 예수님만이 십자가로 가실 수 있었다. 예수님은 자신의 콜레레를 간직하였고 고수하셨다. 예수님이 요한복음 21장에서 다시 나타나셨을 때, 제자들과의 관계에 있어 무너져버린 콜레레를 회복하는 것이 얼마나 어려운지를 아셨다. 예수님은 베드로에게 "내 양을 치라"고 말씀하셨다. 베드로는 그가 깨뜨린 콜레레 때문에 큰 고통을 느꼈다. 예수님은 자신의 콜레레가 무한하다는 것을 보여주셨다.

우리는 성령의 열매 안에 먼 또한 많이 포함될 수 있다는 것을 말할 수 있다. 민수기 12:3은 다음과 같이 기록되어 있다. "모세는 매우 오래 참고 인내하는 사람으로서, 세상의 어떤 사람보다 뛰어났다." **먼**은 선함, 아름다움, 좋은 끝맺음을 의미한다. 하나님은 이스라엘 백성을 멸하시고 모세의 후손들로 새로운 백성을 만들겠다는 제안을 하셨으나 모세는 그의 먼을 발휘하여 "아닙니다"라고 말했다.

신약성경은 우리에게 환대를 실천하라고 권한다. 세네갈의 테랑가는 만일 누군가 오면 당신의 침대를 비워 그를 거기서 재우는 것을 의미한다. 만일 식사 시간이면 당신은 손님이 식사할 수 있도록 정작 당신 자신은 식사를 중단해야 한다. 우리는 언제나 "와서 먹으라"(*Eggsil*)고 말한다. 만일 당신이 월로프 가족을 보았고 그들이 먹고 있는데도 당신을 와서 먹으라고 초청하지 않는다면, 당신은 그들과 관계에 있어서 심각한 문제가 있다는 것을 알아야 한다. 성경은 히브리서 13:2에 "손님 대접하기를 잊지 말라. 이로써 부지중에 천사들을 대접한 이들이 있었느니라"고 말씀한다.

이러한 가치들은 공동체 환경에서 발휘된다. 개인주의적 사회에서는 이런 가치들이 존재하지 않는다는 것이 아니라 다른 형태를 취한다는 것이다. 월로프 신자들은 교회가 강력한 공동체에 대한 충성심과 가치를 두지 않거나 전도가 개인에게 초점을 맞추는 것을 볼 때 문화 충격을 받게 될 것이다. 이런 문화 충격은 정상적인 현상이다. 왜냐하면 오늘날 교회를 개척하고 있는 사람들은 월로프 배경을 가진 사람들이 아니기 때문이다. 개척 단계에 동반되는 문화 충격에 대해 세네갈 사람들과 선교사들 양자 모두가 연구할 필요가 있다.

나에게 가장 어려운 단계는 어떻게 이러한 가치들을 이해하는 것으로부터 사회를 변혁시킬 수 있을 것인가 하는 것이다. 이러한 가치들의 의도를 파악하여 이 사회와 가치들이 그리스도를 향해 변혁되도록 하여야 할 것이다.

## 3. 결론

우리는 사도행전 2장 시대나 오늘날에도 오직 성령만이 사회변혁을 성공적으로 성취할 수 있다는 사실에 대해 잊어버려서는 안된다. 우리가 보았듯이 변혁을 위한 모든 인간 프로젝트들은 실패했다. 우리의 모든 노력이 성령을 의지해야 함을 인식할 필요가 있다. 우리는 성령과 말씀의 도움이 필요하다.

월로프 가치들에 대해 연구한 것이 글로 쓰여져 모든 교회들과 선교사들이 연구할 수 있도록 함으로써 어떻게 이러한 가치들이 교회에 적용될 수 있을지를 알도록 하는 것이 필요하다. 만일 당신이 성경을 월로프 사람의 눈으로 읽는다면 흥미로운 것들을 보게 될 것이다. 여기 한 예가 있다. 예수님이 엠마오로 내려가는 두 제자와 함께 걷고 계시는데 그들은 예수님을 알아보지 못한다. 목적지에 이르렀을 때, 제자들은 날이 저물었으니 자신들과 함께 머물자고 예수님을 초대한다. 그러나 예수님은 "아니다, 나는 좀 더 가야 한다"고 말씀하셨다. 그는 계속 가려는 의지를 보이신 것이다. 예수님은 정말로 그분의 "수푸칸자"를 원했지만 그 소원을 감추셨다. 제자들이야말로 예수님이 드시기를 원했던 "수푸칸자"였지만, 예수님은 문화적 게임의 규칙에 따라 더 가려는 인상을 주셨다. 제자들은 "안 됩니다. 이미 날이 저물었습니다"라고 강권했다. 예수님은 그들의 테랑가에 응답하여 그 저녁에 그들과 함께 식탁에 앉으셨다. 예수님은 테랑가를 존중하셨음에도 그 규칙을 깨뜨리셨다. 초대받은 사람은 기도와 빵을 나누어주는 데 있어 주도권을 행사하면 안 된다. 그렇게 함으로 제자들은 그분을 알아보게 되었다. 이러한 예수님의 민감한 적응은 월로프 사람들의 마음을 열어 복음의 메시지를 받아들이게 한다.

오늘에 이르러 도시화 과정은 전통적 월로프 가치들의 힘을 어느 정도 약화시켰다. 만일 월로프 신자들이 하나님의 말씀을 공부하면서 이러한 가치들을 성경적 관점에서 복원시켜 사회에 돌려주었을 때의 영향력을 상상해보라. 이러한 교훈은 서로 공유하고 교회에서 연구하고 심지어 라디오로 세네갈 전역에 전달할 수 있다. 월로프 사람들이 자신들의 전통적 가치들을 하나님 말씀과 연결시키고 하나님이 원하시는 방법으로 성령의 인도하심에 따라 그것들을 활용하게 될 때 일어나게 될 사회변혁을 상상해보라.

◆ 아다마 듀프(Adama Diouf)는 세네갈 월드비전(World Vision) 기독교 증언 프로그램 대표이며 세네갈내지선교회(Mission Inter Senegal) 대표이다.

◈ 토의를 위한 질문들

1. 좀과 콜레레는 둘 다 모두 공동체에 대한 절대적 충성심 및 그 명예를 수호하려는 열정과 연관되어 있다. 이러한 가치들이 기독교 공동체 안에서는 어떻게 표현되어야만 할까? 월로프 신자가 자신의 배경과 관련하여 중요한 이러한 가치들을 자신의 믿지 않은 가족과 부족과의 관계 속에서 표현하고자 할 때 어떤 긴장이 생길 것인가?
2. 환대는 당신의 문화에서 어떻게 이해되는가? 그런 이해에 어떤 성경적 가치들이 들어가 있는가? 성경적 관점에서 수정되어야만 할 것은 무엇인가?
3. 아다마 듀프가 묘사한 상황화가 그가 보기를 원하는 변혁으로 이끌 것이라고 생각하는가?

# 13장

## 성령에 관한 상황적 신학

루스 줄리안(Ruth Julian)

2008년 8월에 나는 콩고 브라자빌(Brazzaville)에 있는 우리 성경학교에서 성령론에 대해 가르치는 책임을 맡았다. 선교학자로서 성경학교에서 선교과목들을 가르쳐왔지만 교리에 관한 과목은 처음이었다. 교과서와 강의노트를 넘겨받은 후 나는 성령님께 어떻게 그분에 대해 가르칠 수 있을지 인도해 달라고 기도하기 시작했다. 나는 단순히 내가 넘겨받은 것을 사용하여 가르칠 수 있고 학생들 또한 성령의 인격과 사역에 관한 기본적인 지식과 함께 그 과목을 마무리할 수 있으리라는 것을 알았다. 하지만 나는 내가 성령에 관한 "교리"를 공부했던 곳과는 매우 다른 문화에서 가르치게 되는 것임을 또한 알고 있었다. 나의 학생들의 문화는 영들에 대한 생각과 신념들로 가득 차 있을 뿐 아니라 이러한 생각과 신념들이 실재가 되는 많은 경험들을 가지고 있다.

많은 기도 후에, 나는 적어도 그 코스의 시작만큼은 교과서와 강의노트를 옆으로 밀어놓고 폴 히버트(Paul Hiebert)의 비판적 상황화 이론의 기본적 원리를 활용하여 성령에 관한 상황적 신학(contextual theology)으로 이끌어가기로 결심했다.

학생들과 나는 대략 27시간의 수업을 갖게 되어 있었는데, 상황적 신학을 발전시키기에는 많은 시간이 아니었지만 학생들이 성령에 관하여 지적으로 배울 뿐 아니라 상황적 신학하기(contextual theologizing)를 실습하기에는 충분한 시간이라고 생각했다. 나는 히버트의 비판적 상황화 모델을 설명하였고 학생들에게 우리가 그들의 문화에 관한 분석을 할 것이라고 말했다. 나는 첫 주에 학생들 모두가 자신의 문화 속에 존재하는 영들과 성령에 관한 생각들을 말하되 그 내용에 대해 서로 비판하지 않도록 하였다. 동시에 나는 그들이 성경에 나타나 있는 영과 성령에 관해 성경 사전을 사용하여 연구할 것을 요구하였다.

수업이 진행되면서 우리는 영들에 대한 문화적 관점을 파악하는 작업을 계속하였고 이러한 생각들이 성경에 나타나 있는 것과 어떻게 비교될 수 있는가를 살폈다. 우리는 문화 속에 있는 일반적인 영들과 특별히 성령에 대해 토의했고 하나님 말씀에 기초하여 이러한 생각들을 평가하기 시작했다. 여러 종족 그룹에서 온 사람들이 수업에 참여하고 있었기 때문에 문화적 신념에 근거한 영들의 활동에 관해선 몇 가지 서로 동의하지 않는 것들이 있었다. 하지만 토론을 통해 많은 중요한 내용들이 부각되었는데 그것들을 우리의 상황적 신학을 발전시키는 데 활용할 수 있다는 것에 동의할 수 있었다.

그 다음 단계는 교실에서 발전시킨 내용을 농축시키는 것이었다. 나는 그것을 우리가 그룹에서 만들어낸 기본 형태 그대로 두었다. 수업 마지막 날, 나는 학생들 각자에게 이 문서를 배포하였고 개인적으로 그 내용을 비판할 것을 요청했다. 교실 안에 있는 문화적 다양성에 따른 몇 가지 비평과 그에 따른 수정이 있었다. 두 명의 학생이 성령에 관한 신학이 이렇게 제시되는 것에 대해 동의하지 않았다.[1] 그러나 전

---

[1] 한 학생은 성령이 몇 가지 상징에 의해 표현되는 것에 동의할 수 없다고 했는데 왜냐하면 그것들이 너무 제한적이기 때문이라는 것이다. 다른 한 학생은 아프리카의 다른 국가에서 왔

체적으로 학생들은 그들이 성경과 자신들의 문화를 연구하여 성령에 관한 좀 더 나은 이해를 도모하는 길을 찾을 수 있다는 것에 격려를 받았다.

콩고 브라자빌에 살며 성경학교(Institute Biblique de l'Alliance Chrétienne)에서 공부하는 학생들로부터 성령에 관한 상황적 신학을 발전시키기 위한 우리의 생각을 다음과 같이 정리하였다.

### 1. 성령에 관한 우리의 상황적 신학에 있어 발견한 핵심적 생각들

1) 성령으로 거듭나야 하는데 거기에는 회개와 성령이 필요하다 (요 3:5).
2) 성령은 공동체 안에 존재하신다(민 11:26).
3) 하나님은 자신이 원하시는 사람(즉 하나님이 택하신 사람)에게 그의 영을 부으신다(민 11:29; 행 15:8).
4) 성령은 사람을 변화시킨다(삼상 10:6; 롬 8:29; 고전 6:11).
5) 하나님은 그의 영을 누구에게나 주실 수 있다(민 11:25; 욜 2:28).
6) 성령은 하나님 말씀을 전파하도록 담대함을 주신다(행 4:37).
7) 성령은 사역을 위해 사람들을 구별하여 세우신다(행 13:2).
8) 성령은 죽을 몸에 생명을 주신다(그것이 우리에게 소망을 준다)(롬 8:11; 겔 37:4-6).
9) 성령은 정의, 정직, 진리를 선포하신다(개인, 사회)(마 12:18).
10) 성령은 모든 종류의 속박에서 건지신다(마 12:18).
11) 성령이 없는 사람은 예수님께 속한 사람이 아니다(이것은 그들

---

는데 그 또한 콩고 학생들이 상이한 상징들에 대해 해석하는 것 중 몇 가지 점을 동의하지 않았다.

의 열매로 알 수 있다)(롬 8:9).

12) 성령은 육신의 법에서 사람들을 자유케 하신다(롬 8:1, 2).
13) 성령은 우리의 상처난 믿음(감정, 영)을 도우신다(롬8:13, 26).
14) 성령은 우리가 하나님의 자녀임을 증언하신다(롬 8:16).
15) 성령의 열매를 맺게 하신다(갈 5:22-23).
16) 성령은 다양한 은사들을 주신다(고전 12:8-9).
17) (지속적으로) 성령의 충만을 받아야 한다(엡 5:18).
18) 성령은 선교에 있어 필수적인 분이시다(행 2:2; 마 28:18-20).

## 2. 성령에 관한 우리의 상황적 신학 표현 형태

우리는 문화와 성경 양쪽 모두에 대한 분석을 하면서 "성령에 관한 상황적 신학을 향하여"라는 제목을 붙인 문서를 함께 만들기 시작했다. 성령에 관한 상황적 신학에 대해 우리의 생각을 제안했을 뿐 아니라 신학을 표현하는데 사용될 수 있는 몇가지 형태들에 대해서도 논의했다. 우리가 사용해온 다양한 많은 형태들(예를 들어, 조직적, 담화적, 공생적 등등) 중에서 학생들은 상징적 형태를 사용하기로 결정했다.

학생들은 성령에 대해 음봉기(*mbongui*)라는 문화적 개념을 사용하는 것을 고려했는데 몇 번의 논의 끝에 음봉기는 교회에 대한 상징으로 더 적합하다는 결정을 내렸다. 콩고 문화에서 음봉기는 마을 안에 있는 공동체의 회합 장소로서 거기서 나눔, 연대, 대화, 가르침이 일어난다. 한편 학생들은 음봉기의 많은 요소들이 성령에 대한 상징으로도 활용될 수 있다고 결정했다.

1) 음봉기와 연관된 문화적 상징들과 그것들이 어떻게 성령을 나타 낼 수 있는지를 보자

(1) 불은 다음의 것들을 상징한다
 - 음봉기 안에 있는 사랑
 - 사람들을 함께 하도록 함
 - 능력
 - 정화
 - 사람들끼리 나눔(서로 도움)
 - 빵을 함께 나눔/형제애/ 음식 나눔
 - 위로하고 견고하게 함(이것은 음봉기 불을 둘러싸고 일어난다)
 - 동등성(음봉기 안에서 모든 사람은 같은 차원에 있다)
 - 음봉기의 불은 꺼져서는 안된다. 사람들은 그것을 유지하고, 불이 꺼지지 않도록 나무를 집어넣는다.

(2) 야자수 술(가나의 혼인 잔치를 생각하라)은 다음의 것들을 상징한다
 - 기쁨
 - 힘
 - 용기
 - 지혜
 - 노래

(3) 물은 다음의 것들을 상징한다
 - 대속
 - 용서
 - 정화

- 악으로부터 분리

(4) 콜라나무 열매(cola nut)는 다음의 것들을 상징한다
- 나눔
- 연합
- 연대
- 친교

(5) 뿔 혹은 피리는 다음의 것들을 상징한다
- 호흡
- 사람들을 일깨움
- 의사소통

(6) 금작화(broom) 혹은 지팡이는 다음의 것들을 상징한다
- 권력
- 권위
- 말씀(말해진 것은 능력이 있다)
- 영향력
- 정의를 실현함

(7) 드럼(tom-tom)은 다음의 것들을 상징한다
- 공표
- 의사소통
- 격려
- 위안 혹은 위로
- 춤

- 기쁨
- 영감(inspiration)

(8) 음봉기에 있어서 이야기들은 교육의 일부이다
- 하나님의 말씀을 분명하게 밝히는 데 사용될 수 있다.
- 그러나 디모데전서 1:4절이 보여주듯이 우리는 믿음을 훼손시키는 것을 제거해야 한다.

(9) 음봉기는 교육이다
- 음봉기의 일부인 성인식을 통하여 아이들은 어른이 된다.
- 성령의 역사인 성화를 통해 영적 성숙으로 나아간다.
- 예수님은 제자들을 훈련시키셨다.

2) 문화적 상징들과 연결되지 않는 성령과 관련된 다른 중요한 개념들은 다음과 같다

(1) 깨닫게 하심
- 성령은 사람들이 죄를 깨닫게 하신다.

(2) 평화
- 성령께서는 평화를 주신다.

(3) 다른 성령의 열매들
- 인내(콩고의 노인들이 이것을 가지고 있다고 말함)
- 온유(콩고의 어머니들이 이것을 가지고 있다고 말함)
- 절제(아버지들이 이것을 가지고 있다고 말함)

- 자비
- 양선
- 충성

(4) 삼위일체
- 성령은 하나님이시다.
- 유일하신 한 분 하나님이 존재하신다.

(5) 성령의 은사들
- 성령에 의해 주어진다.
- 선교를 수행함에 필요하다.
- 모든 그리스도인들은 적어도 한 가지 은사가 있다.

(6) 성령의 은사들과 관련하여 한 가지 문제는 어떤 사람들은 어떤 은사들이 다른 것들보다 더 낫다고 생각하는 것이다

(7) 우리는 어떻게 이것을 바로 잡을 수 있을까?
- 가르침을 통하여(단지 우리의 말로만 가르치는 것이 아니라 행동을 통하여 가르침이 실제가 되게 함으로)
- 지도자들의 특징적 태도는 겸손이 되어야만 한다.
- 우리는 사랑으로 가르쳐야만 하는데 왜냐하면 사랑 없는 성령의 은사들은 아무 것도 아니기 때문이다.

(8) 성화("음봉기는 교육이다"를 보라)

(9) 봉사를 위한 부르심

## 3. 한계와 결론

이 실습에 있어서 주요 한계 중 하나는 시간의 부족이었는데 수업은 단지 삼 주 정도 분량밖에 되지 않았다. 우리는 문화적 분석에서도 깊이 들어갈 수 없었고 성서적 분석에서도 그랬다. 다른 한계는 성경학교 과목이었기에 이 실습은 학생들은 현장이 아니라 다른 교회들과 종족 그룹들로부터 모여 온 인위적 환경에서 수행되었다는 것이다. 따라서 어떤 학생들은 다양한 상징적 요소들의 의미에 대해 동의하지 않았는데 왜냐하면 그들 종족은 이러한 상징들을 다른 방식으로 해석하기 때문이었다. 단기 집중 수업(modular class) 환경에서 이 실습을 하는데 따른 단점은 사후 관리의 부족이었다. 이 과정의 제약으로 인해 채택할 수 없었지만, 추가적 실습을 한다면 우리가 수고한 작업을 학생 자신들의 사역에 어떻게 사용하였는지를 보기 위하여 사후관리를 계속하는 것이 될 것이다.

이러한 문제 들에도 불구하고 가르치기를 좋아하는 나는 학생들이 성령에 관한 진리들을 받아들이고 교회 안에서와 선교를 수행함에 있어서의 성령의 역사를 문화적으로 의미심장한 상징들과 결부시켜 이야기하는 것을 보는 것이 즐거웠다.

◈ 루스 줄리안(Ruth Julian)은 콩고에 있는 연합성경학교(Alliance Bible Institute)의 교수이다.

◈ 토의를 위한 질문들

1. 당신은 이것이 상황화를 추구하기 위한 좋은 방법이라고 생각하는가? 이러한 접근 방식의 강점과 약점은 무엇인가?
2. 루스 줄리안의 사례는 성령에 관한 매우 종족적이고 특수한 신학을 창출하는 것을 보여준다. 우리는 이런 신학하는 방법을 세계 교회를 묶어주는 더 보편적인 것과 어떻게 조화시킬 수 있을까?
3. 이러한 방법을 당신 자신의 상황에서 따른다면 성령에 관한 신학을 어떤 방식으로 표현할 것인가? 어떤 통찰력을 얻게 될 것인가?

# 14장

# 한국 기독교인의 추도예배

이태웅(David Tai Woong Lee)

한국의 전통적 조상숭배의 기원은 일찍이 기원전 1세기에서 기원후 7세기에 걸친 삼국시대로까지 거슬러 올라간다. 원래 이러한 조상숭배의 개념은 중국으로부터 받아들여진 것으로 알려져 있다. 14세기 말 이씨 조선(1392-1910) 건국 이후에는 조상숭배가 이씨 조선의 건국 이념의 배경이 된 유교와 더불어 새로운 국면을 맞이하게 된다. 이와 같이 유교 사상의 영향은 정치 문화 사회의 모든 체계 안에 복잡하게 스며들게 되었다. 그러나 이러한 영향력의 중심 세력은 16세기 말까지 주로 궁궐과 양반 사회 안에서와 유교사상의 주류가 되는 주자성리학 학자들에 의해 이루어졌다. 그 후에 일본의 침략으로 잘 알려진 임진왜란이 발발했다. 이 시기에 와서야 비로소 일반 대중들이 이 조상숭배의 의식을 지키기 시작했다. 19세기에 이르러서는 대부분의 가족들이 이 의식을 지키게 됨으로 이것이 국가적 특별 연례행사로 자리 잡게 되었다. 그 이후로 이 의식은 한국 문화의 일부로 동일시되었고, 이 의식을 지키지 않는 사람들은 조상들의 은공에 감사하지 않는 무지한 사람으로 간주되었다. 이것을 지키지 않는 사람을 마치 인간의 존엄성을 훼손하는 사람으로 취급했다.

조상숭배라는 오랜 의식 가운데는 두말할 나위 없이 여러 가지 다른 상황에서 이루어지는 많은 형식과 종류가 있다. 이 글에서는 정해진 목적에 따라 다른 많은 의식의 종류들에 대해서는 깊이 다루지 않기로 하겠다. 그러나 적어도 의식의 두 가지 다른 관점에 대한 것을 언급할 필요가 있다고 본다.

첫 번째 관점은 조상숭배가 자손들이 조상들에게 자식된 도리로서의 충성심을 보이는 순수한 문화적 의례행사로 보는 것이다. 이 관점은 일찍이 중국에 선교사로 갔던 예수회 선교사 마테오리치(1552-1610)에 의해 주창되었다. 이 관점을 옹호하는 사람들은 조상숭배 의식을 통해 죽은 조상들의 영혼을 불러들인다는 사상으로부터 거리를 두고 있다. 오히려 그들은 조상들이 후손들에게 보여준 자비심에 대한 보답으로 조상에 대한 감사함을 표시하는 것이라 보고 있다.

또 다른 한편의 관점을 택하는 부류들은 그들이 죽은 조상들의 영혼을 숭배한다고 믿는다. 많은 경우 그들은 샤마니즘의 세계관과 연계하여 조상신을 만족시켜야만 살아있는 가족들에게 해를 입히지 않고 가정에 번영을 가져다준다고 믿는다.

한국인들은 조상숭배에 관한 한 대부분이 위의 두 가지 사상 중 하나를 고수하고 있다. 교육적 배경이나 사회적 위치에 관계없이 혹은 그들이 완전 서구화되고 안된 것과도 상관없이 그가 한국인이라면 아무런 의심없이 어떤 종류이던 간에 조상숭배 예식에 참여하게 된다. 매년 태음력에 따라 정해지는 새해 설날과 한국인의 추수감사절에 해당되는 추석을 양대 큰 명절로 지키고 있다. 이때에 수많은 사람이 그들의 부모들이 거주하고 있는 본가 집으로 모든 가족들과 함께 이동하게 된다. 이것은 국가적인 대이동의 시간으로서 모든 고속도로는 차량 행렬로 붐빈다. 아직 살아계신 부모님들에게는 예의를 표시하고 돌아가신 조상들에게는 차례를 드리는 의식에 참여하기 위한 귀성객들로 인산인해를 이루기 때문이다.

　얼마나 많은 사람이 실제로 그들이 차례를 지내는 동안 이미 돌아가신 조상들의 영혼들이 차례 상에 임하여 살아있는 가족들과 교제를 나눈다고 믿고 있을까? 그것은 매우 측정하기 어렵다. 그러나 이 행사의 정교함은 마치 신화와 같아서 위에서 언급한 두 부류의 사람들을 모두 다 흡족케 하는 것으로 여겨진다. 그렇게 함으로 이런 의식은 산 사람과 죽은 사람, 젊은이와 나이든 이들을 모두 하나로 연결하여 가족 간의 끈끈한 유대 관계를 돈독케 하는 촉매 역할을 한다. 바로 이런 이유 때문에 초기 개신교나 로만 가톨릭 선교사들이 조상 숭배는 기독교 신앙에 합당하지 않다고 보고 그것을 규탄했다. 이에 따라 기독교인이 되어 조상숭배를 거부하는 사람들은 가족들 특히 그들의 부모로부터 혹독한 핍박을 받았다. 그러나 한 가지 분명한 사실은 문화에 변화가 생기고 급속한 근대화의 물결이 다가와도 전국적으로 행해지는 이 조상숭배의 실천 추세는 감소될 조짐을 보이지 않는다는 점이다. 세계화가 실제로는 일반 한국인들의 가정 사이에서 조상숭배의 필요성을 더 강화시켜 주었다고 본다.

　이러한 예비지식을 가지고 기독교 상황화에 관한 가장 예민한 이슈 중에 하나인 이 사례에 대해 다루어 보고자 한다. 그리스도인이 돌아가신 이들을 기념하기 위해 드리는 예배(추도예배)를 다음의 몇 가지 관점에서 고찰해보겠다.

　첫째, 초기 선교사들의 가르침과 한국 교회가 취했던 반응
　둘째, 추도예배의 실천
　셋째, 상황화 과정에 대한 평가

## 1. 초기 선교사들의 가르침과 한국 교회가 취했던 반응

16세기말 중국에서는 종교 의식에 관한 이슈를 놓고 예수회와 그 반대 세력 간의 다툼이 거의 한 세기 간에 걸쳐 이루어졌다. 이러한 상황을 배경으로 하여 18세기에 들어와서 로마가톨릭이 한국 땅에 첫발을 내딛게 되었다. 마테오리치를 포함한 예수회는 현지 교회의 문화에 순응하길 원했다. 그렇기 때문에 조상 숭배가 성경적이 아니며 그리스도인에게 합당치 않다고 주장하는 반대파 세력들과 대항하여 싸워서 그들의 주장을 고수했다. 이것을 놓고 그들 간에는 한 세기에 걸친 내부 전쟁이 존재했다. 18세기 초에는 서로 다른 종파 사이에서 정치적 적대 세력을 등에 업고 조상숭배 의식을 거부한다는 이유 때문에 수천 명의 한국 가톨릭교회 신자들이 처형당하는 일이 벌어졌다. 로마가톨릭교회의 조상숭배 금지령은 교황 피우스 12세가 그것을 폐기시켰던 (1930년대) 20세기 초까지 지속되었다. 그 후 제2차 바티칸공의회(1960대)에 이르렀을 때 비로소 다른 종교를 포함해 현지 문화에 대한 우호적 태도를 보이는 방향으로 문호를 활짝 열게 되었다.

1880년대에 이르러 개신교 선교가 시작되었을 때 상황은 조금 달랐다. 이씨 조선의 정치 상황이 내적, 외적 어려움에 직면하여 국력이 쇠퇴되기 시작했다. 내적으로는 당파 싸움에 여념이 없었고 외적으로는 일본과 러시아 그리고 중국 대륙의 청나라를 중심으로 새롭게 발기된 강한 적대 세력들에 의해 위협을 받고 있는 상황이었다. 그러한 시기에 개신교 선교사들이 조상 숭배를 포함한 모든 형태의 우상들을 폐기할 것을 그리스도인들에게 가르쳤을 때 그것에 대한 반응은 일세기 전 초기 가톨릭교회 신자들이 경험했던 것과는 사뭇 다르게 나타났다. 대부분의 한국 그리스도인들은 조상 숭배에 관해 그 당시 선교사들이 정해준 규칙을 그대로 따랐다.

그러나 일찍이 1897년에 시작된 조상 숭배에 해당되는 의식에 새로운 형식을 덧입힐 것을 주창한 사람은 한국 기독교 평신도였다. 정동 감리교회 교인이었던 이무성씨는 2010년 9월에 발간된 「한국 기독교 회보」에 발표한 글에서 처음으로 그의 어머니를 추모하는 기독교 추도 예배를 드린 내용을 다음과 같이 기록했다.

오랜 갈등 끝에 그는 그의 어머니의 죽음을 추모하는 그리스도인의 추도 예배를 드리기로 결정했다. 1920년 「동아일보」에 이것이 게재되면서 한국 그리스도인의 조상 숭배는 대중적 관심거리가 되었다. 마침내 1934년 감리교 교단 총회에서 거기에 참석한 회원들이 추도예배를 드리는 것에 대해 공식적으로 승인했다. 그 뒤를 이어 1950년 구세군이 이를 승인했고 1970년대 말에는 장로교에서도 이것을 승인하기에 이르렀다(http://Knowledge.godpia.com: 8080).

지난 20여 년에 걸쳐 그리스도인의 추도예배는 조상을 향한 존경심에 대한 욕구를 채워줄 수 있는 그리스도인의 의식으로서 충분히 합당하다는 놀라운 합일점을 이루었다. 이것은 한 지역으로부터 시작된 신학화의 훌륭한 본보기이다. 지구촌의 모든 그리스도인들이 이와 꼭 같은 필요를 느끼지는 않는다. 그러나 유교사상이 수세기 동안 지배했던 한국이나 일본, 중국 그리고 중국 이민자들이 거주하는 아시아의 어느 지역이든지 이 분야에 대한 신학화는 매우 절실한 이슈이다. 이에 대한 한국의 사례는 내부적 상황화 면에서뿐만 아니라 자신학화(self-theologizing)에 대한 훌륭한 본보기가 된다.

## 2. 한국 기독교인의 추도예배의 형식과 의미

기독교 추도예배에 관한 모든 질문들에 대해 해답이 다 나온 것도 아니고, 이 주제에 관해 충분히 설명된 신학적 논문들이 있는 것도 아니다. 이것은 실제의 행위가 신학적 이론에 앞서 선행된 분명한 하나의 사례이다. 교회들이 이것에 대한 필요를 오랫동안 느껴왔고, 평신도들이 이것을 실행하기 시작했다. 그럼으로써 그 문제가 더 이상 문제가 되지 않았다. 이제는 대부분의 한국 교회와 그리스도인들이 이것을 자신들의 것으로 소유하게끔 되었다, 현재는 극 보수에 속하는 일부의 그리스도인들만이 이것을 행하지 않고 있다. 그렇다면 이것은 어떤 형식을 취해야 하는가? 그리고 추도예배를 뒷받침하는 신학적 근거(assumption)들은 무엇인가? 이러한 질문들에 대한 해답을 다음의 두 가지 각기 다른 예를 들어 제시해보고자 한다.

### 1) 지역교회의 사례

일반 지역교회에서 이루어지는 기독교 추도예배를 사례로 선택해서 그 내용을 살펴보기로 한다. 다음은 한국에서 가장 대표적인 장로교 교회 중에 하나인 **사랑의 교회**가 만든 예배 형식이다(http://kyungjo.sarang.org/sacrifice/sacrifice_4.htm).

#### (1) 추도예배의 의미

추도예배는 돌아가신 분(들)의 신앙적 모범과 그분에 대한 존경심을 표시하기 위하여 뒤에 남은 가족들과 친구들이(하나님께 – 필자가 첨부함) 드리는 예배이다. 이 예배를 통해서 모든 가족들은 돌아가신 분을 기억하고 또한 이 기회를 통해 남은 가족들 사이에서 서로를 격려하며 영적인 교제를 돈독히 하는 기회로 삼는다. 그 결과 참석자들은 영적, 도덕적 그리고 사회 윤리적으로 많은 유익을 얻게 된다.

(2) 준비 사항

① 돌아가신 분(들)의 영정 사진을 방에 갖다 놓는다. 촛불을 켜고 약간의 꽃 장식을 한다(돌아가신 분의 영정 사진이 없는 경우에도 지방〈紙榜〉은 금지한다. "지방"은 죽은 사람의 영혼을 불러온다는 의미로 써서 붙이는 글을 의미하기 때문에 이 대신 고인이 사용하던 성경이 있는 경우 그 성경을 갖다 놓는다).

② 모든 가족들이 탁자를 중심으로 둘러앉고 사회자는 탁자 옆에 앉거나 선다.

③ 예배를 위해 선택한 성경 말씀과 찬송가 그리고 고인이 살아 계셨을 때 주었던 영적인 격려의 말씀들을 예배 전에 프린트해서 예배 시에 나누어 준다.

④ 교회의 목사님이나 다른 교역자들을 초대하지 못할 경우는 가족 중 한 사람이 예배를 인도해야 한다.

(3) 예배 순서와 내용

① 묵도(사회자가 성경 말씀을 읽는다. 예: 시편 23편)/사도신경을 함께 암송한다.

② 찬송(514장, 543장 등)

③ 성경봉독

④ 고인의 개인적 과거사를 낭독한다(고인에 관해 기억에 남는 일, 공적, 성품 그 외에도 가족들의 마음에 강한 인상을 남겼던 것들이 여기에 포함될 수 있다).

⑤ 설교 말씀

⑥ 기도
⑦ 찬송(305장, 376장 등)
⑧ 축도 혹은 주기도문

(4) 기도의 예문

"하나님 아버지 우리에게 예수 그리스도를 통해서 은혜를 주신 것을 감사합니다. 또한 이와 같이 어두운 골짜기에서 헤매며 슬픈 시간에도 믿음과 소망을 잃지 않고 살 수 있도록 성령님께서 인도해주시는 은혜에 대해 감사를 드립니다. 오늘 우리 가족이 함께 모여서 우리 곁을 떠나서 천국에 가신 고인(故人)을 추모하기 위한 추도 예배를 드릴 수 있게 된 것을 감사드립니다. 하나님, 우리의 죄를 용서해주시옵소서, 우리가 앞서 가신 분의 비전과 열정을 다 이해하지 못한 것을 고백합니다. 이 점에 대한 용서를 구합니다. 은혜로우신 아버지 하나님, 고인이 지키셨던 천국적 관점에서의 삶을 우리에게도 부여해주셔서 이 세상에서 하나님의 높은 이상을 좇아 살 수 있도록 예수 그리스도 안에 있는 성령의 인도함을 계속 받을 수 있게 하옵소서. 이것을 위해 당신의 은혜로 새롭게 채워주옵소서. 예수 그리스도의 이름으로 기도드립니다. 아멘."

## 2) 한국선교훈련원(GMTC)의 연구 조사

약 55가정에 이르는 한국선교훈련원(GMTC)의 훈련생들과 스탭들을 대상으로 소규모의 연구 조사를 시행했다. 그들 중 21 가정의 응답 설문지를 수집했다. 이 주제를 놓고 이러한 규모로는 충분한 연구가 이루어 질 수 없다는 것은 누구나 쉽게 알 수 있을 것이다. 그럼에도 불구하고 그 조사목적 자체가 추도예배 뒷면에는 다양한 형식과 의미가 내포되고 있다는 것을 보여주기 위한 대략적 연구로서는 충분히 호소력이 있다고 본다. 이것에 관한한 거의 비슷한 정도의 자유함과 유동성이 전체 한국 기독교 공동체 가운데 존재한다고 소개해도 틀린 것이 아닐 것이다.

(1) 추도예배를 일 년에 몇 번 드리는가?

대부분의 사람들이 일 년에 한 번이라고 했고, 그다음 많은 숫자가 네 번이라 했음.

(2) 어떤 시기에 드렸는가?

돌아가신 할아버지의 기일이라는 사람의 수가 가장 많음.
돌아가신 부모님의 기일이라는 사람의 수가 두 번째로 많음.
돌아가신 분의 기일과 상관없이 한국의 대표적인 명절에 한꺼번에 드린다는 사람의 수가 세 번째로 많음.

(3) 추도예배를 어떤 형식으로 드렸는가?

* 인도자: 주로 가족을 대표하는 가장, 즉 아버지나 장자가 인도자 역할을 한다. 목사님이나 교회 교역자가 설교를 한 후에는 가족들이 돌아가면서 말한다.
* 추도예배의 내용: 지금까지는 위에서 소개했던 **사랑의 교회**의 틀과 비슷하되 너무 정교하지 않은 것이었다는 내용의 응답자가 대부분이었고, 나머지는 특별한 형식에 구애되지 않는다는 응답이었다.

(4) 추도예배를 드리면서 무슨 생각을 하게 되는가?

돌아가신 분을 생각하며 남은 가족들이 고인이 남긴 삶의 교훈을 따라 미래의 삶을 영위해야만 한다는 각오를 함으로 함께 위로를 받는다.

(5) 장지 혹은 빈소에 가서 돌아가신 분의 영정 앞에서 묵념을 할 때 무엇을 생각하며 무엇을 위해서 기도하는가?

주로 남은 가족들을 위해 기도한다는 응답자가 많았고 그 다음으로 고인에 대해서와 그가 남긴 교훈이 무엇인가를 생각한다는 응답자가 그 뒤를 이었다.

(6) 추도예배 행사를 주로 언제로 잡는가?

주로 고인이 돌아가신 날에 드리고 한국의 대표적인 명절에도 행한다고 응답함.

### 3) 결론

이와 같이 관찰한 내용들을 다음의 몇 가지로 요약할 수 있다.

(1) 그리스도인의 추도예배는 대부분의 한국 그리스도인들에 의해 받아들여지고 있다. 현재 그것은 한국 그리스도인의 삶 가운데 확고한 위치를 차지하고 있으며, 그들은 그 의식을 돌아가신 조상들을 공경할 수 있는 좋은 방법 중 하나로 자랑스럽게 받아들이고 있다. 이러한 의식을 일반 비기독교인들이 그들이 드리는 의식의 또 다른 형태라고 받아들인다는 증거는 없다. 그럼에도 불구하고 일반 대중들은 그리스도인들이 개인적으로나 공공 석상에서 그들 자신들의 방식대로 행하는 것에 대해 왈가왈부하지 않는다. 반면에 그들 자신들의 가정 내에서는 절대 그렇지 않다. 종종 과거에 하던 의식대로 좇아 하지 않는 가족

에 대해 여유가 없으며 심지어는 그들을 핍박한다. 대가족 내의 부모나 조부모들이 기독교식을 따르는 친척들에 대해 격렬한 싸움을 걸어오기도 한다. 반대로 그리스도인들은 비기독교인들의 추도예배나 장례식에 자유롭게 갈 수 있으며 고인의 제단에 단순히 꽃을 드리고 묵념을 하는 것에 그친다. 반면에 그리스도인이 아닌 사람들은 돌아가신 분에게 경의를 표시하기 위해 무릎을 꿇고 절을 한다.

(2) 개신교 그리스도인들 사이에서 이루어지는 이 의식은 형식면에서 가정들마다 제각기 다른 형태를 취한다. 단순히 모여서 기도만 드리는 무형식의 형태로부터 **사랑의 교회**에서 사용한 정교한 의식에 이르기까지 모든 형태들이 다 수용되고 있다.

(3) 대부분의 그리스도인들은 돌아가신 조상들에 대한 숭배 사상을 분명히 거부하고 있다. 그러나 다른 한편 그들이 드리는 추도예배에 대한 신학적인 기초를 충분히 갖고 있는 것은 아니다. 이것은 신학적 원리에 앞서 실천이 먼저 가능케 된 경우라 말할 수 있다. 그 이유는 그들이 전통적 예식의 형태를 대치할 만한 차선책을 절실하게 필요로 했기 때문이다. 그렇지 않을 경우 그들은 한국의 문화적 공동체로부터 배척당할 수 있는 가능성이 있기 때문이다. 한국 그리스도인들 사이에서 추도예배의 신학적 해석을 놓고 의견의 일치를 모아야 할 필요가 있었다. 그러나 아쉽게도 이것은 아직까지 불확실한 상태로 남아 있는 형편이다. 위에서 살펴본 간단한 설문 조사에서도 나타났듯이 추도예배의 의미는 각 사람이 스스로 그 뜻을 발견하는 것 같아 보인다. 성경에는 부모 공경에 대한 충분한 가르침이 있지만 돌아가신 조상에 대해서는 언급하지 않고 있다.

(4) 글로벌 교회 공동체가 한국 기독교 추도 예배에서 배울 점이 있다. 부모가 살아계시거나 돌아가셨거나 모두 부모 공경에 대한 것을 특별히 배울 수 있다. 글로벌 세계의 다른 지역에서 발생하는 그 지역

의 신학화가 전체에게 새로운 색깔을 입힘으로 교회가 다면화되며 복합적 기능을 갖게 하는 좋은 본보기가 된다.

1970년 이후로 상황화에 대한 많은 논의가 있었다. 그러나 위에서 소개한 예에서 보았듯이 실제적 상황화 과정에는 많은 시련과 시행착오를 회피할 수 없다. 한국 기독교 추도예배에 대한 상황화의 경우 이것은 하루아침에 일어나지 않았고 외부사람의 노력을 통해서 이루어지지도 않았다. 한국 교회가 이것을 통일된 의견을 가지고 실행하기까지는 거의 한 세기의 세월이 걸렸다. 지구촌 교회 공동체, 특히 동서(東西)를 막론하고 새로 부상되는 선교지에서 그들이 사역하는 문화권 내에 진정한 상황화가 이루어지기까지는 많은 인내를 가지고 기다려야만 할 것이다. 그 이유는 진정한 상황화가 이루어진다는 것은 실제로 말처럼 쉬운 것이 아니기 때문이다. 특히 한 고유문화와 유기적으로 얽혀있는 주제를 다룰 때는 더더욱 그렇다. 이러한 경우 그들의 세계관의 신경조직처럼 작동하는 문화적 규범을 침해하지 않는 적합한 기독교적 형식을 찾아내야하기 때문이다. 한국 그리스도인들이 조상숭배를 놓고 기독교적인 의미와 형식을 찾기 위해 노력한 것은 문화적으로 예민한 영역의 지뢰밭을 어렵게 지나간 하나의 본보기였다.

◈ 이태웅 박사는 (사)한국해외선교회(GMF)의 이사장 및 한국선교훈련원(GMTC) 초대원장을 역임했고 현재는 한국글로벌리더십포커스(GLfocus) 원장으로서 한국 선교사의 글로벌 리더십 육성을 위해 사역하고 있다.

◈ 토의를 위한 질문들

1. 이태웅 박사의 사례 연구는 한국 문화의 핵심 요소와 그리스도인의 기능적 대용법의 발전 과정을 기술한 것이다. 이러한 과정이 왜 그렇게 중요한가? 과연 어떤 것들이 연속성(고유문화에 속한 것)에 속한 것이며, 또 불연속적인 요소(문화적인 것과 다른 것)는 어떤 것들인가?
2. 이 박사는 좋은 상황화가 문화적 내부자에 의해 이루어져야 한다고 했는데 이것이 항상 사실인가? 외부자들이 적절하게 기여할 수 있는 방법은 없는가? 그 이유는 무엇이며 어떻게 가능한가?
3. 그리스도인이 어떤 문화권에 속해 있던지 상황화는 지속적인 과정(continuous process)이어야만 하는 이유는 무엇이며 그것은 어떻게 이루어지는가?

# GLOBAL MISSION

**REFLECTIONS AND CASE STUDIES IN CONTEXTUALIZATION FOR THE WHOLE CHURCH**

# 15장

## 과테말라 사례
### 복음주의 교회와 마야의 정령숭배적 영성의 영향력

헥토르 피바랄(Hector Pivaral)

상황화된 가르침을 주기 위해 노력하는 것은 시골 지역 복음주의 교회 안에 있는 혼합주의의 영향을 감소시키는 데에도 필요하다. 이것은 네 가지 중요한 주제들에 기반을 둔 커리큘럼을 개발하는 것을 통해 성취될 수 있을 것인데 그 네 가지란 삼위일체 하나님을 알고, 경외하며, 사랑하고, 섬기는 것이다. 한 공동체 안에서 상황화된 해석학을 사용하여 이러한 주제들을 가지고 상황을 여과시켜 보는 것은 그 공동체로 하여금 그것을 적용할 수 있게 만들 것이다(SEPAL, 2001; Grossman 2002, 130). 이 글은 과테말라의 상황 안에서 이 네 개의 주제들에 대한 윤곽을 그려보고 성경적 이해와 사역적 실천을 돕기 위한 하나의 틀을 제공하는 것이다. 상황화 작업에 있어서 언제나 마음에 새겨두어야 할 중요한 말은 이것이다.

> 사람들의 마음속에 살아계신 하나님이 더욱 분명해지고 생생하게 될수록 혼합주의적 태도는 감소하게 될 것이다. 왜냐하면 정령숭배적인 신념이 그 힘을 잃게 될 것이기 때문이다.

## 1. 세계관을 인식함

과테말라의 토착민들은 개신교인들, 가톨릭 신자들, 기독교 이단 추종자들, 마야 종교를 믿는 사람들, 그리고 종교에 무관심한 사람들을 포함하여 하나님, 예수님, 성경 및 죄에 대한 지식이 없는 공동체가 아니다(SEPAL, 2001; Grossman 2002, 130). 모든 이들이 비록 잘못된 생각일지라도 앞에 언급한 주제들에 대한 개념을 가지고 있다. 예를 들어, 영적 지도자[1]가 사람들 앞에서 하나님 또는 예수님께 기도를 인도하는 것은 흔히 있는 일인데, 그들은 기도대상에 다른 신적인 존재들, 영들, 나구알레스(*naguales*)와 아부엘로스(*abuelos*, 스페인어로 할아버지라는 뜻-역주)를 포함시킬 수 있다. 그들은 위대한 영적 세계가 자신들의 말을 듣는다는 것을 확실히 믿고 있다. 또 아픈 사람의 침상 머리에 누군가 시편 91편을 펴놓은 것을 보는 것은 흔한 일이다. 왜 그렇게 하는가? 치유의 기적이 일어나도록 하기 위해 특정한 요구조건을 만족시키기 위해서이다.[2] 모든 사람이 십계명과 주의 기도를 암기할 수 있다. 궁극적으로는 어떤 공동체이건 무엇이 선하고 무엇이 악하고 "죄된 것"인지를 의식하고 있다. 마을에서는 잘못을 저지른 사람들이 심판과 처벌을 받는다(Sáenz 2009).[3]

영적인 삶에 대한 보편적 지식은 교육 시스템 안에도 들어와 있다. 2006년부터 교육부(MINEDUC)는 브라질 사람인 안젤리카 사티로(Angelica Satiro)가 만든 『평화를 위한 젊은이들의 꿈』(*Sueño de jóvenes por la paz*

---

[1] 여기에는 일반적으로 목사, 신부, 마야 사제들 혹은 ajq ij, chamanes, zahorines, brujos, 춤추는 자들, 치유사, el viejo, el rezador, 장로, 조상 등등이 포함된다. 이 모든 이름들은 마야 세계관 안에 존재한다. Cardoza and Aragon 1986, 22-23을 보라. 또한 Pacheco 1985, 61-157도 보라.
[2] 2008년 6월 17일, Pablo la Laguna의 한 가족을 내가 방문해서 본 것이다.
[3] 거기에는 린치를 가하는 것이 포함된다.

2006)이라는 작품을 보급하고 있다. 이 작품은 매우 혼합주의적인 내용을 담고 있다.[4] 비록 젊은이들이 꿈과 계획을 가지도록 격려하는 훌륭한 교재이지만, 그것은 또한 그들로 하여금 뉴에이지 주제들과 요가, 초월적 명상 및 마야 영성에 노출되도록 만든다(16, 21, 46, 53). 마이졸(Maizol)이라고 부르는 가공의 존재인 영적 스승이 독자들을 초대한다. 흥미롭게도 푸에르토 바리오스(Puerto Barrios)로부터 온 개신교인 청소년들 중에서 이 교재에 자신들을 떠맡긴 아이들은 심각한 정서적, 영적 문제들을 나타냈다. 잘 알려진 한 교단에서는 적어도 두 젊은 여성들이 결과적으로 귀신에 사로잡힌 것으로 보고되었다.[5]

우리 가족은 과테말라의 혼합주의를 2008년에 경험하였는데, 3학년이던 내 딸이 마야 달력을 읽고 자신의 영적 안내자(nagual)를 찾아오라는 숙제를 받아왔다.[6] 나와 아내는 딸에게 복음주의 신자로서 자신을 보호하는 법을 가르치려고 했는데 그에 대해 교사들은 기분 나빠하면서 우리를 광신도라고 생각하였다. 이 숙제를 하지 않는다는 것은 그 수업에 있어 점수를 받지 못한다는 것을 의미했다. 결과적으로는 모든 일이 잘 해결되었지만 우리 딸이 학교 전체에서 다른 의견을 피력한 유일한 사람이었다.

비록 과테말라의 토착민들과 비토착민들 사이에 많은 이교적 요소들이 있지만, 과테말라는 복음에 대하여 들은 공동체이다. 그렇기 때문에 많은 사역들의 초점은 성경을 활용하여 삼위일체 하나님을 알게 하고 창조 세계 안에서 인간의 위치를 인식시키는 데 강조를 둔 제자도에 초점을 두고 있다.[7] 이런 모든 것은 진정한 변혁을 향한 회심을

---

[4] 더 많은 정보는 http://www.crearmundos.net/quien.html에서 볼 수 있다.
[5] 이사발(Izabal)에서 온 믿을 만하고 잘 알려진 사람에 의해 2006년 8월에 보고된 내용이다.
[6] 이것은 사회과목의 숙제였다.
[7] 이런 행동은 총체적 선교를 추구하기 위한 사회적 주제들도 여전히 다루고 있다. 가르치는

의도적으로 추구하기 위해 사용되어야 한다.⁸ 달리 말하자면, 불신자들은 예수 그리스도를 구세주로 고백하고 하나님의 가족의 일원이 될 것이며, 신자들은 주님 안에서 진정으로 자유케 되는 것을 방해하는 자신들의 "제한된 믿음"을 극복하게 될 것이다.

### 1) 교회 안에서의 포괄적 가르침

가르치고 배우는 과정의 주요한 과업은 신구약성경 안에 있는 하나님 말씀 안으로 더 깊이 들어가는 것이다. 성경을 연구함에 있어 강조해야 할 것은 학력 수준이나 사회적 신분, 성별, 연령에 따른 차별이 없이 토착민(인디안〈Indio〉을 지칭함-역주) 교회와 비토착민 교회에 성경이 전달되어야만 한다는 것이다.⁹ 더 나아가 각 사람에게 적합한 성경 내용을 구술이나 다른 교육적 방법들을 활용한 적절한 형태로 전달하는 것이 필요하다.¹⁰ 중요한 목표는 청중이 누구이며, 그들이 어떻게

---

선교는 성경에 근거를 두어야만 한다. 이러한 입장은 Donavan (1978, 26)과 Padilla (1986, 52, 64, 67, 127)를 보라.

**8** 하나님 말씀을 전달하고 내면화하는 흥미로운 모델은 Steuerangel (2006, 18-19) 작품에 잘 표현되어 있다. 하나님은 성경과 매일의 삶을 통해 사람에게 자신을 전달하신다. 만일 하나님이 상황 속에서 일하는 해석자를 통해 계시된다면 복음은 많은 사람을 자유케 하고 진정한 변혁을 일으킬 것이다.

**9** 그 일이 양성 모두에게 이루어져야 한다는 것을 언제나 의식해야만 한다.

**10** 유감스럽게도 여기서는 과테말라 안에서 Contaré(www.contare.org)와 Viña Studios(www.viyastudios.org) 사역에 의해 개발된 구술작업(orality)에 대해 언급할 충분한 공간이 없다. Cerril Montgomery Wingerd가 시리즈로 쓴 글을 콜로라도 스프링스에 있는 Great Commission Update OCI, #14-17에서 보라. http://onechallenge.org/gcupdate/index.php?option=com_frontpage&Itemid=1에서는 단지 하나의 글만 볼 수 있다. 또한 International Orality Network("ION")을 방문(www. oralbible.com/index.php)하라. Rubén Paredes가 "소외된 토착민들을 위한 신학 교육"에 관해 언급한 것은 주의를 기울여 들을 필요가 있다 (RenéPadilla, 1986, 108-112). 관계된 자료를 또한 Padilla의 책에서 볼 수 있다(135-36). 구술작업과 관련된 주제들은 토착 민속 음악, 성경 내러티브, 모국어로 기독교 메시지 전달, 낭송성경(megavoice), 동영상, 연극화 등과 같은 것들이다.

살아가고 있고, 그들은 인생을 어떻게 보느냐에 초점을 맞춤으로 하나님의 메시지가 그들에게 분명하고 영구적으로 전달될 수 있도록 하는 것이다. 이야기는 사람들에게 이해될 수 있는 표현이지만 메시지를 전달하는 사람들은 스스로에게 적어도 세 가지 질문을 던져보아야만 한다. 성령께서 청중 각자에게 무엇을 말씀하기를 원하시는가? 그 이야기가 설교학적인 방법론을 많이 추가하지 않으면서 주님 자신이 스스로를 표현하실 수 있는 여지를 확보하고 있는가? 청중이 자신에게 전달되고 있는 내용에 대해 자신의 의견과 경험을 표명하면서 반응을 보이고 참여할 수 있는가?

예수님이 보여주신 모델(마7:29)을 따라 성경을 새로운 방법으로 나누되 교사의 가르침에 근거하여 해석하는 것이 아니라 하나님 자신이 그것을 가르치고 분명하게 드러내도록 하는 것은 언제나 쉽지 않을 것이다. 하나님 말씀을 가르치는 교사 혹은 강해가는 자신이나 다른 사람의 의견을 전하지 않도록 주의해야 한다. 교사는 자신이 수년간 배운 것과 훈련받았던 것들을 마음에 두어야겠지만, 어떤 것을 말하고, 해석하고, 글을 쓰는 데 있어 성령께서 주도권을 가지도록 계속적으로 분별하고 허용해야 한다(Flemming 2005, 234-65). 어떤 전달 방법을 사용하든지 그것을 창의적인 방법으로 탁월하게 수행해야 한다.

이러한 중요한 원칙들을 가지고 우리는 말씀의 메시지가 전파되는 상황을 고려하는 쪽으로 돌아가야 한다. 의사전달의 가장 효과적인 방식을 결정할 때 참작해야만 할 상황의 문제들이 있다.

## 2. 왜 어떤 혼합주의 관행들은 논의되지 않는가?

사람들의 세계관에 깊숙이 뿌리내리고 있어서 마을과 지역교회들 안에서 아무도 그것이 하나님의 말씀과 일치하는지 그렇지 않는지를 생각조차 해보지 않는 이상한 관행들이 존재한다. 비가시적 패턴들이 존재한다고 말할 수 있지만 그것은 탐구적인 태도를 가진 외부인만이 눈치 챌 수 있다.

가장 보편적인 관행은 **부루호**(*brujo*), 에치세로(*hechicero*), 또는 아흐키압(*Ajq'ijab*)과 같은 영적 안내자를 방문하는 것이다. 사고가 일어날 때 한 사람은 뼈를 문지르는 사람(소바도르 데 우에소스⟨*sobador de huesos*⟩)이나 혹은 **영혼을 불러 오는 사람**(라 트라이다 델 알마⟨*la traida del alma*⟩)에게로 갈 것이다(익스테텔라⟨Ixtetela⟩ 2001). **대모**(꼼마드로나⟨*commadrona*⟩)는 미래의 엄마들이나 새로 태어날 아이들에게 어떤 영향력을 행사할 수 있다고 한다. 이러한 활동들을 수행하는 사람들은 자신들이 이러한 특별한 능력을 가졌는데 그것은 그들에게 주어지게 되었던 것(운명 혹은 추미랄 ⟨*chu'milal*⟩의 일부로)이라고 강조하여 말한다.[11]

이러한 것들은 사람들에게 매우 당연하게 여겨지는 것으로서 그들의 견해에 따르면 어떤 영적 위험도 내포하지 않는다. 그것들은 그들 자신의 신념이며, 정체성의 일부이고 자신들의 특성이며 고유한 의술이라는 이유를 댄다.[12] 만일 누군가 이런 것에 반대하는 주장을 하면, 그 토착민은 "그가 몰라서 그렇다"라는 말로 답변한다. 이 답변은 이러한 관행들에 반대하는 사람은 단지 외부인에 불과하기에 단순히 이

---

[11] 이것과 관련된 사항은 Enlace Quiche 2008년 7월 27일 홈페이지에서 볼 수 있다. http://www.enlacequiche.org.gt/centros/cecotz/RIQUEZA%20TZ'UTUJIL/curanderos.htm.

[12] 심지어 이것이 인간 몸이 작동하는 방법이라고 확신한다. 나아가 이것은 환경을 둘러싼 어떤 현상을 설명하는 방법의 일부가 된다.

해하지 못한다는 것을 돌려서 말하는 것이다.[13] 나아가 이러한 문제들은 매우 개인적이고 사적인 차원으로 남겨져 있다. 이것은 단지 어떤 것을 해결할 필요가 있는 개인과 해결책을 제시해야 할 사람과 연관되어 있을 뿐이다.

이러한 각각의 관행들은 사회학적으로 해석될 수 있는데, 마치 도시에 사는 사람들이 의사, 심리상담가, 법률가를 찾아가듯이 그것들은 한 집단의 사람들이 아픔이나 고통을 경감하거나 혹은 두려움이나 "공포"를 없애기 위한 조언을 얻는 방편들이라는 것이다. 하지만 이러한 신념들의 저변에는 강력한 정령숭배(animism) 사상[14]의 영향이 자리 잡고 있는데 그것을 교회가 용인하는 것은 혼합주의를 초래하게 될 것이다.[15]

---

**13** 예를 들어, 어떤 목사와 그 추종자들은 마야 제단의 능력을 인정하면서 거기서 발견된 귀신을 축출하기 위한 기도를 감히 하지 못하고 있다. 일단의 목사들이 마야 종교의 사제가 되려고 사역을 떠난 슬픈 사실도 있다.

**14** 정령숭배(animism)에 있어서는 인간과 자연이 연합되어 있으며, 사람은 그를 보호하는 영을 가지고 있고 자연 속의 각각의 요소들은 그 자신의 생명을 가지고 있는 것으로 본다. 모든 것은 영을 가지고 있고 그 존재의 시작부터 마음과 혼을 가지고 있지 않는 것은 없다. 이것은 인간과 동물, 나무와 샘들, 구름과 동굴, 빛과 바람, 언덕과 계곡, 바위와 강, 항아리와 냄비, 교차로와 길, 지하세계와 초자연 세계 등 모든 것이 살아있다는 것이다. 이것은 죽은 자들이 인간과 공존하는 가운데 방문한다는 사실을 포함한다. 또한 정령숭배의 개념은 자연이 인간의 그것과 비교될 수 있는 영과 혼들에 의해 지배받고 있다고 주장한다. Roncal과 그 외 저자들이 쓴 책을 보라(2001, 35). 또한 Cooper(2006, 192-3)와 Kraft(2005, 172)를 보라. Kraft는 이것이 전 세계 3/4가량의 사람들이 가진 신념이라고 말한다.

**15** 과테말라의 경우, 어떤 한 사람이 정령숭배를 기독교 신앙의 일부로 만들게 되면 많은 이들이 혼합주의로 빠지게 된다. 혼합주의는 기독교를 약화시키고 왜곡시키는 것인데 그것은 자신들의 기본 원리들에 배치되는 다른 신념들을 추가함으로 발생한다. 종교적 예식은 계속 이어지지만 신앙의 중심은 그리스도의 인격과 그분의 은혜의 사역으로부터 멀리 떠나 다른 것에 주의를 기울이게 된다. 일반적으로 혼합주의는 상이한 종교들의 신조들을 섞어 놓은 것이다. Grossmann(2002, 5-6)을 보라. Barbosu는 이러한 노선을 제시하는 Morcan과 Jennings에 대하여 비평하고 있다(Gailyn Van Rheenenn 2006, 163-64; 265).

## 1) 영혼 수집가[16]

"영혼 수집가"(recogedor de almas)로 알려져 있는 사람은 다음과 같은 일을 한다. 어떤 이가 사고로 크게 넘어졌을 때 그 사람에게는 "공포"와 "전율"이 생기게 되는데 그 이유는 그의 생명이나 영혼이 그로부터 떠났던 것처럼 그가 잠시 동안이나마 정신을 잃어버렸음을 느꼈기 때문이다. 따라서 불안함과 두려움 및 평안의 상실이 일정 기간 뒤따른다. 거기서 나온 생각이 영혼이 그 사고 장소에 머문다는 것이다.

이러한 문제를 풀 수 있는 능력을 가졌다고 알려진 사람들이 있는데, 이러한 사람이 영혼 수집가이다. 그 사람은 마녀(witch), 목사, 집사, 친척이나 혹은 그 마을에서 이러한 은사를 가졌다고 인정받은 사람이다. 이 사람은 그 가족에게 도움을 제공한다. 그는 사고가 일어났던 장소에 정해진 시간에 가서 머물러 있는 영혼을 혁대나 채찍으로 때림으로 그것이 가야 할 곳으로 이동하도록 만든다. 어떤 경우에 사고가 멀

---

[16] 이런 신념은 San Pedro la Laguna 지역에 보편적으로 퍼져있다. 이것은 비록 Tzutujil 문화의 일부이지만 그것은 다른 문화들에서도 발견된다. 나는 우연히 이태리 시골지역에도 비슷한 관습이 있다는 것을 발견했다. http://www.rice.edu/projects/HispanicHealth/Courses/mod7/susto.html에 라틴아메리카의 민속신앙과 비슷한 것들이 묘사되어 있다. 이 주제에 관한 책이 있다(Rubel et al, 1989). 2008년 7월 28일 Guatemala: Nunca más 프로젝트 보고서 (역사적 기억의 회복(Recuperación de la Memoria Histórica))에는 두려움에 대한 다음과 같은 주장이 실려 있다(http://www.odhag.org.gt/html/TOMO1C1.HTM). "많은 증언들에서 두려움은 단지 위협의 순간을 넘어선 결과들을 초래하는 공포와 메스꺼움으로 언급된다(다른 기관에 영향을 미치며, 심신상관적 문제들을 일으키고, 면역체계의 손상과 고통, 특정 부위가 아닌 신체적 불편을 호소한다). 특별히 마야인들의 문화에서는 공포(fright)는 폭력적 행위나 한 사람이 약할 때 뒤따르는 질병으로 여겨지며, 치료적 조치들을 통해 그것이 몸에서 나가도록 할 필요가 있다고 본다." 2008년 1월에 나는 넘어진 다음에 공포심을 느끼고 있는 한 가정을 위해 사역하였다. 역설적이게도 그 집 앞에서 내가 근래 크게 넘어졌던 것이 그들을 돕기 위한 하나의 실례로 작용했다. 나는 크게 넘어졌지만 일어나 먼지를 툭툭 털었다. 그리고 잠시 뒤 그들에게 다음과 같이 말했다. "그래요, 내 영혼을 여기에 당신들과 함께 남겨놓을 테니 매일 아침 당신들이 나갈 때마다 인사하시구려!" 그러자 모두들 크게 웃었다. 그 후 그들은 이것을 여전히 기억하면서 잘못된 신념을 밝혀준 것에 대해 내게 감사하고 있다.

리 떨어진 곳에서 발생했다면 그 영혼 수집가는 영혼을 차로 이동시키기도 한다. 목적은 그 영혼을 사고 당한 사람에게 되돌아오도록 하는 것이다. 영혼이 돌아오면 사고 당했던 사람은 마침내 깊은 숨을 쉬게 된다. 그리고 감사가 뒤따르고 문제는 해결된다.

이러한 관행이 성경적 근거가 없음에도 불구하고 어떤 목회자나 마을 지도자도 이 문제에 대해 의문을 제기하지 않을 것이다. 그러나 성경은 이러한 관행에 대해 다음과 같이 반론을 제기하고 있다.

### (1) 오직 죽는 순간에만 몸과 영혼의 분리가 일어난다

영혼은 예기치 않게 넘어지는 것 때문에 떠나지 않고 오직 죽음과 함께 떠난다(창 35:16-21, 왕상 17:17-24; 마 10:28, 막 8:31-38). 또한 영혼은 몸과 상관없이 주변을 돌아다니지 않는다(삼상 19:3-19, 눅 16:19-31).

### (2) 이것은 실행에 옮기기에는 위험한 신념이다

영혼이 돌아다닌다고 믿는 것은 정령숭배적인 통념이며, 영혼을 조정하는 것을 원하게 만들 것이다. 달리 말하면 그것은 주술(witchcraft)이 될 것이다(삼상 19:3-19). 하나님은 이러한 관습에 반대하셨다(레 19:31, 신 18:9-14, 마 7:21-23, 계 21:8). 이러한 것은 성경이 금지한 것이다 (레 20:6-7, 마 23:13, 막 9:42-50, 고전 6:9-11, 갈 5:16-25).

### (3) 하나님 안에 구원과 치유가 있다

영혼 수집가로 행세하는 것은 하나님 말씀을 거스르는 자가 되기 쉽다. 이러한 신념의 뒤에 존재하는 역사를 살펴보면서 한 사람은 다음과 같은 질문에 답변해야 한다. "왜 넘어지는 것에 대해 그처럼 많은 관심을 가지는가? 왜 그렇게 많은 두려움이 주변에 있는가? 하나님이 이러한 상황에 무엇을 하실 수 있을까? 두려움과 공포 및 전율이 올 때 하나님은 무엇을 하실 수 있는가? 하나님은 이것에 대한 해답을 주시는가?"

이러한 질문들에 대한 답변을 가지고 우리는 다음과 같은 전략을 세울 수 있다. 사랑을 가지고 사람들에게 다가가 넘어진 다음에 두려움을 갖는 것은 정상적인 것이라고 설명해주어야 한다. 그리고 하나님은 언제나 우리와 함께하시며 우리를 보호하시고 우리가 모든 시험과 환란 속에서도 전진하기를 원한다고 알려주어야 한다. 언제나 우리의 믿음을 하나님께만 두는 것이 근본적으로 중요하다(시 121, 139:1-12, 사 53:3-6, 롬 8:9-17, 28-39, 벧전 2:18-25, 약 5:14-15, 요일 4:7-21). 목회적 접근은 많은 것을 성취할 수 있다. 또한 후속적 가르침을 주어야 한다(딤후 1).

몇 가지 생각할 점을 남겨두고자 한다. 사고가 일어난 장소에 가서 기도하는 것은 잘못된 것인가? 사고를 당한 사람과 이웃들을 초청하여 예배를 드리며 그들이 가지고 있는 공포가 떠나갈 것을 기도하는 것은 가능한가?

## 3. 성경적 접근

일반적으로 교회 안에서의 혼합주의를 추방하고 방지하는 것과 관련되어 사용되는 커리큘럼은 세 가지 주제들, 즉 우리가 믿는 삼위일체 하나님, 하나님의 말씀, 그리고 인간은 어떤 존재인가를 다뤄야만 한다. 지면의 제한으로 인해 여기서는 우리가 믿는 삼위일체 하나님에 대해서만 생각해보고자 한다. 이것은 하나님을 알고, 경외하며, 사랑하고, 섬기는 것으로 되어있다. 각각은 삼위일체 하나님에 대한 전체적 개념뿐 아니라 삼위 하나님의 각 위인 성부, 성자, 성령에 대해 강조해야만 한다.

### 1) 하나님과 관련하여 네 가지 강조할 사항

이 주제를 설명함에 있어 포함시켜야 할 몇 가지 측면이 있다. 하나님은 한 분이시며 유일한 신성(Deity)[17]이 성부, 성자, 성령 세 인격 안에 나타난다(신 6:4, 마 28:18-20, 마 1:9-11, 고전 12:4-6, 고후 13:14). 예수 그리스도와 관련해서는 그가 성부의 보냄을 받은 분이며, 참 인간, 하나님의 아들, 참 신, 주님이자 구세주라는 것을 강조하는 것이 중요하다(요 10:30, 20:21, 28, 딤전 2:5, 히 1:1-4, 벧후 1:11). 성령에 관해서는 그가 성자와 완전히 똑같은 또 다른 분이라는 것을 언급할 필요가 있는데(요 14:15-31), 그는 신자들이 하나님의 자녀라는 것을 보증하시는 분이다(엡 1:11-14). 그는 신자와 교회 속에 하나님의 현존을 나타내시고, 영적 은사들을 주시고 세상에 대하여 죄와 의, 심판을 알게 하시는 분이다(고전 12:1-11). 이것을 마음에 간직한 채, 삼위일체 하나님과 관련하여 다음의 것을 공동체에 전달해야만 한다.[18]

#### (1) 하나님을 아는 것

하나님은 한 분이시며 세 분의 인격으로 나타나신다. 그는 정의와 사랑이시며 자신을 사심없이 내어 주신다. 그는 만물을 사랑으로 창조하셨고 사람을 자신의 모양과 형상대로 지으셨으며, 그들을 축복하셨고 모든 피조물을 다스리도록 하셨다. 하나님은 사람들과 함께 동행하시며 자신을 증거할 백성을 택하셨다(창 1-12, 시 9:10, 46:10; 렘 9:23, 24; 마 28:16-20; 요 1:18; 행 1:8).

---

[17] Godhead. 참고문헌 Dew(1977)을 보라. 삼위일체에 관한 성경적 구절들에 대한 훌륭한 요약을 제공하고 있다.
[18] 네 가지 구분은 신명기 10:12-13절에 근거를 둔 것이다. 그것은 처음 두 가지와 나머지 두 가지로 그룹을 나눌 수 있는데 둘 사이에는 일종의 전환이 존재한다.

(2) 하나님을 경외하는 것

하나님은 전능하시고 만물은 그분께 복종해야만 하는데 그분 외에 모든 만물은 창조되었기 때문이다. 창조주로서 하나님은 모든 것의 유일한 주인이시며 주권자이시다. 아무것도 하나님의 눈에 감춰질 것이 없고 그는 만물을 심판하신다. 하나님은 의인과 약자들을 보호하시는 의로운 분이시고 교만한 자, 강포한 자, 보복으로 악을 일삼는 자들을 대적하시고, 정죄하시며 멸하신다. 하나님을 진정으로 경외하는 자는 참 지혜를 얻게 되어 하나님의 뜻에 순복하게 된다(시 24; 잠 1:7, 8:13, 9:10, 10:27, 14:2, 26-27, 15:33, 19:23; 눅 12:5; 고후 7:1; 엡 5:21; 벧전 1:17-21).

이러한 가르침은 하나님이 모든 권세와 능력을 가지셨음을 보여줌으로 정령숭배와 혼합주의를 몰아낸다. 하나님의 능력에 비하면 다른 능력들은 아무 것도 아니다. 그는 만물을 심판하신다. 하나님을 경외하며 그 뜻을 순종하는 것은 사람과 모든 분야에 있어 의의 생명을 가져다준다. 하나님 외에는 어떤 신적 존재도 거짓된 것이거나 악마적인 것으로 드러난다.

앞에 제시된 두 가지 사항과 다음의 두 가지 사이에 전환점을 언급하는 것이 필요하다. 단지 하나님을 알고 경외하는 것으로 충분하지 않다. 왜냐하면 귀신들도 그렇게 하기 때문이다(약 2:19). 나아가 앞의 두 가지 사항은 다른 종교들도 요구하는 것들이다. 한편, 기독교 신자들은 하나님을 사랑하고 섬기는 데까지 나아간다.[19]

(3) 하나님을 사랑하는 것

하나님은 우리에게 그분을 사랑하고 존중할 것을 명하셨는데 왜냐하면 오직 그분만이 모든 예배를 받으시기에 합당하신 분이기 때문이

---

[19] 이러한 전환점에서 영적 전투에 대한 주제를 도입하는 것이 가능하다. Kraft (2005, 361-74), Moreau (2006, 47-70), Hiebert (2001, 163-77)를 보라.

다. 우리가 하나님을 사랑하기 원하는 것은 그가 먼저 우리를 사랑하셨기 때문이다. 인류가 죄로 인해 죽었다는 사실에도 불구하고, 그분의 사랑으로 말미암아 사람들은 구원받고 그의 자녀들이 되었다(신 6:5; 시 18:3; 요 1:12, 3:16; 엡 2:4-5, 요일 3:1). 이러한 가르침은 정령숭배와 혼합주의를 몰아내는데, 그것은 사람들로 하여금 하나님만이 우리를 사랑하는 분이며 귀신들과 거짓 신들 및 우상들은 인간을 굴복시키고 속인다는 것을 이해하게 만들기 때문이다. 하나님만을 예배하는 사람에게는 우상에 대한 예배를 하지 않게 만든다. 하나님을 사랑하는 것은 사람으로 하여금 신실하고 진실한 삶을 삶을 살게 한다.

### (4) 하나님을 섬기는 것

하나님을 섬기는 데 있어 그분은 우리가 사랑, 겸손, 너그러움, 깨끗함과 기쁨으로 섬길 것을 요구하신다. 하나님을 섬기는 것은 우리가 사랑으로 이웃을 섬길 때 나타난다(대상 28:9; 시 2:11, 100:2; 행 20:19; 갈 5:13; 엡 2:10; 히 12:28). 이 가르침은 사람들이 귀신들과 다른 영적 존재들을 섬길 때 두려움을 가지고 노예처럼 섬기게 된다는 것을 이해하게 함으로 정령숭배와 혼합주의를 몰아낸다. 다른 신들을 섬기는 것은 하나님에 대한 배신이며 죄이다. 하나님을 섬기는 것은 어떤 한 사람이 가진 특권이 아니라 모든 신자가 가진 기회이다.

이러한 제안은 모든 것을 총망라한 것도 아니고 개선할 여지가 있는 것이지만 사람들이 더 성경적이고 그리스도인다운 삶을 살 수 있도록 어떻게 도와줄 것인가를 보여주고 있다. 이러한 개념들을 사람들이 내면화할 수 있도록 돕는다면 그들은 혼합주의를 버릴 것이다. 왜냐하면 정령숭배적 신념이 그 힘을 상실하게 될 것이기 때문이다.

## 4. 성경적 이해와 사역의 실천

하나님의 뜻을 알고 사람들을 섬기는 것과 관련하여 신자들은 그들 공동체 안에 있는 문화적 요소들 가운데 하나님의 말씀과 복음에 적대적인 것들이 있다는 것을 성령의 도우심을 통해 알아야만 한다. 다시 말하자면 그러한 관습을 형성한 원인과 자신들의 세계관으로부터 무엇을 대체해야 할 것인가를 밝혀내야만 한다. 그 다음에는 성경이 그 문제에 관해 무엇을 지시하고 있는지를 알아야 한다. 마지막으로 공동체와의 대화를 통해 응답들을 다듬어야 한다(이 과정의 각 단계가 여러 사람들에 의해 동시적으로 수행된다면 더욱 좋을 것이다). 이러한 성찰의 최종 열매는 그 상황을 위한 실제적이고 일상적인 목회적 신학이 될 것이다 (Padilla 1984, 1-23).[20]

신학적 작업은 문화 안에서 무엇이 이교적인 것인가를 드러내야만 하며 그 후에는 복음이 자신들의 문화 속에 전달될 수 있도록 이교주의를 관습 속에서 제거하는 과정을 수행해야만 한다. 목적은 오로지 삼위일체 하나님, 그의 피조물과 사람들을 사랑하시는 하나님, 예수 그리스도의 사역, 성령의 활동을 알게 하는 것이다. 그것은 메시지를 이해할 수 있도록 만들어 쉽게 거부하지 못하도록 함으로 인간을 하나님의 자녀로 변화시키도록 하는 것이다.[21] 이런 방법으로 하나님에 관한 지식은 사람들 마음속에 "적합하게" 되고 정령숭배적 태도와 혼합주의는 힘을 잃게 된다.

앞에서 이미 언급되었듯이, 상황에 대한 이해 작업과 하나님 말씀

---

**20** 또한 Redford (2005, 227-53)와 Driver (1998, 5-12)를 보라.
**21** 최상의 모델은 하나님의 말씀에 관해 각 저자들이 어떻게 했는가를 살피는 것이다. Kumar (1979, 33-48); Mathews (1995, 30-44); Flemming (2005, 25-28, 35-53, 235-37, 264-65, 266-69, 272-77, 288)을 보라.

에 따른 응답을 주는 것은 단지 한 사람의 마음으로부터 오지 않는다. 그것은 공동체의 성찰로부터 나타나야만 한다.

나는 과테말라 추흐(Chuj) 지역의 지도자 그룹을 알고 있는데 그들이 거의 삼 년 동안이나 함께 성경을 연구하기 위해 모임을 가지고 그들의 교회와 공동체를 어떻게 도울 것인가를 이해하는 과정을 가졌다는 것을 개인적으로 알고 있다. 그들 중에는 메가보이스(Megavoice)라 불리는 구두 녹음 프로젝트(성경 본문을 추흐 언어로 녹음하는 것)에 참여했던 성경 번역가들 팀이 일부를 이루었다. 거기에는 또한 자신의 부족을 위해 새로운 문서들과 교육용 비디오들을 만드는 작업에 참여했던 사람들도 있었다.[22] 이러한 사람들은 토착적인 신학을 수행하기에 이상적인 그룹인데 왜냐하면 그것은 자신들의 언어로, 자신들의 땅에서, 자신들의 상황 속에서 수행되기 때문이며, 또한 즉시 자신들과 가족, 그들의 지도 위원회와 교회, 그들의 마을과 선교 사역에 적용될 것이 때문이다.

### 1) 참여적이고 재생산이 가능한 방법론

신학 교과서나 성경 주석으로부터가 아니라 지도자들의 공동체로부터 신학이 도출되어야 한다.[23] 신학은 상황과 독서, 그리고 성경 자체를 성찰하는 것, 좋은 분위기 가운데서의 토론과 훌륭한 진행자의 도움을 받는 모국어 사용자들이 성령의 지혜와 도우심을 기도하는 가

---

[22] 놀라운 프로젝트 중 하나는 Viña Studios로부터 Deditos 필름을 추흐 언어로 번역하는 것이었다. 그 일례를 http://www.vinyastudios.org/es/deditos에서 볼 수 있다.
[23] 성경훈련프로그램(PEB)에 참여하는 각각의 학생들이 훌륭한 주석을 한 권씩 받았지만 말이다.

운데 나타나야만 한다.[24]

내가 추후 성경훈련프로그램(PEB)의 교사들과 학생들에게 가르치고 배우는 과정을 돕기 위해 가르치는 내용은 다음과 같다.

두 가지 교육적 환경을 발전시켜야 하는데, 하나는 교사와 학생의 공동체이고 다른 하나는 상황 속에서 지식을 실천하는 것이다.

### (1) 대화를 위한 교실 교육

성인 학생들과 교사는 교회나 교실에서 분명한 정보, 경험의 나눔, 대화, 토론과 적용의 발견, 그리고 그 모든 것 안에서 성령께서 배우게 하신 것을 경축하기 위해 모임을 갖는다. 이것이 첫 번 공동체로서 그 속에서 배우고, 성찰하며, 더 나은 모범을 발견하여 다른 사람들에게 가서 그들을 도움으로 더 나은 사람들이 되게 하는 것이다.

① **교사는 자신의 자료를 나눈다.**

교사는 수업을 미리 준비하고 그가 가르치기를 원하는 것을 성령을 의지하는 가운데 학생 공동체에 볼 수 있도록 나누거나 설명한다. 이러한 프리젠테이션은 열린 대화와 토론의 여지를 남겨놓도록 너무 어렵거나 철저한 것이 되어서는 안된다(Pazmiño 1995, 123을 보라).

② **학생은 그가 들은 것을 해석한다.**

학생들은 하나님의 말씀을 취하고 자신의 방식으로 전환하는데, 교사의 해석이나 번역(더 좋게는 모국어로)을 통해 주어진 정보는 교사가 준비한 시각적 프리젠테이션에 의해 강화된다.

③ **공동체는 대화 속에서 지원하고 교정한다.**

교사와 성인 학생들을 포함한 전체 공동체는 새로운 정보를 교정하고 추가하는 데 참여한다.

---

[24] 파디야(Padilla 1986)의 책은 참고할 가치가 있다.

④ **교사는 공동체의 적용을 편집한다.**

전체 공동체는 자신들이 경험한 것에 근거하여 자신들 공동체에 적용 가능한 것들과 성령께서 하나님 말씀을 이해하는 것을 통해 주신 새로운 생각들을 발견하고 지원한다.

⑤ **과정을 마무리 한다.**

공동체 안에서 성령으로부터 받은 은사들을 경축한다. 전체 공동체는 하나님이 개인의 성장과 다른 사람들을 돕기 위해 그들의 마음과 생각에 하나님이 주신 것들에 대해 감사하며 즐거워한다. 마지막으로, 그들은 자신의 삶과 배운 것들을 하나님 왕국을 섬기기 위해 바친다 (Freire 1996, 53-57).[25]

### (2) 배운 것이 더 넓은 공동체 안에서 실행에 옮겨져야 한다

성인 학생은 이제 자신의 가족, 교회, 종족을 섬길 수 있다. 이러한 상황에서 그는 프로젝트를 개발하고, 실행하며, 새로운 경험을 최종적으로 획득하게 된다.

① **학생은 프로젝트를 개발한다.**

실제적인 프로젝트를 시작하기 전에, 학생은 그가 섬길 장소를 예상하며 거기에 맞는 행동 계획을 수립해야 한다. 그는 계획을 세우기 위해 조사를 하고 필요를 예측하는 가운데 모든 상황에 유연하게 대처하기 위한 대안 조치를 고려해야 한다.

② **학생은 그가 배운 것을 실행에 옮긴다.**

지식과 행동은 계획이 실행에 옮겨질 때 발전한다. 주변 상황과 결과를 평가하는 것은 일관성이 있어야만 한다. 또한 학생은 새로 획득한 능력들을 증진시키기 위한 지속적 노력을 기울여야만 한다.

---

[25] 여기에 자신의 상황의 한계를 뛰어넘는 결정적인 전환이 있다. 학생들은 주님으로부터의 변화를 받고 그것을 다른 사람들에게 전달할 사명을 받는다.

③ **학생은 새로운 경험을 그의 공동체에 적용한다.**

성인 학생이 교실과 실제 삶에서 배우고 경험한 것은 그 자신의 삶의 일부가 된다. 이것은 칭찬과 비평 및 평가를 받아야만 한다. 바라는 바는 이러한 새로운 실행이 다른 사람들 앞에서 그의 증언이 되고 그가 제한된 상황을 어떻게 극복할 수 있는가를 보여주는 것이다.

이러한 과정은 직선이 아니라 순환적으로 이루어진다. 그러다 보면 적절한 시간에 그것은 합리성과 삶의 실제 경험에 맞아 들어가게 된다. 이 과정에서 하나님 말씀이 연구되고 공동체와 함께 실제적인 활용이 논의될 때 그 효과는 매우 크다. 성경의 진리가 그들의 일부분이 된다. 게다가 사람들이 막연히 가졌던 신념과 행동들에 대한 비판적 태도가 발전하게 된다. 시골지역의 삶이라는 상황에서 이러한 방법으로 가르치는 것은 살아계신 하나님을 사람들의 마음속에 분명한 실재가 되게 함으로써 정령숭배적 신념들이 힘을 잃게 되고 혼합주의 태도가 쇠퇴하게 될 것이다.

## 5. 결론

어떤 종족 그룹에도 변화의 기회는 늘 존재한다. 그러나 이교적 삶으로부터 주 예수 그리스도께 완전히 복종하는 삶으로의 변화를 만들어내기 위해서는 교회와 지역사회 안에 섬기는 정신을 가지고 하나님 말씀의 진리를 가르치는 교사들을 키우는 것이 필요한데 그들은 또한 다른 사람들 안에 그러한 것을 재생산해 낼 수 있을 것이다(딤후 2).

변화로의 전환은 각 마을마다 존재한다. 그러나 사람들이 전통으로부터 자유롭게 되고, 그들을 노예처럼 묶고 있는 요소들과 시골 마을의 문화로부터 해방되며, 심지어 교회 안에 존재하는 비기독교적 태도와 요소들을 제거하기 위해서는 그런 것들을 의식적으로 비평하는 분위기를 조성할 때라야만 가능하다. 하나님 말씀의 교사들이 깨끗한 양심을 가지고 하나님과 그리스도, 그리고 바울의 모델을 따르는 진정한 제자들이 될 때, 그리고 그들의 실천과 태도가 일차적으로 성령에 의해 영감된 성경에 의해 형성되게 될 때라야 자기 교단의 교리 및 다른 종교들의 교리들로부터 벗어나 걸을 수 있게 된다.

책임 있는 제자도, 진지한 성경연구 및 성령의 인도와 함께 살아계신 하나님은 사람들의 마음속에 실재가 된다는 것을 나는 알고 있다. 그 결과 정령숭배적 신념들은 힘을 잃게 됨으로 혼합주의 태도는 쇠퇴하게 될 것이다.

◈ **헥토르 피바랄**(Hector Pivaral)은 과테말라의 초교파적 목회자와 지도자 협력단체(SEPAL, *Servir a Pastores y Lideres*)와 함께 사역하고 있다.

◈ 토의를 위한 질문들

1. 헥토르 피바랄은 사고와 관련된 전통적 정령숭배적 관행을 묘사하는 가운데 몇 가지 성경적 응답을 제시하고 있다. 당신의 문화-본국 혹은 선교지-에서는 어떤 정령숭배적 신념과 관습을 발견할 수 있는가? 그것들에 대해 당신은 어떻게 도전하겠는가? 어떤 대안적 실천들을 제시할 수 있는가? 복음전도를 위해 그것들은 어떻게 사용될 수 있는가?
2. 당신은 피바랄이 묘사한 해석학적 방법을 채택하거나 바꾸어 사용할 수 있는가?
3. 특별한 신념과 실천을 분별하기 위해서 왜 개인이 아니라 공동체가 중요한가? 당신 자신의 상황 속에서는 어떻게 그것을 수행할 수 있겠는가?

# 16장

# 새 고향이 필요한 순례자 교회
유럽교회의 상황화

리차드 팁래디(Richard Tiplady)

교회 모임의 목적은 무엇인가? 왜 우리는 함께 모이는가? 예배 찬양과 찬송을 부르기 위함인가? 선포되는 하나님 말씀을 듣기 위해서인가? 다른 그리스도인과 만나 교제를 나누기 위해서인가? 내가 처음 그리스도인이 되었을 때 출석했던 교회의 목사님은 다음과 같은 이야기를 즐겨했다.

의심하는 도마의 이야기가 우리에게 말해주고자 하는 것은 무엇일까? 교회 모임에 절대로 빠지지 말라는 것인데, 모임에서 무슨 일이 일어날지 아무도 모르기 때문이다!(주님이 제자들 가운데 나타나셨으나 도마가 그 자리에 없었던 고로 의심하게 되었다는 뜻-역주)

복음주의 그리스도인들은 그들의 정통교리를 좋아하는데, 주일 성수는 물론이고 가능한 한 주간 중에도 교회에 출석할 것을 강조하는 등 그 교리가 시각적인 형태로 드러나도록 노력해왔다. 도미티크 수도회 소속 가톨릭 교수인 에드워드 클리어리(Edward Cleary)는 이에 대해 다음과 같이 말한다.

라틴아메리카 오순절주의는 미국의 종교적 특성을 따르고 있다. 그들은 종교적 헌신을 교회 모임과 예배 출석으로 측정하는 데 특별한 강조를 둔다(IBMR 28/2, April 2004, 51).

그런데 우리는 왜 복음주의 기독교가 이런 방식으로 작동하는지에 대해 멈추어 생각해본 적이 실제로 있었는가?

나는 가끔씩 교회 예배의 진짜 목적은 성직자가 회중의 숫자를 셀 수 있도록 하기 위함이라고 느낀다. 이것은 아마도 약간 비꼬는 것이지만, 사람들이 주일예배에 출석하는 숫자에서 교회들은 성공의 주요 지표를 찾는다. 회중의 규칙적인 교회 출석은 영적 건강의 중요한 시금석이라고 간주되며, 교회 성장은 회중의 크기로 측정된다. 주일 출석 인원과 회중의 크기의 중요성은 견고한 교회에 있어 결코 과소평가될 수 없다(Ward 2002).

최근 수십 년간의 선교 전략은 단지 전도하는 것보다는 교회개척의 중요성에 맞춰져 왔다. 즉 예배, 교육, 교제 및 선교를 위해 그리스도인들을 새로운 공동체로 결합하는 것이다. 하지만 유럽에 있어 교회 출석은 곤두박질하고 있다. 매년, 전 유럽에 걸쳐 회중들의 숫자는 줄어들거나 아예 교회 문을 닫고 있다. 평균 출석율을 유지하거나, 성장하고 있는 일부 교회들은 새로운 회원들이 다른 교회로부터 오는 이동성장 때문에 그렇게 되는 경향이 있다.

한편 유럽 전역에 걸쳐서 우리는 영성에 대한 큰 관심을 발견한다. 일반적으로 번영하고 있으며 아무리 가난해도 굶주리는 사람은 없다는 대륙이지만 그 안에 물질적 소유 이상의 어떤 것에 대한 갈망이 존재한다. 사람들은 의미를 찾고 있으며, 초월성(자신의 한계를 뛰어 넘는 어떤 것)과 정체성을 찾고 있다. 하지만 그들은 일반적으로 이것을 위해 교회를 찾지는 않는다. 사람들이 "나는 영적이지만 종교적이지는 않다"고 말하는 것을 흔히 듣는데, 교회는 후자의 범주에 포함된다. 그동안 우리는 영적 경험이 모임과 소속감에 묶여있고, 동시에 수많은 다른 기관적 활동에 참여하는 것으로 대체되는 공동체를 만들어왔다. 영적 구도자는 사회적 가격표를 검토하고, 어딘가를 찾고 있다. 이것은 현재 교회 밖에 있는 사람들에 관한 문제만이 아니다.

젊은 선교사들에게 그들이 지겹게 느꼈고 부적절하다고 보았던 모델을 따라 교회를 개척하기를 기대할 때 문제들이 발생한다. 교회에 출석하는 유일한 동기가 기독교인으로서의 보이지 않는 의무감 때문이며, 그렇게 지겹게 느끼면서도 왜 매주일 교회에 왔다가 가야 하는지 의문을 느끼는 젊은 선교사들을 발견하는 것은 흔한 일이다. 이러한 상황은 세 가지 차원에서 문제를 일으키는데, 교회 출석으로 인해 젊은 선교사의 믿음이 강화되기보다 오히려 약화됨으로 오는 개인적 영성의 문제, 전도자와 교회개척자로서 선교사의 비효율성(결국 하나님을 만날 수 없는 교회로 왜 사람들을 인도해야 하는가?), 선교사 팀 자체 안에서의 긴장과 분열이 그것이다(Stepheson in Tiplady 2003). 도대체 무슨 일이 벌어지고 있고, 우리는 어떻게 여기에 응답해야 하는가?

## 1. 전근대, 근대, 후기 근대 유럽에서의 공동체와 교회

전근대적 사회에서 공동체는 땅과 장소에 대한 인식을 기반으로 하고 있었다. 교구제도는 전 유럽에 걸쳐 부자와 가난한 사람을 막론하고 특정한 지역의 땅을 점유하고, 그곳에 살면서 일했던 모든 계층의 사람에게 교회가 접근할 수 있는 효율적인 방법이었다.

근대에 일어난 중대한 변화는 교회가 조직되는 방법에도 영향을 미쳤다. 이주, 도시화, 산업화는 땅과 교구가 점차로 덜 중요해진다는 것을 의미했다. 공동체는 확장되는 산업 도시들에서 공통된 문화와 경험을 기반으로 재구성되었다. 장소가 아니라 계층이 가장 중요한 정체성의 표식(signifier)이 되었다. 교회는 같은 마을에 사는 사람들보다는 자신들과 비슷한 사람들과 함께 예배하기 위해 모이는 사람들의 모임과 클럽이라는 강조와 함께 나타났다. 노동자 계급과 중산층 교단들이 출현했다.

후기 근대는 우리의 정체성과 공동체에 대한 사고방식을 다시 한 번 변화시켰다. 이제 우리 모두의 기동성이 매우 높아졌기에 정체성은 장소에 대한 공동의 인식에 기반을 두지 않는다. 그것은 공통의 경험이나 사회적 계층에 기반을 두지도 않는다. 하바드 대학 교수인 로버트 퍼트남(Robert Putnam)은 그의 책 『혼자 볼링하기』(Bowling Alone)에서 미국의 "사회적 자본"이 줄어들고 있다고 했다(2000). 사회적 자본이란 "상호 유익을 위한 조정과 협력을 촉진하는 네트워크, 규범, 사회적 신뢰와 같은 사회적 조직의 향상"을 의미한다. 그는 모든 유형의 사회적 조직들을 망라하여 추락하고 있는 모습을 보이는 통계 숫자를 인용하고 있는데, 종교단체 가입(교회 출석), 노동조합 회원수, 부모-교사 협회 참여도 및 보이스카우트나 적십자 같은 시민 조직의 자원봉사 참여 숫자가 지난 50년간 줄어들고 있다. 그의 책 제목은 그 어느 때보다 많은 미국 사람들이 볼링을 치러가지만 조직화된 볼링 리그 참여율은 1980년부터 1993년 사이에 40퍼센트나 떨어졌다는 것을 그가 발견하고서 붙인 것이다. 이것은 비단 미국만의 경향이 아니다. 퍼트남은 유럽 또한 사회적 활동 참여 수준이 떨어지고 있음을 보여주고 있다. 사람들은 조직된 그룹 안에서 함께 만나는 것을 줄이고 있는 것이다. 서구 문화는 급격히 변하고 있는 중이다.

## 2. 포로 생활?

최근 수십 년 전까지만 해도 서구에서 그리스도인들은 유럽/서구의 삶, 사상과 사회와 관련하여 특권적 위치를 가지고 있었다. 하지만 이제는 상황이 달라졌다. 위에 언급된 사회적, 종교적 변화는 1960년대 이래 세속화의 성장 및 확산과 더불어 기독교를 공적 삶의 주변부로 밀어내었는데, 이것은 1700여 년 동안 기독교세계(Christendom) 속에서 살아왔던 유럽의 그리스도인들에게는 엄청난 변화였다.

유럽에서 기독교 신앙이 주변화되고 있다는 예들을 찾기란 어렵지 않다. 2005년 프랑스와 네덜란드의 유권자들에 의해 거부된 유럽 연합(EU)의 헌법 초안은 유럽의 역사로부터 기독교에 대한 어떤 언급도 삭제해 버린 것으로 유명했다. EU 평등위원회 장관으로 로코 부틸리오네(Rocco Buttiglione)가 지명되었을 때 격정적인 반응 또한 주목할 만하다. 신실한 로마가톨릭 교인으로서 그는 동성애에 대해 반대 견해를 가지고 있는 것으로 알려졌기에 게이 인권 이슈를 다뤄야 할 그 자리에 받아들여지지 않았다. 영국에서는 BBC가 반대하는 목소리(때로 기대에 반대되는 결과를 가져온)에도 불구하고 TV 주요 방송시간에 예수님을 "동성애자"로 묘사하는 쇼 "제리스프링거의 오페라"(Jerry Springer: The Opera)를 방영하였다.

유럽 기독교인들은 사회의 중심부가 아니라 주변부에서의 삶에 관해 성경이 말씀하고 있는 것으로 돌아가야 할 것이다. 한 가지 선택은 구약의 이스라엘의 경험, 특별히 이스라엘이 안전과 지위를 비극적으로 상실하였던 기원전 6세기 포로 기간의 경험에서 이끌어내는 것이다.

> 만군의 여호와 이스라엘의 하나님께서 예루살렘에서 바벨론으로 사로잡혀 가게 한 모든 포로에게 이와 같이 말씀하시니라. "너희는 집을 짓

고 거기에 살며 텃밭을 만들고 그 열매를 먹으라. 아내를 맞이하여 자녀를 낳으며 너희 아들이 아내를 맞이하며 너희 딸이 남편을 맞아 그들로 자녀를 낳게 하여 너희가 거기에서 번성하고 줄어들지 아니하게 하라. 너희는 내가 사로잡혀 가게 한 그 성읍의 평안을 구하고 그를 위하여 여호와께 기도하라. 이는 그 성읍이 평안함으로 너희도 평안할 것임이라. 만군의 여호와 이스라엘의 하나님께서 이와 같이 말하노라. 너희 중에 있는 선지자들에게와 점쟁이에게 미혹되지 말며 너희가 꾼 꿈도 곧이듣고 믿지 말라. 내가 그들을 보내지 아니하였어도 그들이 내 이름으로 거짓을 예언함이라." 여호와의 말씀이니라(렘 29:4-9).

유대로부터 바벨론으로 처음 끌려간 것은 기원전 597년이었다. 예루살렘 성전-자기 백성 가운데 하나님의 임재의 상징-의 파괴와 더불어 더 많은 사람이 두 번째로 끌려가는 일이 기원전 587년에 일어났다. 위에 인용된 문구에서 예레미야는 이 두 사건의 중간 시기에 당시 바빌론에 포로로 끌려가 있던 첫 번째 사람들에게 쓰고 있다. 하나냐와 같은 (거짓) 선지자들은 그들의 포로 생활이 단지 짧은 기간만 지속될 것이고 그들이 곧 돌아올 것이라고 말했다(참고. 렘 28:2-4, 15-17). 그들은 여호와께서 자신의 백성을 버리지 않을 것이라고 말했는데 왜냐하면 그들에게 자신들이 소유할 땅을 약속하셨기 때문이라는 것이었다. 예레미야는 이러한 조언을 듣지 말라고 하면서 새로운 상황 속에서 살아가라고 권면했다.

유럽에서의 교회의 생존과 신앙의 위기와 관련하여 어떤 두려움과 비관주의가 존재한다. 나는 우리가 때로 (거짓된) 희망의 메시지와 비슷한 것을 받아들이고 있지는 않은지 의심한다. 많은 경우에 "내가 내 교회를 세우리니 음부의 권세가 이기지 못하리라"라는 말씀을 인용하는 것을 듣고 있다. 달리 말하면, 하나님이 유럽에서 교회가 사라지지 않게 하실 것이라는 것이다. 하지만 이슬람이 터키와 북아프리카에서 교회를 제거해버렸다는 것을 생각할 때 그것을 보증할 수 없다. 바벨론 포로들에게 준 예레미야의 메시지는 오늘날 우리에게 똑같이 유효하다. 그것은 (상상 속의) 잃어버린 과거를 돌아보는 것을 중단하고, 새로운 현실을 받아들이며, 그 안에 정착하여 거기서 하나님을 섬기라는 것이다.

하지만 이것이 의미하는 것은 무엇일까? 포로기 이전 이스라엘과 비교하여 포로기 이후 유대인들의 종교에는 심오한 변화가 있었다. 이전에 이스라엘의 신앙은 예루살렘 성전, 규칙적 제사, 초막절, 추수 축제 등과 같은 절기에 모이는 것이 중심이었다. 포로기 이후 유대인들의 신앙은 회당, 안식일 및 토라(그리고 신명기적 역사가 편집된 것-구약에 있어 역사서라고 알려져 있는 것으로 왜 자신들에게 포로가 되는 일이 발생했는지를 설명하기 위한 내용)를 중심으로 하였다. 21세기에 있어 우리는 그리스도인으로, 또 교회로서 어떻게 살아가야 할지에 대해 중요한 재조정을 해야만 하는 비슷한 상황에 놓여있다. 그렇다면 우리는 어떻게 살아야 할까?

### 3. 이머징 교회(Emerging Church)?

위에 언급된 질문들에 대한 응답으로 새로운 사상과 실천의 움직임이 실제로 "부상"하고 있다. 그것은 다양하고 유동적인 하나의 운동인데 여전히 형태를 만들어가고 변화시켜가는 중에 있고, 많은 이름들 중 일례로 "선교적 교회"(missional church)와 "선교형 교회"(mission-shaped church)라는 이름들이 있지만 위에 언급한 "이머징 교회"라는 용어가 가장 널리 사용되고 있다.

왜 "이머징"인가? 왜냐하면 그 개념과 활동이 어디에서도 완전히 형성되지 않았고, 그것이 애매하기 (실험을 용인하며 엄격한 정의의 구속을 피하기에) 때문인데, 또한 이머징 교회 개념과 실험은 다양하고 상이한 상황 속에서 다소간 자발적이고 동시적으로 분출되거나 "부상되기" 때문이다.

하나의 운동으로서 그것은 앵글로-색슨뿐 아니라 북부 및 서부 유럽의 문화적 영역에 그 뿌리를 두고 있다. 이머징 교회 개념과 실천들이 영국과 미국에서 보이고 있지만, 그것들은 또한 화란과 스칸디나비아 지역에서도 또한 발견되며, 초기의 중요한 실천가들과 사상가들은 호주에서 "부상하였고" 다른 지역으로 확산되었던 것이다. 실제로 그것을 하나의 운동으로 묘사하는 것은 잘못된 것일지 모른다. 그것은 하나의 운동으로서의 응집력을 가지지 않는다. 이머징 교회는 이어 아래에서 보여주는 바와 같이 상이한 사회적, 선교적, 신학적, 교회적 조류들의 합류지점에서 "분출되었다."

### 1) 이머징 교회 안에서 합류하게 된 조류들

#### (1) 유럽에서의 변화하고 있는 문화적, 종교적, 사회적 현실

"이머징 교회들이란 후기 근대 문화 안에서 예수의 길을 실천하는 공동체들이다"(Gibbs and Boler, 44). 이것이 이머징 교회의 핵심 논지이다. 교구 제도가 도시 산업화된 유럽의 영적 필요를 채우는 데 적합하지 못하다는 것이 드러난 18세기와 19세기에 "모이는 회중" 형태의 교회가 가장 극명하게 부상되었던 것과 마찬가지로, 후기 산업사회를 살아가고 있는 후기 근대 유럽 사람들에게 도달하기 위해서는 새로운 형태의 교회가 필요할 것이다. 이머징 교회는 교회를 만남을 위한 장소가 아니라 하나님의 백성이라고 강조하면서 계몽주의가 기독교 신앙에 부과한 세속과 영적인 것을 구분하는 것을 피하고자 노력한다. 만일 세속과 영적인 구분이 없다면 거기에는 "거룩하거나"(holy) 혹은 "세속적인"(profane) 장소들이 따로 구분될 수 없다. 교회들은 단지 특별한 건물 안에서가 아니라 의도적으로 까페, 선술집, 개인 집들에서 개척되고 있다.

> 기독교세계에서 주일 모임은 공동체를 위한 공동의 영적 표현의 중심이었다. 후기 기독교세계 상황에서 교회 모임이라는 초점은 더 이상 문화에 고유한 것도 반드시 복음에 충실한 것도 아니다. 대신에 공동체 근원으로부터의 실천 자체가 교회 모임보다 더욱 중심을 차지한다 (Gibbs and Bolger, 44).

(2) 유럽에서의 새로운 방식의 선교사적 활동

마이클 모이나(Michael Moynagh)는 이머징 교회를 하나의 모델이라기보다 마음의 태도라고 보았고, 단순히 교회의 행동 방식이라기보다 교회에 대하여 사고하는 방식이라고 묘사하고 있다. 이러한 마음의 태도는 "너희가 우리에게 오라"가 아니라 "우리가 너희에게 가겠다"는 것이다. 이것은 또한 사람들을 교회 건물이나 모임 장소로 데려오는 기존 교회의 친숙한 모델인 "유인하는"(attractional)것과 대비되는 "성육신적"(incarnational)인 것이라고 할 수 있다. "성육신적" 접근에서, 우리 자신은 예수님의 모범을 좇아 사람들에게 가서 그들 사이에서 성령의 삶을 구체적으로 나타내는 것이다. 이것이 전도에 대한 이머징 교회의 핵심 개념인데, 기존 형태의 기독교 예배와 공동체는 외부인을 끌어당기지 못하고 오히려 쫓아낼 수 있다. 그리스도의 십자가 외에는 어떤 장애물도 있어서는 안된다.

(3) 하나님의 나라(하나님의 개입하시는 통치)에 대한 새로운 강조

"하나님의 나라"에 대한 강조는 많은 이머징 교회 저술가들에게 있어 중심을 이룬다. 샌프란시스코 리이메진(ReIMAGINE)교회의 마크 스캔드렛(Mark Scandrette)은 X세대 교회를 설립하고자 하는 그의 시도에 관해 다음과 같이 말한다.

우리는 잘못된 질문을 가지고 있다. 우리는 예수님의 삶이 지금 여기에서 어떤 의미인가 대신에 교회가 어떤 형태를 취해야 하는가를 생각의 출발점으로 삼는다. 이제, 교회의 새로운 형태가 어떠해야 하는가에 열중하기보다, 하나님의 백성으로서 우리는 하나님 왕국을 추구하는 데 초점을 맞추고 있다.

하나님의 개입하시는 통치는 부유하고 안락하며 종교적인 사람들을 당황스럽게 만들고, 비천한 자, 범죄자, 버림받았던 자를 들어올린다. 그것이 적어도 예수님 시대에 일어났다면 왜 현재 우리에게서는 다른 어떤것을 기대해야만 하는가?

(4) "교회란 무엇인가?"가 아니라 "교회는 무엇을 위한 것인가?"

위에 인용한 스캔드렛의 말은 결국에는 이머징 교회"교회의 형태에 관한 것인 만큼 교회의 목적에 관한 것임을 보여준다. 형태는 기능을 좇아야 한다. 이머징 교회는 "교회된다는 것"이 무엇이며 "교회로서 행동해야 하는 것"은 어떻게 해야 하는지에 대한 우리의 고정관념을 재검토해보도록 도전한다. 그 후에 우리는 새 부대를 만들어야 하는데, 그것은 유럽에서 예수 그리스도의 좋은 소식을 전파하기 위한 완전히 다른 방법이 되어야 할 것이다. 예를 들어, 라틴아메리카 선교학자인 오를란도 코스타스(Orlando Costas)는 교회개척이 "두 번째"라

고 했는데, 즉 그것이 선교의 목적이나 목표가 아니라는 것이다. 교회 개척의 목표는 자신이 살고 있는 곳에서 개인적이고 사회적인 변혁을 위해 일할 수 있는 그리스도인들의 살아있는 공동체를 만드는 것이다. 만일 이것이 사실이라면, 우리가 교회를 개척하는 방식에 이것이 어떤 영향을 미치겠는가?

## 4. 모범 사례들

위에 언급된 요소들은 이머징 교회 배후에 있는 정신과 추진력을 묘사한 것인데, 선교사들과 교회 지도자들을 비롯한 여러 사람들은 "다 좋은데, 그것이 도대체 어떤 것이지요?"라고 질문할 것이다. 몇 가지 사례들과 더 많은 정보를 얻을 수 있는 웹싸이트(있는 경우)를 아래에 제시하고자 한다.

### 1) 어반 익스프레션(URBAN EXPRESSION-www.URBANEXPRESS-ION.ORG.UK)

런던 동쪽 끝지역(East End- 도심지역으로, 사회적 인종적으로 혼합되어 있고, 다중 문화, 다중 종교적 저변층들이 살고 있음)에서 시작된 교회개척 사역은 현재 스코틀랜드의 글라스고우에서도 활발히 이루어지고 있다. 그들은 늘 교회처럼 보이지는 않으나 지역사회의 필요에 매우 깊이 개입하고 있다. 어반 익스프레션의 거의 대부분의 회원들은 복음주의자들이지만 신앙 선언문은 없는데, 그들은 자신들의 아래와 같은 "핵심 확신들"이라 부르는 것들에 의해 연합되어 있다.

(1) 사명 선언문

어반 익스프레션은 도시 사역 기관으로서 도심의 교회가 없는 지역에 창의적이고 적절한 기독교회의 모습을 구현하기 위한 사람을 모집, 교육, 배치하고, 재정 모금을 위한 팀들 간의 네트워킹을 도모한다.

(2) 핵심 가치들

관계, 창의성, 겸손

(3) 헌신

예를 들어, "우리는 무력하고 병든 사람들 사이에서 일하고 계시는 하나님을 발견하기를 기대하는 가운데 우리 자신을 하나님을 따라 소외된 사람들에게 헌신한다"와 "우리는 성경과 선교 및 제자도의 모든 측면에 대한 우리 견해에 있어 예수님 중심이 될 것에 헌신한다"이다.

### 2) 더 크라우디드 하우스(THE CROWDED HOUSE-WWW.THECROWEDHOUSE.ORG)

더 크라우디드 하우스는 영국의 쉐필드와 로그보로그 도시 지역에 있는 선교적 공동체들의 네트워크로서 교회개척 사역에 깊이 헌신하고 있다. 그들의 웹싸이트는 "우리 교회들의 대부분은 가정에서 만난다. 우리는 소속감을 느낄 수 있는 장소를 제공하기 원한다. 우리는 **공동체를 통해 선교**(우리는 그리스도인 가정의 삶이 복음을 위한 강력한 변증이라고 믿는다)와 **선교 안에 있는 공동체들**(우리는 복음과 교회개척에 초점을 맞춘 회중들이 되기 원한다)에 헌신한다"고 주장하고 있다. 다음은 그들의 접근방식의 실례를 그들의 웹싸이트에서 발췌한 것이다.

대학에서 누군가 패트릭을 교회에 데리고 가려고 했다. 웬 농담인가! 하지만 그는 지금 교회에 있지 않았는가? 그에게는 그것이 확실하지 않았다. 그것은 한 동료가 밥이나 먹자고 그에게 말하는 것으로 시작되었다. 그는 사이먼과 그의 집에 모인 다른 사람들이 서로 잘 지내는 것에 깊은 인상을 받았다. 그들은 삶에 관련한 소소한 일들에 관해 이야기를 나누었고 그를 일요일에 다시 오라고 초청했다. 그가 제 시간에 오자 사이먼은 축구를 보자고 제안했다. 나중에 다른 사람들이 오후에 왔을 때 모두는 함께 식사를 했다. 그들은 그야말로 다양한 사람들의 혼합이었지만 패트릭은 그들의 격의없고 우호적인 농담을 즐겼다. 식사 후에 그들은 성경을 읽고 그것이 무엇을 의미하는지 토론했다. 아무도 그의 질문을 거슬려하지 않는 것 같았다. 이제 몇몇은 보드 게임을 하였다. 어린 아이들이 있는 한 가정은 막 떠났다. 한 부부는 부엌에서 기도를 하고 있는 듯 했다. 어쩌면 이것이 교회인지 모르겠다. 어쩌면 아닐 것이다. 그것이 무엇이 되었든지, 패트릭은 이상하리만큼 편안함을 느꼈다.

### 3) 화란 마스트리히트의 비테파우엔펠트

젊은 화란인 부부 체르크 폰 테크(Tjerk van Dijk)와 그의 아내 안네크(Anneke)는 마스트리히트(Maastricht)의 도심지역인 비테파우엔펠트(Wittevrouwenveld)로 이사하였다. 위에 언급된 더크라우디드 하우스를 의식적으로 모델로 삼아 그들은 자신들의 집을 새로운 교회개척을 위한 모임 장소로 개방하였다. 깨어지고 버려진 지역 안에서, 그들은 예수님이 그렇게 하셨듯이 부랑자들을 식탁교제에 초청함으로 저녁 식탁을 둘러싼 "교회하기"(do church)를 시작했다. 이것은 모임 장소와 의자 및 나머지를 갖춘 정식 교회가 되기 위한 준비행위가 아니다. 그것은 이미 교회이고, 그들은 이러한 포용적 공동체 모델이 그 지역 전체에 증식되기를 희망하고 있다.

## 5. 몇 가지 질문들

이머징 교회가 오늘날 유럽 안에서 교회가 직면하고 있는 도전들에 대한 만병통치약은 아니다. 그러나 하나의 정신, 개념, 운동으로서 그것은 우리에게 많은 생각거리를 제공하고 있다.

그렇다면 우리는 이머징 교회로부터 어떻게 배울 수 있을까? 우리는 어떻게 논의에 참여하고, 실험과정을 이해하고, 다른 이들의 실패와 성공으로부터 배워서 그것들을 우리 자신의 선교 전략과 실천에 통합할 수 있을까? 거기에 더하여 우리는 이러한 개념들과 실천들을 가지고 어떻게 우리 선교사들을 격려할 수 있으며, 다른 사람들의 사역을 우리 것으로 삼으려고 하지 않으면서도 거기에 기여하고 지원할 수 있을 것인가?

◆ 리차드 팁래디(Richard Tiplady)는 영국의 유럽기독교선교회(European Christian Mission UK) 대표였고, 현재는 스코틀랜드 글라스고우에 있는 국제기독교대학(International Christian College)의 학장이다.

### ◈ 토의를 위한 질문들

1. 후기 기독교 유럽의 재복음화를 위해 어떤 어려움들과 가능성들이 있는가?
2. 리차드 팁래디는 "무엇을 위한 교회인가?"라는 질문이 "교회란 무엇인가?"라는 것보다 더욱 중요하다고 제안한다. 이것에 동의하는가? 어떻게 이 두가지 질문들을 연결시킬 수 있을 것인가?
3. 팁래디는 "교회됨과 교회로 행함"과 관련한 실험 세 가지를 묘사하였다. 각각의 사례에서 보게 되는 강점과 약점은 무엇인가? 어떻게 그것들은 더 전통적인 형태의 교회와 함께 최선의 동역을 할 수 있을 것인가? 당신의 문화에서는 어떤 형태의 교회 실험이 적합하고 도움이 될 것인가?

# GLOBAL MISSION

**REFLECTIONS AND CASE STUDIES
IN CONTEXTUALIZATION
FOR THE WHOLE CHURCH**

# 17장

# 신학, 상황, 그리고 필리핀 교회

멜바 파딜라 맥가이(Melba Padilla Maggay)

남아프리카공화국의 한 신학대학에서 다음과 같은 시험 문제가 학생들에게 주어졌다.

"당신은 전통 종교를 믿고 있는 어느 할아버지와 대화를 나누고 있다. 그에게 그리스도인들이 하나님을 믿는 이유와 무엇을 믿고 있는지에 대해 설명해보라."

한 학생이 이렇게 답했다.

"손은 아프리카 사람의 손이었는데, 목소리는 유럽 사람의 것이었다. 하나님의 존재에 대한 다섯 가지의 논쟁이 있다. 그것은 우주론적 논쟁, 존재론적 논쟁, 목적론적 논쟁, 도덕적 논쟁, 그리고 만민일치론적(ex consensus gentium) 논쟁"이다(Arden 1976).

이 예는 문화가 다른 사람에게 신학적 전통을 단순히 전달했을 때 발생할 수 있는 끔찍한 결과를 보여주고 있다. 서구 신학 체계의 지배를 받을 때 4세기 헬라 철학자들이 제기한 질문에 대한 해답을 아시아와 아프리카의 그리스도인들에게 제시하는 것과 같은 상황을 초래할 수 있다.

여전히 "초자연적 능력"에 사로잡혀 있는 문화 속에서 살고 있는 필리핀 사람들에게는 이러한 실수가 마치 신화의 시대를 오래 전에 지나 이미 탈기독교화된 사람들에게[1] 말하고 있는 것처럼 인식될 수밖에 없다. 그렇기 때문에 우리는 초자연적 하나님의 존재에 대해 장황하게 설명해야 하는 수밖에 없다. 우리는 성경이 마치 "탈신화화된" 본질을 보지 못한 채 아직도 기적과 마술에 사로잡혀 있는 사람들은 제외한 오직 과학적 이성주의자들만을 위한 책이라고 생각하는 것같이 보인다.

가난과 불평등, 그리고 정치적 불안정으로 인한 끊임없는 위협에 짓눌린 사회에서 우리는 기적적인 은사는 중단되었는가, 세례(침례)를 베풀 때 물속에 넣어야 하는가 아니면 우아하게 물을 뿌려야 하는가 등 사소한 신학적 논쟁에 사로잡혀 있다는 사실을 배우게 된다.

항상 전체를 하나로 생각하는 데 익숙한 사람들에게는 믿음과 직업, 구세주와 주님, 거룩과 세속의 차이를 구분하도록 훈련받는 것은 고통스러운 일이다. 사람들이 구원을 받도록 예정되었고 동시에 지옥에 갈 수 있는 많은 자유의지도 주어졌다는 사실을 받아들이기가 쉽지 않다. 서구 신학 전통은 하나님의 주권을 강조하고 인간의 자유는 문제가 있는 것으로 인식하고 있지만 동양 사람들은 논리적으로 모순이 되는 역설적 상황 가운데서도 행복하게 살아갈 수 있다.

상호관련성을 중요한 가치로 여기는 문화에서 구원은 극히 개인주의적인 용어라는 인식을 심어줄 수 있다. 구원은 전적으로 개인별로 내세에 들어가는 것으로 알려져 있다. 이 원칙은 예수님을 개인적인 구세주와 주님으로 영접할 것을 요구하는데 이것은 우리 자신이 단순히 개인으로서의 자신일 뿐이고 이 외에는 아무것도 아니며 개인의 행동은 다른 사람과 아무런 관련이 없다는 것을 전제로 하는 것이다. "헌

---

[1] 이 장은 *Communicating Cross-Culturally: Towards New Context for Missions in the Philippines*, ed. Melba P. Maggay, ISACC/New Day, Manila, 1989에 처음 출판되었고, 저자의 허락을 받아 게재하였다.

신"이라는 행위는 공감대가 형성되어 있는 화기애애한 분위기보다는 가족의 적대감이 긴장을 일으키는 상황에서 더 순수해질 수 있다. 회개하는 것도 지나치게 개인적이고 경건주의적이어서 자신의 죄에 대해서는 가슴을 치고 통회하지만 불평등한 사회적 구조 속에서의 집단적인 죄에 자신을 포함하는 것은 거의 찾아보기 어려운 실정이다. 제자도 또한 전도와 찬양 등에 한정되어 있고 사회 공동체 전체의 요구에 대응하는 것과는 거리가 멀다. 하나님은 일반적인 사람들의 일상생활과 사회적 관계 속에서가 아닌 특별한 사람들의 개인적인 심오한 경험을 통해서만 알 수 있는 것으로 배워왔다. 사실상 우리 문화에서 회심이란 두 팔을 벌려 황폐화된 세상을 포용하는 것이 아니라 더 깊은 고립으로 밀어내는 것을 뜻하기도 한다.

대다수의 필리핀 복음주의 교회들은 미국 기독교의 영향을 강하게 받았기 때문에 필리핀의 전통적인 문화와는 많은 차이가 있다. 필리핀 사람들의 가슴속에 깊이 뿌리를 내리기보다는 삭막한 지성주의 문화가 만들어 낸 신앙과 예배 양식을 따르기 위해 전통적인 문화적 양식을 포기해야 했다. 열대기후가 특징인 나라에서 여름과 겨울, 봄과 추수에 대한 노래를 배웠다. 그리고 무의식적으로 선교사의 청교도적인 옷과 생활 방식을 모방하려고 하기도 했다. 과거에 가난으로 고통당하고 있는 자기 민족을 바라보며 가슴이 뜨겁게 불타올랐던 사람들도 이제는 미국 중산층의 풍요로운 물질 문명의 영향 가운데서 자라 온 사람들의 정치적 관점에 더 이상 항거하지 않게 되었다.

이 모든 것들의 결과로 우리의 실질적인 필요에 대응하지 못하고, 특정한 시대에 특정한 문화적 상황을 향한 하나님의 예언자적 말씀을 분별하는 데 있어서 실패를 거듭하고 있다.

## 1. 상대화된 신학

복음이 사람들의 상황 가운데 적절하게 뿌리를 내리는 데 실패하는 것은 기독교 신앙을 전달만 했고 해석하는 데 실패했다는 것을 의미한다. 사도들의 신앙은 확실하게 전달되었지만 이 신앙이 가져다주는 통찰은 여전히 부족하며, 투명한 하나님의 말씀을 불투명한 시대와 상황 가운데서 실천하는 데 있어서도 갈등하고 있다.

신학의 토착화라는 것은 존재하지 않는다고 배워 왔다. 만약 우리가 동일한 하나님을 말하고 있다면 모든 문화에서 동일한 진리이어야 한다는 것이다. 이 주장은 성경에 나오는 유일하신 하나님에 대한 믿음을 표현하는 문화적 여건을 고려하지 않고 있다. "연관이 없는"(unengaged) 성경 읽기란 존재하지 않는다. 대부분의 경우에 특정한 상황이 우리의 해석의 형태를 만들어 간다.

예를 들면, 칭의(justification)라고 하는 법적인 개념에 대한 강조는 수도원 생활의 엄격한 규율로부터 벗어나 구원받고자 했던 루터의 절박한 염원에서 나온 것이었다. "서구의 내적 성찰과 죄책감"이라는 교리가 초기 유대인들과 이방인 사이의 위기가 사라진 시점에서 큰 주목을 받아야만 했던 것은 당연한 것이었는데, "바울이 이방인도 메시아 공동체에 포함될 가능성에 대해 관심을 가지고 있었을 때 했던 진술이 오늘날에는 인간이 가진 구원의 확신의 탐구에 대한 대답으로 읽혀지고 있다"(Stendhal 1976).

마찬가지로, 남미의 가난과 억압의 문제도 점차적으로 자유주의 사상이 반영된 신학의 발전을 태동하게 했다. "바울-어거스틴-루터-칼빈의 계보를 확고하게 유지하고 있는 20세기의 개신교 복음주의도 그들이 인정하는 것보다 더 많은 부분에서 아리스토텔레스(Aristotle)의 철학 사상과 토마스 아퀴나스(Thomas Aquinas)의 자연신학(natural theology)

과 깊은 연관성을 갖고 있다"(Boyd 1989).

최근에는 성경 본문의 메시지를 희생시켜가면서까지 상황의 중요성을 강조하는 경향이 있지만 신학적 전통의 역사를 살펴보면 상황이 복음을 이해하는 데 있어서 해석학적 원칙으로 작용해왔다는 것을 알 수 있다. 어떤 의미에서는 세상이 의제(agenda)를 설정한다. 자신이 처한 상황 속에서 상대주의와 속박(captivity)의 강한 압력을 받아 온 사람이 "해석학적 의심"을 가질 때 우리의 사회 역사적 현실이 신학을 형성하는 핵심적 주제가 무엇이 되어야 하는가를 깨닫게 될 것이다.

이것은 성경의 궁극적 실재(Absolute Reality)에 대한 우리의 믿음이 우리에게 알려져 있는 실재(reality)의 특정 부분에 한정되어 있다는 것을 의미한다. 심리학자 윌리엄 제임스(William James)는 "인간은 전체를 보는 눈을 갖고 있지 않고 사물의 일부를 분별할 수 있도록 배워왔다"고 말했다. 우리가 일상적으로 보는 사물들은 우리를 위해 분류를 해 놓은 것들이다. 우리는 선택적으로 이해한다. 문화도 어떤 지역에서는 그 필요와 환경의 특성 때문에 다른 지역에서는 부분적으로나 전체적으로 중요하게 다루어지지 않는 것도 매우 민감한 사안이 될 수 있다.

로마의 지배하에 있던 예수님 시대의 유대인들은 이사야 11장의 영광스러운 메시아에 대한 소망을 갖고 있었지만 이사야 53장의 고통당하는 종의 모습은 보지 못했다. 신약성경에서는 예수님과 악한 영들의 영적 전투에 대해 많이 언급하고 있지만 과학적 인생관을 갖고 있는 나라에서는 주목을 받지 못하는 것을 볼 수 있다. 반면, 정령숭배 문화권에서는 이 복음의 해방의 능력에 큰 감동을 받는다.

여기에 복음의 "본질"에 대한 이해의 어려움이 있다. 신학자들은 타협이 불가능하고 초문화적인 "핵심"이 존재한다고 주장한다. 만약 우리가 문화의 제약을 받고 있다면 우리가 어떻게 "본질"의 정의를 도출하여 그 복음의 보편적인 요소들을 언제나 문화와 시대를 초월하여 적절하게 전할 수 있겠는가? 우리가 어떻게 "비본질"로부터 "본질"을 분리해 낼 수 있는가? 어느 한 문화에서 최고의 본질이라고 간주하는 것도 다른 문화에서 중요하게 인식하고 있는 것과는 차이가 있다는 것은 분명한 사실이다.

서구에서는 오랫동안 죄와 죄책감의 문제에 대해 심각하게 다루지 않았다. 서구가 이 문제에 대해 관심을 갖게 된 것은 진보주의의 발전과 교회가 비서구 세계의 문제들에 대해 인식하기 시작부터라는 사실은 안타까운 일이다. 남미 사람들에게 있어서 체계적인 제자 훈련에서 경제 문제를 명백하게 다루지 않는 복음은 받아들이기 어려운 것이다. 아시아와 아프리카에서 하나님에 대해 가르치는 사람이라면 누구든지 귀신의 억압 그리고 신체적인 쇠퇴로부터의 해방과 치유가 핵심적인 구원의 메시지라는 사실에 관심을 가져야 한다.

이러한 사실은 어느 하나의 신학이나 공식 그 자체가 성경 전체를 대변할 수 있는 것이라고 주장하거나 어떤 문화에든지 단순 이식할 수 있는 것은 아니라는 것을 잘 보여주고 있다. 복음의 풍성함은 어떤 한 부분을 본질 혹은 전체라고 단순히 요약하기 어렵다는 데 있다. 이는 성경 그 자체가 네 개의 복음서를 제시하고 있는 것에서도 알 수 있다. 일부를 선택하여 개념화한 다음 그것을 복음이라고 주장하는 것은 총체적 복음에 대해 히브리 사상이 아닌 헬라적 접근을 시도하는 축소주의에 불과하다. 기존의 신학 혹은 공식들은 특정한 문화적 상황 속에서의 기능적인 요약이었다는 것을 인정할 때 우리는 성경적으로 진전할 수 있을 것이다.

## 2. 말씀이 육신이 되다

아버지께서 나를 보내신 것 같이 나도 너희를 보내노라(요 20:21).

아버지께서 어떻게 아들을 보내셨는가? 그분께서 자신을 어떻게 나타내셨는가? 대답은 간단하다. 우리와 같이 되신 것이다. 하나님은 인간에게 자신을 계시하기 위해 영원하고 보이지않는 존재가 몸과 시간과 장소의 한계를 갖고 있는 육신이 되시어 제약성의 문제에 자신 스스로를 노출하셨다. 그는 자신의 손으로 만드신 세상에 거하시고 스스로 출생, 역사, 문화, 그리고 가족을 택하셨다. 우리는 예루살렘의 먼지가 흩날리는 거리를 걸으시고 때 묻고 땀에 젖은 시장 상인들과 함께 먹고 마시는 가운데 힘써 일하며 생계를 유지하셨던 예수님 안에서 하나님을 볼 수 있다.

우주의 하나님은 한 사람의 유대인이었다. 그는 유대 민족으로서 할례를 받았고, 금식과 기도일을 지켰을 뿐 아니라 회당에도 갔고 국가적 명절에 지켜야 할 의식을 준수했다. 초월적이고 초문화적인 하나님이 스스로 할례를 받으시고 유대 문화의 적나라한 제약성 가운데서 자신을 너무나 놀라운 방식으로 나타내셨다.

복음이 문화적 토양 속에 뿌리를 내리게 하는 노력의 핵심이 바로 아버지의 보내심을 모방하고자 하는 열정이다. 교회는 세상의 중심으로 나아가서 말씀을 육신이 되게 해야 한다. 교회는 사람들의 삶의 현장에 직접 참여하는 가운데 발견하는 그들의 필요와 두려움의 근본 문제를 다루어 주어야 한다.

성육신이란 하나님의 말씀이 가시적으로 실현된 공동체를 의미한다. 성육신은 또한 우리 자신을 비워 종교적 지식을 갖고 있는 자로서의 특권과 상투적인 종교적 용어 사용, 그리고 현세의 화려한 삶 등을 내려 놓고 보통 사람들의 음식을 먹고 세상이 보는 것을 바라보고, 세상이 외치고 있는 것을 말하는 사람이 되는 것을 뜻한다.

너무나 오랫동안 복음이 추상적인 개념으로 포장되어 비현실적인 명제의 끈에 묶인 채 가난하고 소외된 세상 사람들은 다가갈 수 없는 자리에 놓여 있는 그림의 떡에 불과했다. 성육신에는 역사적 독특성이 있지만 우리는 예수님처럼 세상의 공기를 호흡하고 세상 사람들과 더불어 살아가는 가운데 따뜻하게 품고 지지해주는 과업을 실천해야 한다. 그렇지 못하다면 아들의 성육신 속에서 자신을 완전히 그리고 숨김없이 계시하신 하나님을 숨겨버리는 것과 같다.

## 3. 우리 앞에 놓여진 과제

지난 수세기 동안 성령께서는 전통과 문화적 공감에 의해 만들어진 첨가와 왜곡에도 불구하고 언제나 정확한 하나님의 말씀을 증거하기 위해 고군분투하고 있는 서구 교회들 가운데 역사해 오셨다. 그 결과로 만들어진 신조들과 용어들은 서구 교회의 귀중한 유산의 일부를 형성해왔다. 그러나 이러한 것들로 비서구 세계의 교회들에게 성령이 어떻게 역사하시는가를 분별하는 일을 대체할 수는 없을 것이다.

무엇보다도 우리는 어떤 하나님의 말씀이 우리의 문화적 상황 가운데서 치유와 회복이 일어나게 하는가를 정확하게 찾을 수 있어야 한다. 우리는 마귀의 포로가 된 자들에 대한 수많은 사례들과 성상 숭배자들을 어떻게 대해야 하는가? 활발한 사회 활동 중심의 문화에서 죄와 죄책감을 어떻게 이해하게 하고, 동시에 우주의 본질과 장애 요소들 사이의 부조화에 대한 민감성을 유지할 수 있겠는가? 수많은 가난한 사람들을 어떤 관점을 갖고 대해야 하는가? 구조화된 불평등의 문제에 대해 우리는 어떻게 대응해야 하는가? 그리스도인들에게 무엇을 가르쳐야 하는가? 우리의 상황 가운데서 복음의 구체적인 내용은 무엇인가?

이러한 질문들은 마귀가 강력하게 활동하고 있는 우리 문화 가운데서 진정으로 고심하고 대답해야 할 과제들이다. 우리 민족의 진정한 필요에 부합하지 않는 사고 방식과 형식들로부터 벗어나야 한다. 이 일에 실패한다면 필리핀 교회는 모순된 역사를 반복하게 될 것이다. 우리는 우리 자신의 정체성의 의미를 찾기 위해 혼란을 겪는 위험을 기꺼이 감수해야 한다.

◈ 멜바 파딜라 맥가이(Melba Padilla Maggay)는 필리핀 마닐라 소재의 아시아교회문화연구소(Institute of Studies in Asian Church and Culture)의 창립자이자 대표로 재직하고 있다.

◈ 토의를 위한 질문들

1. 하나님의 주권 가운데서 교회는 비교적 최근까지 서구에서 발전해왔다. 멜바 멕가이는 이 점에 있어서 어떤 부분을 지적하고 있는가? 당신의 지역에서 교회는 긍정적으로 그리고 부정적으로 어떻게 형성되어 왔는가?

2. 당신의 문화적 상황 가운데서 어떻게 죄와 구원을 가장 적절하게 설명할 수 있겠는가? 어떤 성경 이야기나 본문을 사용하겠는가? 이러한 주제들에 대한 이해를 돕기 위해 당신의 문화에서 가교로 사용할 수 있는 요소들을 찾아보라. 강한 공동체 중심의 수치심의 문화 가운데서 이러한 진리를 어떻게 가르칠 수 있겠는가?

3. 서구에서는, 심지어 교회조차도, 마귀를 고대의 미신 이야기 정도로 취급하고 있는 것이 사실이다. 이에 대한 당신의 견해는 무엇인가? 마찬가지로 가난에 대해서도 경제적인 관점에서만 이해하고 영적인 측면을 다루지 않고 있다. 이러한 문제에 대한 당신의 관점을 진술해보라. 어느 지역의 교회가 다른 지역에서 하나님의 말씀에 대한 해석의 차이를 발견했을 때 서로 돕는 것을 어떻게 생각하는가?

# 18장

# 대들보가 된 젓가락

중국 민담

나딘 우즈(Nadine Woods)

『젓가락 이야기』(Miss Chopsticks)라는 책을 볼 때마다 나는 좀처럼 손에서 내려 놓을 수가 없다. 집안 일이나 긴급한 전자 메일 회신도 미루어 버린다. 이 책은 세 명의 여성들이 시골에서 도시로 상경하여 일하는 과정에서 일어나는 일들을 묘사하고 있다. 이 책의 중국어 원문 제목을 문자 그대로 번역하면 "채소, 물, 그리고 차(tea)가 되다"라고 할 수 있는데 이는 이 여성들이 식당, 온천, 그리고 찻집에서 일하고 있다는 것을 암시한다(Xinran 2007).

이 여성들은 서로 전혀 다른 사람들이지만 한 가지 공통점을 갖고 있다. 이들은 모두 시골에서 주위 사람들로부터 괄시와 천대를 받아왔었다.

남자들은 집의 지붕을 떠받치고 있는 대들보와 같은 권위 있는 부양자라고 인식하고 있는 반면 여성들은 사용하고 폐기해 버리는 깨지기 쉽고 허접한 도구에 불과하다(Xinran 2007, 1).

중국 시골 어디에서나 여성에 대한 이러한 인식이 보편화되어 있다.

남성은 대들보, 여성은 젓가락에 비유한다. 이 책에서 세 여성은 모두 한 가정에 한 명의 딸만 있는 집안에서 왔는데, 여자이기 때문에 부모는 이름조차 제대로 지어주지 않았다. 그들은 이름 대신 편리하게 그저 셋째, 다섯째, 그리고 여섯째 등 태어난 순서대로 번호가 매겨졌다.

세 여성 중에 세 번째 여성은 아버지가 지방 공무원의 장애인 아들에게 시집 보내려고 했을 때 가출했다. 그녀는 어느 중국식 패스트푸드 음식점에 취직했다. 이 여성은 열심히 일했고 장사 수완이 좋아 그 음식점에서 계속 일할 수 있었고 매년 고향을 방문할 때마다 많은 돈을 가져갔다. 마침내 과거에는 아들이 아니어서 천대하던 가족들의 태도가 달라졌다. 그 결과로 아버지는 다른 두 딸을 힘들고 고된 노동으로부터 벗어나게 해주기로 결정했다. 다섯째와 여섯째가 선택되었다.

이 세 여성들의 도시 생활은 매우 긍정적이다. 그들은 지배인과 동료 직원들로부터 좋은 대우를 받았다. 그들은 자신의 일에 대해 능숙했고 도시 생활에도 잘 적응해 나갔다. 시골에서 계속 살았더라면 기회를 갖지 못했던 교육도 받았다. 돈을 벌고 저축했다. 이 이야기는 세 여성들이 금의환향하는 것으로 행복한 결말을 맺고 있다. 도시 생활 경험이 없는 마을 사람들에게 세련된 옷차림에 생기발랄한 목소리로 그들의 경험을 끝없이 들려 주었다. 그들의 높아진 지위는 아버지의 눈에 비친 어머니의 위치까지 바꾸어 놓았다. 어머니는 아들을 낳지 못했다는 이유로 "달걀을 낳지 못하는" 암탉 취급을 받아 왔다(1). 딸들이 어머니에게 돈 뭉치를 건네면 아버지는 그 돈이 얼마인지 확인해 보라는 몸짓을 하곤 했다. 돈을 본 아버지는 눈이 빨개지면서 가느다란 목소리로 말했다.

우리 젓가락들이 지붕을 떠받칠 수도 있지 않겠어?(232)

비록 확고한 주장이 아닌 질문에 불과한 말이었지만 "평생 동안 기다려왔던 말"이었기 때문에 딸들은 말할 수 없이 기뻤다(232). 말 그대로 행복한 결말이지만, 내게는 약간의 씁쓸함이 떠나지 않는다. 왜 중국의 시골 여성들이 이와 같은 취급을 받아야 하는가?

전통적으로, 중국은 여성에게 가치를 부여하지 않는 사회였다. 가족의 중심은 언제나 남자였다. 중국 사회나 가정에서 여성들의 위치는 다음과 같이 표현되곤 했다.

> 여성은 다른 사람들에게 겸손히 양보하게 하라.
> 그녀가 다른 사람들을 존중하게 하라.
> 언제나 다른 사람이 우선이고 그녀는 마지막이라는 것을 알게 하라.
> 착한 일을 했다면 그것을 말하지 않게 하라.
> 나쁜 일을 했다면 그것을 부인하지 못하게 하라.
> 수치심을 갖게 하고, 다른 사람들이 그녀에게 나쁜 말이나 행동을 할 때 참게 하라.
> 언제나 떨림과 두려움을 갖고 살게 하라.

이 글은 한나라 시대에 고등교육을 받은 여성이었던 반 자오(Ban Zhao)가 쓴 것으로 추정되고 있다(Bujak 2009에서 인용).

유교는 여성을 딸, 자매, 아내, 어머니, 시어머니 등 가족 관계 가운데서의 역할로 규정하고 있다. 여성은 오직 남자들의 사회적 네트워크에 의해 그들의 권리가 결정되었다.

> 이 모든 역할은 가족 관계 속에 있는 남성들, 즉 젊었을 때는 아버지, 결혼했을 때는 남편, 과부가 되었을 때는 아들의 요구와 필요를 채워주어야 하는 의무와 관련되어 있다(Ebrey 2008).

이 체계는 여성의 사고 방식과 행동을 통제하는 하나의 관례로 작용해왔다. 이 관례는 여성이 따라야만 하는 세 가지 도리와 네 가지 덕(三從四德)으로 이루어져 있다.

**세 가지 도리**는 결혼하기 전에는 아버지에게 순종하고, 결혼 후에는 남편에게 순종하고, 남편이 사망한 후에는 아들에게 순종한다는 것이다.

**네 가지 덕**은 여성은 언제나 올바른 행동을 해야 하고, 공손하게 대화하고, 화려하지 않고 단정한 옷차림을 하고, 언제나 남편과 자녀를 돕는 역할을 담당해야 한다(중국어 웹싸이트 SOSO에서 번역)는 것이다.

중국 문화에서 여성이 얼마나 천한 존재인가를 잘 보여주는 속담들도 많이 있다.

재능이 없는 여성이 정숙한 여성이다.
딸보다 거위를 키우는 것이 더 수익이 좋다.

19세기 중반부터 20세기 중반에 걸쳐 중국에 서구 선교사, 과학과 기술, 민주주의, 그리고 평등 사상 등의 변화가 일어 났다. 여성의 낮은 지위는 1949년 이후의 공산주의 체제하에서 큰 변화를 맞이하였다. 마오쩌둥은 하늘의 절반을 떠받치고 있는 여성들을 부엌에 가둬놓지 말라고 했다. 이 모든 요소들이 여성의 지위에 변화를 가져오는 데 큰 영향을 끼쳤지만 시골 지역에서는 여성에 대한 전통적인 관점이 여전히 지속되고 있다. 링(Ling)은 다음과 같이 말했다.

중국이 여성에 대한 공적인 법규나 공개적인 선언 등에서는 지위가 향상된 듯 하나 실제로는 중국의 역사와 전통에서 내려 오는 관습은 좀처럼 사라지지 않고 있다.

최근의 여성에 대한 관점도 실용성 못지않게 전통의 영향을 받아 형성되고 있다. 중국에는 "시집가는 것은 물을 쏟아버리는 것과 같다. 그 물은 다시 주워 담을 수 없다"는 말이 있는데, 이는 여성이 결혼한다는 것은 단순히 자신의 집을 떠나 남편의 집에 가서 산다는 것 이상을 의미한다. 친정 가족은 딸을 완전히 잃어버리는 것과 같은 느낌을 갖게 된다. 사회 보장 제도가 확립되어 있지 않은 시골과 같은 지역에서는 아내를 데려올 수 있는 남자가 있는 것이 유리하다고 생각한다. 아들과 그의 아내는 부모가 늙고 병들었을 때 부양해 줄 수 있다는 것이다. 한 자녀 정책은 수많은 여아 낙태의 결과를 초래했다. 이유는 명확하다. 한 자녀 밖에 둘 수 없다면 부모를 부양할 뿐만 아니라 가문의 대를 이어갈 수 있는 아들을 택하는 것이 현명하다고 생각하기 때문이다.

이러한 매우 실용적인 이유들에 비추어 볼 때, 누가 궁극적으로 인간의 가치를 결정하는 사람인가에 대해 질문하지 않을 수 없다. 성경이 진리를 제시하고 있기 때문에 우리는 그리스도인으로서 먼저 이 질문에 대한 하나님의 뜻을 이해해야 한다. 모든 그리스도인들은 하나님이 자신의 형상을 따라 인간을 창조하셨고 생명을 부어주셨다는 것을 알고 있다. 그렇기 때문에 생명은 가장 고귀한 가치를 지니고 있다. 젓가락 여성들처럼 주변 사람들과 가족으로부터 사랑을 받지 못하고 있다고 느낄 수도 있다. 그러나 하늘과 땅을 창조하신 하나님이 우리 각 사람 모두를 사랑하고 계신다.

> 하나님이 세상을 이처럼 사랑하사 독생자를 주셨으니 이는 그를 믿는 자마다 멸망하지 않고 영생을 얻게 하려 하심이라(요 3:16).

우리는 이 세상의 모든 남자와 여자를 차별하지 않고 귀중한 존재로 여기시는 하나님의 사랑을 바라보아야 한다. 예수 그리스도는 남자들뿐만 아니라 여자들을 위해서도 십자가에서 돌아가셨다.

　하나님은 여성을 포함하여 모든 사람들과 개인적인 관계를 맺기를 원하실 만큼 우리를 너무나도 사랑하신다. 요한이 기록한 예수님과 사마리아 여인과의 만남 이야기는 모든 사람들에게 이 문제에 대해 되돌아보게 한다. 이 사건에서 예수님은 단지 사마리아 사람이 아니라 사마리아 여성에게 물을 달라고 요청하고 있다. 우리가 아는 바와 같이 당시에는 유대인 남성과 사마리아인 여성 사이는 물론이고 유대인과 사마리아인 자체가 교류할 수 없었다. 예수님의 행동은 누가봐도 명백하게 문제의 소지가 있었다. 만약 사마리아 여인에게 물을 달라고 하는 것도 잘못된 행동이라면 그녀와 대화를 나눈다는 것 자체가 충격적인 일이 아닐 수 없다. 더 나아가서 예수님은 그녀의 과거와 현재의 모든 일을 알고 계셨다.

> 너에게 남편 다섯이 있었고 지금 있는 자도 네 남편이 아니니 네 말이 참되도다(요 4:18).

　이 말은 그 여성에게 예수님이 선지자일 것이라는 확신을 갖게 했다. 이 대화는 거기서 끝나지 않았다. 예수님은 그 여성에게 자신이 누구인지 밝혔다. 우리 모두가 이 이야기를 잘 알고 있지만, 많은 중국 젓가락 여성들과 함께 이 이야기를 읽는다면 매우 익숙한 오랜 전통에 새로운 영감을 불어넣어줄 수 있을 것이다. 예수님이 사마리아 여성과 나눈 대화 속에서 우리는 많은 중요한 교훈을 얻을 수 있다.

　첫째, 예수님의 사랑은 유대인과 사마리아인을 포함하고도 남을 정도로 포용적이다. 갈라디아서 3:27-28의 "누구든지 **그리스도**와 합하기 위하여 세례를 받은 자는 **그리스도로** 옷 입었느니라 너희는 유대인이나 헬라인이나 종이나 자유인이나 **남자**나 여자나 다 **그리스도** 예수 안에서 하나이니라"라는 말씀은 우리 모두에게도 해당한다. 예수님은 사마리아인뿐만 아니라 사마리아 여성에게까지 다가감으로 그의 무한한 사랑을 확고하게 보여주셨다. 우리는 여성들뿐 아니라 시골 여성들이나 가난한 사람들 혹은 배우지 못한 사람들이나 소외된 사람들까지도 포용하고도 남는 사랑을 하고 있는가?

둘째, 예수님은 그 여성의 현재뿐만 아니라 과거까지도 잘 알고 계셨다. 그분은 사마리아 여성의 개인적인 사정과 여러 남편을 가졌던 경험 때문에 나쁜 소문을 듣고 있다는 사실까지도 알고 계셨다. 그 여성은 다른 사람들과 마주치지 않기 위해 가장 날이 더운 점심 시간에 물을 길러 우물가에 왔다. 예수님도 그 여성과 대화를 나누기 위해 특별히 이 시간을 택해서 우물가에 오셨다. 우리는 우리가 복음을 전하고자 하는 사람들을 진정으로 알기 위해 다가갈 준비가 되어 있는가? 물론 우리는 전지전능하지 않지만, 우리 주의의 사람들과 친구가 되고 시간을 함께 보내는 가운데 그들을 더 잘 섬기기 위해 그들의 과거와 현재를 알고자 하는 의지를 갖고 있는가?

셋째, 예수님은 그 여성에게 영원한 생명의 물을 선사하셨다. 영적인 대화가 시작될 때 예수님은 기회를 놓치지 않고 여성에게 "하나님은 **영**이시니 예배하는 자가 **영**과 진리로 예배할지니라"(요4:24)고 말씀하셨다. 우리는 사람들의 물질적이고 감정적인 필요들을 채워주어야 하지만, 그들의 영적인 필요를 채워주기 위해 살고 있다는 것을 잊지 말아야 한다. 예수님이 사람들을 그분에게로 오게 하신 것과 같이 우리도 예수님께 사람들을 이끌고 가야 한다. 나는 세 젓가락 여성들의 직장 상사에게서 많은 감명을 받았다. 그들은 모두 시골에서 상경한 값싼 노동력을 이용하기보다는 여성들을 보살피고, 교육하고, 가르쳤다. 세 여성들의 성공 이야기 뒤에는 이 사람들의 보살핌이 있었다. 불행하게도 이 이야기에는 한 사람의 그리스도인도 등장하지 않는다. 만약 이 이야기에 한 단원을 더 추가했다면, 그 여성들이 그리스도인을 만나 예수님을 영접하고 그들이 고향에 갈 때 가족과 친구들에게 돈과 선물뿐만 아니라 더 값진 것을 나눌 수 있게 했다면 좋았을 것이다.

중국 시골에서 도시로 이주하는 것에 대해 사람들이 많은 다양한 견해를 갖고 있겠지만, 아무도 멈출 수 없는 사회적 현상이 되고 있다. 렌 시안리앙(Ren Xianliang)이 "흐르는 물은 결코 썩지 않는다…"라고 말한 것처럼 도시 이주는 많은 유익을 가져다준다.

> 도시 이주는 사람을 자유롭게 하고 사회의 주역이 되게 하고, 자유의지를 실현하며, 구속과 속박으로부터 자유를 경험하게 하고, 인간의 존엄을 회복하게 한다. 도시 이주는 우리의 미래를 이끌어가는 길이다 (Wakabayashi 1990, 522에서 인용).

그럼에도 불구하고 만약 우리 중국인들이 여성에 대한 전통적인 관습을 바꾸지 않는다면 가난한 시골 여성들이 어디를 가든지 그들의 목표는 성취될 수 없을 것이다. 하나님이 여성을 남성과 다르게 만드셨지만 여성은 결코 쓸모없는 젓가락이 아니다. 오히려 하나님의 눈에는 그들도 대들보이다. 예수님이 그들을 위해 돌아가셨다는 사실 자체가 그들이 얼마나 소중한 존재인가를 증명하고 있다. 이제 우리 모두에게 주어진 질문은 우리가 예수님과 같은 관점으로 여성들을 바라보고 있는가? 예수님과 같은 방식으로 여성들을 대하고 있는가?라고 하는 것이다.

◈ **나딘 우즈(Nadine Woods)**는 중국에서 태어나 성장했고 현재는 싱가포르에서 살고 있다.

◈ 토의를 위한 질문들

1. "수백 년의 역사와 전통이 만들어 온 오랜 관습은 쉽게 사라지지 않는다." 그 이유는 무엇이라고 생각하는가? 문화 속에 자연스럽게 상황화되는 것과 변혁을 요구하는 복음이 충돌할 때 우리는 어떻게 이 문제를 해결해나가야 하는가? 문화에 도전하는 것(counter-cultural)이 어떤 상황에서 정당화될 수 있는가? 문화에 도전하는 것은 상황화를 거부하는 것인가?

2. 당신의 문화 가운데서 어떤 사회 집단이 소외되어 있고 부당한 대우를 받고 있는가? 교회들이 이러한 상황에 대해 선지자적인 메시지를 주고 있는가? 어떤 일들이 일어나야 하는가? 어떻게 변화를 가져올 수 있는가?

3. 강한 전통적 종교의 영향을 받고 있는 지역에서 그 문화에 대한 어떤 도전은 극심한 박해를 초래할 수 있다. 왜 이러한 일이 일어난다고 생각하는가? 당신은 이러한 상황에 처한 그리스도인들을 어떻게 도울 수 있겠는가?

# GLOBAL MISSION

**REFLECTIONS AND CASE STUDIES
IN CONTEXTUALIZATION
FOR THE WHOLE CHURCH**

# 19장

# 캄보디아 성탄절 축제

유조 이마무라(Yuzo Immamura)

캄보디아에서는 성탄절 행사가 모든 그리스도인에게 가장 큰 축제이다. 시골 교회들은 보통 예산이 충분하지 않아, 때로는 4월부터 성탄절을 위한 특별헌금을 받기 시작한다. 내가 언젠가 성도들에게 예산이 부족하기 때문에 성탄절 행사를 축소하고 행사가 끝난 후의 식사 파티를 생략하자고 제안했는데, 한 성도가 성탄절 행사는 반드시 축하행사(예배, 설교, 춤 등)와 파티 모두 진행해야 한다고 단호하게 말했다.

성탄절 축하 행사는 일반적으로 확성기에서 캄보디아 전통 음악이 흘러 나오면서 시작된다. 여성 무용수들이 무대에 올라와 압싸라 춤(전통적인 크메르 춤)을 추기 시작한다. 압사라는 본래 춤추는 천상의 선녀에 대한 신화였다. 이 무용수들은 왕관, 압사라 블라우스와 스커트, 벨트, 그리고 손목과 발목에 화려한 보석 장신구를 착용한 크메르 전통 의상을 입는다. 발을 움직일 때마다 발목에 달린 종소리가 잔잔하게 울려 퍼진다. 그 다음에는 소란스러웠던 관객들이 조용히 춤을 감상한다. 압싸라 음악은 캄보디아 사람들에게 매우 잘 알려져 있고 전통적이지만 기독교적인 내용의 가사로 대체해서 사용하고 있다. 많은 선교사들이 음악에 재능이 있는 현지 지도자들과 함께 전통적인 음악 선율을 사용하여 찬송가를 개발하고 있다. 많은 노래가 있지만 올해는 특히 "하나님은 놀랍도록 선하신 분이시다"라는 노래가 유행했다.

주 무용수가 제일 앞의 중간에 그리고 다른 무용수들은 그 뒤에 줄을 지어선다. 거의 모든 춤 동작들이 일사불란하게 진행된다. 모든 자세와 동작에는 풍부한 의미가 담겨있다. 예를 들면, 하나의 춤에서 손가락과 발가락을 뒤로 젖히면서 매우 우아하게 팔을 움직이는 동작은 낙엽이 하늘거리면서 떨어지고 있는 모습을 묘사한다. 그러나 일부 동작은 뱀(naga)과 같은 전통적인 힌두 신들을 묘사하는데, 교회에서는 이를 창조자 하나님께 드리는 예배로 그 의미를 대체하여 사용한다. 춤의 마지막 단계에서 압싸라 무용수들은 그들이 갖고 있던 은색 컵에 담긴 흰 자스민 꽃을 집어 관객들에게 뿌려준다. 아이들은 재빨리 앞자리로 달려가서 즐겁게 떨어진 꽃을 줍는다. 관객들에게 꽃을 던지는 것은 하나님이 사람들에게 복을 주시는 것을 상징한다. 이 단계가 끝나면 압싸라 무용수들은 무대에서 사라지고 음악이 빨라진다. 관객들은 오랜 시간 동안 큰 박수를 보낸다.

전체적으로 볼 때 이 춤은 관객들을 환영하고, 하나님의 축복을 기원하고, 하나님을 예배하는 것을 의미하지만 대다수의 캄보디아 그리스도인들은 각각의 자세와 동작에 대한 의미를 이해하지 못하고 있다. 압사라 춤은 성탄절과 부활절을 포함한 거의 모든 중요한 기독교 절기와 행사 때마다 공연된다(기독교 행사에서 볼 수 있는 또 다른 캄보디아 전통주의 의식은 성탄절 영상에서도 찾아볼 수 있다. 이 영상은 크메르 전통 춤 공연으로 구성되어 있다. 마리아의 임신 문제로 괴로워하던 요셉에게 나타난 가브리엘 천사는 크메르의 전통적인 천사의 옷을 입고 있다).

성탄절 행사는 성탄극 공연에서 절정을 이룬다. 일반적으로 캄보디아 사람들은 연극에 탁월한 재능을 갖고 있고 연극 감상을 좋아한다. 어른이나 아이들 모두 서로 다른 역할을 맡아 공연하는 것을 좋아하고 아무도 창피해하지 않는다. 때로는 즉흥적으로 공연하는 것을 즐긴다.

대부분의 국가에서 성탄극은 마태복음1장과 2장을 배경으로 만들고 일반적으로 동방박사들이 아기 예수를 경배하는 것으로 끝을 맺지만(마 2:12), 캄보디아에서는 여기서 끝나지 않는다. 성탄극은 요셉과 그의 가족이 이집트로 피난가서 헤롯 왕이 죽을 때까지 그곳에 머물다가 이스라엘 땅으로 돌아오는 것까지 포함한다(마 2:23). 사실상 연극해설자가 헤롯 왕이 모든 어린 아기들을 죽이라는 명령을 내린 것에 대해 설명하는 것에서 그치지 않고 배우들이 두 살 이하의 남자 아기들을 살해하는 행동을 연출한다. 이것은 즐거운 성탄절 행사에서 어울리지 않는 끔찍한 장면이 아닐 수 없다. 왜 이런 공연을 하는가? 한 가지 설명은 요셉의 가족이 탈출한 후 무사히 고향에 돌아온 사건이 캄보디아 사람들이 폴 포트(Pol-Pot) 정권 시절 태국 국경을 넘어 탈출하여 난민 캠프에서 지내다가 고국 땅으로 돌아온 경험을 떠올리게 했을 것이라는 추측이다. 이 이야기는 또한 그들에게 매우 심오한 하나님의 보호와 섭리를 이해할 수 있게 해준다. 캄보디아 사람들은 왜 이렇게 성탄극이 길어졌고 언제부터 시작되었는지 잘 이해하지 못하지만 대다수의 관객들은 이 성탄극의 추가부분에서 많은 감명을 받고 있다. 캄보디아 사람들은 성탄극을 통해 그들을 위한 하나님의 끝없는 사랑과 선한 계획을 다시 한번 상기한다. 이 공연이 그들로 하여금 참되신 하나님을 경배하고 찬양하게 한다.

이 글의 서두에서 언급된 캄보디아 그리스도인의 말과 같이 캄보디아의 성탄절 행사는 캄보디아 그리스도인들이 하나님의 위대한 사랑을 기억하고 주님께 진정한 감사의 예배를 드리게 하고 있다.

❖ **유조 이마무라(Yuzo Imamura)는 최근 캄보디아 해외선교회(OMF)국제 팀 지도자로 사역하고 있다.**

◈ 토의를 위한 질문들

1. 이 글에서 캄보디아 그리스도인들이 기독교 이야기를 상황화한 두 가지 주된 방법들을 찾아보라. 당신의 문화권에서 어떻게 적용할 수 있겠는가?
2. 효과적인 상황화를 위해 드라마와 시각적 예술이 어떤 역할을 할 수 있겠는가? 또 다른 사례들을 제시해보라.
3. 이 글의 서두에서 캄보디아 사람들이 성탄절 행사를 간소하게 하지 않고 호화롭게 진행해야 한다고 주장하는 이유가 무엇이라고 생각하는가? 모든 상황에서 이 주장이 적용될 수 있겠는가? 어떤 원칙이 필요하다고 생각하는가?

20장

# 마우파이와 성경적 샬롬
## 복음에 대한 완전한 이해를 위하여

아데나 고로스페(Athena Gorospe)

1997년 신학교 안식년을 맞아 나는 일 년 동안 필리핀에서 가장 가난한 사마르(Samar) 북부 지역에서 생활했다.[1] 그들은 그들 자신을 "쓸모없는 존재"라는 의미의 "와라이"(Waray)라고 부르는데 이는 아무 것도 가진 것이 없다는 것뿐만 아니라 의미없고 쓸모없는 존재라는 자아상을 갖고 있다는 것을 의미한다.

아시아신학대학원(Asian Theological Seminary)의 한 졸업생이며 또한 내가 속한 단체의 회원인 한 사역자와 함께 학생 사역을 시작하면서 이 지역에서의 교회개척을 위한 지역 조사를 실시했고(Georspe and Cang 1998, 21-42), 목회자와 평신도 지도자 훈련을 진행한 바 있다. 나는 또한 격주로 주일 아침마다 라디오 전도 프로그램을 방송했다. 이러한

---

[1] 1992년도의 통계에 의하면, 사마르(Samar)가 포함되어 있는 필리핀의 동부 비사야스(Visayas) 지역은 최하위 소득계층이 30%를 차지하는 비콜(Bicol) 지역 다음으로 가장 가난했다(National Economic Development Authority, Coverage of Public Programs on Low Income Families, 1992). 약 80~90%의 가족들이 어업 혹은 고지대나 저지대에서 농업에 종사하고 있고, 이 집단은 시골 사회에서도 가장 낮은 소득 계층으로 분류되고 있다. 비사야스 동부의 가정 단위 일 평균 소득은 50페소로 1.25달러에 해당한다. Cramer and Cramer(1992, 7-8)를 참고하라.

사역을 진행하는 가운데 효과적으로 복음을 전하기 위해 사용할 수 있는 유용한 문화적 가교(cultural link)를 찾기 위해 노력했다. 그 결과로 와라이들이 주로 사용하는 "마우파이"(*maupay*)라는 단어에 주목하기 시작했는데 이 단어는 성경의 샬롬(shalom)과 개념적 유사성을 갖고 있다는 것을 발견할 수 있었다.[2]

## 1. 마우파이와 샬롬의 연관성

마우파이는 사마르에서 가장 자주 사용되고 있는 단어 가운데 하나이다. 인사말인 이 단어는 "모두들 안녕하세요"(마우파이 웅가 아가 사 이요 으가 타낭⟨*Maupay nga aga sa iyo hga tanan*⟩)라는 의미로, 다른 사람들의 안녕을 기원하는 말이다. 어떤 사람이 "안녕하세요?"라고 물었을 때 "잘 지내고 있습니다"(마우파이⟨*Maupay*⟩) 혹은 "잘 지내지 못합니다"(디리 마우파이⟨*diri maupay*⟩) 등이 가장 적절한 대답이다. 마찬가지로 고대 히브리인들의 인사도 서로 평안을 기원하면서 이 단어를 사용했다. 이 인사에는 한 사람의 총체적 안녕을 기원한다는 의미가 담겨 있다.

그러나 마우파이는 일상 생활에 필요한 기본적인 음식과 돈이 부족하지 않기를 바라는 물질적인 풍요에 대한 기원을 내포하고 있다. 사마르의 가족들에게 있어서 "조화로운 삶"(마우파이 응가 키나부이⟨*maupay nga kinabuhi*⟩)은 일상적인 가정 생활을 영위하는 데 있어서 필요한 최소한의 수입을 갖게 되는 것을 의미한다. 마찬가지로 샬롬의 가장 일반적인 의미도 물질적이고 신체적인 차원의 경제적 풍요를 기원하는 것

---

[2] 이 글의 일부는 Gorospe(1999, 27-47)을 인용한 것이다.

이다(Yoder 1987, 11).³

레위기 26:3-13은 샬롬의 일부로 풍성한 식량과 안전 문제와 관련이 있다는 사실을 강조하고 있다. 시편 37:11에서의 샬롬은 땅을 소유하며 큰 평안을 누리는 것과 연결 짓고 있다. 미래에 대한 예언자들의 소망 가운데 하나는 이스라엘이 재산을 되찾아 가난에서 벗어나 풍요를 즐기는 것이었다.⁴

마우파이도 건강하고 질병과 악령에 시달리지 않는 것을 의미하고 있다. 이 용어는 신체적인 해로부터 보호받는다는 뜻도 갖고 있다. 더 나아가 감정적이고 영적인 안녕과 관련해서도 이 용어를 사용하고 있다. 샬롬도 신체의 건강과 총체적 안녕,⁵ 위험으로부터의 보호, 전쟁의 승리, 그리고 여행과 분쟁으로부터의 안전 등과도 관련이 있다.⁶ 샬롬을 누린다는 것은 두려움과 염려로부터 해방되고 신체적이고 감정적인 온전함을 경험한다는 것과 같다.⁷

그러나 마우파이와 샬롬은 한 개인의 신체적이고 감정적인 상태에만 머물지 않고 조화로운 관계도 포함하여 사용되고 있다. "관계가 마우파이하다"는 것은 베풀고, 나누며, 개방적으로 의사소통하고, 함께 먹고 이야기하고 일하는 관계를 말한다. 사람들이 함께 모여 기쁨을 나누고 즐겁고 재미있는 활동하는 것을 마우파이라고 한다. 반면 샬롬의 관계는 양쪽 모두의 주장과 필요가 균형을 이루는 조화로운 평등 관계를 의미한다(Von Rad 2001, 1:130). 샬롬은 긴밀한 친분 관계를 즐기는 개인들의 상호 관계의 성격을 갖고 있다.⁸ 샬롬의 이 관계는 정치,

---

3 시 73:3; 샬롬이 가장 좋은 밀을 수확하는 것과 관련되어 있는 시 147:14도 참고하라.
4 Yoder(1987, 12), 렘 33:6-9 인용; 사 54:1114; 66:12-14; 슥 8:11-13도 참고하라.
5 창 43:28; 시 38:3; 사 38:16.
6 창 28:21; 수 10:21; 대하 19:1.
7 시 4:8; 삿 6:23; 창 43:23; 삼상 1:17.
8 긴밀한 친분 관계 개념은 예레미야가 자신을 배신한 친한 벗 혹은 친구(NRSV에서는 친한

경제적 동맹에도 적용할 수 있다.[9]

사람들과의 관계에서 마우파이는 바람직한 도덕/윤리의 수준과도 관련이 있다. 샬롬은 또한 도덕-윤리 의식을 내포하고 있다(Yoder 1987, 16).[10] 성경에서 샬롬의 도덕-윤리적인 의미는 의로움(righteousness)과 병행하여 사용되고 있다.[11] 샬롬의 사람은 의롭고 진리를 추구하고, 정의를 실천하는 사람을 말한다. 의로움이란 궁극적 윤리 규범이라기보다는 어떤 사람이 특정한 인간 관계 가운데서 쌓아 온 신의(faithfulness)에 더 가깝다(Von Rad 2001, 1:370-72).[12] 고대 이스라엘 백성들 사이에서는 한 공동체 안에서 반드시 준수해야 할 도덕적 규범을 갖고 있었다. 이 규범이 준수될 때 비로소 샬롬이 유지될 수 있었던 것이다. 마찬가지로, 와라이(Waray) 문화 속에도 어떤 사람이 공동체의 가치를 충족시키고 보여줄 때(낯선 사람들을 환대하는 등) 그는 마우파이로 인정받게 된다.

사람과의 관계 외에도 마우파이는 물건을 지칭할 때도 사용된다. 물건을 가리킬 때는 미적인 즐거움을 주거나, 흠이 없고 훼손되지 않았으며 제 기능을 잘 발휘하는 상태를 뜻한다. 마지막으로, 마우파이는 어떤 사람의 일을 지칭하기도 한다. 일이 전문성과 지식과 그 일에

---

친구 혹은 믿을 만한 친구 등으로 번역)라고 표현한 렘 20:10과 렘 38:22에서 찾아 볼 수 있다(Yoder 1987, 14), 시 41:9과 비교.

**9** 솔로몬과 히람의 관계(왕상5:12)의 예를 보라.

**10** 시 34:14에서 샬롬을 추구하는 것은 악행을 떠나 선한 행동을 하는 것과도 관련이 있다. "샬롬의 사람"이란 온전하고 정직한 사람(시 37:37)을 말한다. 슥 8:16-19에서 샬롬은 진실과 완전한 정의라는 의미로 사용된다. Healey(1992, 5:206)을 참고하라. 많은 성경 본문에서 샬롬은 사악함의 정반대 개념으로 사용되고 있다(시 34:14; 잠 10:9; 사 48:22). Good(1962, 3:705)를 참고하라.

**11** 시 85:10; 35:27; 72:2-3; 사 32:17.

**12** 이와 같이 인간 관계 가운데서의 신의는 다른 사람과의 관계에서는 다르게 보일 수도 있다. 예를 들면, 유다와 다말의 경우(창 38장) 유다는 자신이 다말과의 관계에서 요구되었던 의무 사항을 준수하는 데 실패했기 때문에 자신을 의롭다고 말하지 않고 다말이 자신보다 "더 의롭다"고 말한다(유다는 자신의 아들 셀라가 장성한 후에 다말에게 주겠다는 약속을 지키지 않았다). Achtemeier(1962, 4:80)을 보라.

영향을 받는 사람들에 대한 관심을 배려하여 신중하고 완전하게 끝났을 때 마우파이라고 말한다. 정부가 무능, 부패, 그리고 사람들의 필요에 대한 무지 등으로 타락했을 때 그 정부를 "와라이 우파이"(*waray upay*, 나쁘다)라고 표현한다.

### 1) 마우파이와 샬롬의 만남

마우파이와 샬롬의 공통 부분은 복음 전도, 신학적 성찰, 그리고 와라이 사람들의 변화된 삶을 위한 이상적인 출발점이 될 수 있다. 한편으로는, 성경적 샬롬이 조화로운 삶에 대한 열망을 완전하게 해줄 수 있다. 다른 한편으로는 성경적 샬롬 사상이 마우파이라는 용어 속에 있는 다른 사상의 중심으로 들어올 수도 있다.

와라이 사람들에게 있어서 조화로운 삶에 대한 갈망은 우선적으로 가족 혹은 확대된 가족 관계의 필요를 채우는 것을 말한다. 이러한 열망은 공동체, 사마르 사회, 그리고 더 나아가서 국가 전체의 관심 등으로 확대될 수 있다. 성경의 샬롬은 개인에게만 한정되지 않고 공동체들과 국가들에게도 적용될 수 있다. 샬롬이 있는 국가는 경제적 풍요와 정치적 안정을 즐길 수 있고,[13] 하나님을 두려워하는 국가이다. 한 개인이 질병으로부터의 치유를 필요로 하는 것처럼 국가도 경제적 그리고 정서적 안녕과 일체성의 회복을 필요로 한다.[14] 조화로운 삶에 대한 갈망은 개인과 가족 혹은 집단의 차원에서뿐만 아니라 사마르와 필리핀의 모든 국민, 그리고 더 나아가서 전 세계의 모든 공동체로 확대될 수 있다.

---

[13] 고대 이스라엘 사람들에게 있어서 정치적 안정은 다른 국가들의 공격과 정복으로부터의 보호와 내부적 갈등으로부터의 자유를 뜻한다.
[14] 사 57:18-19 그리고 샬롬이 이스라엘 국가의 치유와 관련되어 있는 렘 33:6-8을 보라.

와라이 사람들은 조화로운 관계를 유지하고 핵가족, 대가족, 혹은 가장 밀접한 사람들 사이의 깨어진 관계를 회복하는 것을 가장 중요하게 생각한다. 그러나 앞서 언급한 바와 같이 개인적인 우정과 친분 관계뿐만 아니라 국가와 사람들 사이에서도 서로 샬롬의 관계를 확대할 수 있다. 고대 이스라엘에서 국가 혹은 민족 집단이 "샬롬의 언약"을 맺어 적대적 행동을 중단하고 상호 공존을 위한 협약을 맺는 것은 흔한 일이었다.[15] 샬롬은 서로가 약속한 의무 사항을 성실하게 준수할 때 비로소 유지될 수 있다(Healey 1992, 206). 이는 샬롬이 전쟁과 갈등이 제거된 상태를 의미하는 것이다(삿 4:17; 삼상 7:14). 필리핀의 반군단체인 신인민군(New People's Army, NPA)과 정부군 사이의 갈등이 오랫동안 지속되어 온 지방에서 치유의 메시지, 공정한 배상금, 그리고 약속의 준수 등을 포함하는 "샬롬의 언약"이 반드시 실현되어야 한다.

더 나아가 조화로운 관계에 대한 갈망은 조화로운 삶의 한 부분이지만 이 관계는 주로 사람들과 관련하여 이해하고 있다. 샬롬의 성경적 관점은 인간과 땅 그리고 모든 창조물 전체를 포함하는 관계로 확대하고 있다. 이러한 관점은 특히 지난 40여 년간의 화전농업으로 광범위한 산림 훼손과 불법 벌목이 진행되어 온 사마르와 같은 지역에서는 매우 중요한 의미를 지니고 있다. 특히 사마르는 잦은 태풍과 토양을 황폐하게 하는 암반층으로 인해 침식 작용, 홍수, 그리고 산사태 등의 재해가 끊이지 않고 있다.[16] 이와 같이 조화로운 삶의 비전은 인간의 조화로운 상호관계로부터 시작하여 우주적 관계에 이르기까지 확대될 때 비로소 성취될 수 있는 것이다. 다른 필리핀 사람들과 마찬가

---

[15] 이삭과 아비멜렉이 서로 해를 입히거나 괴롭히지 않기로 약속하는 평화 조약을 맺은 것도 하나의 사례가 될 수 있다(창 26:29-31).

[16] 1952년도에 86%를 차지했던 산림지역이 1978년에는 46%로 감소했고 1987년도에는 불과 10%만 남아 있다(Cramer and Cramer 1992, 14-20).

지로 와라이 사람들도 마우파이를 "갈등이 없는 상태"로 인식하고 있다. 이 두 개념의 차이 가운데 하나는, 불만과 분노와 고통의 감정을 드러내는 것은 심지어 개인의 기본권과 관련되어 있다고 하더라도 마우파이로 간주하지 않는다는 것이다. 그러나 성경적 샬롬은 공평과 정의를 포함하고 있다.[17] 공평과 정의가 없이 겉으로만 조화롭게 보이는 마우파이는 피상적이고 일시적인 것이다. 조화로운 삶이란 갈등과 대립으로부터 자유로운 삶이 아니라 저항과 적대감에 직면하는 가운데서도 진실된 샬롬의 전제 조건이 되는 공평과 정의를 추구할 수 있다.

마우파이와 마찬가지로 샬롬은 물질적인 면이 강하게 내포되어 있음에도 불구하고 종교적인 용어이다(Von Rad 2001, 2:403). 샬롬은 하나님이 그의 백성들에게 주신 선물이다(Beck and Brown 1975, 2:778).[18] 샬롬의 조건은 하나님의 임재[19]인데, 이것은 믿음과 순종의 삶을 살아가는 백성들이 경험하는 삶이다.[20] 이와 같이 물질과 영성은 구분할 수 없는 것이다. 창세기 3장에 나타난 창조에서의 샬롬의 상실은 하나님과 인간의 관계의 단절로부터 시작되었다. 이스라엘의 추방으로 인한 샬롬의 상실도 야훼 하나님에 대한 불순종에서 비롯되었다. 이와 같이 조화로운 삶은 오직 하나님과 인간의 관계 회복의 은혜를 통해서만 경험할 수 있다. 하나님과의 올바른 관계가 샬롬의 전제 조건이다. 샬롬은 선물이지만 책임이기도 하다. 이것은 수동적인 태도로 샬롬을 추구할 수 없다는 것을 뜻한다. 샬롬은 치유, 회복, 화해, 정의, 그리고 공평

---

[17] 거짓에 대한 예레미야의 선포를 비난한 거짓 선지자의 사례에 명확하게 잘 나타나 있다. 왕과 백성들을 즐겁게 하기 위해 거짓 선지자들은 백성들이 우상숭배와 불의를 행하고 있음에도 불구하고 예루살렘에 평화가 있을 것이라고 선포했다(렘 6:13-15; 14:11-14).

[18] 왕상 2:33; 욥 25:2; 시 35:27; 시 85을 보라.

[19] 민 6:26; 고전 23:25

[20] 이스라엘 백성들에게 있어서 샬롬이란 야훼 하나님과의 언약에 순종할 때 오는 축복이었다(신 28:1-14).

에 대한 적극적인 참여를 통해서만 누릴 수 있다.

이것은 와라이 사람들에게 매우 특별한 의미를 가지고 있다. 와라이 시들은 암울한 삶의 현실에 대한 체념적 어조로 가득 차 있다(Vilches 1980, 69). 크래머와 크래머(Cramer and Cramer)는 와라이 사람들이 일한 결과물을 살펴보면 매우 운명론적이라는 사실에 주목하고 있다(27). 이러한 이유로 조화로운 삶에 대한 희망은 행동으로 옮겨지지 않고 있는 것을 볼 수 있다. 조화로운 삶에 대한 희망을 실현하는 것은 선물이기도 하지만 더 적극적인 태도를 취해야 도달할 수 있는 책임이기도 한 것이다.

다른 한편으로, 샬롬의 성경적 개념은 마우파이의 의미를 적용할 때 더욱 더 확장될 수 있다. 샬롬은 죄의 영향을 받기 전의 피조물의 상태를 나타내는 암시적인 개념이지만 샬롬은 마우파이의 의미를 물체 혹은 사물에 적용할 때보다 더 초점이 명확한 개념이 될 수 있다. 어떤 물체가 손상되지 않은 온전한 상태이고 그 고유의 기능을 완벽하게 발휘할 때 마우파이가 될 수 있다. 이 마우파이의 개념이 죄로 오염되기 전의 피조 세계 전체에 적용할 수 있다. 하나님의 창조는 마우파이였다. 그러나 인간의 불순종으로 피조 세계의 질서는 파괴되었고 혼란에 빠지게 되었다. 청지기가 아닌 소유자, 다스림이 아닌 지배, 보존이 아닌 착취를 추구하는 인간의 태도가 하나님의 창조를 손상시켜 버렸기 때문에 조화롭지 못하게 되었다(waray upay).

샬롬과는 본질적인 차이가 있는 마우파이의 또 다른 개념은 능숙함, 신중함, 그리고 빈틈없는 일처리 등과 관련이 있다. 그러나 만약 창조 활동을 샬롬 활동으로 본다면, 샬롬의 비전을 의도적으로 활동에 참여하는 것을 포함하는 것으로 확대할 수 있을 것이다. "조화롭고 창조적인 활동"으로서의 마우파이가 전문성, 효율성, 그리고 정부를 비롯한 다양한 산업 현장의 업무에도 적용될 수 있을 것이다.

## 2. 복음 전도

나는 마우파이와 샬롬의 연관성을 활용하여 와라이 사람들의 조화로운 삶에 대한 갈망의 이야기를 출발점으로 해서 복음을 전하곤 한다. 라디오 방송과 주간 학생 모임에서 나는 마우파이의 다양한 의미와 건강, 물질적 풍요, 정서적·영적 행복, 그리고 화목한 인간 관계 등 조화로운 삶에 대한 와라이 사람들의 희망을 하나씩 풀어 나가는 가운데 이러한 소망들 하나 하나가 성경적 샬롬의 비전에 의해 실현될 수 있다는 것을 보여준다. 그리고 우리의 죄와 다른 사람들의 죄가 하나님이 우리를 위해 예비해주신 조화로운 삶의 경험으로부터 멀어지게 한다는 것에 대해 마우파이와 관련된 각각의 요소들을 예로 들어 자세하게 설명해준다. 그러나 예수님의 성육신, 생애, 죽음, 그리고 부활이 우리가 다시 되돌아가야 할 샬롬을 경험할 수 있는 자리라는 사실을 강조한다.

나는 창세기 1-11장의 기본틀과 질서로부터 혼돈에 이르기까지의 변화 과정을 사용하여 그들에게 죄의 결과가 인간의 단순히 신체적, 정서적, 그리고 영적 상태뿐 아니라 하나님과의 관계, 인간 상호간의 관계, 그리고 모든 피조 세계 전체에 영향을 끼친다는 것을 보여준다. 샬롬이 창세기 1장과 2장에 명시적으로 언급되어 있지는 않지만 창조의 조화와 질서가 샬롬의 상황을 잘 표현해주고 있다는 것을 볼 수 있다. 창세기 1장에 나타난 최초의 창조에서 하나님의 창조 활동의 완수와 제7일째 되던 날의 휴식은 총체성과 조화로움을 보여준다. 하나님과 인간 사이의 조화, 인간과 자연의 조화, 인간과 동물의 조화, 그리고 남자와 여자의 조화가 있었다. 창세기 3장에서 인간의 불순종으로 남자와 여자에게뿐만 아니라 인간과 피조 세계 전체에 걸쳐 불화의 관계와 소외의 결과를 초래하였다. 창조는 "균열, 흩어짐, 분열, 그리고 평화의 상실"로 변질되어 버렸다(Healey 1978, 61-79). 이 혼란과 파괴의 역사는 창세기 4장부터 8장까지 이어지고(Clines 1978, 61-79), 인간 관계 가운데 이미 내재되어있는 혼란과 폭력성이 잘 드러난 노아의 홍수 사건에서 그 절정을 이룬다.

창세기 1-11장이 재창조로 결말이 맺어졌다는 사실은 반가운 소식이 아닐 수 없다. 창세기 9장은 무질서를 질서로, 부조화를 조화로 회복하기 위한 하나님의 헌신을 보여주고 있다. 그러나 창세기 11장에서 죄와 그 결과로 인한 혼란이 다시 발생하고, 창세기 12장에서 아브라함의 부르심과 이스라엘의 선택을 통해 또 다시 회복하시는 하나님의 역사가 시작된다.

평화의 왕자(헬라어로 에이레네〈eirene〉)이시며, 모든 피조물의 무질서와 부조화의 회복자이시고, 조화를 이루게 하신 예수 그리스도의 오심은 이 전 과정의 결말을 맺고 있다. 마우파이와 샬롬의 차이에 대해 앞서 논의한 바와 같이 그리스도를 통한 구원의 다양한 영역들에 대해서도 언급했다. 신체적 건강의 결여와 정서적 총체성의 관계에서 나는 그리스도의 치유 활동(막 5:25-34)과 우리의 생각과 감정을 위한 평화의 선물에 대해 다루었다(요 14:27). 그리고 단절된 관계로 인한 샬롬의 상실을 언급하면서 특히 오랫동안 전쟁에 시달려 온 사람들 사이에 필요한(엡 2:13-18) 그리스도의 화평의 역사에 대해서도 나누었다. 끝없이 계속되는 가난한 삶의 현실 속에서 가난한 자를 위한 복음에 대해서 말했고(눅 4:18; 마 11:5; 눅 7:22), 가난한 자를 위하여 가난한 자가 되신 그리스도(고후 8:9)에 대해서도 다루었다. 환경 악화의 문제에 직면하여 모든 피조물의 화해자로 오신 예수 그리스도를 소개했다(고전 1:19-20). 궁극적으로, 이 모든 것은 예수 그리스도를 통해서만 성취될 수 있고, 하나님과 우리의 평화로운 관계도 경험할 수 있다(롬 5:1).

사마르 북부의 와라이 사람들에게 복음을 전할 때 유용하게 사용하고 있는 또 다른 성경 이야기는 이스라엘의 형성, 추방, 회복의 과정이다. 특히 추방은 와라이 사람들에게 매우 강력한 인상을 심어준다. 소속감과 정체성의 상실, 하나님으로부터 버림을 받았다는 느낌, "젖과 꿀이 흐르는 땅"에 대한 갈망, 그들의 죄에 대한 하나님의 심판 의식 등은 사마르 사람들의 경험과 매우 흡사하다. 내가 사마르에서 학생들을 가르칠 때 한 여학생의 견해가 인상적이었다. 그 학생은 "우리가 이스라엘 백성들 같아요. 우리는 우리 땅에서…추방당했지요"라고 말했다. 아마도 와라이 사람들이 가장 높은 이주 비율을 보이고 있는 것도 이러한 이유 때문일지도 모를 일이다. 이와 같이, 복음을 전할 때 강조하는 주제들 가운데 하나가 바로 귀향이다. 하나님은 외로운 자들에게 돌아갈 집과 가족을 예비해두셨고(시 68:6; 113:9) 예수 그리스도를 통해 아버지가 계시는 집으로 갈 수 있다(John 14:2).

## 3. 결론

조화로운 삶에 대한 와라이 사람들의 소망을 동의, 비판, 그리고 확대하는 데 있어서 핵심적인 역할을 담당해주는 마우파이와 샬롬의 연관성은 사마르 북부의 와라이 사람들에게 복음을 전하는 매우 효과적인 방법이다. 나는 학생 사역을 통해 많은 열매를 맺을 수 있었고, 방송 청취자들 가운데서도 긍정적인 반응을 얻을 수 있었다. 앞서 논의한 바와 같이 창세기 11장의 창조-파괴-재창조 이야기는 재창조를 완성하신 예수 그리스도의 사역에 대한 해석과 함께 복음 전도의 중심 내용이 될 수 있다. 혹은 이스라엘의 형성-추방-회복 이야기를 하나님으로부터 추방된 상태의 회복을 위한 그리스도의 역할을 강조하는 가운데 사용할 수 있을 것이다. 그리스도를 통한 하나님과의 개인적인 관계의 회복 이 외에도 복음은 경제적 풍요, 치유, 화해, 정의, 그리고 공평 등도 구원의 핵심 요소들로 포함하고 있다.

◈ 아데나 고로스피(Athena Gorospe)는 필리핀 마닐라 소재의 아시아신학대학교(Asian Theological Seminary)에서 구약학 조교수로 재직하고 있다.

◈ 토의를 위한 질문들

1. 아데나 고로스피가 제안한 성경적 샬롬과 마우파이의 연관성을 신중하게 검토해보라. 저자의 주장이 어떤 면에서 설득력이 있다고 생각하는가? 이 논지의 약점은 무엇인가? 당신의 상황 가운데서 샬롬을 어떻게 적용하고 활용할 수 있겠는가?
2. 고로스피는 창조-파괴-재창조 그리고 이스라엘의 형성-추방-회복 등 두 가지의 성경 이야기를 제시하고 있다. 당신의 사역지에서 어떻게 적용할 수 있겠는가?
3. 소외감과 조화의 상실, 환경적 파괴, 그리고 이주 등의 문제는 이미 전 세계의 보편적인 관심이 되었다. 오늘날 우리가 직면하고 있는 이 거대한 난관들에 대한 변증론적 출발점으로서 고로스피가 제안한 샬롬과 마우파이의 연관성과 위의 두 가지 구약 이야기들이 주는 교훈은 무엇인가?

# GLOBAL MISSION

**REFLECTIONS AND CASE STUDIES
IN CONTEXTUALIZATION
FOR THE WHOLE CHURCH**

# 21장

# 인도 교회의 새 얼굴

폴 조슈아 브하키아라즈(Paul Joshua Bhakiaraj)

"마타(Matta), 피타(Pitta), 구루(Guru), 데밤"(Devam)은 인도에서 가장 흔하게 사용하는 단어들이다. 그 의미는 단순히 "어머니, 아버지, 선생님, 하나님"이고 인도 사람들은 이 순서대로 그들의 삶에 우선 순위를 부여한다. 따라서 인도 사람들은 가족과 계급(caste) 공동체에 절대적으로 충성하는 것을 다른 무엇보다 중요하게 생각하고 있다. 이러한 사고 방식은 단지 현재의 삶의 근간이 될 뿐만 아니라 내세에 대한 윤회 사상도 반영하고 있다.

이러한 사상과 더불어 기독교는 인도 종교가 아니라 서구에 의해 강요된 종교라는 인식이 널리 퍼져 있다. 따라서 그리스도인이 된다고 하는 것은 수천 년 동안 전해 내려 온 고유한 종교와 문화적 전통을 배신하고, 가정 생활 가운데서 담당해야 할 현재와 미래의 역할을 거부하며, 특히 인도 사회의 근간을 이루고 있는 계급 제도를 거부하는 행위로 간주하고 있다. 이러한 태도와 관습은 기독교 제자도와 교회에 매우 중요한 영향을 끼치고 있다.

## 1. 예수 박타(Yesu Bhaktas)

자신이 속한 제도적인 교회의 회원으로서 공동체에 대한 충성이라고 하는 민감한 주제에 대한 하나의 대안으로서 "교회없는 기독교"(Churchless Christianity)라고 하는 독특한 접근이 시도되고 있다. 신학적으로는 당연히 부적절한 개념이다. 그리스도의 제자는 그 의미상 그리스도의 몸인 교회의 지체가 되어야 한다. 그러나 이 현상 자체는 참신하고 타당성이 있다는 것을 부인할 수 없다(Hoefer 2001, xiv). "세례받지 않는 신자"(Non-Baptized Believer)와 "예수의 추종자"(Yesu Bhakta) 등의 용어들도 교회 없는 기독교에 해당하는 사람들을 지칭하여 사용하고 있다. 이러한 형태의 제자도를 지지하고 있는 스와미 묵타난드(Swami Muktanand)는 이 현상을 다음과 같이 설명하고 있다.

> 그리스도인이 된다고 하는 것은 그가 태어난 공동체를 떠나 새로운 공동체에 참여한다는 것을 의미한다. 이것은 또한 자신의 문화를 거부해야 한다는 것을 뜻한다. 그러나 그리스도의 추종자(follower of Christ)가 된다는 것은 반드시 그리스도인(Christian)이 되어야 한다는 것을 의미하지는 않는다. 이 잘못된 가르침은 힌두교도들의 삶을 사탄적이라고 간주했기 때문에 그리스도를 따르는 사람들은 반드시 힌두교적인 삶의 방식을 거부하고 유럽인들의 삶의 방식에 적응해야 한다고 주장하는 유럽인들로부터 온 것이었다…예수 박타라고 알려진 예수를 따르는 힌두 추종자들은 힌두 공동체의 관습과 문화를 유지하는 가운데 하나님 한 분과 예수 그리스도께 충성할 수 있다(Muktanand 2007).

### 1) 예수 박타가 어떻게 그리스도에 대해 관심을 가질 수 있는가?

많은 사람이 그들의 이웃 혹은 기독교 학교를 통해 그리스도에 대해 배울 기회를 갖게 된다. 이와 같이 개인적인 관계를 통해 습득한 그리스도에 대한 기초적인 지식이 그들의 기도가 응답이 되었을 때 혹은 질병이 치유되었을 때 더 심화되는 것을 볼 수 있다. 예수 박타들은 도덕성의 성숙과 죄의 용서에 대한 확신도 매우 중요하게 인식하고 있다. 많은 예수 박타들이 그리스도에 대한 깊은 영적 경험을 하고 있다는 것은 분명한 사실이다. 그들은 모든 신들에게 기도하거나 모든 신들이 궁극적 목적에 도달하는 데 있어서 동일한 가치를 갖고 있다고 믿는 혼합주의자들이 아니다.

### 2) 예수 박타와 제도적 교회

한편으로, 예수 박타들은 거의 대다수가 기존의 제도적인 교회들과 관계 맺기를 원하지 않는다. 다음은 이러한 현상을 잘 설명해주고 있는 유용한 글이다.

그 사업가는 교회에 가지 않고 집에 그림 한 장을 걸어 두고 그 앞에서 성경을 읽고 기도한다. 그는 기독교 재단에서 운영하는 학교에 다녔고 그곳에서 성경을 배웠다. 그는 기도를 통해 하나님의 도우심을 경험했다. 그는 기독교 라디오 방송을 듣고 있다. 그는 오직 퐁갈(Pongal) 축제에만 참여한다(주의: 퐁갈은 매년 3월에 3일간 개최되는 일종의 사회적인 행사인 이 축제에 마을 전체 공동체가 참여한다. 그 마을의 많은 그리스도인이 한두 가지 정도의 전통적인 가정 의례를 제외하고는 이 축제에 참여하고 있다).

이러한 형태의 신앙생활에 대한 본질과 이유에 대한 질문이 제기될 때 예수 박타로서의 정체성을 갖고 있는 사업가와 그의 동료들은 다음과 같은 사실을 인정한다.

그들은 세례(침례)를 받았을 때 예상되는 가족이나 친척들의 반응에 대해 두려워한다.
그들은 기독교 장례식을 선호한다.
그들은 공적인 기독교 모임에 참여하지만 그들의 아내들은 함께 가지 않는다.
그들은 예수님이 하늘에 데리고 가실 것을 기대하고 있고 그들의 자녀들을 돌봐주실 것이라고 믿고 있다.
그들은 세례(침례)를 받지 않은 것에 대해 후회하지 않을 뿐 아니라 이것 때문에 하나님이 불쾌해 하실 것이라고 생각하지 않는다.
하나님은 그들이 예수 그리스도를 추종하는 자들로서 훌륭한 삶을 살아가길 원하신다고 믿고 있다.
그들은 교회에 가야 한다고 느끼고 있다.
만약 세례(침례)를 받는다면 더 이상 극장 출입, 흡연, 혹은 또 다른 나쁜 습관들을 버려야 한다고 느끼고 있다.
그들은 가족과 친척들 사이에서 분란이 일어나는 것을 원하지 않기 때문에 아내가 기독교 신앙을 갖도록 설득하지 않는다. 그들은 현재 사회의 계급 제도와 가족의 구성원으로 받아들여지고 있다.
아내를 전도하는 최상의 방법은 기독교 문서를 보급하는 것이다. 만약 아내가 성경을 읽을 수 있다면 대화를 나눌 수 있지만 그렇지 않다면 단지 기도만 할 수 있을 뿐이다.
그들은 가까운 곳에서 열리는 기도 모임에도 참여하지 않는다.
그들은 예수님이 죄를 범하는 삶을 거부하고 다른 사람들에게 선을 베풀며 살라고 가르치고 있다고 믿는다(Hoefer 2001, 5-6).

이러한 신념을 가진 남자와 여자, 청년들과 노인들이 무수히 많지만 일반 대중 사이에서는 거의 눈에 띄지 않는다(Wingate 1997, 139-151도 참고하라). 그들은 대다수가 예수 그리스도에 대한 확고한 믿음을 가지고 있고 가족과 공동체 생활에 충실하고, 개인과 가족의 영성을 발전시키는 제자도에 대한 진실된 열망을 갖고 있지만 공동체의 사회 계급에서 추방되는 수치를 원하지 않는다. 그들이 살고 있는 복잡한 사회종교적 상황 속에서 공동체와의 조화를 이루는 것과 그리스도에 대한 확고한 믿음을 유지하기 위해 예수 박타들은 새로운 형태의 제자도를 추구하는데, 어떤 부분은 불가능한 것을 시도하는 것 같아 보이고, 다른 일부는 만약 예수님이 인도에 오신다면 받아주실 수 있을 것 같아 보인다. 기존의 제도권 교회에서 발견할 수 있는 가족과 공동체를 통합적으로 연결시켜주는 정체성은 그들의 사회종교적 결속과 안전을 박탈해 버릴 수 있는데, 이는 참으로 그들의 세심함에 대한 모욕이 아닐 수 없다. 폭력이 난무하는 현실에 굴복하거나 과거의 상태에 안주하는 대신 예수 박타들은 가족과 공동체의 견고한 결속을 무너뜨리지 않고 예수 그리스도와의 의미있는 관계를 발전시켜 나가고자 하는 열망을 동시에 충족시켜 주는 독창적인 방안을 만들어 낸 것이다. 이것은 특별한 의미가 있는 시도라고 할 수 있다.

### 3) 예수 박타들은 그들 스스로 어떻게 영성을 발전시키는가?

대부분의 경우, 예수 박타들은 그들의 개인적인 기도와 묵상을 통해 그리스도께로 나아간다. 간혹 용기를 내어 교회에 가기도 하지만 자신을 드러내지 않는다. 거의 대다수가 그들 스스로 신앙생활을 유지한다. 최근에는 기독교 라디오와 텔레비전 방송이 불필요한 관심을 끌지 않고 안전한 방식으로 영적 성장을 이루어가는 데 있어서 큰 도움을 주고 있다.

### 4) 이 운동의 수적인 규모는 얼마나 되는가?

세례(침례) 받지 않는 신자들에 대한 통계적 분포와 관련하여 어느 연구자는 "가장 헌신적으로 우리 주님을 따르고 있는 '다른 양들'은 청소년, 가정 주부, 고등 교육을 받은 사람, 그리고 가난한 사람 등 모든 계층에 흩어져 있다"(Hoefer 2001, 139-151)고 논평한다.

통계에 의하면 첸나이(Chennai, 마드라스의 인도식 이름)에서만 힌두와 무슬림의 25%에 해당하는 인구가 예수 그리스도를 따르고 있다는 것을 보여주고 있다. 이 도시의 절반의 인구가 예수 그리스도와의 영적인 관계를 유지하기를 원했고, 그에 대해 배운 경험을 갖고 있다. 4분의 3에 해당하는 인구가 예수 그리스도를 매우 높이 평가하고 있고 적절한 동기부여가 있다면 언제든지 그리스도를 개인적인 구세주와 주님으로 영접할 수 있는 상태에 있다. 뿐만 아니라 이 도시 전체 인구의 10%는 공식적인 그리스도인으로 집계되고 있다. 마드라스 시 인구의 최소한 3분의 1에 해당하는 인구가 예수 그리스도에 대한 깊은 신앙과 영성을 갖고 있는 것으로 예측하고 있다(Hoefer 2001, 109).[1]

이 통계는 예수 박타들이 소수 분파나 특이한 사례가 아니라 영향력이 있는 영적 운동이라는 사실을 보여주고 있다.

---

[1] 이 통계는 공식적으로 공표된 자료가 아니기 때문에 다소의 이의가 제기될 여지가 있다.

## 2. 예수 박타들을 위한 사역

예수 박타들을 발견한 이후 적절한 방법으로 이들을 돕기 위해 많은 노력을 기울여 왔다.[2] "기독교 다시 생각하기"(Rethinking Christianity)라고 하는 오래된 운동에서 현대의 활동가들은 새로운 형태의 제자도에 대한 많은 가능성을 발견하고 있다. 상황화된 전도와 예배에 대한 각종 세미나와 다양한 실제적인 시도들이 이루어지고 있다. 또한 일부 비판적인 관점의 연구도 진행되어 왔다. 최근에는 이 운동만을 다루는 정기 간행물이 발간되기도 했다. 그리스도에 대한 "힌두화된 헌신"의 성공에 대한 증거는 하나의 기본적인 전제에 대한 확신을 갖게 해주었다.

> 기독교 신앙이 내가 "기독교화된 힌두교"(Christ-ized Hinduism)라고 부르는 힌두교의 일부로서 인도에 스며들 수 있다고 나는 확신한다(Hoefer 2002).

이 부분에 있어서 또 다른 지도자인 H. L. 리처드(H. L. Richard)는 "다시 생각하기는 결코 사라지지 않을 것이며 서구 기독교는 인도에 결코 깊은 영향을 끼칠 수 없다"라고 말했다. 그리고 그는 더 나아가 다음과 같이 단언한 바 있다.

> 역사가 우리에게 주는 교훈 가운데 하나는…진정한 인도 기독교는 기존의 교회들로부터 시작될 수 없다(Richard 2002, 7-17).

교회에 대한 이러한 깊은 실망은 저명한 인도 기독교 개척자들이

---

[2] 여기서 나의 관심은 주로 개신교의 노력에 집중되어 있지만 하이드라바드(Hyderabad)와 바라나시(Varanasi)의 가톨릭교회도 큰 관심을 갖고 이들을 도와 왔다.

느꼈던 감정과 유사한 면이 있고 상황화된 형태의 제자도를 발전시키기 위한 그들의 노력을 연상하게 된다는 점을 지적할 필요가 있다. 이런 점에서 다시 생각하기 운동가들의 동기는 훌륭하다고 볼 수 있다.

그러나 그들의 개혁에 대한 열정을 살펴보면 기본적인 진리에 대해 충분히 고려하지 않았고 그들이 제시한 대안들이 그들의 사례에 실제로 도움이 될 수 있다는 철저한 검증이 이루어지지 않았던 것을 볼 수 있다. 만약 절대 다수의 제도적인 교회들이 획일적이고, 국가에 미치는 영향이 극히 미약하다면 새로운 형태의 기독교 제자도가 필요한지에 대한 논의는 더 이상 필요하지 않을 것이다. 만약 그리스도인이라고 하는 존재가 그 자체만으로는 아무런 주목을 받지 못한다면 왜 우리가 다시 생각해야 할 필요가 있는가? 좋든 나쁘든 이미 잘 알려져 있고, 독자적으로 생존이 가능할 뿐 아니라 많은 지역에서 이미 또 하나의 삶의 방식으로 인정받고 있다는 것은 이 국가에 영향을 끼쳐 오고 있다는 것을 증거하고 있는 것이다. 국가 전체 인구의 3%에 불과하지만 기독교가 지금까지, 그리고 현재도 그 숫자에 비해 훨씬 더 의미 있는 영향력을 끼쳐왔다는 것은 이미 잘 알려져 있는 사실이다. 복음이 퍼져가는 "발효" 현상은 적은 양의 누룩의 영향력이 얼마나 막강한가를 잘 보여준다. "토착적 기독교 신앙을 향한 진정한 발전은 결코 기독교 공동체를 통해 이루어질 수 없다. 이것은 반드시 교회의 지원과 격려 가운데서 '교회 없는 기독교'(Churchless Christianity)를 통해 성장해야 한다"(15, Hoefer 인용)는 주장은 다소 근시안적인 관점이라고 볼 수 있다. 리처드(Richard)는 강력한 논지로 다음과 같이 말했다.

힌두 상황에서의 깊은 상황적 제자도에 대한 다시 생각하기 운동의 목적은 오직 힌두 사회에서 발생한 새로운 운동을 통해서만 실현될 수 있다. 힌두 세계에서의 상황적 제자도는 힌두 문화와 공동체 속에서 그리스도가 중심이 된 운동이 태동할 때만 가능해진다(16).

　　이러한 주장이 암시하고 있는 다양성, 열정, 그리고 기존 형태의 기독교의 타당성에 대한 부정적인 관점은 그의 인내가 바닥을 드러내고 있음을 보여준다. 이 같은 견해가 상황적 제자도에 대한 논의에 크게 기여하고 있고, 심지어 실제적인 대안도 제시하고 있지만 만약 예수 박타 운동의 열정이 위에 언급한 논지 속에 머물러 있다면 그들의 진지한 목적을 넘어서는 결과를 초래하고 결국 그들의 전통적 교회 선조들과 무엇이 다를 바 있겠는가? 성장에 대한 열정은 비록 그것이 정당하고 적절할지라도 반드시 인내와 관용의 바탕 위에서 발휘해야 하는 것은 그리스도께서 말씀으로 가르쳐주셨고 그의 생애를 통해 보여주신 교훈이다. 더 나아가 만약 이 운동의 지도자들이 상황적인 적합성에 자부심을 가질 만한 성공적인 방법론을 발견했다면 인도와 같은 다원주의적 상황 가운데서 범 국가적으로 복음의 영향을 끼칠 수 있는 "유일한" 접근이라고 주장하는 것은 스스로 모순에 빠지는 오류를 범하고 있는 것은 아닌가?

## 3. 다양한 교회

　　인도에서 자신이 경험한 현실을 비교해보는 것도 바람직해보인다. 대다수의 방문자들이 입증하는 바와 같이 이곳에는 복잡한 다양성과 화려한 다채로움이 존재한다. 이러한 다양성은 교회의 문화에도 잘 반영되어 있다. 어떤 사람들은 여기서 초대교회에서부터 유래된 기독교 예배 형식을 발견할 수도 있을 것이다. 인도의 언어학적 그리고 문화적 다양성은 교회에도 동일하게 영향을 끼치고 있고, 교회도 그 다양성에 한몫 하고 있다. 이러한 상황 가운데서 그리스도에 대한 믿음의 표현에 있어서도 어느 정도의 다양성이 허용되어야 할 것이다. 그러나 기독교 신앙에 대한 표현 방식에 있어서 인도와 같은 다양화된 상황 가운데서도 특정한 권위주의적인 방식만이 강요되고 있는 것 같아 보인다.

최근에 인도 교회에서 일어나고 있는 고무적인 풍부한 다양성의 사례를 "기타 하위 계급"(Other Backward Caste, OBC)에서 일어나고 있는 영적 운동에서 볼 수 있다. 인도 인구의 절대 다수가 기타 하위 계급에 속하는 불가촉천민(Dalits)들이기 때문에 이 운동은 그 규모에 있어서도 매우 큰 의미를 지니고 있다.[3] 이 운동은 많은 연구자들이 증명해온 바와 같이 상황적으로 민감한 운동일 뿐 아니라 면밀히 연구할 만한 가치가 있다. 영적, 사회경제적, 그리고 종교문화적 차원 등을 포함하여 이 계급의 역사와 전통의 핵심 요소들에 대한 그들의 창의적인 접근 방식은 높이 평가되고 있다. 그리고 인도 사회의 변화를 위한 그들의 확고한 노력은 모두 건설적이고 이 운동의 대단히 매력적인 부분이 아닐 수 없다.

이 운동을 이끌어가는 사람들은 상류 브라만 계층의 세계관에 무의식적으로 사로잡혀 있는 교회들의 조류에 휩쓸리지 않아야 한다고 말한다. 지도자의 구성에서부터 성경 번역에 이르기까지, 신학에서부터 교회 사역에 이르기까지 교회가 지금까지 이 체계에 사로잡혀 있었고, 이제는 여기서 해방되어야 할 절박한 필요에 직면해 있다. 기타 하위 계급(OBCs)에 속하는 사람들을 대상으로 사역하고 있는 지도자들은 교회의 지배 구조를 거부하는 목소리를 내고 있고 그 성과를 보고 있

---

[3] 인도 전국표본조사청(National Sample Survey Organisation, NSSO)에 따르면 불가촉천민(OBC) 인구 40.94%, 지정 계급(Scheduled Castes) 인구 19.59%, 지정 종족(Scheduled Tribes) 인구 8.63%, 그리고 나머지 인구 30.80%를 차지한다(Times of India, Sept 1, 2007).

다. 그러므로, 그들에게 있어서 전통적 관습 가운데 머물러 있는 예수 박타 운동은 그들이 드러내고 근절해온 잘못된 전통에 여전히 사로잡혀 있는 사람들로 인식되고 있다. 그들은 예수 박타들이 추구하는 이러한 관습들이 사실상 기타 하위 계급과 불가촉천민들이 예수 그리스도를 따르는 데 있어서 장애 요소로 작용해왔다고 강조하고 있다.[4]

인도 교회를 단순히 획일적으로 다루는 것은 불가능하다. 반대로, 인도 교회는 다양한 배경과 전통을 가진 사람들에게 종교적, 문화적, 그리고 사회문화적 안식처를 제공하는 복합적이고 다면적인 실체로 인식해야 한다. 19세기와 20세기에 일어났던 민중 운동에서부터 예수 박타 운동과 같은 창의적 운동과 기타 하위 계급과 불가촉천민의 배경을 가진 사람들이 주님께로 나아오는 운동에 이르기까지 교회는 다양한 운동과 집단들로 구성되어 있다. 그들 각각의 고유한 특성들은 신중하게 다루어져야 하고 존중 받아야 한다. 그리스도를 향한 다양한 형태의 믿음의 표현들을 존중해야 하고 특정한 형식의 전통을 획일적으로 강요하는 것은 지양해야 한다.

사도행전에 언급된 바와 같이 만약 유대 신자들과 이방인 신자들 사이에 갈등이 있었지만 그들에게 있어서 그리스도에 대한 믿음이 무엇을 뜻하는지에 대해 그리고 그것을 1세기 상황 가운데서 어떻게 실천해야 할지에 대해 함께 모색했었다면 이와 유사한 문제에 직면해 있는 인도의 신자들도 초대교회의 사례에서 교훈을 얻을 수 있을 것이다. 초대 교회는 오늘날 우리가 처해 있는 상황 가운데서 시도해야 할 많은 흥미로운 사례들을 제시하고 있다.

---

4 이 견해는 기타 후진 계급(OBCs)을 대상으로 사역하고 있는 지도자들과의 광범위한 토론 가운데서 도출된 것이다.

## 4. 결론

우리는 지금까지 인도에서 전례가 없었을 뿐 아니라 매우 의미심장한 운동들에 대한 최근의 논의들을 살펴보았다. 흥미롭기도 하고 한편으로는 우려하는 마음도 있다. 그러나 자세히 들여다 보면 이러한 현상들에 대해 세심한 관심을 가져야 할 필요가 있다는 것을 알게 된다. 우리는 기존의 제도적인 기독교의 방법과 형태만으로도 우리의 선교적 목적을 성취할 수 있다는 무책임한 망상에서 깨어나야 한다. 그러나 우리는 역사를 되돌릴 수 없으며 역사로부터 배워야 한다. 사람들이 관심을 갖고 있는 더 나은 삶과 교회의 신학과 영성의 건강한 장기적 발전을 위해 성숙하고 지속적인 대화가 필요한 것은 자명한 일이다. 인도 교회를 건강하게 발전할 수 있게 하는 냉철한 사고와 열정적인 기도가 바탕이 된 심도있는 연구와 책임 있는 행동이 수반되어야 한다는 사실은 의심할 여지가 없다.

◈ 폴 조슈아 브하키아라즈(Paul Joshua Bhakiaraj)는 인도 뱅갈로(Bangalore) 소재의 남아시아신학대학원(South Asia Institute of Advanced Christian Studies)에서 가르치고 있다.

## ◈ 토의를 위한 질문들

1. 당신은 이 글의 저자 폴 죠수아 브하키아라즈가 언급한 예수 박타 운동의 어떤 부분을 수용하거나 거부하는가? 이러한 형태의 기독교 제자도가 갖고 있는 장점과 약점은 무엇이라고 생각하는가?
2. 세례(침례)와 기존의 제도적인 교회에 출석하기를 거부하는 예수 박타 사업가 집단이 제시한 이유들을 살펴보라. 이러한 문제들과 관련한 당신의 성경적 관점은 무엇인가? 이러한 문제들이 제기되었을 때 인도의 제도적인 교회들이 어떤 변화를 보여야 한다고 생각하는가?
3. 폴 조슈아 바하키아라즈는 인도처럼 다양하고 거대한 인구를 가진 국가에서 서로 다른 공동체에 접근하기 위해서는 교회가 다양한 형태의 접근 방식을 사용해야 한다는 의견을 제시했다. 서로 다른 형식을 추구하고 있는 교회들이 다양성 속에서의 연합을 이루어가기 위해 어떤 행동을 취해야 한다고 생각하는가?

# GLOBAL MISSION

**REFLECTIONS AND CASE STUDIES
IN CONTEXTUALIZATION
FOR THE WHOLE CHURCH**

# 22장

## 인도의 일반 대중을 위한 상황화

로빈 스미스(Robin Steve), 스티브 스미스(Steve Smith)

선교와 관련된 사람들을 포함하여 세계 대다수의 사람들은 인도의 대표적인 종교가 힌두교라고 알고 있다. 그러나 이 용어를 제대로 이해하고 있는 사람은 그리 많지 않다.

옥스포드 사전(New Oxford American Dictionary(2nd ed. For Apple OSX)에 따르면, 힌두인은 힌두교를 따르는 사람을 말한다. 이 사전은 힌두교를 이렇게 정의하고 있다.

환생(라마와 크리쉬나로 환생한)과 시바(*Shiva*)와 비쉬누(*Vishnu*), 칼리(*Kali*), 두르가(*Durga*), 파르바티(*Parvati*), 그리고 가네쉬(*Ganesh*) 등을 포함한 **많은 남신과 여신들 가운데 하나 혹은 그 이상을 숭배하는 공통적인 신앙을 공유하고 있는**…종교의식과 금욕을 실천하는 다양한 집단들과 철학적 학파들을 일컫는다. 힌두 사회는 전통적으로 계급(caste) 제도를 기반으로 하고 있다(강조는 필자에 의한 것임).

이 정의에 따르면, 힌두는 환생, 하나 혹은 그 이상의 신들에 대한 숭배, 그리고 전통적인 계급 제도에 아직도 매여 있거나 그렇지 않은 사람을 뜻한다. 선교사와 인도 기독교(인도에서 설립된 교회 신자들)를 포함한 전 세계 대다수의 사람들이 이 정의를 받아들이고 있다.

만약 이 정의가 잘못되었다면 어떻게 되겠는가?, 만약 우리가 힌두인이라고 부르는 대다수의 인도 사람들이 전 세계 대대수의 사람들이 힌두에 대해 잘못 이해하고 있다고 생각한다면 어떻게 될 것인가? 만약 그렇다면 선교사들과 인도 그리스도인들이 6억2천5백만 명이나 되는 인도 인구의 절반에 해당하는 사람들에게 잘못된 접근을 시도하고 있는 것이다.

여기서 우리는 몇 가지 통계 자료들을 살펴볼 필요가 있다. 통계와 관련하여 우리가 직면하고 있는 난관 가운데 하나는 1931년 이후로 인도에서 계급(caste) 사회에 대한 체계적인 조사가 이루어지지 않고 있다는 사실이다. 그러나 과거의 조사를 토대로 추정 수치들이 제시된 바 있다. 2001년에 발표된 자료에 따르면 인도 전체 인구의 80.5%에 달하는 약 9억6천5백만 명의 인도인들이 힌두교인이라고 추정하고 있다. 우리의 경험으로 볼 때, 이 거대한 숫자의 극히 일부만이 사전의 정의와 일치할 뿐이라는 사실을 발견할 수 있다. 더 나아가 역사적으로 볼 때 이 숫자에 포함된 인구의 절반은 여러 신을 숭배하지 않고 환생을 믿지 않으며, 여전히 계급 제도의 억압 가운데서 살고 있는 것을 볼 수 있다. 그러나 기존의 제도적 교회들과 선교사들이 9억6천5백만 명의 힌두인들이 모두 같은 신앙을 갖고 있다고 전제하고 그들에게 접근하고 있다. 힌두인들은 무엇을 믿고 있는가? 왜 잘못 이해하고 있는가? 우리의 전략에 어떤 변화가 필요한가?

## 1. 힌두란 무엇인가?

역사적으로, 힌두는 인더스 강 계곡(Indus River Valley)에서 온 사람들이라고 묘사하고 있다. 이것은 단순히 지리적 명칭일 뿐이며 종교적인 의미는 포함되어 있지 않다. 이는 곧 영국에서 태어난 사람을 영국인, 페르시아에서 태어난 사람을 페르시아인이라고 부르는 것과 마찬가지로 인더스 강 계곡 인근에서 태어난 사람을 힌두인이라고 한 것이다. 또한 1947년 이전에는 인도라는 단일 국가가 존재하지 않았다. 대신 수세기 동안 인도 대륙은 다양한 왕국들과 도시 국가들로 구성되어 있었다. 각 지역들은 그들 고유의 음식, 언어, 그리고 종교 등을 갖고 있었다.

결국, 영국이 이 반도를 통치하기 시작했다. 그들의 통치로 인해 영어를 공용어로 사용하고 철도 등의 기간 시설을 확립했다. 역사상 처음으로 이 반도의 학식이 높은 상위 계층이 서로 쉽게 의사소통하고 자유롭게 여행할 수 있게 된 것이다. 이 고등 교육을 받은 상위 계층이 서로 연합하여 정치적 자유를 위해 투쟁했고, 결국 인도는 독립 국가가 될 수 있었다. 자유를 위해 투쟁하는 동안 많은 지도자들이 그들의 정서적 공감대로서 힌두라는 용어를 사용하기 시작했다. 힌두가 인도 민족주의와 동의어가 된 것이다.

힌두라는 용어가 종교적 의미를 갖기 시작한 것은 오래되지 않았다. 독립 운동 지도자들이 이 용어를 그들의 종교 문화에 적용하기 시작한 것이 계기가 되었다. 문제는 고등 교육을 받은 인도 지도자 계층의 종교 문화가 일반인들의 종교와 매우 다르다는 데 있다. 힌두 지도자 계층은 인도의 전체 힌두교 인구의 12%에 불과하다. 이들이 인도의 상위 계층을 형성하고 있다. 이들의 신앙이 앞서 언급한 사전의 정의와 유사한 것이다. 반면에 일반적으로 힌두인라고 부르는 인도의 노동자 계층은 65%를 차지한다. 이 계층은 약 6억2천5백만 명에 달한다.

이들의 종교적 관습과 전통은 엘리트 집단의 그것과 완전히 다르다. 이들은 인도의 하위 사회 계층에 속해 있다.

여기서 우리는 이 하위 계층에 속한 사람들이 최근에 복음에 큰 관심을 갖기 시작한 불가촉천민(Dalits)이나 부족민들이 아니라는 사실에 주목할 필요가 있다. 인도의 계급 사회에서 이들은 불가촉천민과 부족민들 바로 위에 그리고 상위 계층의 아래에 위치하고 있다. 인도의 하위 계층 집단은 최근까지도 여전히 복음으로부터 소외되어 있다.

상위 계층의 종교와 하위 계층의 종교 사이의 구분에 대한 잘못된 이해가 인도 선교에 있어서 부정적인 영향을 끼치고 있는 것이 사실이다. 기존의 제도적 교회가 이 차이를 올바로 이해하고 있는가? 역사적으로 볼 때 상위 브라만 계층들만 배우는 것이 허용되었다. 그들은 학식이 있는 사람들이었고, 역사가들이고, 언어 선생들이었다. 서구 선교사들이 고등 교육을 받은 브라만 계층으로부터 언어를 배울 때 상위 계층이 사용하는 언어를 배웠다. 선교사들이 인도의 신앙에 대해 질문했을 때 그들은 엘리트주의에 입각한 브라만의 대답을 들은 것이다. 그 결과로 브라만 계층의 믿음이 모든 "힌두인들"의 믿음이라고 간주하기 시작한 것은 그리 오랜 시간이 걸리지 않았다. 이 잘못된 이해가 인도 교회에 들어 왔고, 지금까지 영향을 미치고 있다.

서구에서 찾아 볼 수 있는 이와 유사한 예는 선교사들이 중남미 원주민들을 대상으로 사역하기 시작하면서 원주민들의 종교와 그들의 언어, 그들의 믿음, 그리고 그들의 구술적인 전통에 대해 일반 문맹인 노동자들에게 물어보지 않고, 라틴어로 예배를 인도하는 가톨릭 사제들에게 물어 본 것이다! 비록 완전한 비유는 아니겠지만 적어도 종교 지도자와 일반 대중들 사이에 존재할 수 있는 관점의 차이에 대한 실마리를 제공해주고 있다. 인도의 기독교 신자들 대다수가 힌두 엘리트 집단과 하위 계층의 사람들이 갖고 있는 종교적 신념의 차이를 잘 이해하지 못한다. 따라서 인도에서 하위 계층의 대중들에게 예수 그리스도를 전할 때 적합한 말씀을 사용하지 못하는 것을 볼 수 있다. 그 결과 인도 기독교 신자들과 선교사들은 하위 계층을 형성하고 있는 인도 인구의 52%에 해당하는 사람들에게 접근하지 못하고 있는 것이다.

이러한 잘못된 이해의 단적인 사례 가운데 하나를 살펴보자. 현재 사용하고 있는 힌두어 성경에서 하나님을 지칭하는 용어로 "파메쉬와"(Parmeshwar)를 사용하고 있는데, 사실상 이 용어는 모든 신들 위에 존재하는 힌두의 신들 가운데 하나인 비쉬누(Vishnu)의 또 다른 이름에 불과하다. 교회는 이 용어의 기원을 잊어버린 채 오랜 세월 동안 사용해왔지만, 인도의 많은 하위 계층 사람들은 파메쉬와가 무엇을 뜻하는지에 대해 알고 있다. 하위 계층의 사람들은 파메쉬와를 그들을 억압하기 위해 환생한 신이라고 간주하고 있다. 그들을 억압하는 신에 대한 책을 읽고 싶어하지 않는 것은 당연한 일이다.

## 2. 인도의 하위 계층에게 어떻게 복음을 전할 수 있겠는가?

인도 인구의 거대한 비중을 차지하는 이 사람들에게 다가가기 위한 유일한 방법이라는 것은 존재하지 않는다. 하위 계층과 상위 계층 사이의 구분은 이미 보편화되어 있다. 그러나 선교사들과 인도 교회 신자들은 지속적으로 브라만 계층의 힌두 용어를 사용하여 접근하고 있다. 하위 계층에 접근하기 위해 이 부분은 반드시 달라져야 한다. 하위 힌두 계층에 다가가기 위해 우리는 그들 고유의 신념과 구술적 전통을 이해하고 그들 자신에게 내재되어 있는 종교적 체계와 복음 사이의 가교를 반드시 찾아야 한다.

고대 인도인들은 일신교 사상을 가진 사람들이었다는 사실이 설득력을 얻고 있다. 그들은 하나님을 위대한 하나님이라는 뜻을 가진 마하데브(Mahadev)라고 불렀다. 그들은 마하데브를 모든 인간의 선과 유익을 가져다 주시는 최고로 신성한 하늘에 계신 궁극적 절대자로 믿고 있었다. 역사적으로 볼 때도 마하데브와 관련된 우상은 존재하지 않았다.

주전 1000년 경에, 아리아(Aryan) 침략자들이 인도 반도를 지배하기 시작했다. 아리아인들이 서서히 인도 반도를 장악하고 있는 동안 원주민들이 갖고 있었던 신에 대한 개념을 자신들이 갖고 있던 다신적 신앙과 사회종교적 체계로 대체해버린 것이다. 원주민은 그들의 침략자들의 신앙을 받아들일 수밖에 없었고 특히 계급 사회라고 하는 새로운 질서에 적응해 나가야만 했다. 아리아 정복자들은 어떤 사람들은 섬김을 받고, 어떤 사람들은 섬기는 사람이 되도록 하나님이 명령하셨다고 세뇌시켰다.

아리아 정복자들은 비록 소수에 불과했지만, 그들은 두 가지 방법으로 그들의 권력을 유지시켜 나갔다.

첫째, 그들이 만든 사회적 질서를 대중들이 쉽게 수용하도록 하기 위해 종교적 용어들을 이용하여 전달했다.

둘째, 아리아 정복자들을 제외한 나머지 모든 사람에게서 교육을 받을 기회를 박탈했다. 시간이 지남에 따라 모든 인도 사람들이 문맹자, 무지한 자, 그리고 상위 계층의 노예로 전락해 버렸다.

오늘날, 우리 모두는 이 체계를 힌두교라고 부른다. 많은 사람이 힌두교가 계층적 사회 구조의 바탕 위에 전통적으로 형성되었고 오늘날에는 단순히 많은 신을 숭배하고 환생에 대한 믿음을 가진 사람들의 종교라고 인식하고 있다. 이것은 사실이 아니다. 지금까지 존속되고 있는 힌두교의 근간은 다음과 같다. 하나님에 의해 창조된 소수의 사람들만이 섬김을 받아야 하고 대다수의 일반 대중을 차지하는 하위 계층의 임무는 그들을 섬기는 것이라는 신념이다.

선교사들과 인도 교회 신자들이 이 힌두교의 진실을 이해하는 것이 매우 중요하다. 이 진실은 모든 하위 계층 사람들의 삶과 마음 속에 직접적인 영향을 끼치고 있다. 사실상, 그들이 당하고 있는 억압은 너무도 심각하고 오랫동안 이 사회에 깊이 자리잡고 있다. 이 비극적 상황으로부터 그들을 구하기 위해 돌아올 구원자와 왕에 대한 이야기를 하기 시작했다!

### 3. 구속적 유비(redemptive analogy)

발리 왕(King Bali)이라는 존경받는 왕이 있었다. 그는 의롭고 자비로운 중세 시대의 왕이었다. 그의 통치를 받는 모든 사람들이 그를 위대한 발리(Mahabali)로서 사랑하고 존경했다. 발리의 왕국은 계속해서 확장되었다. 결국 브라만 신들이 질투하기 시작했다. 우리도 발리의 지배를 받아야 하는가? 신들이 "보호자"인 비쉬누(Vishnu)를 찾아가 도움을 요청했다. 비쉬누가 그들에게 자신이 발리를 제압할 것이라고 약속했다. 그렇게 하기 위해 비쉬누는 아주 작은 난쟁이로 환생하여 거지로 분장하고 발리 왕 앞에 가서 구걸을 했다. 그는 왕에게 자신의 난쟁이 걸음으로 세 걸음에 해당하는 땅을 줄 것을 요청했다. 발리 왕은 이 작은 소원을 들어 주었다. 즉각적으로, 비쉬누는 정상적인 크기와 모양으로 되돌아 갔다. 그는 첫 걸음으로 지구 전체를 차지했다. 두번째 걸음으로 하늘을 차지했다. 그리고 세번째 걸음으로 그의 발을 발리 왕의 머리 위에 올려 놓고 그를 지하 세계로 밀어 버렸다. 그러나 발리 왕은 보복하지 않았고 비쉬누는 그가 백성들을 만나기 위해 일 년에 한번씩 돌아올 수 있도록 허용했다.

왜 발리 왕이 복수하지 않았을까? 이 이야기의 다른 전승에는 비쉬누가 마지막 한 발을 발리의 백성들의 머리 위에 올려 놓고 협박했다는 말도 있다. 발리가 그들을 구하기 위해 자신을 희생한 것이다. 그러나 서로 상충되는 부분을 배제한다 해도 왕의 이름 발리가 "희생"을 뜻한다는 사실에 주목할 필요가 있다.

디왈리(Diwali)는 인도에서 가장 보편화되어 있는 연례 축제이다. 상위 힌두 계층은 디왈리는 빛의 축제로서 램프에 불을 켜고 행운의 여신 라크쉬미(Lakshmi)를 집에 초청한다. 반대로, 대다수의 하위 계층 사람들은 촛불을 켜고 발리 왕이 돌아와 그들을 비극으로부터 구해 줄 것을 간청한다. 예수 그리스도와 발리 왕(희생의 왕)의 도래에 대한 소망을 연결하는 것은 인도 하위 계층 사람들에게 접근할 수 있는 가장 효과적인 방법들 가운데 하나라고 확신한다. 다음의 이야기도 좋은 사례가 될 수 있다. 이 사례에 직접 관련된 사람들을 보호하기 위해 가명을 사용했고, 정확한 지명을 드러내지 않았다.

수레쉬 파스완(Suresh Paswan)은 인도 동부의 하위 계층 출신 조각가이다. 그는 어느 조각가 모임의 대표인데 초등학교 4학년까지의 교육을 받았지만 글을 잘 읽지 못한다. 약 2년 전 "진리를 추구하는 사람들"(Truthseekers) 모임에서 수레쉬에게 전설적인 인물인 발리라자(Baliraja)를 포함하여 인도의 사회적 영웅들을 조각해달라고 요청했다. 작업하는 과정에서 수레쉬는 복음을 듣고 점차적으로 예수 발리라자(예수, 희생된 왕)에 대한 믿음을 갖게 되었다.

수레쉬가 예수의 추종자가 된 후 곧바로 두 명의 진리를 추구하는 자들의 모임 간사들이 그의 고향 마을을 방문했다. 그들은 매일 수백 명의 마을 사람들에게 밤 늦게까지 복음을 전했다. 마을 사람들은 하나님의 왕국이라는 새로운 단어에 주목했고 예수 발리라자에 대해 특별한 관심을 보였다. 그들은 이미 발리라자에 대해 들었었다. 그들의 선조들이 이 고대의 영웅적인 왕에 대해 그들에게 들려주곤 했었다.

그분은 정의와 진실로 백성을 다스렸다. 그러나 최근에는 상위 계층인 브라만 사제들이 발리라자가 신뢰할 수 없는 사탄의 왕이라고 가르쳤다. 브라만 사람들은 이 마을 주민들이 발리를 섬기지 말고 우상숭배를 통해 힌두 다신 사상을 가지는 것이 더 현명한 선택이라고 말했다.

우리 간사들이 그들과 대화를 나눈 후에, 마을 사람들이 그동안 속아왔다는 사실을 알게 되었다. 그들은 발리라자를 잊지 않아야 했고, 예수 그리스도를 궁극적인 희생의 왕으로 이해하기 시작했다! 오늘날 이 지역의 조각가들뿐만 아니라 다른 계층에서도 많은 사람이 하위 계층의 발리라자인 예수 그리스도를 통해 드러난 하나님의 왕국에 대한 진리를 받아들이고 있다. 수레쉬는 이 새로운 신자들을 목양해주실 것을 주님께 간구하고 있다.

아직도 연구가 진행 중이지만 이와 같은 경험을 우리가 배우는 것은 예수님 시대의 유대인들이 그들을 구해 줄 메시아를 갈망했었던 것처럼 많은 인도 하위 계층 사람들이 희생의 왕 발리라자가 돌아와서 그들을 억압으로부터 구해줄 것을 기다리고 있다는 것이다. 흥미롭게도 인도의 상위 계층 사이에서도 발리 왕에 대한 전통을 볼 수 있다. 그들은 흙으로 발리 조각상을 만들어 발로 밟아 부수어 버린 다음 그가 돌아오지 못하도록 저주를 퍼 붓는다. 상위의 소수 엘리트 계층과 절대 다수의 하위 계층 사람들 사이의 간격은 참으로 넓기만 하다.

## 4. 결론

진리를 추구하는 사람들(Truthseekers International)은 뉴 델리(New Delhi)에서 인도 하위 계층 전도를 위해 끊임없이 인도의 역사와 하위 계층의 구술적 전통을 연구하고 있다. 그들을 예수 그리스도께로 인도

하는 것은 발리에 대한 소망에서 끝나지 않는다. 신체적으로 발을 씻고 코코넛으로 성찬식을 거행하는 등 하위 계층 사람들에게 매우 의미 있는 방식으로 진리를 전할 수 있다. 더 나아가 우리는 지난 수세기 동안 계급 구조의 억압을 타파하기 위해 노력하고, 혹사당하고 있는 노동자들을 돌보시는 하나님에 대해 전파하고, 정의를 실현하며, 힌두교 사원에서는 결코 찾기 어려운 많은 사회 개혁가들, 시인들, 그리고 경건주의자들에 대해서도 연구하고 있다.

우리는 또한 상황화된 진리를 전달하는 데 있어서 수드라(Shudra)라고 하는 하위 계층 사람들의 이름 그 자체에서 출발할 수 있다는 사실을 발견했다. 이 용어의 문자적인 의미는 "노예"이다. 오늘날의 하위 계층은 계급 구조의 사회적 질서로부터 오는 억압에 지쳐있다. 상위 엘리트 계층의 노예로 살아가는 데 지쳐 있다. 그들은 다음 생애에 더 나은 존재로 태어난 것이 유일한 희망이라는 가르침에 분노하고 있다. 우리가 예수 그리스도를 인간을 소중하게 여기시는 분으로 소개할 때 믿음을 갖게 되는 것을 볼 수 있다. 힌두 신들과는 달리 예수 그리스도는 모든 인간에게 가치를 부여해주셨다. 그의 나라는 배타적이지 않고 포용적이다. 하위 계층의 사람들은 성경에 언급되어 있는 사회적으로, 정치적으로, 그리고 종교적으로 억압받았던 인물들과 동일시한다. 예수님이 억압당하는 사람들을 얼마나 귀중한 존재로 여기시는가를 그들과 함께 먹고 마시는 등의 말씀과 행동으로 보여주신 것에 대해 들을 때 그들의 가슴이 뛰기 시작한다. 인간을 존귀하게 만드신 분이 바로 하나님이시다.

오늘날 많은 하위 계층의 사람들이 주님께로 돌아오고 있는데 이는 마침내 그들이 이해할 수 있는 방식으로 복음을 들을 수 있게 되었기 때문이다. 진리를 추구하는 사람들(Truthseekers)은 하위 계층의 이야기와 종교적 관습, 그리고 전통을 복음과 접목하여 사용하고 있다. 우리는 예수 그리스도를 우리의 자유를 위해 기꺼이 자신을 내어주신 진정한 발리라자로 설명하고 있다. 예수 발리라자(Yeshu Baliraja)가 섬김을 받지 않고 겸손하게 섬기신 유일한 하나님이시다.

예수 그리스도께서 인간을 존엄하게 만드신 하나님이라는 진리를 전할 때 고려해야 할 매우 중요한 요소가 있다. 인도의 하위 계층 사람들은 말을 믿지 않는다. 만약 우리가 예수님이 생명을 소중하게 여기신다고 가르친다면 반드시 행동으로 그것을 보여주어야 한다. 그 결과로 우리 진리를 추구하는 사람들은 억압과 가난으로 고통받고 있는 사람들의 인권을 보호하기 위해 활발하게 노력하고 있다. 우리는 불평등이 발생하고 있는 지역에서 그들과 함께 시위에 참여한다. 우리는 인도의 억압받는 사람들 옆에 서서 적극적으로 그들을 돕고 있다. 우리는 지금까지 한번도 사람 취급을 받아 보지 못했던 사람들에게 하나님의 사랑을 보여주는 상징적인 의미로 세족식을 거행하기도 한다. 우리는 말과 행동으로 전달하는 것이 인도 하위 계층의 마음의 문을 여는 핵심 요소라는 사실을 발견했다.

우리는 인도 하위 계층의 사람들이 이해할 수 있는 방식으로 하나님의 나라를 증거하기 위해 더 많은 사람이 기도로 참여해주기를 당부한다. 그들은 인도 인구의 절반을 차지하고 있다. 그들이 위대한 해방자이신 하나님을 따를 때 글자 그대로 이 나라 전체가 변하게 될 것이다.

◈ 로빈과 스티브 스미스(Robin and Steve Smith)는 인도에서 진리를 추구하는 사람들(Truthseekers International)이라는 단체에서 사역하고 있다.

◆ 토의를 위한 질문들

1. 로빈과 스티브 스미스는 복음을 전하는 데 있어서 큰 장애 요소가 되고 있는 힌두교의 본질과 하위 계층의 종교적 본질에 대한 깊은 오해를 지적하고 있다. 왜 이런 일이 발생했다고 보는가? 다른 지역에서도 이런 오류를 범하지 않기 위해 우리에게 필요한 것은 무엇인가?
2. 발리라자(Baliraja) 비유의 장점과 한계는 무엇인가? 이러한 이야기들을 어떻게 개발할 수 있겠는가?
3. 이 이야기를 폴 조슈아의 글과 비교해보라. 이 두 이야기가 상호보완적인가? 아니면 서로 모순되는가? 왜 그렇다고 생각하는가? 이 저자들이 상황화의 어려움에 대해 무엇을 말하고 있는가? 예수 그리스도의 제자가 되게 하는 동일한 목적을 갖고 있지만 완전히 다른 방식으로 사역하고 있는 사람들이 서로 어떻게 도울 수 있겠는가?

23장

# 복음과 환대(Hospitality)의 실행

박준식(Park Joon-Sik)

내가 미국 오하이오 주 신시내티에서 1993년부터 2000년까지 목회했던 다문화 회중은 1998년 봄부터 다양한 인종이 살고있는 지역에서 커피 하우스와 농구 사역을 통해 도시 선교를 시작하였다. 1999년 봄부터는 신시내티에서 마약과 범죄로 가장 험한 오버-더-라인(Over-the-Rhine) 지역(경찰이 비무장한 흑인 십대 소년에게 총격을 가한 뒤 2001년 4월에 폭동이 일어난 곳)까지 사역을 확장시켰다. 매주 토요일 오후마다 우리는 오버-더-라인의 길거리에서 주민들을 만나 이야기하면서 그들에게 복음을 전달할 기회를 찾았다.

쓰레기로 뒤덮인 장소들과 폐쇄된 건물들로 가득 찬 오버-더-라인 구역을 걸어 다니면서 우리는 지역 주민들 가운데 존재하는 파괴감과 절망의 깊이에, 그리고 빈곤과 자포자기의 악순환에 의해 압도당함을 자주 느꼈다. 극단적인 인간적 고통 앞에서 전도하는 것과 사회적 관심의 실천은 비록 구분되지만 또한 긴밀히 연관되어 있기에 분리되기가 어렵다. 황폐한 길거리에서 낯선 사람들과 이야기하며 그들과 친밀한 관계를 이룩하려는 노력을 통해 우리는 많은 사람이 이미 복음을 들었었고 한때는 교회에 소속되기도 하였었다는 것을 발견하게 되었다. 복음은 그들에게 새로운 것이 아니었다. 오히려 그것이 좋고 참되다는 것이 입증되어야만 했다. 그들을 진정으로 돌보고 전인(whole person)을 섬기려는 노력 없이, 즉 성경적 환대(hospitality)를 실천하지 않고는 그리스도 안에 있는 하나님의 구속적 사랑을 신빙성있게 전달할 수 없었다. 우리는 그들의 삶 속에 들어가 우리의 삶을 함께 나누는 것이 필요했다. 그것은 매우 큰 도전이었지만 그 외에는 다른 길이 없었다. 우리는 전도 사역 안에서 환대의 절대적 필요를 인식하기 시작했다.

이 글에서 나는 전도를 성경적 환대의 실행과의 관계 속에서 보려고 한다. 환대는 전도와 동일하지도 않고 단순히 전도의 수단도 아니다. 환대는 전도를 위한 가장 중요한 상황으로서 그 속에서 진정한 전도가 일어난다. 환대의 실천을 통한 전도는 오늘날 북미와 서부 유럽의 교회들이 존재하고 있는 후기 기독교세계(post-Christendom) 안에서 특히 중요하다. 후기 기독교세계에서 교회는 더 이상 힘과 영향력의 중심에 있지 않고 급속히 주변으로로 밀려나고 있다.

레슬리 뉴비긴(Lesslie Newbigin)은 "서구가 회심할 수 있을까?"(Can the West Be Converted?)라는 글에서 현 서구 사회를 이교적 사회(pagan society)로 묘사했다. 더욱이 "그것은 기독교를 거부하는 데서 나온 이교 사상이기에 기독교 시대 이전(pre-Christian)의 이교사상보다 복음에 대해 훨씬 더 완강하게 저항하는 형태"라고 기술했다(Newbigin 1985, 10).[1]

더글라스 홀(Douglas Hall)이 적절하게 묘사하였듯이, "서구 사회는 기독교의 이론과 실천 사이의 괴리에 대한 인식을 가졌기에 기독교가 쉽사리 구원을 선포하는 것에 대해 불신을 갖는다"(Hall 1996, 368).

복음을 말로 선포하는 것은 전도에 있어 필수불가결한 차원이다. 전도는 분명히 언어적 사건(word event)이다. 하지만 전도의 원형적

---

[1] Newbigin은 또한 교회가 "싸워야 할 가장 공격적인 이교사상이 지금 '선진국' 진영을 장악하고 있는 이데올로기"라고 강조하고 있다(1995, 10).

(paradigmatic) 사건으로서 말씀이 육신이 되신 예수님의 성육신에서 나타나듯이 전도는 단순히 언어적 사건만은 아닌 것이다. 나일스(Niles)는 "기독교 복음은 말씀이 육신(flesh)이 된 것이다. 이것은 말씀이 단지 언어(speech)가 되었다는 것과는 다른 그 이상의 깊은 의미가 있다"(Niles 1951, 96)라고 주장한다. 사람들이 복음적 삶의 증거를 갈망하기에 성경적 환대의 실행은 복음을 구현하며 또한 복음의 증거가 "신뢰할 만하며 마음이 끌리도록" 만든다(Pohl 1999, xi). 전도자는 메시지와 분리되어 있는 기계적인 전달자가 아니다. 전도에 있어서 우리의 전 존재가 개입되고 나누어지는 것이다. 환대의 상황에서 복음은 생동력 있게 드러난다.

## 1. 전도를 위한 상황으로서 환대

우리는 환대를 실행할 때 우리가 맞이하는 사람과 교제 가운데 들어가려고 한다. 환대의 상황 가운데 실천되는 전도는 단지 복음에 대한 우리의 지식만을 나누는 것이 아니라 구속받고 변화되었으며 하나님의 은혜로 유지되는 우리의 삶을 함께 나누는 것이다. 복음의 좋은 소식을 나눌 때 증인의 삶과 기독교 신앙으로 초대받은 사람의 삶 또한 함께 나누게 된다. 이런 면에서 환대는 단순한 전도를 위한 상황 이상이다. 그것은 복음의 필수적 요소다. 사실 예수님의 전 생애는 폴(Pohl)이 말한 대로 환대의 삶이었다.

예수님은 사람들이 하나님 나라로 영접될 수 있도록 자신의 삶을 내어 주셨다(1999, 29).

코우닉(Koenig)은 그것을 다음과 같이 표현했다.

바울이 로마 사람들에게 "그리스도께서 너희를 영접하신 것처럼 너희도 서로 영접하라"(롬 15:7)고 권고하였을 때, 그는 복음의 핵심을 논한 것이다(Koenig 1985, 11).[2]

전도를 위한 동력은 요한일서 1:1-4절에 적절하게 묘사되어 있는데 특히 3절이 그러하다.

우리가 보고 들은 것을 너희에게 선포하는 것은 너희로 우리와 사귐이 있게 하려 함이라. 그리고 진실로 우리의 사귐은 아버지와 그의 아들 예수 그리스도와 더불어 누림이라(요일 1:3).[3]

따라서 전도를 위한 우리의 동기는 다음과 같다.

첫째, 그리스도를 통한 하나님의 영생으로의 초대로 우리 자신이 경험한 것과 그리스도 안에서의 사귐으로 우리를 영접해주신 것에 대한 감사에 기인한다.

둘째, 다른 이들을 하나님의 동일한 영접으로 초대하려는 우리들의 소원에 근거한 동기인데, 이 사귐은 단지 하나님과만이 아니라 서로와의 사귐으로의 초대이다.

환대 안에서 전도의 실천은 "모든 사람을 영접하는 하나님의 초대를 반영하며 또 그 초대에 참여하는" 것이다(Pohl 1999, 172). 이것을 염

---

[2] Koenig은 또한 교회의 성만찬 예전의 선교적 차원에 대한 그의 최근 연구에서 다음과 같이 주장한다. "그리스도가 우리 각자에게 보여주신 동정어린 개인적인 환영과 열심을 우리가 맛볼 수 있을 때야 그리스도의 선교에 참여하라는 명령에 응답하는 것이 가능할 것이다"( 마 11:28 이하; 롬 15:7 이하)(2000, 220).

[3] 이 글의 성경 인용은 New Revised Standard Version으로부터 왔다.

두에 둘 때, 전도에 있어 가장 중요한 질문 중 하나는 우리가 다른 이들과 기꺼이 우리의 삶을 나누며 또한 다른 이들의 삶 속에도 함께 참여하고자 하는가이다.

그리스도인의 환대에 있어서 궁극적인 초대자(host)는 그리스도이시다. 그리스도인으로서 우리는 자신의 자원으로 차려진 식탁이 아니라 그리스도의 식탁으로 불신자를 초청하는 것이다. 그 식탁으로 "모든 사람들이 동등한 자격으로 나아간다"(Pohl 1999, 158). 나일스는 그리스도인도 그리스도의 식탁에 주인이 아닌 단지 객일 뿐임을 강조하고 있다. 전도자로서 그리스도인의 역할은 다른 사람들을 그 식탁에 초대하는 것이다(Niles 1951, 96).[4] 누가와 사도행전에서는 코우닉이 "영적-물질적 영접"(spiritual-material welcoming)이라고 부른 선교의 방법이 거듭해서 우리에게 제시되고 있다. 누가는 "말씀의 사역과 식탁의 사역 사이의 필수적인 연합"을 증명하기 위해 주의를 기울이고 있다(Koenig 1985, 100). 이에 대한 분명한 예는 누가복음 15장에서 나타나는데 거기서 예수님이 제시한 세 가지 비유는 "전도가 무엇인가에 관한 전형적 묘사"이다(Niles 1951, 57).[5] 거기에는 잃어버린 양, 잃어버린 은전, 잃어버린 아들의 비유가 나온다. 예수님은 이러한 잃어버린 것의 비유들을 적절하게도 그가 세리와 죄인들을 영접하여 어울리며 그들과 함께 식사한다고 비난받는 그 순간에 말씀하셨다.

---

[4] 성경적 환대에서 초대자와 손님의 역할은 삭개오의 이야기에서 예수님이 그를 초청하신 것에서 잘 나타나듯이 매우 예측하기 어렵다. 초대자와 손님의 역할은 종종 교체되거나 역으로 뒤바뀐다. Pohl(1999, 121)을 보라. Steven Bevans는 선교사의 역할을 손님이라고 올바로 지적하였다. "나는 선교사들이 그들의 선교 활동과 영성의 일부분으로 배양해야 할 한 가지 기본적인 태도가 있다고 보는데 그것은 바로 손님이 되는 태도이다"(1991, 51).

[5] Robert C. Tannehil에 따르면 "이러한 비유들은 하나님과 예수님의 선교의 특성을 정의하도록 돕는다"(1986, 239).

이 사람이 죄인을 영접하고 음식을 같이 먹는다(눅 15:2).

전도와 음식을 함께 나누는 환대 사이의 중요한 연결이 여기에 있다. 전도는 영접하는 식탁(welcome table)의 상황 속에서 실행되어야 하는데, 그 식탁은 수용, 포용, 동등함의 표지(sign)이기 때문이다.

## 2. 경계를 넘는 실천으로서의 환대를 통한 전도

환대의 상황 속에서 이루어지는 전도를 위해서는 인종, 종족, 사회 경제의 심각한 경계들을 넘고자 하는 의도적이고 진정한 노력이 필수적이고 중요한 부분을 차지한다. 코우닉은 "하나님 나라는 식사와 같은 영접의 사건들을 통해 도래하며, 낯선 자들과의 교제를 통해 확장된다"고 이야기한다(Koenig 1985, 125). 타인들, 특별히 소외된 사람들에 대한 환대는 복음에 있어 본질적이며 그 선포에 있어 결정적으로 중요한 것이다.

초대교회에서 가난한 낯선 자들을 환대하는 것은 "기독교 복음의 진정성을 나타내는 중요한 특징들 중 하나가 되었고, 복음의 근본적인 표현이었다"(Pohl 1999, 33, 35). 우리의 전도 사역이 여러 경계를 넘지 못하고 문화적으로, 인종적으로 우리들과 비슷한 사람들에게 국한될 때 복음에 대한 우리의 증언의 신빙성 자체가 위기를 맞게 된다. 복음의 증거가 차별적이며 사회에 의해 만들어진 인종적, 민족적 경계선들을 뛰어넘지 못한다면 사실은 복음의 진정한 본질을 부인하는 것이다. 그러나 환대를 상황으로 하는 전도는 모든 사람의 동등한 가치를 인정하며 문화적, 사회경제적 차이에 기반을 둔 세상적인 차별에 복음을 타협시키지 않는다. 따라서 환대의 전도적 실행은 사회에 팽배한 관습에

도전하며, 지배적인 문화에 대해 예언자적 증언을 하는 역할을 한다. 나사렛 회당에서 예수님은 이사야서 61장을 읽으셨다.

> 주의 성령이 내게 임하셨으니 이는 가난한 자에게 복음을 전하게 하시려고 내게 기름을 부으시고 나를 보내사 포로된 자에게 자유를, 눈 먼 자에게 다시 보게 함을 전파하며 눌린 자를 자유롭게 하고 주의 은혜의 해를 전파하게 하려 하심이라(눅 4:18-19).

대부분의 신약성서 학자들은 "가난한 자에게 복음을 전한다"라는 구절 속에서 예수님 자신의 가장 근본적 사명을 발견할 수 있다는 데 동의하고 있다. 그렇다면 중요한 질문은 "누가 가난한 자인가?"이다.

"가난한 자"라는 어구에서 은유적 의미가 제외되서는 안되기 때문에 그 의미는 영적으로 가난한 자 또는 경제적으로 가난한 자 둘 중 어느 하나로 제한되어서는 안된다. 그러나 태너힐이 지적하듯이 그것은 무엇보다 경제적으로 압제당하고 가난한 자들을 언급하는 것이다(Tannehill 1986, 64). 그린은 "가난한 자"의 의미를 단순히 경제적으로 압제당하는 자뿐 아니라 "소외당한 자와 불우한 자"를 포함하여 사회의 가장자리에 놓인 사람들과 사회로부터 무시당하는 모든 사람들로 확장시키고 있다(Green 1995, 85). 해방신학이 공헌한 것 중 하나는 성경 해석학적 초점으로서의 "가난한 자"를 재발견한 것인데 그것은 기독교 복음에 대한 새로운 이해로 연결되었고 선교와 전도에 있어서 "가난한 자"의 우선성에 정당한 관심을 기울이도록 만들었다는 것이다. 해방신학이 "가난한 자들을 위한 우선적 선택"을 강조하는 것은 하나님이 가난한 자의 구원에만 관심이 있으신 것을 의미하는 것이 아니라 "가난한 자들이 하나님의 관심의 첫 번째 대상이라는 것이다. 그러므로 교회는 가난한 자들과의 연대와 결속을 구해야 한다"(Bosch 1991, 436).

신학에 있어 가난한 자들의 재발견은 선교와 전도를 위한 중요한 의미를 가진다. 가난한 자들과의 연대를 "기독교 선교의 중심적이고 결정적 우선순위"로 간주하며, 보쉬는 "일단 우리가 예수님이 가난한 자들 편에 서셨던 것을 인정한다면, 우리의 가난한 자들과의 관계를 사회-윤리의 문제로만이 아닌 복음의 문제로 보아야 한다"라고 강조한다(1991, 437). 예수님이 특별히 가난한 자들과의 연대를 보여주셨고 그들을 복음의 주요 대상자로 삼았다는 것은 부인할 수 없다. 복음이 신빙성 있게 전파되기 위해서는, 신자들은 예수님이 그분의 사역을 통해 가까이 하셨던 종류의 사람들에게 사려깊은 관심을 두면서 예수님의 전도적 실천을 따라야 한다. 따라서 코스타스가 강조했듯이 전도는 "아래로부터⋯즉 인간 고통의 심연으로부터 수행되어야 하는데 바로 그곳에서 우리는 죄인들과 죄의 희생자들을 동시에 발견하게 된다"(Costas 1989, 31).

사도행전에서 성령께서 교회가 경계를 넘어 나아가도록 계속 촉구하시는 것을 보게 된다. 실제로 사도행전에서 모든 전도적 노력은 경계를 넘는 것을 포함하고 있다. 사도행전의 가장 중요한 사건들 중 하나는 고넬료의 회심이다. 그것은 유대인 그리스도인과 이방인 사이의 전인적 최초의 대면으로서 향후 초대 교회의 전도와 선교에 중대한 의미를 부여한다. 여기서 이슈는 이방인 선교의 정당성의 문제가 아니라 유대인들과의 자유로운 교제를 가로막는 이방인의 부정함에도 불구하고 어떻게 선교를 수행해야만 하는가의 문제였다(Tannehill 1989, 135). 고넬료의 전체 사건을 통해 환대는 가장 지배적이며 또한 껄끄러운 이슈가 되었다. 따라서 이어지는 이야기에서 베드로가 예루살렘에 올라갔을 때 유대인 그리스도인들은 그가 할례받지 않은 사람들에게 가서 그들과 음식을 함께 먹었다고 비난하게 된다(행11:2-3). 여기서 "이방인들을 포용하는 것과 이방인들과 식탁교제를 하는 것은 분리될 수 없게 연관되어 있다"(Gaventa 1986, 121).

고넬료 이야기의 초점이 이방인 선교의 사회적 장벽에 있다는 것은 분명하다. 예루살렘 교회가 이러한 장벽을 극복하기 위해 베드로는 "하나님은 편파적이지 않으시다"(행 10:34)는 것을 직접 깨닫는 가운데 먼저 일종의 회심을 경험하여야만 했다. 베드로의 회심은 이어서 교회로 하여금 자민족중심주의(ethnocentrism)에서 다문화주의(multiculturalism)로 회심하도록 이끌었다. 가벤타(Gaventa)에 따르면 "누가의 기록에서는 진실로 베드로와 그 일행이 겪은 회심이 고넬료가 경험한 변화보다 훨씬 더 격렬한 것이었다"(Gaventa 1986, 121).

안타깝게도, 21세기 북미 교회는 다른 인종, 문화, 경제적 계층의 사람들에게 나아가기 위해 자민족중심주의와 동질성을 극복하여야만 하는 여전히 동일한 도전에 직면하고 있다. 하나님이 모든 사람을 사랑하신다는 사실과 하나님은 편파적이지 않으시다는 것을 부정하는 그리스도인은 없을 것이다. 하지만 많은 그리스도인과 교회들은 베드로와 초대교회가 그러했듯이 다른 문화의 사람들과 기꺼이 기쁨으로 교제를 나누며 상호간 환대를 실천하기 위해서 여전히 회심의 경험을 필요로 한다. 복음의 증언을 위해서 우리는 사회에 의해 만들어진 많은 경계선을 의도적으로 넘어야 하며 우리와 다른 사람들과의 관계를 이룩해야 한다. 다문화적이 아니거나 그렇게 되기를 추구하지 않는 교회라도 자신을 깊이 살피고 왜 자신이 단일문화적 양식에 고착되어 있는지를 질문해야 한다. 교회가 "타문화 사람들을 배제하는 형식의 전도 및 교회 형태"를 추구하고자 하는 위험은 언제나 존재하는데 그것은 "기독교의 증거를 인종주의, 계급주의, 자민족중심주의로 오염시키는" 결과를 초래할 수 있다(Guder 1999, 48). 하지만 환대의 상황 속에서의 전도는 신자들로 하여금 사회의 지배적인 패턴인 동질적 인간관계에 대해 도전하면서 자신들의 안전지대를 넘어 자신들과 다른 사람들을 만나 함께 공동체를 이루도록 초대한다.

환대를 실행하는 것은 아주 어렵고 힘이 든다. 그것은 우리의 어떠한 일부분이 아닌 전존재와 가진 것과 연관되어 있다. 또한 "항상 우리의 가능성의 한계를 넘어 다른 사람을 섬기고자 애쓰는 용기"를 요구하며 "언제나 우리 자신의 응답의 불충분함과 부적절함을 인식케 함으로 하나님의 개입과 공급에 대한 우리의 의뢰와 인식"을 심화시킨다(Pohl 1999, 131-32). 환대 가운데 전도하는 것이 그처럼 많은 것을 요구하기에 우리는 성령의 인도와 능력으로만 그것을 수행할 수 있다. 우리는 또한 증인의 역할을 하며 환대를 실행하는 공동체(a witnessing and hospitable community)를 필요로 하는데 그러한 공동체 속에서 모든 그리스도인들은 증인으로서의 본분을 의식한 의도적 증거를 위해 준비되고, 양육되며, 힘을 얻을 수 있다.

증인이 되는 것은 그리스도인과 신앙 공동체로서의 정체성과 소명의 핵심에 존재하기에, 우리의 선택 여지에 달려있지 않다. 우리는 증인의 삶을 "개인적으로나 공동체적으로나 그리스도인의 삶 전체를 규정하는 것"으로 이해해야 한다(Guder 1999, 55). 나일스(D.T. Niles)의 표현에 따르면 전도는 우리가 "그리스도인 됨"과 그리고 "교회로서 살아가는" 핵심과 직결되어 있다(1951, 33, 28). 전도의 진정한 동기는 우리를 향한 하나님 사랑의 체험과 모든 사람이 하나님 사랑의 대상이라는 진리를 깨달음에 근거를 두어야만 한다. 그리스도와의 부인할 수 없는 인격적 만남과 그분의 은혜에 대한 직접적 체험이 없이는 누구도 증인이 될 수 없다. 나아가 환대를 실천하고자 하는 사랑과 의지가 없이는 우리의 증거는 빈말과 헛된 의식으로 그치고 말 것이다. 전도는 "사랑의 수고"(Costas 1989, 18)이며 그리스도의 십자가에 참여하는 것이기에 성경적 환대는 전도를 위한 진정한 상황으로 받아들여져야만 한다. 비슷한 상황에서 이천여 년 전에 바울은 데살로니가 사람들에게 다음과 같이 썼다.

> 우리가 이같이 너희를 사모하여 하나님의 복음뿐 아니라 우리 목숨까지도 너희에게 주기를 기뻐함은 너희가 우리의 사랑하는 자 됨이라(살전 2:8).

◈ 박준식(Park Joon-Sik)은 미국 연합감리교회 목사로서 다문화 회중을 목회했었으며, 현재 오하이오 소재 연합감리교신학대학원(Methodist Theological School in Ohio)에서 선교학을 가르치고 있다.

◈ 토의를 위한 질문들

1. 박준식이 "환대"라고 하였을 때 그 의미는 무엇이라고 생각하는가? 왜 그는 환대가 "전도를 위한 중요한 상황"(context)이라고 주장하는가? 당신은 그것을 자신의 삶의 정황 속에서 어떻게 살아낼 것인가?
2. "믿음의 권속들"을 향한 환대와 신앙의 경계를 넘어선 환대 사이에는 어떤 차이점이 존재하는가? 당신의 문화에서는 무엇이 환대의 실제적 증거들로 여겨지고 있는가?
3. 박준식은 "환대를 실천하는 것은 아주 어렵고 힘이 든다"고 말한다. 우리는 주변의 많은 필요와 고통 가운데서도 스스로 탈진되거나 절망하지 않고 어떻게 우리 자신을 사랑 가운데 내어줄 수 있겠는가?

# 24장

# 주님을 위해 어떻게 노래하지 않을 수 있는가?
## 수단 딩카 부족 신자들의 노래

이사야 다우(Isaiah Dau)

최근에 끝이 난 수단의 내전 기간 동안 보르 딩카(Bor Dinka) 부족 사이에서 복음의 진리와 고난에 대한 반응이 담긴 매우 영향력 있는 노래들이 쏟아져 나왔다. 1,500개가 넘는 이 노래들은 고난과 믿음을 표현하고 있는데 여기에는 다양한 신학적 그리고 선교학적 주제들이 내포되어 있다. 이 노래들에는 전쟁이 초래한 대 격변과 파괴 그리고 하나님에 대한 믿음 사이에서의 깊은 고뇌가 담겨 있다. 또한 회개, 믿음, 구원, 신뢰, 보호, 비통함, 두려움, 불평, 한탄, 하나님(Nhialic)과 악한 영(Jok) 사이의 우주적 갈등 등 구속적 주제들로 가득 차 있다. 딩카 부족의 고유한 감성을 잘 살린 이 노래들은 성경적 교훈과 주제들을 반복해서 들려주는 가운데 듣는 사람의 마음에 깊은 감흥이 일어나게 만든다. 전통적인 딩카의 노래 문화가 거대한 대중 운동과 복음에 대한 그들 고유의 응답으로 기독교와 딩카 문화의 역동성이 통합된 새로운 기독교 축제로 발전한 것이다.

이미 잘 알려진 바와 같이 딩카 부족이라면 누구나 적어도 100곡에서 200곡 정도의 음악은 작곡하고 암기하여 부르는 음악성이 뛰어난 사람들이다. 그들은 언제나 소떼, 특히 황소에 대해 자랑스럽게 노래한다. 때로는 우화적이고 비유적인 언어를 사용해서 그들이 겪고 있는 슬픔과 고통, 그리고 멸시와 천대를 노래하기도 한다. 어떤 청년은 자신이 새로 산 황소를 자랑하거나, 아름다운 여성에게 잘 보이려고 하거나, 아니면 단순히 노래하는 것을 좋아해서 목장이나 마을에서 밤새도록 노래하기도 한다. 딩카 부족이 전쟁, 고통, 그리고 죽음의 순간에는 전혀 노래를 부르지 않는다는 사실은 매우 중요한 의미를 갖고 있다.[1] 그들은 실제로 모든 소들을 다 잃었고, 조상 대대로 살던 삶의 터전에서도 추방되어 지금은 외국에서 피난민으로 살고 있는 등 전쟁의 결과로 그들이 당하는 고통은 참혹하기 이를 데 없다. 그들의 고유한 삶의 방식(cieng)과 체면(dheeng) 문화는 외세의 침략에 저항해왔던 세월 동안 변질되고 사라져 이제는 더 이상 회복하기 어려운 상태에 이르렀다. 그들이 알고 있던 삶은 이제 과거의 꿈에서만 찾아볼 수 있을 뿐 이미 황폐하게 변해 버렸다.

그러나 이 모든 상실의 상황 가운데서도 그들은 노래하고 있다. 우리가 이런 모습을 어떻게 이해할 수 있겠는가? 무엇으로 이런 현상을 설명할 수 있겠는가? 이 현상을 설명해 줄 수 있는 한 가지 가설은 예수 그리스도의 복음이 마침내 딩카 부족의 마음 가운데 깊이 뿌리를 내렸고, 그들의 삶에 매우 강력한 영향을 끼치기 시작하면서 이 복음에 대해 노래하기 시작했다는 것이다.

하나님(Nhialic)의 나라(cieng)가 소의 목장(cieng)이나 과거에 그들이 소중하게 여겼던 모든 것들보다 더 소중하게 다가오기 시작한 것이다. 살아있는 하나님의 말씀이 딩카 부족의 고유한 삶의 방식(cieng)과 체면(dheeng) 문화에서 나온 가축을 통한 부의 축적이라는 삶의 목적

---

[1] 딩카 부족은 죽음 혹은 장례식에서 노래하지 않는다. 가족 가운데 한 사람이 죽었을 때 약 6개월에서 1년 동안 통곡하는 모습을 볼 수 있다. 묵주나 다른 도구를 지님으로써 행복이 달아났다는 것을 암시해준다.

을 바꾸어 놓았다. 하나님의 복음에 대한 그들의 응답이 딩카 부족에서 노래로 터져 나온 것이다. 현재 딩카 부족이 경험하고 있는 하나님의 임재는 1950년대에 은곡 딩카(Ngok Dinka) 부족 출신의 아두르 주악(Adoor Juach)이 작곡하여 국민 가요가 된 노래에서 이미 예견되어 있었다.

> 우리의 마음을 진리로 향하게 하자. 하나님이 오신다.[2]
> 주 예수님이 오셔서 우리를 향해 웃고 계신다. 잃어버린 내 백성을 찾았노라.
> 예수님이 우리를 아버지의 오른손으로 인도하신다.
> 오라. 우리의 몸을 정결하게 하여 아디트(adeet)[3]처럼 가볍게 하라.
> 우리의 선하신 주님이 그의 밝은 빛으로 우리와 함께하신다.
> 예수님이 우리를 찾아 우리의 마음이 아버지께로 향하게 하신다.
> 머리를 들어 하늘을 보라. 하나님이 우리의 눈물을 닦아 주신다.
> 그분께서는 수천 년 동안 우리 이름을 생명책에 기록하고 계신다.
> 머리를 들어라. 당신은 넘어지지 않는다.
> 우리 주 예수 그리스도, 당신은 넘어지지 않는다.
> 우리는 영원한 생명을 선물로 받을 것이다.
> 딩카 부족을 조롱하면 나라 전체가 두려움에 사로잡힐 것이다.

---

2 은곡 딩카(Ngok Dinka) 부족 전도자인 Lual Ayei는 은곡 딩카 부족에게 복음을 선포할 때 이 노래를 적극적으로 활용하고 있다고 Andrew Wheeler가 말한 바 있다. 그러나 아예이가 이 노래를 작곡한 것은 아니다. 1970년대 초에 은곡 딩카에서 초등학교에 재학 중일 때 아동(Adong)이라는 지역에서 만난 적이 있는 아두르 주악이 작곡한 것이다. 아두르 주악은 대다수의 딩카 신자들과 마찬가지로 그 당시에 믿음을 가졌었지만, 불행하게도 후일에 약(Jak)의 숭배자로 개종했다.

3 아디트(Adeet)는 강에서 자라는 부유 초목에 해당하는 식물로 주로 빛을 차단하는 차광막(light shield)으로 사용하고, 딩카 부족은 막대기 싸움에서 몸을 보호하는 데 사용한다. 또한 담배 상자나 베개를 만들 때 사용하기도 한다.

그들은 당신의 진리를 거부하고 강으로 달려가 몸을 씻을 것이다(점을 치고 우상을 숭배하는 행위).
아네이(Anei)와 뎅(Deng), 그리고 아녹(Anok)이라는 여성이 그 달려가는 사람들 중에 있다.
그들은 황소를 도살하지만 아무 소용이 없다.
그들은 숫염소를 도살하지만 아무 소용이 없다.
나는 우리 아버지를 바라볼 것이다. 나는 그리스도를 바라볼 것이다.
주 예수님, 오셔서 우리의 황폐한 집을 회복시켜 주소서.

이 노래는 1950년대 딩카 부족에게 복음을 전할 때 핵심적인 역할을 담당했다. 이 노래의 핵심은 하나님의 도래가 임박했음을 선포하는 것이었다. 앤드루 휠러가 지적한 바 대로, 하나님의 임박한 도래에 대한 선포는 보르 딩카(Bor Dinka) 부족과 다른 딩카 부족들 사이에서 일어난 현대 대중 운동의 특징을 잘 보여준다.(Wheeler 1998, 67). 아두르 주악과 그 당시 세대는 하나님의 도래가 미래에 일어날 종말론적이라는 사실임을 증거하고 있다. 1980년대와 1990년대 세대에게는 하나님의 도래가 이미 현실이 되었다. 우리가 비록 인식하지 못하고 있다고 하더라도, 하나님은 지금, 이곳에, 우리의 삶의 한가운데 계신다. 하나님이 지금 여기에 계신다는 선포는 전쟁 중에서 간섭하고 계시고 고난으로부터 해방하실 것이라는 강력한 교훈을 심어 주었다. 하나님의 함께하심은 죽음과 파괴에 직면한 딩카 부족에게 희망과 위로의 소식이 되었다. 다음의 노래는 하나님은 여기에 계시지만 우리가 깨닫지 못하고 있다는 것을 말하고 있다.

하나님이 천천히 우리에게 다가오셨지만 우리가 깨닫지 못했다. 그는 우리 마음 곁으로 다가오셨다. 그는 눈부신 밝은 빛을 우리에게 비춰주셨다. 우리가 간구하오니 우리 아버지, 하늘에 계신 위대한 평화의 주님, 아무도 모르게 우리를 부르시는 하나님, 인간의 마음을 알고 계시는 하나님, 우리의 믿음이 연약하오니 강하게 하소서. 그리하여 당신이 우리에게 오실 때까지 확고한 용기로 흔들리지 않게 하소서.

당신의 능력을 부어 주소서. 주님, 위로자, 진리의 영께서 기록된 하나님의 법을 가르쳐 주소서. 그리하여 천천히 천천히 한 사람도 빠지지 않고 당신의 구원을 받게 하소서. 그 다음에 우리 모두가 하나님의 말씀을 받아 당신의 오심을 준비하게 하소서. 그 날에 온 세상을 심판하실 것입니다. 그날에 우리를 심판하실 것입니다. 사람들은 고통으로 절규할 것입니다. 하나님, 우리로 하여금 더 늦기 전에 회개하게 하소서. 당신의 빛이 승리하게 하소서.

왕 중의 왕 그리스도께서 우리를 사랑하시고 우리를 위해 죽으셨기 때문에 우리를 버리지 않으셨다. 만약 우리가 그분께 다가가지 못했다면, 경험하지 못했다면, 어떻게 그분을 기다릴 수 있겠는가? (그리스도의 재림) 그분께서 우리에게 빛으로 오셔서 우리가 믿음으로 기다릴 수 있게 된 것이다. 그분께서 진리를 주셨지만 아직 오지 않았다. 인자가 번개처럼 오실 것이다. 그가 아버지의 영광을 받아 구름 속에 나타나실 것이다. 이것이 바로 어둠이 결코 이길 수 없는 빛이다.

이 노래의 작곡가에게 있어서 하나님의 함께하심은 현재뿐만 아니라 미래에 있어서도 실제 상황이었다. 그날에 하나님이 모든 사람들의 행위를 심판하실 것이다. 그날에 심판과 축복, 고난으로부터의 자유, 그리고 모든 문제들이 드러날 것이다. 성경에 나타난 예언적 환상들과 다니엘과 요한계시록 같은 묵시록은 딩카 부족 사이에서 많은 호기심을 갖게 만들었다.⁴ 딩카 사람들은 이 책들에 기록되어 있는 마지막 때의 심판과 파괴의 모습이 현재 수단에서 일어나고 있는 일들과 매우 흡사하다고 생각하고 있다. 그러므로 종말은 하나님을 믿는 자들에게는 축복이고, 믿지 않는 자들에게는 심판이 될 것이라는 확신을 갖게 된 것이다. 앞서 언급한 두 노래들 모두 이와 같은 교훈을 담고 있다.

## 1. 보르 딩카(Bor Dinka) 부족 전도를 위한 노래

보르 딩카 부족 사이에서 표출되고 있는 이 노래들이 우리에게 주는 교훈은 무엇인가? 이 노래들이 보르 딩카 부족이 경험하고 있는 고난과 믿음에 어떻게 연관되어 있는가?

첫째, 이 노래들은 고난과 믿음에 대한 마음 깊은 곳에서부터 우러나오는 분투의 결과이다. 1955년부터 1972년까지, 그리고 1983년부터 2005년까지 계속된 두 차례의 내전에서 노래와 찬송이 일반 국민들이 신학적 갈등을 표현하는 가장 중요한 매개체 역할을 담당했다. 그것이 찬송, 기도, 하나님과의 대화, 반복해서 듣는 성경 이야기들, 혹은 현재의 박탈감에서 나온 삶의 의미에 대한 탐구를 통해서든지 이 노래와 찬송들은 고난에 대한 그들의 갈등과 고통의 표현이었다.⁵ 때로는 작

---

4 비록 딩카 부족과 나일강 유역 부족들의 전통적인 사고방식과는 상당한 차이가 있지만, Marc Nikkel이 지적한 바와 같이, 딩카 부족에게 있어서 종말에 일어날 일은 하나님의 심판이나 고통으로부터의 해방 등으로 인해 관심을 갖는 것이 아니라, 악한 영(jok)이 종말에는 결국 패배할 것이며 불의 심판을 받을 것이라는 딩카 부족의 상상력을 자극했기 때문이다.

5 Andrew Wheeler는 수단 신학이 찬송과 영가(spiritual songs)들을 통해 발전해왔다고 지적했다. 1955년부터 1972년까지의 첫 번째 내전 기간 동안 현재 나일강 유역에 해당하는 에티오피아의 바리(Bari), 모루(Moru), 잔드(Zande), 그리고 다른 여러 부족들 사이에 수많은 노래들이 쏟아져 나왔고, 딩카(Dinak), 누어(Nuer), 그리고 쉴누크(Shilluk) 부족은 최근에 와서 전쟁을 끝냈다. 각각의 사례를 종합해볼 때, 고난이 노래가 쏟아져 나온 모든 지역에서 가장 많이 다룬 공통의 주제였다는 사실에 주목할 필요가 있다.

곡가 자신이 직접 경험한 개인적인 상실과 고통이 노래 속에 깊이 스며들어 있는 것을 볼 수 있다. 많은 보르 딩카 부족 노래를 작곡한 메리 알루엘 가랑(Mary Alueel Garang)의 사례를 보면, 그가 직접 경험한 엄청난 고난과 고통의 경험에서 우러나온 노래들을 통해 딩카에서 가장 유명한 가수가 되었다. 가족으로부터 외면당하고, 그토록 사랑했던 연인으로부터 버림을 받고, 아이까지 가진 그녀는 그 나이 또래의 딩카 소녀들이 일상적으로 당해왔던 온갖 굴욕과 경멸을 받았다. 이뿐만 아니라 자녀마저도 잃게 되어 그녀의 고통은 극에 달했고, 마침내 정서적 파멸 상태에 이르게 되었다. 이러한 상황 가운데서 그녀는 예수 그리스도를 만나고 특별한 방법으로 하나님의 놀라운 능력을 경험한 후 딩카 신자들의 심금을 울리는 많은 노래들을 작곡했다. 그녀의 노래들 대다수는 기독교의 진리를 딩카 부족의 상황에 맞게 매우 깊고 역동적으로 표현한다. 그녀가 경험한 고난은 독특하고 성숙한 노래를 작곡하는 데 있어서 결정적으로 기여한 것을 볼 수 있다.

둘째, 노래는 딩카 부족의 생각과 마음에 친숙한 표현 양식으로 복음을 전달할 수 있게 했다. 이로 인해 딩카의 시골 마을에서는 노래를 통해 복음을 증거할 때 거의 아무런 갈등이 없이 복음을 받아들였다. 전통적인 사회에서 노래는 의사소통의 중요한 수단이 되어 왔다. 딩카 부족의 노래 문화는 종교적, 사회적, 그리고 윤리적 주제들에 대하여 확고하지만 갈등을 일으키지 않고 의사소통하는 수단이 되고 있는데, 이는 공식적인 연설을 통해서는 결코 성취할 수 없었던 방법이다. 노래를 통해 공동체가 추구하는 핵심 가치들을 퍼뜨리고 공유한다. 공동체가 노래를 통해 이야기를 나누고, 효과적으로 고유한 특성을 형성하고 유지해 나간다. 공동체의 역사가 노래와 이야기를 통해 전수되고 있는 것이다.

딩카 부족의 모든 가문마다 그들의 특유한 이야기를 노래에 담아서 딩카 부족 전체 문화 가운데서 그들 고유의 정체성을 나타내고 있다.[6] 최근에 딩카 부족과 나일강 유역에서 쏟아져 나오고 있는 노래들도 이러한 맥락 가운데서 이해해야 할 필요가 있다. 이렇게 할 때 일반 대중 운동 차원에서 만들어지고 있는 현대 딩카 부족 노래들과 보르 딩카 부족의 교회 성장 운동이 서로 쉽게 분리되지 않을 수 있을 것이다. 노래는 고유한 삶의 방식(cieng)이 담겨 있고 체면(dheeng) 문화를 공유하고 있는 사람들에게 복음의 진리를 전파하는 가장 가치있는 매개체가 되고 있다. 노래는 다른 어떤 의사소통 방식으로도 해낼 수 없는 많은 것을 가능하게 했는데, 이는 딩카 부족의 양심과 감수성에 친숙한 용어와 분위기에 부합하는 형태로 표현할 수 있기 때문이었다.

셋째, 이 노래들이 정체성의 근간을 제공해 줄 뿐 아니라 복음 전도에 대한 사명감을 고취시켜 주고 있다. 문화적 정서와 가치관이 포함된 노래를 통해 표현되고 있는 기독교의 진리는 낯선 외래 문화라는 인식을 주지 않는다. 앞서 언급한 바와 같이 딩카 부족은 기독교의 진리를 외국 문화로 취급하여 그 영향력에 대해서 강한 의혹을 품고 오랫동안 거부해왔다. 심지어 "가장 강인하고 용기있는 사람"[7]으로 불리웠던 아치볼드 쇼우(Archibald Shaw)와 같은 선교사가 파송되었을 때도 딩카 부족은 과거와 마찬가지로 여전히 의심과 "외국인들"[8]에 대한 강한 거부감을 극복하기 어려웠다. 잔혹한 노예 무역과 착취의 참담했던 역사가 딩카 부족으로 하여금 모든 외국인들에 대해 의심과 편견을 갖

---

**6** Francis Deng은 Ngok Dinka의 한 가문에 전해 내려오는 노래를 그의 책 The Dinka of the Sudan(1971, 135)에 기록한 바 있다. 이 노래가 여기서 논의하고 있는 내용의 좋은 사례가 될 수 있다. 고대 딩카 언어로 기록되어 약 열다섯 세대 이전부터 전해 내려오고 있는 이 노래를 덩 박사가 많은 어려움 가운데서 1971년에 기록했다.

**7** 이 표현은 쇼우 선교사의 첫 개종자였던 Jon Aruor e Thor이 1946년도에 주바(Juba)에서 거행된 교구 평의회와 안수식에서 바친 헌사를 기록한 M. Willoughby H. Carey의 글을 Nikkel (1997, 102)이 인용한 것이다.

**8** 위의 인용 224쪽을 보라.

게 만든 것이다.

딩카 부족은 터키 사람, 아랍 사람, 혹은 영국 사람을 잘 구별하지 못한다. 그들의 눈에는 모두 같은 사람들로 보인다. 하나님으로부터 진리를 전하기 위해 보냄을 받은 사람이라고 말을 해도 그들에게는 단지 투루크(Turuuk)와 아시에크(Aciek)[9]로 보일 뿐이다. 딩카 부족이 외국인들을 구분할 수 있기까지는 매우 오랜 시간이 걸렸다. 특히 선교사가 운영하는 학교에 다니던 자녀들이 집에 돌아와 딩카 부족의 삶의 방식(cieng)과 체면(dheeng) 문화는 사탄적이라고 비난하기 시작하면서 기독교의 복음도 외국적인 것이라는 인식에서 벗어나지 못했다. 이제는 그들의 자녀들에 대해서도 교사 선교사들과 마찬가지로 투루크와 아시에크와 같은 부류로 취급해 버렸다. 딩카 부족은 선교사를 통해 서구식으로 교육을 받은 자녀들을 외국인들과 같이 취급하는 가운데 그들이 결혼을 위해 소가 필요할 때 그들 스스로 소를 마련하거나 딩카 부족 고유의 삶의 방식을 받아들일 때까지 조롱하고 괴롭히기도 했다. 따라서 딩카 부족에게 있어서 외국 문화로 포장된 기독교의 복음은 가까이 다가갈 수 없는 것이고 좀처럼 접촉점을 찾기가 어려웠다. 교회는 학교 다니는 학생들(mith ke thukul)을 위한 것일 뿐 그들 스스로를 지칭하는 사람다운 사람(Muonyjang)이 갈 곳은 아니었던 것이다.

그러나 딩카 노래들이 쏟아져 나오기 시작한 이후 17년만에 이 모든 상황이 급격하게 달라졌다. 딩카 부족에게 있어서 노래에 담겨 전달된 예수 그리스도의 복음의 메시지는 너무나 강력했다. 이 복음은 더 이상 외국에서 수입된 문화가 아니었고 딩카 부족의 문화와 가치관

---

[9] 투루크(Turuuk)는 수단을 통치하고 착취(1821-1885)했던 오스만 터키 정권을 통칭해서 타락한 터키라는 의미로 사용하는 용어이다. 딩카 부족들은 아랍과 영국도 투루크라고 부른다. 아시에크(Aciek)는 딩카 사람들이 창조적인 기적이라고 부르는 비행기와 자동차 등을 발명한 외국인들을 포괄적으로 지칭할 때 사용하는 딩카 단어이다.

에 친숙한 모습으로 다가왔다. 이 노래들은 복음의 선포에 있어서 매우 중요한 역할을 담당했을 뿐만 아니라 전도에 대한 책임감을 갖게 해주었다. 딩카 교회는 이제 학생들(mith ke thukul)뿐만 아니라 모든 사람들이 공감하고 일체감을 느낄 수 있는 우리의 교회(kanitha da)가 되었다. 보르 딩카 사람들에게 널리 퍼진 노래들은 복음의 진리를 바탕으로 한 본질적인 정체성을 확립해주었을 뿐 아니라 신자 공동체로서의 소속감을 갖게 해주었다.

넷째, 보르 딩카의 노래가 확산되기까지 영향력있는 여성들이 많은 기여를 했는데 이는 독특한 성별의 균형을 유지할 수 있게 해주었다. 딩카 전통 문화와는 달리, 여성들이 새로운 딩카 노래를 작곡하고 대중화하는 데 있어서 중심적인 역할을 담당한 것이다. 이러한 현상은 남성 중심의 사회에서 매우 이례적인 일이었다. 대다수의 아프리카 사람들과 마찬가지로 딩카 사람들도 일부 특정한 역할은 반드시 남성의 영역이라는 인식을 갖고 있었다. 노래를 작곡하고 부르는 것도 남성의 고유한 영역이었다. 여성은 절대로 노래를 작곡하거나 부를 수 없다는 것이 아니라 이러한 활동이 주로 남성들에 의해 이루어져 왔다는 것이다. 여성들은 주로 가정에서 가족을 칭찬하거나 불만을 토로하는 노래를 만들어 불렀다.[10]

그러나 지금은 딩카 가정과 공동체가 겪고 있는 전쟁과 정처 없이 떠돌아 다녀야 하는 삶의 현실 가운데서 그들이 즐겨 부르고 있는 노래들을 통해 전통적인 역할에 사로잡혀 있는 여성들에 대한 인식의 변혁을 일으켰다. 대다수의 남성들이 전쟁에 참여하고 있는 상황에서 여성들은 가정과 교회를 돌보고 모범적인 지도력을 발휘하고 있다. 여성

---

[10] 현재 딩카 여성 가수로서 인기를 누리고 있는 Mary Alueel Garang은 1980년대 초에 자신을 버리고 떠난 연인의 배신을 비난하는 긴 노래를 불렀다. 이 노래는 그녀가 신자가 되어 대중적인 기독교 영가들을 작곡하기 전에 불렀었다.

들은 가정과 난민 보호소에서 기도를 인도하고, 탁월한 전도자로서의 책무를 감당하는가 하면 부상당하고 고아가 된 전쟁 피해자들을 돌보고 있다. 마크 니켈(Marc Nikkel)이 "자연적 신학자들"(natural theologians)이라고 부르는 많은 여성이 교회와 공동체에서 강력하고 예지력이 있는 탁월한 영향력을 발휘하며 지도자의 역할을 담당하고 있다.(Nikkel 1997, 65-66). 딩카 공동체는 사회, 종교, 경제, 그리고 정치적 가치를 증진시켜가고 있는 여성들의 역할에 대해 매우 높이 평가하고 있다. 과거에 딩카에서 철저하게 배척당하고 유린당했던 대다수의 딩카 소녀들은 이제 그들의 오빠 혹은 남동생과 나란히 학교에서 배움의 기회를 갖고 있다.

전쟁, 고난, 그리고 다른 문화의 유입은 전통적인 딩카 부족에게 있어서 그들이 살고 있는 거친 세상에서 생존하기 위해서는 1991년에 발생한 대규모 소 떼 급습과 손실을 통해서도 증명된 것처럼 신부의 소 지참을 통한 부의 축적 이상의 변화가 필요하다는 인식을 갖게 해주었다. 만약 딩카 부족이 경제적인 안정을 유지하기 위해서는 교육, 무역, 투자, 그리고 또 다른 다양한 노력이 필요하다는 것을 알게 되었다. 딩카 부족의 노래 문화 발전을 위한 여성들의 기여가 과거에는 결코 허용되지 않았던 남녀의 역할에 대한 사회적 균형을 유지할 수 있게 만든 것이다. 전쟁과 고난 속에서 사회적, 문화적, 그리고 종교적인 변화를 이루어가는 가운데 딩카 부족은 그들의 가슴으로부터 우러나오는 노래를 주님께 올려 드리고 있다.

◈ 이사야 다우(Isaiah Dau)는 수단 딩카 부족의 기독교 지도자이다.

◈ 토의를 위한 질문들

1. 기독교의 복음을 포함하여 어떤 요소들이 급진적인 문화적 변동을 가져오는 계기가 되었다고 생각하는가?
2. 위대한 음악을 만드는 데 있어서 감당하기 어려운 고난이 왜 영향을 줄 수 있다고 생각하는가?
3. 당신의 문화적 상황에서 성경의 진리를 전파하는 데 있어서 음악이 어떻게 사용될 수 있겠는가?

# 25장

## 책임 의식을 가진 다원적 신학을 위한 "예수님께 충성하는 사람들"의 패러다임

요나스 요겐센(Jonas Jørgensen)

제도적 기독교 교회를 벗어난 "예수님께 충성하는 사람들"(Isa Imandars)이라는 이름을 가진 조직들의 믿음과 교제가 방글라데시에서 번성하고 있다. 이 조직들이 추구하고 있는 암시적인 신학은 포괄적이지도 않고 배타적이지도 않고 다원주의적인 것도 아니지만, 이 세 가지를 동시에 갖고 있는 것이 특징이다. 이와 같이 그들은 신학과 신앙생활을 통해 전통적인 교회와 현대의 전형적인 종교신학(theology of religion)에 대해 도전하고 있다.

역사적으로 볼 때, 기독교 선교는 종교적 변혁과 회심자의 삶의 사회적 변화에 초점을 맞추어 왔다. 어떤 면에서 보면, 이 글은 정 반대의 관점을 제시하고 있다. 필자는 세계화에 의해 가속화된 종교 다원주의와 탈전통주의(de-traditionalization) 등의 사회적 변동이 기독교 신학을 위한 상황과 그리스도인의 정체성에 구체적으로 어떤 변화를 일으키고 있는지를 탐구하고자 한다.

이 글은 예수님께 충성하는 사람들에 대한 관찰과 인터뷰를 통해 작성한 것이다.[1] 일부 정보제공자들은 전통적인 교회에 소속되어 있고, 다른 사람들은 의도적으로 기존의 교회 공동체에 소속되지 않은 그리스도인들이었다. 그들은 전통적인 교회에 소속되지 않고 방글라데시의 순니파 이슬람 전통적 종교 문화 속에서 예수님에 대한 믿음을 고백하는 사람들이다. 예수 그리스도, 구원, 그리고 윤리관 등은 필자의 관점과 유사하지만 다른 신앙생활 형태를 보이고 있는 이 집단이 필자의 신학적 관심을 집중하게 했다. 잘 알려진 키프리안 격언("교회를 어머니로 갖고 있지 않는 자는 하나님을 아버지로 더 이상 가질 수 없다"-역자 첨부, 교회의 일체성에 관하여 6장과 비교해보라)과는 반대로 그들은 "어머니로서의 교회가 없는 아버지로서의 하나님"을 믿고 있다고 주장한다.

## 1. 용어와 방법론

이 글에서 필자는 "예수님께 충성하는 사람들"(Isa imandars)이라는 용어가 기존의 제도적 교회에 소속되지 않은 채 예수님에 대한 믿음을 고백하는 많은 방글라데시 사람들이 사용하는 내부자적인 표현이라는 사실을 밝혀둔다. 그들이 방글라데시 사람들이지만 다른 지리적, 역사적 상황 가운데서도 유사한 현상을 발견할 수 있다.[2] "변화하는 경

---

[1] 이 글을 위해 2002년 10월과 11월에 방글라데시에서 현장 조사를 실시했는데 덴마크/노르웨이 아레오파고스(Areopagos) 재단과 코펜하겐대학교(University of Copenhagen) 신학과 교수 연구비 지원을 통해 이루어졌다. 이 글은 2004년 8월에 싱가폴에서 개최된 세계복음주의 연맹 선교위원회(WEA-MC)에서 처음으로 발표되었지만, 출판을 위해 2010년 10월에 광범위한 개정 작업이 이루어졌다. 개정판에는 덴마크인문학연구원(Danish Research Council on Humanities, SHF 현재는 FKK로 개명)에서 연구비를 지원하여 필자의 박사 학위(Ph.D) 논문 "Jesus Imandars and Christ Bhaktas"에 포함된 2004년 1월부터 6월까지 방글라데시에서 실시한 현장 조사를 포함했다(코펜하겐대학교에서 2006년 출간).

[2] 지리적이고 신학적인 경계에 의해 구분되는 교회의 역사에서도 이와 유사한 현상을 볼 수 있다(Coope 1995를 보라). 그리고 오늘날에도 이 그룹에 속하는 상당수의 사람들이 존재

계선"(changing borders)이라는 용어에서 필자는 종교의 세계화의 결과로 발생한 종교적 다원주의와 외부(exterior)에서부터 내부(interior)에 이르기까지 권위 체제의 변화가 일어나고 개인이 전통과 규범, 그리고 윤리를 초월하여 권위를 행사할 권리를 갖고 있다고 보기 시작한 현대 탈전통화(de-traditionalization) 등을 포함하는 종교적 삶의 지평의 변화를 강조한다(Heelas 1999, 2; Kurtz 1995, 151; Robertson 2000, 65 등을 참고하라). '책임 있는 다원적 신학'(responsible pluralistic theology)라는 용어는 예를 들면 그리스도의 유일성을 기초로 하는 신학과 종교적으로 다원화된 세계에서의 계시의 보편성을 통합한 다른 종교적 전통의 의미를 반영한 기독교 신학이라는 의미로 사용하였다. 이를 필자의 해석으로 재구성하여 요약하면 예수님께 충성하는 사람들은 기독교세계화(Christianity's globalization)의 결과이고 그들이 추구하고 있는 믿음과 그 믿음에 내포되어 있는 신학은 종교 다원주의에 대한 책임 있는 기독교 신학을 위해 형성된 하나의 대안적 패러다임이라고 해석할 수 있다.

이 글에 사용된 연구 방법론은 개인의 경험과 신학적 성찰, 그리고 사회생활 등에 중점을 둔 연구라는 측면에서 "신학적 체계 속의 현상학적 연구"라고 규정할 수 있을 것이다. 개방적이고 역동적인 연구를 위해 정형화되지 않는 참여자 관찰과 반정형화된(semi-structured) 면접 방법을 사용했다.[3] 면접 조사 과정에서 각 집단들이 갖고 있는 공

---

한다(Higgins 1998; Dupuis 1991). 인도의 신학적 배경을 살펴보면 이러한 현상이 칸다사미(Kandasamy), 체티(Chetty), 마닐알 파레크(Manilal Parekh), 숩바 라오(Subba Rao), 케슈브 쿤드 센(Keshub Chunder Sen) 등과 같은 대중적 운동으로 나타나고 있다(Rajashekar 1979; Dupuis 1991을 참고하라). 이 집단들은 유사한 경험, 통찰, 혹은 스코틀랜드 신학자 Andrew Walls가 언급한 '예수 그리스도의 중요성에 대한 사상적 연속성, 역사에 대한 인식의 연속성, 성경, 빵과 포도주, 그리고 물의 사용에 대한 연속성'(Walls 1996)에서 보다 견고한 공통적 성향을 찾아볼 수 있다. 이것은 이들의 믿음과 서로 다른 지역에서의 그리스도인들의 교제의 형태를 비교해볼 수 있다는 것을 뜻하고, 종교적으로 다원화된 문화 속에서 기독교 재해석을 시도하고 있는 집단들이라고 볼 수 있다.

3 필자는 2002년 10월부터 11월까지 24명의 정보 제공자들과 인터뷰하고 많은 사람과 비형식

통의 주제들이 제기되었고, 필자의 설명도 이 주제들을 따라 정리했다. 신자들이 공유하고 있는 핵심적인 주제들은 예수에 대한 이해, 교회에 대한 이해, 교회 밖의 사회 구조, 주류 무슬림의 종교 문화와 신앙에 대한 해석, 그리고 그들 자신의 신앙과 자기 이해 등이었다. 필자의 분석에 따르면, 그들의 경험과 해석이 뒤에 다시 논의하게 될 "정통성"의 범주 안에서 논의될 수 있다는 것을 보여준다. 이 글에 제시된 조사 결과에는 주로 남성들의 견해를 중심으로 한 진술을 반영한 것이며, 여성 정보 제공자를 찾는 데에는 적지 않은 어려움이 있었다는 것을 밝혀 둔다. 더 나아가 일반 평신도보다는 지도자들을 중심으로 한 이 조사가 일부 영역에서 다소 과장된 보고를 포함할 수 있는 한계를 지니고 있다.

## 2. 이사(Isa)는 예수인가?

모든 예수님께 충성하는 사람들이 갖고 있는 공통점은 정통 순니파 이슬람으로부터의 변화를 추구하는 과정에서 기독론적 의문을 품게 된다는 것이다. 그들은 자주 예수님이 어떤 분인지에 대해 논의하는 가운데 그들 중 많은 사람이 스스로를 "이사(Isa) 혹은 예수를 통해 무

---

적 대화를 나누는 방식으로 현장 조사를 진행했다. 관찰 집단에는 여성들과 어린이들도 참여하였지만 남성이 다수였다. 관찰 집단의 참여자 수는 평균 10명이었고, 주로 25-45세 사이의 남성들이었다. 각각의 그리스도인 집단의 지도자들이 인도하고 있는 모임의 평균 참여자 수는 대략 15-20명 정도였다. 각각의 집단은 사회경제적 관점에서 볼 때 중하위 계층과 교육을 받지 못한 빈곤 계층을 구성하고 있는 동질집단이라고 볼 수 있다. 각 집단의 지도자들은 무슬림 배경을 가진 다양한 숫자와 형태의 그리스도인들의 모임을 갖고 있었는데, 실제적인 규모는 규명하기가 어려웠다. 그리고 지도자들은 자신이 속한 집단의 이상적인 관점과 실제적인 견해를 혼합하여 진술하는 것을 관찰할 수 있었다. 필자는 2007년도에 7개월 동안 방글라데시에 체류하면서 예수님께 충성하는 사람들의 상황에 대한 더 심층적인 조사를 실시한 바 있다.

슬림이 된" 이사-무슬림(Isa-Muslim)이라고 규정한다. 이와 같이 그들의 기독론은 제도적인 교회가 묵살해버린 매우 중요한 주제였다. 그들은 토론 과정에서 전통적인 기독교 용어와 비전통적인 용어들을 혼합해서 사용하고 있었는데, 믿음(iman)을 "믿음의 관계"(faith relation), "항복"(surrender), "추종하는"(following), 그리고 메시아(al-Masih) 예수님과의 "사랑의 관계" 등으로 묘사했다.

그들은 신약성경을 읽는 가운데 예수님을 무함마드와 같이 "진리의 전달자"로 확신하고 있었다. 꾸란에서도 예수님에 대해 "진리", "평화의 사람", "죄가 없으신 분", "말씀" 혹은 "하나님의 영" 등으로 묘사하고 있다. 그들은 무슬림들과 대화를 나눌 때 예수님이 "말씀" 혹은 "영"이라는 공통적인 이해와 예수님의 삶과 가르침에 대한 개인적인 진실성 등을 의도적으로 강조한다고 진술했다.

무슬림 배경의 신자들에게 있어서 예수님이 메시아라는 공통의 기독론적 관점을 갖고 있다는 것은 중요한 의미를 지니고 있다. "메시아로서의 예수님"은 "택함을 받은 자로서의 예수님"으로 이해하고 있는 무슬림들에게 새로운 관점을 부여해줄 수 있다. 만약 정통 무슬림 신학이 예수님이 하나님과 친밀한 특별한 분이시라는 것을 인정한다고 해도 그분의 고난과 죽음 그리고 예수님이 단순히 전달자로 선택되었을 뿐 아니라 하나님의 말씀에 대한 완전한 의미를 전해주신 참된 메시아이며, 성육신을 통해 구원에 이르게 해주신 분이라는 사실을 깨닫지 못하고 있다는 것을 지적해주고 있는 것이다. 메시아라고 하는 명칭은 예수 그리스도에 대해 실현된 신적 선택과 "삶의 규범"으로서의 본질적인 권위를 부여해준다. 보편적인 기독론적 이해를 위한 이러한 시도들은 정통 무슬림과 무슬림 배경의 그리스도를 따르는 사람들 그리고 일반 기독교 신자들 모두 받아들일 수 있다는 점에서 포용적이라고 할 수 있다.

그러나 이 신자들은 이슬람의 신조에서 "무함마드"(Muhammad)를 "예수"(Isa)로 대체할 수 있는 가능성과 하나님의 선지자(rasul-ul-Allah)로서의 예수님에 대해 토론할 때보다 더 역동적인 해석을 시도하고 있다. 이와 같이 예수님의 선지자로서의 지위에 대한 개념은 그분의 비폭력, 긍휼, 대속적 죽음 등과 같은 영적, 윤리적 상징성을 강조하는데 이는 그의 죄가 없으심(nispap)을 증거하고 있다. 방글라데시에서 잘 알려져 있는 이슬람 신비주의 지도자들(pirs)과 같이 예수님도 "영적으로 강력하고" 그를 따르는 사람들을 위한 중보자의 역할을 하는 분인 것이다. 이것은 정확하게 믿음을 통해 그가 믿는 성자(pir) 예수님께 자신을 헌신하는 것을 뜻한다.

마지막으로, 예수님께 충성하는 사람들의 근본적인 관심은 그들이 기독교와 이슬람이 모두 본질적인 진리라는 데 동의하고 있다고 확신하는 "예수님은 살아계시다"는 말씀이다. 예수님의 영적 능력과 지금도 살아계심은 양쪽 모두 동의하는 예수님과 하나님의 독특한 관계를 보여주고 있다. 그러므로, 예수님은 단순한 선지자가 아니라 그보다 훨씬 더 탁월한 분이시라고 주장하고 있다. 그들은 무함마드와 유사한 "진리의 전달자"로서의 예수 그리스도의 선지자적 지위에 대한 개념적 해석에 있어서도 예수님은 그의 영적 능력과 지속적인 삶에 있어서도 무함마드보다 더 우위에 있다고 본다. 이와 같이, 예수님의 영원한 삶은 하나님과 인간 사이의 관계에 있어서 인식 체계의 전환으로 이해할 수 있는 것이다.

예수님께 충성하는 사람들의 기독론을 요약하면, 예수님은 중보와 대속적 죽음을 통해 그를 따르는 사람들과 하나님과의 관계를 회복시키신 살아계신 성자와 예언자로 보고 있다. 다른 말로 표현하면, 자신을 인격화하신 예수님의 본질은 인간이란 무엇인가, 신이란 무엇인가, 진정한 구원과 인간의 본성의 의미가 무엇인가에 대한 진리의 척도가 된다는 것이다. 이것은 그들이 살아계신 예언자이며 성자이신 예수님께 충성하는 것을 의미한다.

## 3. 예수님께 충성하는 사람(Isa Imandar)의 예배

어느 가정집에서 예수님께 충성하는 사람들의 일상적인 예배 모임(jama'at)이 열렸다. 금요일마다 그들의 집 밖에 모임을 알리는 작은 칠판을 내걸고 집안에는 가구를 치우고 바닥에 카펫을 깔아둔다. 모임은 해질 무렵의 늦은 오후부터 시작된다. 그들은 무살만 언어로 번역된 성경(kitab ul Mughaldesh)과 손수 제작한 찬송가를 옆에 앉은 사람들에게 건네 주었다.

모임은 일반적으로 찬송을 부르는 것으로 시작하는데 잘 알려져 있는 외국 찬송가를 번역해서 부르거나 방글라데시의 전통 민속 음악(baul gaan)의 음율에 따라 작곡한 노래를 사용하기도 한다. 모일 때마다 성경에서 긴 본문을 선택하여 읽고 낭송한다. 이때는 주로 시편(Zabur)과 서신서 등을 사용한다. 성경 말씀에 경의를 표하는 상징적인 의미로 성경을 책 받침대 위에 올려 모든 사람들 앞에 놓는다. 예배 인도자는 자신을 "예배 인도자"(imam), 혹은 "기도 인도자"로 소개하고 성경 본문을 큰 소리로 낭송하기도 하지만 주로 성경을 해석하고 강론하는 역할을 담당한다. 설교를 마친 후에는 언제나 공동 기도 시간을 갖는다. 그러나 이 기도는 이슬람 사원에서 실행하는 정형화된 기도와는 대조적으로 예배 참석자들은 일정한 형식을 사용하지 않고 누구나 자유롭게 기도할 수 있다. 예배 참석자들은 가끔 성만찬을 실시하는데, 그 순서는 매우 단순하다. 잘 알려져 있는 고린도전서의 성만찬 관련 본문을 읽고 빵과 과일 주스를 나누는 것이 전부이다.

예수님께 충성하는 사람들의 예배 의식은 무슬림들의 예배와 매우 유사한 것을 볼 수 있었다. 일부 정보제공자들은 그들의 모임을 신성한 사랑으로 성장하는 "도피처"와 "쉼터"로 인식하고 있었고, 다른 사람들은 경건한 사람을 중심으로 다소 느슨하게 조직된 친교 모임으로 이해하고 있었다.

## 4. 교회의 역할

예수님께 충성하는 사람들이 교회 밖에서 대안적인 사회, 종교적 네트워크를 구축하고 있는 부정적인 배경에는 기존의 제도적인 교회에 대한 실망이 자리잡고 있었다. 이들 가운데 과거에 교회와 관계를 유지해왔던 사람들은 제도적인 교회를 "유치함과 순진함," "미성숙함," "실패" 등으로 설명하기도 하고 혹은 심지어 제도적 교회의 신학적 자질을 하나의 "죄"로 취급했다. 제도적인 교회들과 예수님께 충성하는 사람들이 공유하고 있는 신학적 연관성이 존재하는 것은 사실이지만, 이들의 관점에서 보면 교회의 배타적인 성격은 인격화된 진리로서의 예수님과 대조적이라고 확신하고 있다. 더 나아가 교회의 신자들 사이에는 진정성이 결여되어 있고 교회 지도자들에게는 도덕성이 부족한 것에 대해 실망하고 있었다. 동시에 제도적인 교회들에 대해서는 그들의 영적 경험과 회심을 진지하게 받아들이지 않고, 무슬림 배경의 회심자들을 통제하고 제도적으로 "힌두화"된 교회들[4]의 서구적 종교

---

[4] 예수님께 충성하는 사람들은 제도적인 교회의 "힌두적" 특성을 주목하고 비판하는 것을 자주 들을 수 있었다. 이 비판은 행진, 촛불 의식, 그리고 특히 이들이 힌두교의 종교 의식(puja)과 유사하다고 주장하는 교회를 장식하고 있는 그림들과 같은 물질적 종교 문화에 대한 것으로 보인다. 더 나아가 제도적 교회의 힌두교적 성향은 하나님을 지칭하는 적절한 단어라고 확신하고 있는 알라(Allah)를 사용하지 않고, 벵골어 토착 용어인 이슈타르(Ishtar)를

문화를 수용하도록 강요한다고 느끼고 있었다.

그들은 세례(침례) 받는 것을 교회의 정식 회원 자격 기준으로 제시하는 교회의 문화적, 종교적 무지함을 비판하는데, 어느 정보 제공자는 이 문제를 "예수님은 내 이름이 아닌 내 믿음을 바꾸기 위해 오셨다"는 말로 대신 지적했다. 여기서 한 가지 언급해야 할 사항은 정보 제공자가 문화적으로 수용할 만한 세례(침례) 형식을 비판하는 것이 아니라 신자들이 거부하고 있는 서구의 종교 문화를 세례(침례)와 동일시하고 있는 것에 대해 비판하고 있다는 사실을 이해할 필요가 있다. 그들은 세례(침례)를 예언자이며 성자이신 예수님과 그들 자신의 내적이고 신비적인 "결속"이라고 설명하고 있다. 신자들의 경험에 근거해서 회원 자격과 구원을 동일시하지 않는다. 그들은 제도적 교회의 교회론에 대해 "성경에 이것을 더하고, 저것을 더하고…나는 새 예루살렘을 믿고…"라고 냉소적으로 비판한다. 제도적인 교회의 정식 회원이 된다는 것은 곧 "당신은 거짓말을 해야 한다"는 말과도 같은 것이라고 느끼고 있는 것이다. 그들은 제도적인 교회들이 추구하고 있는 기독교의 형태는 신뢰성도 없고, 책임성도 없다고 확신하고 있었다. 어느 정보 제공자가 "하나님은 율법의 속박으로부터 자유케 해주셨다. 지금은 회심자들이 선교사로부터 자유를 찾아야 할 때이다"라고 결론을 내렸다.

다른 정보 제공자는 소위 제도적 교회의 "막판 협상"을 비난하면서 그 반대의 예로 아리마대 요셉의 진정한 종교성에 대한 이야기를 들려주었다.[5] 정보 제공자의 논지는 명확했다. 그는 제도적 교회의 도덕성

---

사용하는 데서도 나타난다.

[5] "예수님이 자신의 죽음이 임박했다고 말씀하셨을 때, 어떤 사람들은 예수님과의 막판 협상을 시도했다. 두 제자의 어머니는 예수께 와서 예수님의 오른편과 왼편의 자리를 달라고 요청했다. 그 자리는 재무부 장관과 국방부 장관의 자리였다. 그러나 아리마대 요셉은 자신의 무덤을 내어 드렸고, 결과적으로 부활이 그의 땅에서 일어나게 된 것이다. 그는 부활의 증인이 되었다. 그는 천사들과 예수님의 어머니가 오는 것을 보았다. 요셉은 비록 영적인 사람

의 결여와 이기적인 사고방식에 대해 반대하는 것이다. 그에게 있어서 예수님에 대한 믿음은 진정성이 본질이었다. 교회의 정식 회원이 되는 것과는 아무런 상관이 없는 것이었다. 많은 성경 이야기를 가지고 이 주제를 다루었는데, 예를 들면, 그들 가운데 한 사람이 "교회가 아닌 예수님이 인간의 책무를 결정한다"고 했다. 다른 사람은 "그리스도께서 우리의 삶의 기준이다…우리의 사역은 순수한 것이다"라고 말했다. 그들에게 있어서 본질적인 종교적 사명은 진정성과 순수성에 있었다. 필자는 그들의 진정성이 그들 자신의 개인적인 회심과 하나님께 대한 순종 그리고 교회를 포함한 불필요한 "화려한 종교성"에 대한 거부라고 하는 두 가지 영역에서 예수님의 규범적 속성에 대한 이해가 교차되고 있었다.

## 5. 이슬람과 무슬림의 관계

무슬림 배경을 가진 그리스도인들은 일반적으로 무슬림들이 예수님의 생애와 특별한 지위 혹은 "능력" 등에 대해 어느 정도는 알고 있다고 생각한다. 동시에 모든 정보 제공자들은 구원론과 기독론에 있어서 본질적인 차이를 강조하고 있고, 특히 타종교 배경을 가진 그리스도인들은 예수님의 죽음과 부활, 그리고 구원의 의미를 충분히 이해하지 못하고 있다고 말했다. 어느 여성 정보 제공자는 그녀의 가족과 친구들은 예수님이 약속을 성취하신 분이라는 너무도 명백한 사실을 보

---

은 아니었지만, 권위를 가진 사람을 분별할 수 있었다. 예수님은 법적으로 사형을 선고 받았지만, 요셉은 그를 자신의 땅에 장사 지냈다. 요셉은 한 번도 기도해본 적이 없었지만, 높은 분을 인식하고 있었다."

지 못하는 것에 대해 이해할 수 없다고 말했다.[6]

그들 스스로 자신들을 "진정한 무슬림"이라고 이해하는 것은 그들이 지켜온 종교적 문화와 전통에 대한 해석에 있어서 핵심적인 역할을 담당하고 있다. 그들이 라마단 금식을 준수하고, 특정한 음식을 절제하고, 도덕적인 삶을 살려고 노력할 때, 그들이 서서히 도덕적인 사람들로 받아들여지고 있다는 것을 경험했다. 그들은 진실하고 도덕적인 사람이 되어 전통적인 종교적 문화에도 영향을 끼칠 수 있게 되기를 바라고 있다. 어느 정보 제공자가 이슬람의 종교 생활에 참여하기 위한 암묵적인 신학적 태도에 대해 다음과 같이 말했다.

> 만약 내가 이슬람 사원에 간다면, 존중하는 마음으로 갈 것이다. 만약 내가 기도하기로 결정했다면, 나는 전통에 따라 기도할 것이다. 나는 자유함을 얻었다. 나는 내 속에 하나님의 말씀을 품고 있다.

믿음은 본질적으로 내면적인 것이다. 이 믿음이 예수님께 충성하는 사람들로 하여금 그들이 살고 있는 곳의 종교적 문화와 조화를 이루어 사회적 수용성을 유지하는 가운데 외면적인 행동으로 나타날 수 있기를 희망하고 있다. 무슬림 이웃이 일반적으로는 그들을 수용하고 있지만, 특히 유산(일부 무슬림들은 비무슬림이 무슬림의 유산을 물려받는 것에 대해 반대하고 있다), 결혼(어떤 사람과 결혼할 수 있는가?), 그리고 장례식(어떻게 매장할 것인가?) 등과 관련하여 적지 않은 정보 제공자들이 사회적 압력을 받고 있다고 말했다.

---

[6] "예수님(Isa)은 꾸란에 언급되어 있고 무함마드는 그분이 다시 오실 유일한 분이시라고 말했다. 그러나 성경은 그것을 직접적으로 증거하고 있다. 꾸란의 마리아 장에는 영적으로 태어난 어떤 분이 오실 것이라고 말했지만 신약성경에는 그분이 예수님이라고 명료하게 밝히고 있다. 성경을 통해서는 누구나 쉽게 볼 수 있는 것을 무슬림들은 보지 못하고 있다."

오직 예수 그리스도만을 통한 구원에 대한 교리적 질문과 타종교 배경을 가진 신자를 위한 구원의 가능성에 대한 그들의 입장을 묻는 질문에는 다소 제한을 두었다. 다수의 정보 제공자들이 이 질문에 대해 불편한 기색을 보였고, 가능한 한 모호하거나 부정적으로 대응하는 것을 볼 수 있었다. 종말론적 구원에 대해 그들 스스로 문제를 제기했던 일부 정보 제공자들도 가족을 위해 기도하고 있다고 말하면서 직접적인 대답을 회피했다.

예수 그리스도의 중요성에 대해 설명하기 위해 그들이 사용하는 가장 일반적인 방법은 기독교, 이슬람, 그리고 힌두교 등의 다양한 종교에 걸쳐 예수 그리스도의 중요성에 대해 논쟁하는 것이었다. 예수님께 충성하는 사람들 모임에 참여하고 있는 어느 노인이 필자에게 자신의 종교적 배경과는 별개로 예수님께 충성하는 것이 얼마든지 가능하다는 것과 예수님의 영은 제도적인 종교적 경계를 넘어 인간의 마음속에서 활동하신다는 것을 설명해주었다. 이와 관련하여, 그들과 다른 그리스도인들, 그리고 무슬림 사이의 유사성과 차이에 대한 말하는 그들의 관점은 그들과 "힌두" 기독교의 차이 그리고 그들과 "무함마드에게 충성하는 사람들"인 일반 무슬림들과의 유사성을 강조하는 "예수님께 충성하는 사람들"의 내부자적인 관점이라고 볼 수 있다.

이와 같이, 그들 대다수는 스스로 무슬림이라고 인식하고 있지만 예수를 통한 무슬림 혹은 예수(Isa)를 따르는 무슬림,[7] 제도적인 기독교 교회 밖에 있는 하나님께 복종하는 진정한 무슬림,[8] 혹은 새로운 믿음

---

[7] "예수를 따르는 무슬림(Isa-Muslim)은 그리스도인과 같은 개념이 아니다. 당신은 무함마드를 따르는 무슬림(Muhammadi-Muslim)인가? 혹은 예수를 따르는 무슬림(Isa-Muslim)인가? 이것이 핵심이다"(C).

[8] "나는 '그리스도인'이라는 것은 하나의 이름이라고 생각한다. 나는 내 이름이나 종교를 바꿀 필요를 느끼지 못한다…예수를 따르는 나는 100% 무슬림이다. 그러나 내가 그리스도께 100% 충성할 때 나는 그리스도인이기도 하다. 그러나 나는 기독교라는 것을 종교적으로 따

을 가진 무슬림⁹ 등 어떤 종류의 무슬림인가에 의미를 부여하고 있다. 그들은 "기독교인"이라는 용어를 사용하지 않고 의도적으로 다른 정체성을 추구한다. "나는 기독교인이 아니다. 나는 20년 전에 포기했다"라고 어느 정보 제공자가 말한 바 있다. 그들은 기독교 교회를 따르지 않고 예수님을 따르기 시작할 때 내적인 변화가 일어나고, 그 결과로 예수 그리스도의 모범을 따라 하나님의 뜻에 순종하는 진실한 무슬림이 된다고 주장하고 있다. 그들에게 있어서 진실한 예수를 따르는 무슬림은 제도적인 기독교 교회와 이슬람 사원의 구분을 초월하는 사람들이라고 믿고 있다.

일부 예수님께 충성하는 사람들에 따르면, 그들 스스로는 내면적이고 어떤 제도적인 속박도 받지 않지만, 단순히 "외형적"일 뿐이고, 관계적인 가치 이외에는 어떤 의미도 부여하지 않는 것을 전제로 이슬람 사원(혹은 교회)에서 기도하는 것을 허용하고 있다. 그러나 이슬람 사원의 예배에 참여하는 것은 공통의 기도와 유일신 사상(Tawhid)의 고백 등을 통해 무함마드를 하나님의 선지자로 인정하는 이슬람의 신조를 암시적으로 동의하여 사회적이고 의식적인 정체성을 확립하는 것이 핵심적인 요소라는 것을 간과하지 않아야 할 것이다. 그들 가운데 일부는 하나님의 유일성을 증거하는 이슬람 신조의 앞 부분만 고백하고 중단한다고 말했다. "무함마드는 하나님의 선지자"라는 표현을 "예수님은 하나님의 영이시다"라는 문장으로 대체하여 조용히 고백한다고 했다. 이 진술의 신학적 문제성은 명백하다. 이와 같이 주장하는 예수님께 충성하는 사람들도 대다수의 무슬림들이 이러한 형태의 신앙 고백에 동의하지 않는다는 것을 인정하고 있다. 이러한 이유 때문에, 그

---

르지는 않는다"(A).
9 "나는 종교를 바꾸지 않았다. 그러나 내 믿음을 바꾸었다."(L)

들이 정식 예배가 아닌 다른 시간에 이슬람 사원에서 예배를 드릴 때 (namaz), 방글라데시의 순니 무슬림들은 단지 허용할 뿐 환영하지는 않는다고 한다.

제도적인 종교 생활에 대한 예수님께 충성하는 사람들의 관점을 요약하면, 그들의 비형식적인 예배와 내면성의 강조는 제도적인 선교사 교회들이 추구하는 외형성과 순니 이슬람의 종교 생활과 도덕성이 갖고 있는 엄격한 규율 등에 대한 하나의 반작용이라고 볼 수 있다.

## 6. 분석: 예수님께 충성하는 사람들이 책임 있는 다원적 신학을 위한 의미 있는 패러다임인가?

여기서 필자는 예수님께 충성하는 사람들의 신학과 신앙생활의 결과에 대해 논의하고자 한다. 이 글에서는 최근에 논란이 되고 있는 교회론, 기독론, 그리고 타종교 전통과의 관계 등의 세 가지 핵심적인 영역과 그들이 추구하는 믿음과 그 믿음에 대한 충실함에 대해서만 한정하여 다룰 것이다.

## 7. 믿음과 믿음에 대한 신실함

예수님께 충성하는 사람들은 제도적인 기독교 교회들과 현대 기독교의 종교신학이 직면하고 있는 문제들에 대해 시사하는 바가 매우 크다고 할 수 있다. 예수님께 충성하는 사람들에게 있어서 믿음(iman)은 단지 어원학적으로만 관련되어 있는 것이 아니라 그 믿음에 대해 "신실한" 사람으로서의 자기 이해에 있어서 본질적인 역할을 담당하고 있다. 내부자의 관점에 따르면, 믿음이란 함축적인 지식이나 신념이 아니고 반드시 존재론적이고 관계적인 것이며, 그들의 성자와 선지자, 그리고 구세주가 되신 예수님을 향한 충성으로 표현되어야 한다. 그들은 믿음이 "마음, 정신, 그리고 생각" 등을 통합하는 전인격성을 가져야 하며 예수님께 충성하는 사람이 된다는 것은 예수님께 자신의 믿음을 집중하는 것을 뜻하며, 이는 영적 주인이 되시고 하나님과 인간 사이의 중재자가 되시는 예수님과의 관계 가운데로 들어가는 것을 의미한다. 앞서 논의한 그들의 관점들은 믿음이라고 하는 이 신념이 실천에 있어서는 신실함으로 나타날 수 있다.

정보 제공자들과의 인터뷰에서 반복해서 언급되었던 주제는 자기 자신과 방글라데시 이슬람의 종교 문화의 진정성 문제였다. 그들은 "신실함"을 제도적인 기독교 교회와의 관계에서는 부정적으로, 예수님에 대한 그들의 믿음에서는 긍정적으로, 그리고 그들이 공유하고 있는 방글라데시 이슬람의 종교적 문화에 대해서는 폭넓은 수용성으로 이해하고 있었다. 그들은 어디에 속해 있는가? 그들은 무슬림들인가, 그리스도인들인가, 아니면 그들은 과연 어떤 사람들인가? 등 중요하면서도 해결되지 않은 채 보류 상태에 놓여 있는 그들의 정체성의 문제에 대해 논의할 때 서로 밀접한 관계를 갖고 있는 이 세 가지 영역이 함께 제기되고 있는 것이다.

그들은 전통적인 이슬람과 명백하게 다르지만, 다소 변형된 무슬림이라고 간주해도 되는가? 혹은 그들의 종교적 상황으로 인해 변형된 일종의 그리스도인들이라고 말하는 것이 더 타당한가? 등의 질문들을 비롯한 그들의 소속감 문제는 정통성에 대한 그들의 주장과 방글라데시의 이슬람 문화를 의도적으로 수용하고 있다는 사실로 인해 복잡하게 얽혀 있다. 그들은 자체의 조직과 모임을 갖고 있다. 지도력의 체계가 구축되어 있고, 성경을 연구하고 있다. 이 모든 체계를 갖춘 경건한 가정 모임을 갖고 있다. 그러나 이와 동시에 그들 가운데 많은 사람이 인근 이슬람 사원에서 전통적인 예배에 참여하고 있다고 보고하고 있다. 신학적 관점에서 볼 때, 그리스도인으로서의 자기 이해의 핵심이 그들의 신실함에 있다는 것은 중요한 교리적 질문을 제기하게 한다. 그들은 진정한 그리스도인들인가? 그리고 기독교에 대한 그들의 해석은 정당한가? 그들의 신학이 훌륭하고 성공적인 상황화 혹은 기독교의 건강한 문화적 적응이라고 해석할 수 있는가? 아니면 잘못된 종교적 혼합물이거나 혼합주의적 형태의 기독교에 불과한가? 필자는 예수 그리스도의 의미에 대한 그들의 개념화와 이 질문들에 대한 해답을 제시하고 있다고 믿는다.

## 8. 기독론

방글라데시의 대중적 이슬람은 선지자, 중보자, 영적 능력, 도덕적으로 정결한 자, 신성한 중재자 등 예수님이 누구인가에 대한 인식을 갖고 있다. 예수님께 충성하는 사람들에게 있어서 "신실한" 사람이 되는 것은 이슬람의 신학적 덕목과 관련이 있고, 방글라데시 방식의 종교적 성향에 따라 예수님께 충성하는 사람이 되는 것이지만 그들의 기독론에서 보는 바와 같이 기독교적 주제와도 관련이 있다. 그들의 기독론은 꾸란의 세계관과 무함마드와 예수님 사이의 계층적 우월성에 대한 개념에서 이슬람의 신학과 일정한 거리를 두고 있다는 것을 보여준다. 궁극적으로, 예수님의 죽음은 하나님의 선물이고 희생이라고 하는 그들의 해석은 그들이 방글라데시 무슬림들의 믿음과 차이가 있다는 것을 가장 명확하게 증거하고 있을 뿐 아니라 확실하게 꾸란의 기독론을 초월한 것이다. 필자의 관점에서 볼 때, 그들의 기독론은 이슬람의 신학적 범주 밖에 있고, 기독교 전통의 경계 안에 있다.

　기독교 교리에 따르면, 예수 그리스도를 존경하는 것은 진정한 기독교를 위한 필수적인 요건은 아닐 수 있다. 오히려, 그 존경의 결과가 우리가 기독교를 규정하는 핵심적인 판단 조건이 되는 것이다. 예수님께 충성하는 사람들의 기독론에 대한 이해는 예수님이 구원을 위한 절대적 기준이지만(인지적 질문), 그 적용(타종교 전통을 따르는 신자들의 구원에 대한 질문)에 있어서 그들은 망설이거나 비관적이다. 이 부분은 성자와 선지자로서의 예수는 구세주, 순결한 자, 진실한 자, 혹은 권위 있는 자 등 그들이 공유하고 있는 일반적인 기독론에 의해서도 증명되고 있다. 이러한 기독론적 묘사는 인지적 차원보다 더 명료하게 예수님과의 관계에 있어서 강한 정서적 차원을 암시하고 있다. 여기서 필자는 구원론과 기독론의 관계에 대해 간략하게 논의하고자 한다. 필자의 정보 제공자들은 구원이라는 신학적 용어보다는 "예수님의 불가항력적인 사랑"과 그의 "순결한 삶" 등에 대해 더 많이 언급하는 것을 관찰할 수 있었다. 여러 차례에 걸친 관찰을 근거로 판단할 때 그들은 종말론적 구원에서의 예수님의 역할을 자주 언급하고 있는데, 이 또한 중대한 요소라고 간주하기 어려울 것이다. 그들의 기독론이 정서적인 측면에서 더 발달해 있고, 그리스도의 절대적 지위에 대한 인지적 차원이 결여되어 있지는 않는가 질문해보아야 할 것이다.

　요약하면, 예수님께 충성하는 사람들은 선지자-성자, 구세주, 그리고 구원의 길로서의 예수님께 자신을 드린 신자들의 집단이다. 이 의미의 신학적 형태는 그들의 예배 모임에 잘 반영되어 있고, 그들은 예수님이 진리이시고 신실하신 분이라는 것을 분명하게 표현한다. 예수님의 절대적 지위는 정서적이고 인지적인 차원을 모두 포함하고 있다. 그들의 종교적 배경에서 나온 해석이 진실하다고 믿는 예수님에 대한 그들의 이해는 이 두 가지를 다 반영해야 할 것이다.

## 9. 교회론

모든 신자는 롤랜드 로버트슨(Roland Robertson)이 "글로컬"(glocal) 이라고 말한 세계화와 지역화가 교차하는 지점(Robertson 1995) 혹은 또 다른 표현으로는 "변화하는 경계"(changing borders) 상에서 그들의 믿음을 실천한다. 필자는 하나의 현상으로서의 신자의 존재가 지역적 수용성과 범세계적 차원의 믿음에 대한 변용이 교차하는 "변화하는 경계"의 개념이 가장 적절한 이해와 해석을 제시해준다고 생각한다. 결과적으로, 필자는 그들이 왜 그리고 어떻게 예수님께 충성하는 사람들이 되었는지에 대해서 그리고 그들의 존재를 변화하는 경계와 탈전통화(de-traditionalization)와 개인화가 중요한 요소가 되는 새로운 "문화적 논리"(cultural logics, Schreiter 1997)의 틀 안에서 해석해야 한다고 주장한다.

로버트 슈라이터(Robert Schreiter)는 그의 책 『새로운 기독교』(The New Catholicity)에서 반세계화, 원시주의, 민족화(ethnification) 등 글로컬 상황에서 제기되고 있는 서로 다른 "문화적 논리"가 존재한다는 것을 언급하고 있다(Schreiter 1997, 21). 그는 이 세 가지의 논리가 각각 세계화에 직면하여 위기에 처한 지역을 보호하기 위한 시도에서 나온 것이라고 주장했다. 필자는 이 세 가지 논리 중에 마지막으로 언급된 민족화를 중점적으로 다루고자 한다. 민족화는 정체성에 혼란이 발생할 때 사용하는 하나의 전략이라고 할 수 있다. 예수님께 충성하는 사람들의 사례에서는 기독교와 이슬람 모두에 해당된다. 슈라이터는 사회적 그리고 신학적 전략으로서의 민족화의 문화적 논리는 세계화의 동질화된 권력에 대한 저항이라고 보았다. 예수님께 충성하는 사람들과 관련해서 범 세계적 기독교 공동체 혹은 기독교 교회의 동질화된 권력에 대항하는 그들의 문화적 전략은 그들의 차이점을 강조하는 것이었다. 이 전략의 일반적인 결과물은 바로 혼합인데 이들의 경우 방글라데시 이슬람 문화와 예수 그리스도에 대한 이중적 소속에서 명확하게 드러나고 있다. 그들은 이 두 가지 종교적 전통들을 혼합하고 하나의 전통을 다른 전통의 관점에서 해석하고 있다. 본질적인 실존적 그리고 영적 개념으로서의 "신실함"에 대한 그들의 이해도 또한 세계화된 기독교의 빛 가운데서 지역 종교적 전통을 역설적으로 주장하는 것으로 이해할 수 있다.

따라서 세계화는 하나의 조건이며 그들이 제도적 교회를 거부하기 위한 상황을 구축하는 과정이기도 한 것이다. 여기에서 제기할 수 있는 신학적 질문은 이것이 기독교 교회론의 기초가 될 수 있는가? 한 집단의 동질성이 신자들의 교제에 대한 충분한 조건이 될 수 있는가? 서구 기독교 혹은 서구의 제도적인 기독교 교회가 기독교 신앙에 대한 절대적 기준이 될 수 없다. 교리적 관점에서 볼 때 오직 그리스도 한 분만이 절대적인 기준이 된다. 그러므로 한 집단의 동질성이 제자도를 위한 진정한 기준이 될 수 없지만, 필자는 예수님께 충성하는 사람들이 이끌어가고 있는 예배 공동체가 범세계의 상황화된 기독교 공동체의 범주 안에서 자리매김해야 할 것으로 생각한다.

## 10. 종교신학

앞서 논의한 바와 같이, 예수님께 충성하는 사람들은 방글라데시의 이슬람 공동체로부터 어떻게 하면 "믿을 만하고," "도덕적이고," "존중받는" 사람으로 인정받을 수 있는가에 대해 많은 관심을 갖고 있다. 필자는 그들이 이러한 용어들을 사용하는 것은 과거 종교에 대한 신앙과 이 신앙의 최종적인 완성으로서의 예수님에 대한 충성 사이의 관계를 논의하는 하나의 방법이라는 사실을 관찰할 수 있었다. 일반 대중적 무슬림들에 대해서 정보 제공자들은 전체 무슬림 공동체에 대해서보다는 경건한 무슬림 개인들에 대해 더 많은 관심을 보였다. 그들이 다른 종교를 가진 사람들의 신학과 믿음에 대해서보다는 개인적인 경건한 삶에 대해 관심을 집중하는 것은 무슬림의 종교적 문화가 이들에게 끼친 영향이라고 해석할 수 있다.[10] 그들은 계속해서 부분적으로 이슬람 사원에서의 예배에 참여하면서 방글라데시의 제도적인 기독교 교회들과는 일정한 거리를 두고 있어 기독교와 이슬람 모두로부터 그들의 정체성에 대해 확고하게 인정받고 있지 못한 상황이다. 따라서 좋은 관계를 유지하는 것이 실제로는 그리 쉬운 일이 아니다.

다른 종교의 구원 문제에 있어서 그들은 오직 예수 그리스도에 대한 믿음을 통하여 구원을 얻는다고 확신하는 "배타적" 관점을 갖고 있는 것으로 보인다. 그들 가운데 누구도 예수님에 대한 믿음과 분리된 무슬림의 종말론적 구원에 대해 긍정적인 생각을 갖고 있지 않았다. 그러나 타종교의 종교적 개념들을 사용하는 데 있어서는 "포용적"인 태도를 취했다. 그들의 기독론이 완전한 논리적 체계를 갖추고 있는 것은 아니지만 방글라데시의 이슬람 문화에 대한 그들의 긍정적인 평가는 이슬람에 대한 그들의 "포용성"을 명확하게 보여주고 있다. 그러나 그들의 평가 잣대는 문화도 아니고 제도도 아닌 인간적인 경험에 근거한 것으로, 이는 그분에게 충성하는 사람들에게 성자(saint)와 선지자가 되시는 인간으로서의 예수가 삶의 "기준"과 "진리"이기 때문인 것으로 파악된다. 이와 같이, 그들은 타종교 신자들 개개인에 대해 개방적인 포용성을 갖고 있는 것을 볼 수 있다. 마지막으로, 그들의 일부

---

10 John Williams는 그의 논문에서 종교로서의 이슬람은 무슬림이 무엇을 믿는가 보다는 그 무슬림이 무엇을 하는가에 더 많이 관련되어 있다. 마찬가지로, Williams는 적어도 잘못된 신학이 이슬람의 공동체 정신을 파괴하지 않는 한 무슬림들은 신학적인 문제로 다른 무슬림들과 거리를 두지는 않는다고 주장하고 있다(Kurtz 1995, 135에서 인용).

신앙생활 방식들은 다원주의적이라는 인식이 널리 펴져 있다. 여기서 필자는 방글라데시의 종교적 문화에 대한 단순한 수용의 문제를 지적하지 않을 수 없다. 그러나 어떤 정보 제공자도 일부 종교신학자들이 말하는 모든 종교에 절대자가 존재한다는 다원주의 사상에 동조하지 않았다. 어떤 형태의 다원주의에도 반대하는 이 신자들은 그들이 알고 있는 타종교 전통들을 존중하는 동시에 그들의 믿음과 다른 종교적 믿음 사이의 차이에 대해서도 인정하고 있다고 필자는 이해했다. 예수님께 충성하는 사람들이 이해하고 있는 다원주의와 다른 형태의 다원주의 사이의 중요한 차이는 그들이 배타적이고, 포용적이면서 동시에 그들이 처해있는 사회문화적 관계에 있어서 다원적이라는 의미를 갖고 있다. 이러한 측면에서 그들은 우리가 알고 있는 다원주의와는 대조적으로 전통적인 기독론의 교리와 비교해볼 때 문제가 될 것은 아니라고 생각한다.

## 11. 결론

예수님께 충성하는 사람들의 종교신학은 포용적, 배타적, 그리고 다원주의적 종교신학 어디에도 해당되지 않는다. 그러나 바로 이러한 특성 때문에 체계적이고 논리적인 추론 방식만을 중요하게 다루고, 신자들의 실제적인 삶의 형장에서 나온 경험에는 의미를 부여하지 않는 기독교 종교신학의 편견을 보완하는 데 있어서 그들의 경험과 관점이 매우 중요한 가치를 지니고 있다. 예수님께 충성하는 사람들의 신학은 그리 귀납적이고 논리적 체계를 갖추지는 않았지만, 그들은 "신실함"이라고 하는 어떤 논리보다 더 강력한 또 다른 형태의 신학적 사상과 덕목을 갖고 있다. 그들은 이슬람 전통을 하나의 사실일 뿐만 아니라 예수 그리스도가 어떤 분인가를 이해하는 데 있어서 이슬람에 대한 과거의 종교적 경험에서 오는 통찰력을 사용할 때 그들의 믿음이 더욱 더 풍성해질 수 있다고 보는 것이다.

이러한 특성을 고려할 때 그들은 레슬리 뉴비긴(Lesslie Newbigin)이 말한 타종교 전통을 떠나거나 무너뜨리지 않고도 절대적인 구원자이고 삶의 참된 규범이 되신 예수 그리스도를 따를 수 있다고 확신하는 이른 바 "책임 의식을 가진 다원주의자들"(responsible pluralists)이라고 볼 수 있다. 그들이 추구하는 다원주의의 형태는 결코 무시할 수 없을 뿐 아니라 예수 그리스도의 절대적 지위에 대한 그들의 확신이 계속적인 논의의 좋은 출발점이 될 수 있다. 그들은 포용성과 배타성을 함께 가지고 있고, 동시에 다원성도 내포하고 있기 때문에 이런 면에서 다원적이라고 할 수 있다. 이러한 관점에서, 예수님께 충성하는 사람들은 책임 의식을 가진 다원적 신학을 위한 하나의 패러다임이라고 볼 수 있다. 그들의 믿음이 생생한 삶의 경험에서 나온 것이고, 또한 그들의 기독론이 보편적인 기독교 전통에서도 찾아볼 수 있는 것이라는 점에서 그들의 믿음을 존중해야 할 것이다. 이와 같이, 예수님께 충성하는 사람들은 우리에게 기독교가 다양한 종교적 상황 속에서 범 세계적인 종교가 되어가는 과정에서 어떤 일이 일어날 수 있는가를 예측할 수 있는 중요한 단서를 제공해주고 있다.

◈ 요나스 요겐센(Jonas Jørgensen)은 덴마크 코펜하겐 소재의 덴마크선교협의회(Danish Mission Council) 사무 총장으로 재직하고 있으며, 인도와 방글라데시에 대한 특별한 관심을 갖고 있다.

## ◈ 토의를 위한 질문들

1. 요나스 요겐센의 글은 상황화의 복잡성을 보여주고 있다. 이 이야기에서 당신은 어떤 성령의 역사의 흔적을 찾아볼 수 있는가? 동시에, 이 이야기에 대해 질문을 제기해보라. 만약 당신의 상황 가운데 적용해볼 때 같은 질문에 대해 어떻게 대답하겠는가?
2. 요겐센은 "예수님께 충성하는 사람들"(Isa Imandars)의 사례가 전형적인 "포용적, 배타적, 다원적" 패러다임 모델을 제시하고 있다고 했다. 이 견해에 동의하는가? 그렇다면 왜 그렇게 생각하는가? 이 모델을 적용할 때 어떤 위험과 어떤 기회를 발견할 수 있겠는가?
3. 왜 기존의 제도적인 교회들이 복음을 전하는 데 있어서 가교가 되지 못하고 장벽이 되고 있다고 생각하는가? 요겐센의 설명 가운데서 예수님께 충성하는 사람들이 경험한 세부적인 문제들을 진술해보라. 교회에는 어떤 변화가 필요하겠는가? 교회가 어떻게 권위가 있으면서도 동시에 보다 더 문화적으로 민감할 수 있겠는가? 이러한 도전이 당신의 교회에 주는 교훈은 무엇인가?

# GLOBAL MISSION

**REFLECTIONS AND CASE STUDIES IN CONTEXTUALIZATION FOR THE WHOLE CHURCH**

# 26장

# C5 상황화 모델에 대한 반론

무명

중동 지역 전체에 걸쳐 우리의 가장 큰 관심과 기도는 이슬람 신앙을 가진 모든 사람들에게 복음을 전하여 하나님의 나라를 확장하는 것이다. 고국을 떠나 온 선교사들과 현지인 신자와 교회들은 모두 복음을 전하고 있고 그들에게 다가가기 위한 적절하고 효과적인 방법을 모색하고 있다. 기독교 배경을 가진 이집트 출신의 신자로서 필자는 중동, 북아프리카, 그리고 걸프만 등지에서 20여 년간 무슬림 선교 사역을 해오는 가운데 많은 방안과 전략들을 적용해보았다. 내가 들은 가장 논쟁의 여지가 많은 모델이 바로 C5 단계의 상황화이다.

짐 러펠(Jim Leffel)의 글 "상황화: 무슬림 공동체를 위한 가교 만들기"(Contextualization: Building Bridges to the Muslim Community)에서 C5 단계의 상황화를 다음과 같이 설명한 바 있다.

신자들은 법적으로 그리고 사회적으로 이슬람 공동체 가운데서 살아간다. 성경과 일치하지 않는 이슬람적인 요소들은 거부하거나, 가능하다면 재해석한다. 신자들은 여전히 이슬람 사원의 활동에 참여한다.

이 단계의 상황화에서는 신자들이 계속해서 꾸란을 읽고 이슬람 방식으로 기도하며 "알라 외에는 다른 신이 없고 무함마드는 그의 선지자이다"라는 뜻을 가진 이슬람의 신앙고백을 유지한다. 필자는 이러한 접근이 시도되고 있는 것에 대해 놀랐고 많은 아랍 기독교인들과 무슬림 회심자들과 함께 이 개념과 효율성에 대해 토론하기 시작했다. 다음의 내용은 우리가 받은 인상과 반응을 설명한 것이다.

필자는 어느 서구 국가에서 개최된 세미나에 참석하여 중동 사역자 그룹에서 교제한 경험이 있다. 이 세미나를 진행하던 주최측에서 우리를 배려하여 중동 음식을 마련하려고 했다. 그들은 중동 요리책을 구입해서 음식 재료에 대해 읽고 그 가운데 몇 가지를 선택한 후 필요한 재료를 구입했고, 요리책에 있는 모든 지침들을 따라 요리하기 시작했다. 그러나 그 결과는 재앙이었다. 그 음식은 모두 우리나라에서 먹어본 것과 달랐다. 약간 비슷한 향기가 나긴 했지만, 음식 그 자체는 너무 달랐다. 우리는 그들의 노력에 대해 최대한의 예의를 갖춰 고마움을 표했지만, 식탁 위에 남겨진 많은 양의 음식들이 우리가 그 음식을 어떻게 즐겼는가를 말해주고 있었다. 감사하게도 그 다음날 주최측에서 그들에게 익숙한 음식을 내 놓았고 우리는 모두 그 음식을 즐길 수 있었다.

이 실제 이야기는 그 당시 상황을 떠올려볼 때 웃어 넘길 수 있는 일이었지만, 이는 아랍의 무슬림 회심자들과 기독교 전통 가운데서 성장해온 신자들이 C5 단계의 상황화에 대해 느끼는 것과 거의 정확히 일치한다. C5 상황화는 상황에 맞지 않다. 이렇게 주장하는 데에는 몇 가지 이유가 있다.

첫째, 이슬람의 많은 종교적 관습에는 기독교와 명백한 차이가 있다. 기도가 그 가운데 하나이다. C5 단계의 상황화 모델에서 신자들은 이슬람 사원에서 하루에 다섯 번씩 기도하고 그전에 몸을 정결하게 하고, 메카를 향하고, 귀 뒤에 손을 대고, 일어 섰다가 절을 하는 등의 의식을 실천한다. C5 모델을 주장하는 사람들은 건강한 상황화를 위해 이러한 관습들에 의미를 부여한다. 그러나 이러한 요소들은 중립적인 문화적 관습이 아니다. 이러한 관습들은 기독교의 영성과 명백하게 대립되는 종교적 의식들이다. 우리는 그리스도 안에서 그의 피로 정결하게 되었다. 무슬림들은 그들의 행동과 이슬람 법의 엄격한 적용을 통해 하나님께 도달하려고 노력한다. 이것이 바로 기도하기 전에 몸을 정결하게 하고 하루에 다섯 번씩 메카를 향해 기도하는 등의 노력을 기울이는 이유다. 또한 그들이 이렇게 하는 강한 동기가 바로 두려움이다. 이슬람의 구원은 누구도 확신할 수 없고 죄를 범한 사람에게는 영원한 처벌이 기다리고 있다. 이슬람의 기도와 의식들을 계속해서 실천하는 것은 특히 믿음이 연약한 신자들을 그리스도께서 그의 피 값을 주고 사신 자유와 은혜를 경험하게 하기보다는 계속해서 행위에 근거한 믿음의 억압 가운데 살아가게 하는 것이나 마찬가지이다.

필자는 어느 무슬림 회심자에게 무슬림의 기도와 C5 상황화 모델에 대한 그의 생각을 물어보았다. 그는 신자가 된 지 15년 정도가 지났고, 그의 신앙으로 인해 체포되고 고난을 당한 바 있지만 그의 무슬림 가족들과 강한 유대 관계를 유지하고 있었다. 이 질문에 대해 그는 다음과 같이 반문했다.

나는 내 인생의 대부분을 무슬림으로 살아 왔었고 이슬람의 법률로 인해 많은 고난을 당했다. 내가 주님께 나아 왔을 때 나는 하늘에 계신 아버지와의 관계를 회복할 수 있는 기회와 은혜를 누릴 수 있었다. 당신은 내가 계속해서 법의 지배와 통제 가운데서 구속 받으며 내가 원할 때 언제든지 기도해도 되는 은혜를 누릴 자유를 박탈하기를 원하는가? 당신은 내가 계속해서 이슬람의 기도에 결부되어 있는 제약과 법 그리고 두려움 속에서 살아가기를 원하는가? 기독교 배경을 갖고 있는 신자들은 이 은혜를 마음껏 누리면서 당신은 내가 무슬림 회심자라는 이유로 같은 은혜를 누릴 수 없다고 말할 수 있는가?

반면에 이슬람의 관습 가운데 일부는 문화에 깊이 뿌리를 두고 있어 전적으로 받아들일 수 있는 부분들도 존재하고 있다. 예를 들어, 사람을 만날 때 신발을 벗고 마루에 앉는 것은 중동 문화에서 존중을 나타내는 행동이다. 문제는 복음의 상황화를 시도할 때 문화와 종교를 어떻게 구분하는가에 있다. 어떤 관습이 문화적이고, 어떤 관습이 종교적인가? 어떤 관습이 성경을 통해 하나님이 우리에게 주신 진리와 대립되는 것이고, 어떤 것은 그렇지 않는가? 많은 사례에서 볼 때, 아랍 문화와 이슬람 신앙은 반드시 구분되어야 한다. 어떤 이슬람의 관습이 기독교와 대립되는가를 결정해야 할 때, 그들이 무슬림 회심자이든, 기독교 배경의 신자이든 이 문화적 상황 가운데서 살아온 신자들보다 더 이 문제를 잘 해결할 수 있는 사람들이 누구이겠는가?

둘째, 필자와 모든 중동 아랍 사람들이 C5 단계의 상황화에 동의하지 않는 또 다른 이유는 신자들로 하여금 계속해서 꾸란을 읽게 하는 가운데 단지 성경과 명백하게 충돌하는 내용에 대해서는 거부하거나 재해석할 것을 권유하는 것 때문이다. 이것은 엄청난 혼란과 오해를 초래할 가능성이 높다. 꾸란을 읽는다는 것은 꾸란이 허용하고 있는 가족에 대한 학대와 인권을 거부하는 위험을 방치하는 것과 같다고 할 수 있다. 한 예로, 여성은 남성과 동등한 권리를 갖고 있지 않다. 법정에서는 반드시 두 명의 남성 증인들이나 한 명의 남성과 두 명의 여성 증인을 필요로 한다. 여성은 남성의 절반에 해당하는 가치만 있을 뿐이다! 꾸란은 남편이 아내에게 폭력을 가하고, 복수하며, 폭력적인 행동을 하거나 다른 종교를 가진 사람을 거부할 수 있는 자유를 허용하고 있다. 만약 우리가 성경과 대립되는 꾸란의 모든 가르침에 대해 분명한 입장을 취하지 않으면 이러한 파괴적인 관습이 고착화된 제자를 양산하는 결과를 초래할 수 있다.

셋째, 지역교회나 선교사가 중동에서 C5 단계의 상황화 모델을 사용할 때 이 모델이 우리의 문화적 상황 가운데서 무슬림들에게 접근하는 효과적인 방법을 찾거나 문화의 깊은 부분에까지 도달하는 데 있어서 실제로는 방해가 될 수 있다. 만약 어떤 사람이 이슬람의 신앙 고백이나 사원에서의 기도 등을 포함하여 외형적인 이슬람의 관습들을 받아들이고자 한다면 무슬림들의 마음 깊은 곳에 자리잡고 있는 문화적 요소들을 간과하는 결과를 초래할 수 있다. 사회적 관계, 가족의 유대감, 고유한 축제 문화, 사건 중심의 사고 방식, 손님 대접과 관대함, 갈등을 해소하는 기술, 수치와 명예, 그리고 정치적으로 민감한 문제를 다루는 방식 등의 주제들은 C5 단계의 상황화 모델에서 간과되고 있는 것을 볼 수 있다. 사람들은 선교사들이 문화를 잘 이해하고 적응하고 있다고 생각할 수 있겠지만, 사실상 진정한 마음의 문화를 놓치고 있는 경우를 많이 보게 된다.

더 나아가 C5 상황화 모델은 중동 무슬림들이 수용하지 않는다. 선교사들과 회심자들이 이 방법론을 사용할 때 무슬림들은 사이비 종교 집단으로 간주하기도 한다. 아랍 무슬림의 눈에 비친 C5 추종자들은 무슬림도 아니고 그리스도인도 아닌 신흥 종교 집단을 만들고 있는 사람들에 불과한 것이다. 이 같은 사실은 즉각적으로 장벽을 쌓게 만들고 중동 무슬림들이 심각한 의문을 제기하게 한다. 무슬림들은 이 전략을 수용하지 않는다. 선교사들은 거부당하고, 무슬림 회심자들은 기만적이고 사이비 종교 집단과 다를 바 없다는 이유로 과거보다 더 심각한 박해를 받게 될 수도 있다. 상황화된 복음 전도를 위한 노력과 무슬림들과의 관계를 형성하기 위한 시도들이 실제로는 결국 더 큰 갈등과 오해를 초래하는 결과를 가져올 수 있는 것이다.

C5 모델을 추구하는 많은 사람이 중동 지역의 기독교 교회들 사이에 토론의 장을 마련하고 그들의 논지를 입증하려고 노력하는 것을 볼 수 있다. 그들은 중동의 교회들이 지난 수백 년 동안 이슬람의 압박을 견뎌내기는 했지만, 그들의 문화에 적합한 방식의 복음을 전하는 데 실패했고 이슬람 공동체로부터 분리되어 있다고 비판한다. 이 비판이 어떤 면에서는 사실일지도 모르지만, 그렇기 때문에 모든 중동의 교회들이 잘못된 증거를 하고 있다고는 말할 수 없다. 최근 수년간 많은 중동의 교회들이 보여준 견해와 관점, 그리고 발전 등을 무시하는 것은 결코 하나님의 나라에 도움이 되지 않는다. 이슬람으로부터 회심한 수만 명의 알제리 신자들과 수십만 명의 이집트 회심자들을 고려해볼 때도 C5 단계의 상황화에 대한 논의에 있어서 이 중동 교회들의 견해는 외부의 학술적 주장들로 인해 거의 언제나 외면당했었다. 우리는 무슬림 회심자들과 중동 교회들을 하나님 나라의 확장을 위한 긍정적인 동반자로 받아들여야 한다.

이 글의 독자들을 위한 필자의 도전은 C5 단계의 상황화 모델에 대한 당신의 견해를 정립하는 데 있어서 중동 신자들의 직접적인 조언에도 귀를 기울여 줄 것을 요청하는 것이다. 이 주제에 대해 이슬람 지역에 대한 각종 통계로 무장했거나 학문적으로 깊이 연구해 놓은 인기가 좋은 책이나 글에만 의존하지 않기를 바란다. 어느 서구 신자가 모로코에 와서 해변가에 위치한 북아프리카 전체에서 가장 큰 이슬람 사원을 방문했다. 그는 함께 동행했던 모로코의 무슬림 회심자들에게 물었다.

"이 이슬람 사원이 어느 날 예수 그리스도를 믿는 사람들로 가득 차서 함께 예배를 드릴 수 있다면 얼마나 좋겠는가?"

그 말을 들은 어느 모로코 무슬림 회심자가 대답했다.

"나는 이 사원이 저 바다 속으로 사라졌으면 좋겠습니다. 이 사원이 우리에게 한 거짓말들과 함께 말입니다."

이 대화가 그 방문자로 하여금 그가 갖고 있던 C5 단계의 상황화에 대한 확고한 신념을 다시 생각하게 만들었다.

◈ 보안 문제로 인해 이름을 밝히지 않은 이 글의 저자는 어느 무슬림 지역에서 목회자와 지도자로 사역하고 있다.

◈ 토의를 위한 질문들

1. 이 글에서 우리가 적절한 상황화 모델을 개발하기 위해 각별히 신중을 기해야 할 필요에 대해 무엇을 말하고 있는가?
2. C5 단계의 상황화 모델은 많은 지지를 받고 있지만 한편으로는 많은 비판을 받고 있는 것도 사실이다. 다른 종교를 가진 사람들이 예수 그리스도를 예배하는 것을 보기 위해 열정적으로 헌신하고 있는 사람들이 왜 이렇게 서로 다른 견해를 갖고 있다고 생각하는가? 당신은 화해와 관계의 회복이 가능하다고 생각하는가?
3. 어떤 것은 순수하게 문화적인 것이고, 어떤 것은 예수 그리스도의 복음과 충돌하는 종교적인 의미를 갖고 있는 것에 대해 우리가 어떻게 평가할 수 있겠는가?

# 27장

# 영화를 통해 본 선교학

바울이 아바타를 만나다

레스 테일러(Les taylor)

2009년과 2010년에 켈리포니아 라 하브라(La Habra)에서 내부자 운동(Insider Movement, IM)에 대한 비판적 평가와 관련된 세미나들이 개최되었다.[1] 그들의 목적은 "기독교의 무슬림 선교에 있어서 내부자 운동이 더 이상 복음주의적 선택 사항이 될 수 없다"는 것이었고, 내부자 운동을 반대하는 사람들을 육성하고 지원하기 위해 개최된 모임이었다. 이 세미나에 내부자 운동에 대한 찬성론자와 반대론자들이 모두 공평하게 참석했다고 주장하는 사람들도 있지만, 일부에서는 내부자 운동을 지지하는 사람들의 많은 노력에도 불구하고 한쪽으로 치우친 모임이었다는 주장이 제기되었다.[2] "비정통적, 성경의 전체적인 구속적 흐름과 언약적 동기를 무시한 일부 성경 구절에 대한 시대 착오적 해석, 각 나라의 우상숭배적 종교에 저항하기 위한 독단적 신앙" 등의 매우 자극적인 용어들을 사용하여 내부자 운동의 주장을 무너뜨리고자 했던 이 세미나들은 "기독교와 종교에 대한 잘못된 이해를 밝혀내

---

1 이 세미나에 대한 자세한 내용은 http://www.insidermovements.org를 참고하라.
2 http://www.Biblicalmissiology.org/2010/10/11/recap-of-the-insider-movement-conference-a-critical-assessment-ii-2010을 보라.

기 위한 모임"이었다. 내부자 운동의 방법론은 "한 종교가 갖고 있는 타락의 본질을 무시한 채 종교의 사회적 그리고 문화적 측면에만 집중하고 있다." 내부자 운동은 "타락한 종교의 영적 위험을 무시하고, 회심한 무슬림들을 독소적인 신앙 체제의 깊은 영향 가운데 계속 머물러 있도록 권유하여 점차적으로 그들을 타락하고 왜곡된 사람들이 되게 한다." 그리고 일부 내부자 운동은 "부정직하고 이중적인 집단이 주도하고 있다."

하나님이 어떤 새로운 일을 시작하실 때는 거의 언제나 논쟁이 뒤따랐다. 바울이 회의적인 예루살렘교회의 장로들에게 할례를 받지 않았지만 하나님을 두려워하는 고넬료와 그의 가족들이 성령을 받은 것(행 10-15장)에 대해 보고했을 때를 생각해보라. 따라서 내부자 운동의 핵심 지지자들이 지금까지 해온 것처럼 지속적으로 오해, 거부, 그리고 비난 등에 대응하는 신중하고도 잘 계획된 저술 활동을 펼쳐 나가야 할 것이다(Corwin 2007; Dorr 2006을 보라). 필자는 단순히 비판적 내부자의 관점에서 이 글을 쓰고 있다. 그러나 필자는 신학을 공부하던 3년 동안에 저명한 바울 전문가로부터 신약성경을 배웠고 또한 선교학을 배우는 기회가 있었다. 10년 전에 동남아시아의 무슬림들 가운데 재배치되기 훨씬 이전에 필자는 처음으로 다음과 같은 내용을 접했었다.

첫째, 무엇에 담아 줄지에 대해 선택하지 않으면 아무도 물을 줄 수 없는 것과 마찬가지로 문화가 없는 컵으로는 생명의 물에 대한 소식을 전할 수 없다.

둘째, 가장 좋은 컵은 수용자에게 가장 친숙한 컵이다.

셋째, 이방인들은 예수님을 믿기 위해 더 이상 유대인이 될 필요가 없었다. 그러므로, 신약성경은 개종(proselytism)이 아닌 회심(conversion)을 요청하고 있다(Walls 2000, 2004를 보라).

넷째, 예수님과 마찬가지로 율법을 준수하던 유대인이었던 바울도 부활하신 메시아가 이방인들에게도 좋은 소식인 것을 알게 하기 위해 부르심을 받았다(행 9:15; 18:6; 롬 1:5-6; 갈 1:16; 2:1; 2:6-9).³

필자는 10년 전에 동남아시아 무슬림 지역에 재배치되었었다. 비무슬림 유럽인으로서 내 아내와 나는 외부자였다. 우리는 무슬림들이 다른 무슬림들과 기독교 공동체들과 어떤 관계를 갖고 있는지에 대해 잘못 이해하고 있었던 전형적인 사례였었다(Gary and Gary 2009). 트래비스(Travis)가 제시한 C-스펙트럼에 따르면, C4 모델은 지역 관습을 수용하고, 신자들의 지역 관습을 유지하게 한다. 다른 말로 표현하면, C-스펙트럼은 우리의 종교적 정체성, 철학, 혹은 관습에 대한 선택 사항들을 제시하고 있다(Gary and Gary 2009, 65를 보라). 우리는 C4 형태의 사역을 진행하고 있는 팀과 합류했기 때문에 이제 그리스도인이 아니라 예수님의 추종자가 되었다. 우리는 스스로 무슬림이라고 주장하지 않았는데, 이슬람의 금요 예배에 참석하지 않는 것이 이를 반증해주었다.⁴ 나는 수염을 길렀고, 아내는 베일을 착용했다. 더 중요한 것은 우리는 가정에서 이슬람의 음식에 대한 규정을 준수했고, 평생에 걸친 장기적 목표를 갖고 언어와 세계관을 배워 왔다. 마지막으로, 우리는 우리도 모르는 사이에 게리 부부도 제시한 바 있는 유인모델(attraction model)에 집착하게 되었다(Gary and Gary 2009).

우리는 점차적으로 전능하신 알라(Allah)가 그의 거룩한 종이신 메시아 예수를 통해 행하신 것을 받아들이는 무슬림들을 보게 되었다. C4는 실행 가능한 모델이 아니다. 심지어 우리가 개종자를 그 사회로부터 끌어내야 한다고 믿는 사람이라고 할지라도 무슬림 신자들과 동

---

**3** 유대인으로서의 바울에 대해서는 Boyarin 1994; Eisenbaum 2009; Langton 2005; Nanos 2009a, 2009c; Segal 1994; Skarsaune and Hvalvik 2007을 보라.

**4** 필자는 최근에 C-스펙트럼이 사역자들의 필요를 반영하여 W-스펙트럼으로 수정되었다는 소식을 들었다.

화되고자 하는 현지 기독교 공동체가 존재하지 않거나 의지가 없다면 C-스펙트럼이나 다른 어떤 것도 대안이 될 수 없다. 그 당시에 다른 사람들처럼 우리도 무슬림 내부자들에게 복음을 전하는 C5 모델을 전개해 나갈 때 우리가 관여하지 않아야 한다는 대화를 나누었다. 우리는 또한 내부자가 될 수 없다는 것에 대해 좌절하지 않았다. 그들이 납득할 만한 직업을 가지고 있고, 현지 언어에 능통하고, 지역사회의 문화와 종교를 이해하고 있는 유럽인 외부자이고 비무슬림들인 우리는 스스로 "중간에 속한 사람들"(inbetweeners)이라고 불렸다. 우리는 스스로 바나바의 발자취를 따라 이방인들에게 복음을 전파하기 위해 자신보다 더 유능한 사람을 찾고 격려하는 사람이라고 간주할 때 평안을 누리게 된다. 이 글에서 필자는 내부자 운동 방법론의 실천적, 정서적, 그리고 윤리적 측면을 다루고자 한다. 이러한 논의가 이미 때 늦은 감이 있다는 것이 사실이다. 이 글을 구성하고 있는 두 개의 부분들이 전체의 논의를 이끌어 갈 것이다.

첫째, 제임스 카메룬 감독이 2009년에 만들어 호평을 받았고 상업적으로도 성공한 영화 "아바타"(Avatar)가 제시하고 있는 핵심적인 주제들을 다룰 것이다.

둘째, 유대인 바울 전문가로 잘 알려진 마크 나노스(Mark Nanos 2009b)가 제기한 논쟁으로서 몇 사람이라도 구원하기 위하여 바울이 무엇을 했고, 무엇을 하지 않았는가에 대한 것이다(고전 9:22).

## 1. 아바타, 제이크 설리, 그리고 그의 나비 아바타의 몸

제임스 카메룬(James Cameron)의 아바타(Avatar)는 2154년도의 판도라 행성을 배경으로 제작된 것이다.

인간이 언옵타늄(unobtainium)이라는 물질을 추출하기 위해 판도라를 정복한다. 미래 과학이 인간으로 하여금 판도라 행성의 토착민들과 인간의 유전자를 혼합하여 인간의 의식으로 원격 조종을 가능하게 했다. 아바타라고 하는 이 새로운 생명체들은 인간이 오마티카야(Omaticaya) 종족의 거대한 토착민인 나비(Navi)들과 접촉하는 등 과거에 할 수 없었던 일을 가능하게 해주었다. 이러한 진전에도 불구하고 아바타 프로그램은 그들의 임무를 성취하는 데 있어서 또 다른 난관을 겪게 된다.

판도라에 주둔한 기지의 잔인 무도한 총 책임자인 셀프리지(Selfridge)는 아바타 프로그램의 책임자인 그레이스 어거스틴(Grace Augustine) 박사에게 분노하며 "보라 당신이 토착민들의 정신과 마음을 얻게 될 것이라고 말하지 않았는가? 당신이 만든 형편없는 인형극에 불과하지 않는가? 당신이 그들처럼 보이고, 그들처럼 말한다고 해서 그들이 당신을 믿어줄 것이라고 생각하는가?"라고 불평을 늘어 놓는다. 전직 해병대원이었던 쿼리치 대령은 인간과 나비 사이의 샌드위치 고기와 같은 운명의 또 다른 전직 해병대원이었던 제이크 설리에게 다음과 같이 말한다.

> 쿼리치: 아바타 프로그램은 쓸데없는 짓이야…하지만 그 녀석들 덕에 기회가 생기긴 했지…수색대 군인한테 아바타의 몸이라니 정말 굉장한 조합이야…그 정도 능력이면 내가 원하는 정보를 수집해 올 수 있을텐데. 적진 깊숙이 침투해서 말이야. 그들의 일원이 되어 신뢰를 얻어 보게 그리고 어떻게 해야 우리한테 협조하는지, 거부하면 어떻게 소탕할지 알아내 보라구.

제이크가 그의 아바타의 몸을 통해 나비와 접촉하기 전날, 쿼리치 대령은 제이크를 몰래 영입해 이중 첩보원 노릇을 하게 한다. 제이크는 어거스틴박사의 지시를 따라야 하는가를 묻는다. 쿼리치는 "과학쟁이들처럼 자네도 그렇게 행동하고 그 녀석들처럼 지껄이고 다니라구. 하지만 보고는 나한테 하는거야"라고 명령한다.

첫 번째 임무에서 제이크는 판도라 행성 먹이 사슬의 최상위 포식자인 타나토르(thanator)의 공격을 받아 팀과 헤어진다. 밀림 속에 혼자 남게 된 제이크는 그의 아바타 몸 속에서 밀림에서 자신의 생명을 위해 싸움을 준비한다. 난탕(vipervolves) 무리들과 싸우는 도중에 제이크는 네이티리(Neytini)라고 하는 나비의 도움으로 구출된다. 다음의 대사는 제이크가 감사를 표한 후에 나눈 대화이다.

네이티리: 이건 다 네 잘못이야. 쟤들이 죽을 필요는 없었어.
제이크: 공격 당한 건 난데 왜 내가 나쁘다는 건지…
네이티리: 네 잘못이야 네 잘못! 어린애들처럼 소란이나 피우고 자기가
　　　　　뭐 하는지도 모르고.
　　　　　[…]
네이티리: 멍청해! 애들처럼 아무것도 몰라.
제이크: 내가 아이 같다고? 그럼 그 쪽이 나한테 좀 가르쳐 주던가?
네이티리: 하늘사람은 못 배워. 보는 방법이 달라.
제이크: 그 "보는" 방법을 가르쳐 줘.
네이티리: 보는 방법은 누가 가르칠 수 있는 게 아냐.
제이크: 난 그쪽 도움이 필요해.
네이티리: 넌 여기 있으면 안돼.

나비의 신성한 나무 에이와(Eywa) 옆에서 옥신각신한 후에 제이크는 홈트리(Home Tree)라고 하는 나비의 근거지에 들어가 그들의 지도자이고 네이티리의 부모인 에이투칸(Eytukan)과 모앗(Mo'at)을 만난다. 몹

시 화가 난 에이투칸이 네이티리에게 "이 자를 왜 데려온 거냐? 내가 말하지 않았느냐…여기에 하늘사람을 들이지 말라고…이방인 냄새가 코를 찌르는구나"라고 말하자 모앗이 나서서 "내가 이방인을 살펴보겠다. 왜 우리에게 왔지?"라고 말했다.

제이크: 가르침을 받으려고요.
모앗: 하늘사람을 가르치려고 해봤지만 이미 가득찬 잔을 채우는 건 아주 힘들었다.
제이크: 제 잔은 텅 비었어요. 진짜예요.
에이투칸: 우리는 아직 "꿈꾸는 자"인 전사는 본 적이 없었다. 저 자에 대해 더 알아봐야겠다.

결국 모앗이 주저하고 있는 네이티리에게 "네가 저자에게 우리 방식을 가르치거라"라고 말한다. 기지로 돌아온 제이크는 셀프리지와 쿼리치에게 자랑스럽게 보고한다. "거의 부족원이 된거나 마찬가지라고 봐야죠. 일단 절 가르친다니까 그들 일원이 되도록 노력해보려구요."

그 다음에 주어진 임무는 제이크가 나비족처럼 보고, 그들의 언어를 배우는 것이었다. 그는 "매일 흔적을 찾는 훈련을 한다. 웅덩이에 남아 있는 미세한 냄새의 소리를 쫓아 다닌다. 그녀는 동물의 혼이 에너지가 되어 순환된다고 한다"라고 자신의 경험을 들려 주었다. 그는 또 "난 그들이 어떻게 숲과 대화하고 함께 어울려 사는지 알고 싶었다. 네이티리의 말로는 모든 생명체들이 서로 연결되어 에너지가 흐르는데 이 모든 에너지는 잠시 빌려 쓰는 것이며 언젠가는 돌려줘야 된다고 한다"고 말했다. 그는 결국 나비족의 일원이 될 것이라고 덧붙였다. 그리고 다음 임무를 실행하기 하루 전에 쿼리치를 만나 대화를 나눈다.

퀴리치: 숲에서 길을 잃기라도 했나? 마지막 보고가 2주전이었는데, 자네의 결심이 의심되는군! 자네 임무를 마무리할 때가 되지 않았나?

제이크: 이제 할겁니다. 꼭 해야 할 일이 하나 더 있어요. 의식이 남았어요. 마지막 단계의 성인식이죠. 그러고 나면 그들의 부족원이 되는 거죠. 그들이 절 믿게 되면 이주에 대해 협상할 수 있을 거예요.

제이크가 다시 나비족으로 돌아왔을 때, 에이투칸이 "너를 오마티카야의 아들로 받아들인다. 이제 나비가 되었다"라고 선언한다. 이 선언이 끝나자 모든 부족민들이 모여 모든 사람들이 다 연결될 때까지 앞에 있는 사람의 어깨에 손을 올린다. 그날 밤에 제이크는 네이티리와 혼인을 서약한다.

제이크가 모르는 사이에 셀프리지와 퀴리치의 인내심이 한계에 도달하고 마침내 나비족에 대한 포상 정책을 포기해버린다. 또한 그들의 비장의 무기였던 제이크에 대한 신뢰도 무너졌다. 이제는 매를 들 차례다! 제이크가 체포됐지만, 그와 그레이스 어거스틴 박사는 셀프리지를 설득하여 제이크에게 마지막 기회를 줄 것을 간청한다. 제이크가 홈트리로 돌아와 전사들의 회의 도중에 그들이 알아야 할 두 가지의 진실을 들려 준다.

제이크: 거대한 악마가 오고 있습니다. 하늘사람들이 옵니다. 그들이 홈트리를 쓰러뜨릴 거예요. 파괴한다고요. 곧 그들이 올거라고 말해줘요. 다들 떠나세요. 안 그러면 죽을 거예요.

모앗: 그게 확실한 거냐?

제이크: 그들이 날 여기로 보냈어요. 이곳의 생활 방식을 배워서 언젠

가 제가 이 말을 전하고 그 말을 믿게 하려고 한 겁니다.

네이티리: 무슨 소리야? 제이크, 이럴 줄 알았던 거야?

제이크: 그래. 처음엔 명령을 따랐지만 그러다가 모든 게 다 바뀌었어. 사랑에 빠졌어. 사랑하게 된 거야. 이 숲과 오마티카야 사람들 그리고 널.

네이티리: 널 믿었는데. 너를. 널 말이야. 널 믿었단 말이야.

제이크: 믿어줘. 제발.

네이티리: 넌 절대로 나비가 될 수 없어. 넌 절대로 우리 가족이 될 수 없어!

## 2. 선교학적 교훈

다른 민족, 언어, 그리고 종교권으로 재배치된 선교사들은 아바타의 줄거리를 통해 많은 선교학적인 교훈을 발견할 수 있을 것이다.

첫째, 나비(Navi)족처럼 보이는 것으로는 충분하지 않다. 네이티리가 제이크의 아바타를 처음 만났을 때 그녀는 즉각적으로 그가 나비족이 아니라는 사실을 알 수 있었다. 먼저, 제이크는 옷을 입고 있었다. 제이크에게는 몽유병자, 마귀, 그리고 외계인 등 많은 수식어들이 붙게 되었다. 에이투칸(Eytukan)도 그의 몸에서 고약한 냄새가 난다고 불평했다. 제이크는 그들이 자신에 대해 하는 말을 하나도 알아듣지 못했다. 그가 돌아온 후에 자신이 그들과 가족이 되었다고 단언했던 것을 볼 때 그가 얼마나 큰 착각을 하고 있는지를 알 수 있다.

아시아에서의 무슬림 사역이 성공하는 데 있어서 아시아 기독교 신자들의 역할에 대해서는 여전히 논란의 여지가 있지만, 단순히 아시아 무슬림들처럼 보이는 것만으로도 충분하다고 생각하는 것은 잘못된 것이다. 만약 나비족처럼 보이는 것만으로 충분하지 않았다면, 무엇이 문제인가?

둘째, 아바타의 교훈은 외부자들은 내부자에 대해 배우고, 보고, 말하기 위해 반드시 자신의 컵을 비워야 한다는 것이다. 네이트리에 따르면, 제이크는 나비족이 서로 어떻게 긴밀한 관계를 유지하고 있는지에 대해 보지도 못하고, 이러한 환경 가운데서 어떻게 생존할 수 있는지에 대해서도 모르고 있다고 말했다. 제이크는 자신이 무엇을 해야 하는지를 모르는 어린 아이 취급을 받았다. 그는 어린 아이처럼 무지했다. 지구인(sky people)들도 배울 능력이 없는 것으로 간주했다. 네이티리의 모친 모아트(Mo'at)도 이미 자신의 컵이 가득 차 있다고 확신하고 있는 지구인들을 얼마나 가르치기 어려운가에 대해 탄식했다. 이 무지한 전직 해병대원은 배워야 할 필요를 인식하고 있었을 뿐만 아니라, 나비족의 방식으로 세상을 보고 말하기 위해서는 어떤 희생이라도 감수할 준비가 되어 있었다.

셋째, 나비족이 되기 위해서는 제이크가 알지 못했던 또 다른 것이 필요했다. 아바타의 세 번째 교훈은 새로운 언어를 배우고, 새로운 방식으로 세상을 보고자 하는 사람들이 지불해야 할 정서적인 대가와 관련된 것이다. 제이크가 지불한 정서적 대가는 단지 아바타 프로그램의 적들을 위해 정보를 수집하여 그레이스(Grace)를 속이는 것에만 한정되어 있지 않다. 나비의 세계로 더 깊이 다가갈수록 정서적인 갈등도 더 깊어졌다. 필자는 당신을 보낸 사람들에게 우선적으로 충성해야 하는 상황에서 내부자가 되고자 할수록 더 많은 정서적인 대가가 필요하다고 생각한다. 이 정서적인 대가는 전혀 대비하지 못했던 제이크의 임무였으며 또 하나의 현실이었다.

임무를 실행하기 직전에 정서적으로 매우 불안정한 상태에서 제이크는 그가 나비족의 한 사람이 되면 신뢰를 얻을 것이고, 그들의 주거지(Home Tree)를 이주하기 위한 협상을 할 수 있을 것이라는 어리석은 판단을 굽히지 않았다. 이 과정에서 자신의 이중성을 깨닫고, 제이크는 큰 두려움에 사로잡혔다. 그는 자신의 새 아내와 그가 성장했던 부족으로부터 거부당했다. 아바타를 본 사람들은 제이크가 점차적으로 나비족에게 완전히 동화될 것에 대해 우려했다. 나비족이 된다는 것은 인간과 대항해서 싸우고 죽여야 할 뿐 아니라 인간인 자신의 몸을 영원히 떠나야 했기 때문이다.

## 3. 모든 사람에게 모든 것이 되다

아바타는 단순히 영화일 뿐이다. 고린도전서 9:22은 어떤 것으로도 대체될 수 없다.

내가 모든 사람에게서 자유로우나 스스로 모든 사람에게 종이 된 것은 더 많은 사람을 얻고자 함이라 유대인들에게 내가 유대인과 같이 된 것은 유대인들을 얻고자 함이요 율법 아래에 있는 자들에게는 내가 율법 아래에 있지 아니하나 율법 아래에 있는 자 같이 된 것은 율법 아래에 있는 자들을 얻고자 함이요 율법 없는 자에게는 내가 하나님께는 율법 없는 자가 아니요 도리어 그리스도의 율법 아래에 있는 자이나 율법 없는 자와 같이 된 것은 율법 없는 자들을 얻고자 함이라. 약한 자들에게 내가 약한 자와 같이 된 것은 약한 자들을 얻고자 함이요 내가 여러 사람에게 여러 모습이 된 것은 아무쪼록 몇 사람이라도 구원하고자 함이니 내가 복음을 위하여 모든 것을 행함은 복음에 참여하고자 함이라(고전 9:19-22).

유대인 바울신학자인 마크 나노스(Mark D. Nanos)는 "바울사상"(Paulinism)을 주장한다. 이 사상은 "언약적 신실성을 표현한 율법의 역할이 율법과 유대교 정체성으로부터 자유로운 이방인으로서의 특권을 누리는 그리스도인을 위해 종료되었다"는 것을 전제로 확립된 것이다. 바울이 비유대인들 사이에서 율법을 준수하지 않았던 것처럼, 윤리적 절충이 바울 사상과 기독교 신앙의 핵심이다(2009b, 2-3). 나노스는 저명한 복음주의 학자인 고든 피(Gordon Fee)의 고린도전서 9:22에 대한 주석을 인용했다.

> 바울은 유대인들과 함께 있을 때는 유대교 율법을 준수했고, 이방인들과 함께 있을 때는 이 율법을 따르지 않았다. 정확하게는 할례는 하나님이 문제로 여기지 않으시기 때문이었다(고전7:19; 8:8). 그러나 이러한 행동은 가장 사악한 것들에 대한 불연속성과 사소한 연속성을 초월한 바울의 정책과 관련된 "종교적"인 문제 그리고 "종교" 그 자체에 대한 대응에서 나온 것이었다. 바울이 어떻게 "유대인처럼" 되기로 결정했는가에 대한 가장 확실한 대답은 바울이 그리스도인으로서 하나님과의 올바른 관계를 확립하기 위해 오래 전에 포기했던 유대교의 종교적 특성과 관련되어 있다는 것이다(Fee 1987, 427-28).

바울의 생애와 가르침을 따르기를 원한다면, 이러한 관점은 그를 각종 전술적 술책들을 사용하는 데 능숙한 "위장술의 대가"로 인식하게 할 수 있는 잠재성을 지니고 있다(2009b, 9). 여기서 인용한 이 성경 본문에 대한 우리의 견해가 바울과 기독교를 거부하는 본질적인 이유가 될 수 있는가? 나노스는 만약 이것이 "핵심가치로서의 정직함, 성숙한 상호 신뢰 관계를 위해 요구되는 완전한 믿음에 대한 핵심 요소"를 약화시키는 결과를 초래한다면 고린도전서 9:19-23이 기독교와 유대교의 관계를 개선하기 위한 방법이 될 수 있겠는가?"라고 주장한 바 있다(2009b, 10). 그리스도를 따르는 사람들에게 "바울이 유대인들에게 복음을 전할 기회를 얻기 위한 방편으로 필요할 때만 율법을 준수했다는 견해는 바울 사상의 핵심에 "뱀같이 교활한 속임수"가 자리잡고 있다는 윤리적 난제에 봉착하게 된다"(2009b, 11).

나노스는 다음과 같이 묻고 있다. 바울이 기만적이고, 위선적이며, 원칙을 무시하고 편법을 일삼는 사람이었나? 안디옥에서 베드로에게 한 것과 같이(갈 2:11-21) 다른 사람들에게는 비난했던 일은 아니었는가? 바울이 다른 종류의 사람들에게로 옮겨 갈 때 오직 사역적인 성공만을 위하여 그의 확신을 숨기기 위한 하나의 방편으로 진실성을 타협해 버렸나? 할례자로 부르심을 받은 자들에게 그 부르심대로 지내라고 했던(고전 7:17-24) 자신의 가르침을 뒤엎어 버리고 있지는 않는가? 바울이 그의 청중들로 하여금 그들의 확신과 생활 방식에 맞지 않는 종교적 동맹 관계 속으로 잘못 이끌어가고 있는 것은 아닌가? 이렇게 함으로, 복음을 전하기 위해 사람들을 잘못된 길로 인도하는 전략을 다른 사람들도 적용하기를 바라고 있는 것인가(2009b, 3)? 실행이 불가능한 방안을 제시하고 있는 것은 아닌가? "직접적으로 목격했든지 혹은 떠도는 소문을 통해 접했든지 간에 반대하는 입장에 동조하는 다른 집단에게 보인 바울의 대조적인 행동"을 유대인들과 비유대인들이 배우지 않을 것이다(2009b, 4).

폴 구치(Paul Gooch)의 연구(1978)를 토대로, 나노스는 고린도전서 9:19-23에 대해 다음 두 가지 방법으로 설명한다.

## 4. 생활방식에 대한 융통성인가 수사적 융통성인가?

구치가 이 본문을 "생활방식에 대한 융통성"(lifestyle adaptability)이라고 묘사한 것에 대해 나노스는 강력하게 반대하고 있다. 바울은 "몇 사람이라도 구원하고자 하는" 유일한 목적을 성취하려 하는 소망을 공유하기 위하여 외형적인 모방 행동을 보이고 있는 것이 아니다.

"그가 선포한 메시지가 합리적 기준 혹은 특정한 방식의 삶에 대한 확신적 가치를 뒤엎는 것이 아니다"라고 믿게 하는 바울의 명백한 속임수라고 많은 사람이 해석하고 있다(2009b, 15. 그러나 나노스와 같이 이 같은 주장의 불연속성 혹은 부정직성의 문제에 대해 설명하거나 토론하는 사람은 거의 없는 실정이다).[5]

나노스는 다음의 질문들을 통해 이 현존하는 해석이 갖고 있는 많은 문제들을 제기하고 있다. 바울은 비유대인들이 그들의 신들을 숭배하고 있다고 이해하고 있었는가? 바울이 하나님이 유대인들에게 명령하신 율법을 준수하는 삶을 자신이 옹호하고 있다고 믿도록 유대인들을 잘못 인도하고 있는가? 바울의 메시지를 받아들인 사람들이 율법을 포기한 공동체에 합류했다는 사실을 알게 되었을 때 충격을 받았는가? 그들이 더 많은 유대인들을 속이기 위한 바울의 "카멜레온 같은 미봉책"을 받아들이는 데 동의했는가?

진리를 발견한 후에 "그리스도인"으로 남아 있어야 하는 것이 그들의 심리적, 영적, 그리고 사회적 행복에 해로운 영향을 끼치는 이중성의 소용돌이를 만드는 것은 아닌가(2009b, 16)? 바울이 어떻게 유대인이 되었는가? 그는 이미 유대인이었지 않는가? "법 아래"를 개종자를 지칭하는 것으로 해석할 때 이와 유사한 문제들에 직면하게 된다. 이

---

[5] Barram 2005와 Langton 2005 등과 같은 일부 예외도 존재한다.

방인 우상숭배자들이 바울의 메시지를 통해 그리스도를 믿고 회심한 결과로 더 이상 다른 사람들의 종교적 관습을 모방하는 행동을 할 필요가 없어지지 않았는가? 마찬가지로, 율법을 준수하는 유대인들이 회심했다는 것은 이제 더 이상 다른 유대인들의 삶의 방식을 따라 살아야 할 필요가 없다는 것을 뜻하지 않는가?

요약하면, 윤리적 불연속성 혹은 위선이라는 해석은 만약 고린도전서 9:19-23을 바울의 생활 방식에 대한 융통성으로 보는 관점으로부터 벗어나기 어렵게 만든다. 바울은 다른 집단을 만날 때마다 그의 행동을 바꾼 것이 아니다. 이것은 곧 그가 직면했던 다양한 문제들을 대할 때마다 자신의 태도를 바꾸는 그의 특성이 더 큰 목적을 위한 조치로 정당화될 수 있다는 점에서 충분히 변론이 가능하다는 것을 의미한다. 바울이 임기응변과 원칙의 대조를 강조한 것이라는 해석도 어떤 박해를 받는다고 하더라도 결코 변하지 않을 것이라는 바울의 주장과 일치하지 않는다.[6] 바울은 갈라디아서에서 우상숭배자의 회심에 대해 가르치고 있다. 바울은 여기서 무할례자들이 할례 받기를 원한다고 하더라도 그들이 떠날 위험을 감수하고 올바른 원칙을 제시하고 있는 것을 볼 수 있다. 임기응변과 합법성 사이를 오가는 간헐적인 율법준수자들은 열등한 위치에 있는 사람들로 취급받았다. 그들은 유대인 취급을 받지 못했고 할례도 거부당했다. 생활 방식에 대한 융통성은 바울의 사역에 있어서 전술적인 효율성도 제공해주지 못하는 것을 볼 수 있다. 그의 양면성은 매력적이기보다는 오히려 소외감을 가중시키는 결과를 가져온다(2009b, 39).

고린도전서 9:19-23을 생활 방식에 대한 융통성으로 해석할 때 오는 실천적, 윤리적 부적절성은 새로운 대안적 해석을 필요로 한다는

---

[6] 고전4:4:10-16; 6:7; 12-20; 8:7-13; 9:1-27; 11:27-34; 15:30-34; 16:13-14; 갈1:6-10; 4:17-18; 5:7-12; 6:12-13을 보라.

하나의 반증이기도 하다. 나노스는 바울의 "수사적 융통성"(rhetorical adaptability)을 보여주는 것으로 해석했다. 다른 말로 하면, 바울은 청중들의 종류와 필요에 따라 그의 연설을 다양화한 것이며, 그들의 행동을 모방하려고 한 것이 아니었다. 따라서 바울은 다양한 용어들과 모범, 그리고 설득을 위해 계획된 사례들을 통해 자신의 관점을 표현한 것이었다. 바울은 청중들의 전제와 세계관에서 출발하여 또 다른 전제와 세계관에 기초한 결론에 도달하도록 이끌어 간다(2009b, 40, 41).

생활 방식에 대한 융통성과는 대조적으로, 각각의 집단마다 그들 자신의 상황에서 메시지를 이해할 수 있는 기회를 갖게 되었고, 그가 어떤 대가를 치러야 하는지에 대해 잘 알고 있는 가운데서 자신의 믿음에 대해 도전하거나 그가 확신한 바대로 행동한 것이다(2009b, 37). 고린도전서 9:19-23에서 바울은 그의 다양한 청중들이 확신하고 있는 전제들에 대한 그의 융통성을 보여주려고 한 것이 아니다. 그의 수사적 융통성이라는 복음전도적 전술은 자신과 같은 율법을 준수하는 유대인이 무법한 유대인들과 다른 유대 율법의 기준을 따르는 사람들, 그리고 다른 모든 형태의 비유대인들에게 연설할 때 필요한 것이었다. 만약 이것이 사실이라면, 바울은 이중적 행동, 부정직, 혹은 불연속성 등에 대해 비난받지 않아야 한다(2009b, 18).

고린도전서 8장과 10장 사이에서 바울은 생활 방식의 융통성이라는 측면에 대해서는 정통하지 못했다는 것을 보여준다. 그의 수사적 융통성은 연약한 자에 대한 연민과 그 연민이 올바른 진리를 깨닫게 하고자 하는 열망으로 나타난 것이었다. 오직 한 분 하나님만 존재한다는 것과, 우상은 아무것도 아니라는 것(8:4-6), 그리고 우상에게 바쳐진 음식도 먹을 수 있다는 것(8:8; 10:19, 23, 25-26)을 상기시키는 것으로 시작하여, 우상은 귀신의 영향을 받기 때문에(10:19-22) 유대인들처럼 우상에게 바쳐진 것으로 알려진 것은 어떤 음식도 먹지 말아야 한다는 것, 우상숭배로부터 멀어지거나 우상숭배를 하지 않기 위해 대가를 지불할 것을 요청하고(10:1-23), 우상에게 바쳐지지 않았던 음식만 먹을 것을 권면(10:14-33)하는 것으로 결론을 내리고 있다(2009b, 21-22).

> 이와 같이 바울은 유대인이 아닌 사람들을 대상으로 말하고 있기 때문에 비유대교의 전제로부터 시작하였고, 그리스도인이 된 후에는 심지어 유대인이 아닌 사람들에게도 유대인의 삶의 방식(공동체적, 철학적, 종교적, 그리고 도덕적 삶의 방식 등)을 보여주며 매우 유대교적인 결론을 맺고 있다. 바울은 유대인들과 동일한 핵심적 주제들에 대해 토론하더라도 이 비유대교 신자들과 같은 결론에 도달하는 것을 볼 수 있다(2009b, 21-22).

이것이 바로 바울이 그의 독자들에게 비유대인과 같이 되는 방법이었다. 만약 그들이 유대인이었다면 그는 이 문제에 대한 율법의 가르침에 대해 직접적으로 다루었을 것이다. "그가 유대인이었기 때문에 수사적으로 그가 유대인처럼 보이는 것은 매우 자연스러운 일이었다"(2009b). "~이 된 것은"이라는 표현이 모방하다, 흉내내다, 혹은 ~인 척하다 등으로 오해할 여지가 있기 때문에 "~의(와 같은) 방식으로" 혹은 "~와 같은 방식으로 진실을 주장하기 위해 설득(논쟁)하다" 등으로 해석할 것을 제안한다"(2009b, 34). 이와 같이 바울은 "논리적으로 설명하고, 관계를 확립하고, 유대인이 되거나 유대인처럼 되기도 하였다. 이와 같은 수사적 혹은 담론적 차원에서 바울은 여러 사람에게 여러 모습이 될 수 있었던 것이다(2009b, 25).

바울의 수사적 융통성을 보여주는 사례들은 다음과 같다. 사도행전 17:17-31에서 바울은 청중들이 유일하신 하나님에 대해 비판하더라도, 그들이 숭배하고 있는 신들의 실체를 거부하는 것에서부터 시작하지 않았다. "알지 못하는 신"이 더 이상 알지 못한 채 남아 있을 필요가 없게 된 것이다. 아레오바고에서는 일반적이었던 새로운 신을 소개하는 것으로 시작하지 않고 그들이 무시해왔지만(23절), 이제는 그의 입을 통해 듣게 된 유일하신 참된 하나님의 정체성을 드러낸 것이다. 바울은 성경을 사용하지 않았지만, 그들의 시를 인용했다(28절). 나노스는 바울이 한 말을 다른 말로 표현하여 "내가 우상숭배자에게 우상숭배자가 된 것은"이라고 말했다. 바울은 오직 그리스도를 증거하여 그들을 구원하기 위하여 그들 자신의 전제들 가운데서 메시지를 전했다. 누가는 사도행전 17:1-3에서 바울이 데살로니가에 도착했을 때 즉시 회당을 찾아 세 안식일 동안 예수 그리스도께서 메시아라는 말씀의 성경을 강론했다. 이것이 그의 관례(2절)였다. 이러한 접근은 아레오바고의 철학자들에게는 전혀 찾아볼 수 없는 것이었다. 이 두 사례가 바울의 수사적 융통성을 잘 보여주고 있다(2009b, 25-29).

생활 방식에 대한 융통성 모델과는 달리, 만약 바울이 고린도전서 9:19-23에서 수사적 융통성을 묘사하고 있다면, 어떤 도덕적 타협도 일으킬 필요가 없다. 나노스는 고린도전서 9:19-23에 대한 이러한 해석이 타종교 세계관을 갖고 있는 사람들에게 어떻게 복음을 전해야 하는지에 대한 모범적인 사례가 될 수 있다고 보았다.

> 종교간의 대화는 곧 타종교의 전제와 문화적 세계관에 대해 배우는 것을 의미하지만, 그 이유는 전혀 다르다. 이 배움은 성숙한 상호 존중과 유익한 관계의 발전을 위해 타 종교를 그들의 관점에서 그리고 그들 자신의 전제와 타문화 세계관을 이해하는 것을 추구한다(2009b).

목회적 접근을 하고 있는 이 편지에서 고린도전서 9:19-23은 수사적 융통성이 사용된 바울의 전도 방법을 보여주고 있다. 그는 도덕적 부정직, 위선, 불연속성, 임기응변을 위해 원칙을 무시하는 것, 그리고 근시안적 안목에 사로 잡힌 탈유대인이 아니었다(2009b).

## 5. 개인적 성찰과 목회적 관심

내부자 운동에 있어서 비무슬림이 어떤 역할을 담당해야 하는가에 대한 윤리 문제에 관심을 가질 필요가 있다. 많은 사람이 비현실적이고 감정적인 대가가 따르는 특정한 결정에 대해 올바로 인식하지 못하고 있는 것을 볼 수 있다. 이 글에서 다루고 있는 아바타(Avatar)와 고린도전서 9:19-23에 대한 필자의 논지는 오해의 소지가 있는 논쟁적인 해석이 될 수도 있다. 필자의 논지에 대해 결론을 맺기 전에 여러 가지 주제들에 대한 필자의 견해를 명확하게 제시하고자 한다. 반복해서 언급하지만, 필자는 내부자 운동에 대한 비판적 내부자이다. 이 글에 나타나 있는 많은 원리들은 바울에 대한 신약성경신학자들의 새로운 관점들이 갖고 있는 통찰을 반영하여 나온 것이다. 내부자 운동과 그 반대 입장 사이의 논쟁도 초기 기독교 운동에 대한 역사가들이 묘사한 유대교화된 사람들과 그리스 문화를 따르는 사람들 사이의 관계와 유사한 점이 많다(Dunn 1991, 2008). 이 분야를 연구한 사회과학자들은 신흥종교운동(new religious movements, NRMs)과 전세계의 다양한 기독교 전통들(Jørgensen)과도 비슷하다고 했다.

회심자를 그가 속한 사회에서 끌어내는 것은 신학적으로 앞뒤가 맞지 않을 뿐 아니라 우리의 상황 가운데서는 비현실적이다. 그럼에도 불구하고, 필자의 현재 관점은 필자가 실행해왔던 "C4" 모델과 거리가 멀다. 다시 말하면, 필자는 중간자가 된 비무슬림 유럽 출신 외부자의 한 사람으로서 우리 팀이 기도하는 가운데 진행하고 있는 이 운동을 위해 하나님이 사용하시는 사람이 될 수 있는 새로운 방법을 보게 된다. 의도적인 비윤리적 기만이라는 주장이나 오해에 대한 사려깊은 대응을 할 수 있는 전문가들과 의사소통이 필요하다. 필자는 이 과정에서 서로 다양한 관점으로 이 주제를 다룰 수 있다는 것을 인정해야 한다고 확신하고 있다. 이렇게 할 때, 적어도 우리가 사용하는 방법론에 있어서 아직 드러나지 않은 윤리적, 정서적, 그리고 실제적 문제들이 존재한다는 사실을 인정할 수 있게 되기를 바란다. 일부는 아마도 예수님이 제자들을 보내실 때 "내가 너희를 보냄이 양을 이리 가운데로 보냄"과 같아서 "너희는 뱀 같이 지혜롭고 비둘기 같이 순결하라" (마10:16) 하신 말씀을 인용하기도 할 것이다. 바울은 가끔 자신의 말을 번복하기도 했다.

> 만약 예수님이 주님이시고, 하나님의 아들이라면 가이사는 그럴 수 없다(롬 1:1-4, 10:9).

복음을 전할 목적으로 우리는 그들과 다를 바가 없다고 주장하며 현지인들을 의도적으로 기만하는 외부자들은 이러한 주장의 정서적인 대가, 현실적인 한계, 그리고 더 나은 대안을 알고 있어야 한다. 필자는 그리스도인으로서의 가족 공동체, 파송 교회, 혹은 선교 단체들이 서로 주도권 경쟁을 하지 않을 때 이러한 주제들은 논의의 대상이 될 수 없다는 것을 반복해서 강조한다. 이와 마찬가지로 무슬림 배경을 가진 회심자들에게도 문제가 될 수 없을 것이다.

유인모델의 부적절성에 대해 최근에 관심을 갖기 시작한 사람들에게는 상황화가 단순한 옷차림 이상의 의미를 갖고 있다는 사실에 놀라게 될 것이다. 아시아 이슬람 문화권에서 살고 있고 그들을 사랑하는 아시아의 그리스도인들이 유럽 사람들보다 더 많은 장점을 가지고 있다는 것을 인정하지만, 아시아 무슬림처럼 보이는 것만으로 충분하다고 단순하게 생각하지 않아야 한다. 아시아의 그리스도인들은 무슬림의 관점으로 세상을 보고, 무슬림의 사고 방식으로 말할 수 있어야 한다. 심지어 무슬림들과 같은 언어를 사용하는 그리스도인이라고 할지라도 믿음에 대해 이야기할 때 "하나님을 찬양한다"(Praise the Lord)라는 말 대신 "알 함두릴라"(Alhamdulilah)라고 말하는 등 용어 사용에 신중을 기해야 할 것이다. 그들이 어떤 영향을 끼칠 것인가를 보기 위해 관찰하고 있는 내부자들이 평가하는 동안의 사회적으로 격리된 채 지내야 하는 피할 수 없는 시간에 대해 자문을 받고 경각심을 가져야 한다. 대부분의 상황에서 내부자가 되려고 하는 시도는 필자가 주장하는 바와 같이 중간자(inbetweener)가 되는 것으로 대체해야 할 때도 있다. 이러한 것이 문제가 되는 지역에서는 단순히 종교적 차원을 뛰어 넘어 어떤 형태로든 지역사회에 공헌할 때 선교사라는 신분이 가져다 줄 수 있는 민감한 정체성의 문제를 상당 부분 완화할 수 있다. 바울의 수사적 융통성을 일깨워주는 사람이 전 생애에 걸쳐 새로운 언어와 세상을 이해하는 법을 배우려는 신임 선교사 혹은 외부자를 격려해 줄 수 있을 것이다. 현지인들처럼 보이는 것도 좋지만, 그들처럼 말하고 보는 것이 더 중요하다. 후자를 통해 여러 사람에게 여러 모습이 되었을 때 몇 사람이라도 구원할 수 있을 것이다.

◆ 레스 테일러(Les Taylor)는 어느 무슬림 문화권에서 활동하고 있는 인류학자, 사회과학자, 그리고 교회개척가이다.

◈ 토의를 위한 질문들

1. 레스 테일러(Les Taylor)는 그의 역할이 "중간자"(inbetweener)가 되어야 한다고 했다. 아바타(Avatar)에 대한 그의 분석이 어떻게 이 결론을 지지하고 있는가? "중간자"의 장점과 단점은 무엇이라고 생각하는가? 당신의 상황에 어떻게 적용할 수 있겠는가?
2. 테일러는 생활 방식에 대한 융통성(lifestyle adaptability)과 수사적 융통성(rhetorical adaptability)을 비교했는데, 당신이 처한 상황 가운데서 발생하는 사례를 제시하여 이 두 개념을 설명해보라. 이 두 개념이 갖고 있는 성경적 경계는 무엇인가? 예를 들어 설명해보라.
3. 테일러는 상황화에 대한 자신의 경험을 보여주고 있다. 당신의 경험에 비추어 볼 때, 당신의 이해와 실천에 있어서 발전이 일어나고 있는가? 그렇다면, 무엇이 이 변화를 가져다 주었는가? 그리고 당신의 사역에 어떤 영향을 주었는가?

# 28장

## 콘콤바의 상황화 과정

호날두 리도리우(Ronaldo Lidório)

콘콤바는 가나(Ghana) 동북부와 토고(Togo)에 인접해 있고 네 개의 하위 집단을 포함하고 있는 민족 집단이다. 일반적으로, 특히 비몽크펠른(Bimonkpeln) 부족을 중심으로 그들은 부계사회, 일부다처제, 정령숭배, 그리고 특정한 동물, 식물, 혹은 사물을 신성시하는 주물숭배자(fetishist)들이다. 그들의 사회 구조에서 씨족은 공동체 혹은 마을에서 추장의 역할을 담당하는 연장자를 중심으로 하는 핵심적인 소집단이다. 종족 집단들 사이의 결속력이 없고, 각 집단은 특정한 형태의 희생 제물을 요구하는 그들의 고유한 토템(동물, 식물, 혹은 사물 등)을 숭배하고 있다.

학자, 조언자, 그리고 단순히 경청하는 청중 등 몇 가지로 사회적 역할이 나뉘어져 있고, 치유자, 환상가(dreamer), 그리고 주술사 등 경계가 명확한 영적 부류가 존재한다. 죽음에 대한 두려움이 노래와 이야기의 핵심적인 주제이다. 아내들과 자녀들을 거느리고 오래 살다가 죽는 것과 주목할 만한 업적을 남기고 죽는 것이 모든 남자들의 희망이고 조상이 되는 조건이다. 콘콤바는 주로 멀리 떨어져서 사는 것을 선호하기 때문에 밀림의 사람들(Tiwoor aanib)로 불려지기도 한다. 공격적인 전사들 같아 보이지만 사실상 그들은 극히 친절하고 성실한 사람들이다. 그들에게 있어서 가장 큰 수치는 거짓말을 하는 것이고, 탐욕을 가장 큰 죄로 간주한다. 가장 큰 미덕은 부모가 연로할 때 공경하고, 돌아가셨을 때 그들을 추모하는 것이다. 자녀들은 모든 사람들에 의해 돌봄을 받기 때문에 아무도 고아가 되지 않는다. 씨족 공동체는 그들의 장점이고 사회 조직의 근간이 되고 있다.

나와 내 아내는 1994년부터 가나 동북부의 코니(Koni) 지역에 살고 있는 "살아있는 사람"이라는 뜻을 지닌 비몽크펠른 부족을 복음화하는 사역에 참여해왔다. 1995년부터 가나 콘콤바의 비몽크펠른 부족 가운데서 놀라운 교회 부흥 운동이 일어났고, 2006년에는 23개의 교회와 수천 명의 신자들로 성장했다. 우리는 지금까지 다섯 명의 전도자들과 30여 명의 장로들에게 성경 교육을 실시했다. 이 다섯 명의 전도자들과 또 다른 60여 명의 전도자들이 "그리스도인의 삶"이라는 교육 프로그램을 이끌어가도록 훈련했다. 현재 87명의 지도자들이 활발하게 사역에 참여하고 있다. 그 가운데 오직 5명의 전도자들만 교회에서 전임 사역자로 지원하고 있다.

콘콤바는 개별적으로 접근할 수밖에 없는 종족 그룹들로 구성되어 있다. 이 종족들 사이의 언어와 문화의 차이에 대해 그들은 서로 사촌(bibiil)들이라고 인식하고 있다. 이 종족의 언어들 가운데 가장 먼저 신약성경이 번역된 언어는 비몽크펠른 부족의 언어인 리차볼(Lichabol)어인데 지금은 성경 전체의 번역이 완료되었다. 우리는 1994년부터 비몽크펠른 언어로 성경을 번역하기 시작했다. 우리는 문자 해독을 위한 입문서를 준비했고, 현재 약 500여 명의 성인들이 그들의 모국어로 문자를 해독할 수 있게 되었다. 이 단계에서 이미 번역된 신약성경의 일부가 있었고 2002년에 성경 전체의 번역을 완료했다. 2004년 10월에는 완성된 신약성경을 교회에 전달하였는데 이때 23개의 모든 교회 신자들이 참여하여 성대한 잔치를 벌였다. 이 번역 작업에 여러 명의 사역자 팀이 참여했다. 다섯 명의 콘콤바 사역자들이 수년간 번역 작업을 해왔는데 이들은 특히 정보를 수집하는 초기 단계에 참여했고, 공동체에서 성경을 검증하는 마지막 단계에는 더 많은 사람이 함께 했다. 지금은 담바(Dambá)가 신약성경 분배를 책임지고 있고, 또한 문해사역(literacy program)의 지도자 역할을 담당하고 있다.

우리의 사역 목표는 처음부터 콘콤바 지역에 교회를 개척하는 것이었다. 신약성경 번역에 집중하기로 결정한 것은 교회개척 초기 단계에서 이루어진 것인데 우리는 각 마을을 다니면서 제자훈련 모임을 시작했다. 그들이 미래의 지도자가 되어야 했다. 그들은 매달 우리가 살고 있는 코니에 와서 우리와 주말을 함께 보냈다. 그들의 언어로 기록된 것은 아무것도 없는 상황에서 우리는 하나님의 말씀을 가르쳤고, 그들이 마을로 돌아가 다른 사람들에게 전파하기 시작했다. 어느날 아조(Aadjo)라는 여성이 이곳에서 가장 멀리 떨어진 마을인 카조코라(Kadjokorá)에서 나흘을 걸어서 이 모임에 참석했다. 그 주말에 그녀는 우리와 함께 머물면서 다른 참석자들과 마찬가지로 말씀을 배우고 열세 개의 성경 구절을 암송했다. 그 주말이 지나고 그녀는 다시 나흘을 걷기 시작했다. 그러나 이틀이 지난 후에 한 구절을 잊어버렸다는 사실을 알게 되었다. 그녀는 갔던 길을 곧장 되돌아 왔고 우리는 놀라지 않을 수 없었다! 왜 그녀가 되돌아왔는지를 설명하면서 그녀는 이렇게 말했다.

"하나님의 말씀을 길거리에 떨어뜨리기에는 너무나 중요했다."

그녀는 다시 그 구절을 암송하고 그날 밤에 휴식을 취한 뒤 그 다음 날 떠날 채비를 했다. 이 일이 우리가 성경을 번역하기로 결정하는 계기가 되었다. 교회가 이 결정에 함께 참여했다.

## 1. 선교사의 관점

선교사의 관점에서 우리는 콘콤바-비몽크펠른 지역의 급속한 교회 성장의 원인으로 일곱 가지의 핵심 요소들을 제시하는 바이다.

### 1) 기도

우리는 1993년부터 현재까지 콘콤바-비몽크펠른을 위해 기도해온 브라질의 많은 교회와 신자들을 언급하지 않을 수 없다. 이 종족들 사이에서 놀라운 교회 성장 운동이 일어난 기간 동안 브라질에서도 기도 부흥 운동이 일어났었다. 브라질 밖에서는 특히 신약성경 번역이 완료되던 해에 WEC선교회가 많은 중보기도자들을 동원했다. 브라질에서 600여 개의 중보기도 모임을 이끌었던 나의 어머니 유자 리도리우(Euza Lidório)가 편집한 기도 회보에는 언제나 콘콤바를 위한 특별한 공간이 마련되어 있었다. 우리는 브라질 교회의 콘콤바를 위한 기도 운동과 이 지역에서의 복음의 진보 사이에 밀접한 연관이 있다는 것을 볼 수 있었다. 우리는 이 종족을 위한 기도 운동이 이 지역의 교회 성장과 직결되어 있다고 확신한다.

### 2) 문화에 대한 관심

콘콤바-비몽크펠른 종족을 위한 우리의 접근은 그들의 문화에 대해 대체로 높은 이해를 갖고 시작했는데, 이렇게 할 때 우리는 복음을 전하는 과정에서 명목주의(nominalism)나 혼합주의의 위험을 최소화할 수 있다고 믿었다. 우리는 특정한 인류학적 관점을 강조한 민속지학적(ethnographic) 분석을 시도하는 인간론(Anthropos), 현상학적 분석에서 나온 성령론(Pneumatos), 그리고 실천신학의 발전을 위한 사상에서 나온 천사론(Angelos) 등을 포함한 문화적 평가 방법론을 도입했다. 오직 효과적으로 복음을 전하기 위한 목적으로 이러한 분석 방법론을 통합하여 명확하고 문화적으로 적절한 방법으로 표현한 27개의 성경공부 자료를 준비했다.

콘콤바-비몽크펠른 세계관에는 종교와 비종교, 신성한 것과 세속적인 것 사이의 구분이 존재하지 않는다. 영적인 것과 물질적인 것, 몸과 영도 구분하지 않는다. 종교는 일과 느낌에 관하여, 그리고 전쟁을 하고, 사랑을 하고, 자녀를 낳고, 휴식을 하는 등의 삶의 모든 영역에 걸쳐 깊은 영향을 끼치고 있다. 콘콤바-비몽크펠른 사회에서 태어난다는 것은 곧 이 부족 사회를 지탱하고 있는 일련의 의식과 의례 등을 따른다는 것을 의미한다. 무신론자는 아무도 없다. 악하거나 비도덕적인 영들의 존재를 믿고 있다. 모든 사람들이 산이나 나무 혹은 바위나 특정한 물건, 나무나 돌로 만든 우상 등을 매개체로 하는 물신숭배 사상을 갖고 있다. 그리고 그들 모두 서로 다른 동물들을 신성시하는 토템(totem) 신앙을 갖고 있고, 사탄(Kininbon)이 모든 악한 영들의 우두머리라고 믿고 있고, 존경과 희생을 요구하고 벌을 내릴 것이라고 협박하는 조상의 영이 존재한다고 믿고 있다. 이 우울한 세상을 만회하기 위해 모든 사람들은 더 이상 인간에게 관여하지 않는 먼 옛날의 꿈 속에 존재하던 신(우움보⟨Uwumbor⟩)에 대해 들어왔었다.

그들은 "우움보는 더 이상 우리 부족의 신이 되기를 원하지 않는다"고 말한다. 그들은 우주기원론에 기록되어 있는 인간의 중대한 범죄 때문에 이런 일이 발생했다고 믿고 있다. 이 이야기의 주요 내용은 다음과 같다.

태초에 신(Uwnmbor)이 한 가족을 창조하고 섬에서 살게 했다. 그들은 행복하게 살았는데 특히 우리가 볼 수 있는 파란 하늘(pacham)이 낮게 깔려 있어 누구든지 나무 위에 올라 가면 만질 수 있었다. 신은 인간에게 날마다 하늘을 조금씩 잘라낼 수 있도록 허락했는데 그 이유는 하늘에 이 가족이 먹을 수 있는 풍부한 고기가 있었기 때문이었다. 그 가족은 수년 동안 행복하게 살았고 날마다 나무에 올라가 하늘을 조금씩 잘라 그의 가족이 맛있는 고기를 먹게 했다. 그런데 이 사람은 만약 어느 날 하늘이 사라져서 더 이상 고기를 먹을 수 없으면 어떻게 될 것인가를 걱정하기 시작했다. 그는 마침내 하늘의 거대한 부분을 잘라내서 많은 양의 고기를 가족에게 던져 주기로 결심했다. 그의 아내는 이미 자신들이 많은 고기를 갖고 있다고 경고했지만 그는 말을 듣지 않았다. 그는 커다란 하늘 조각을 잘라냈고 그가 나무에서 내려 왔을 때 그는 그날에 다 먹을 수 없을 만큼의 많은 고기를 보았다. 그 다음 날, 그는 많은 양의 고기가 부패해 있는 것을 보고 난 후에 자신의 잘못을 깨달았다. 바로 그때 신이 그 섬에 도착해서 그 가족과 대화를 나누었다. 그러나 신이 엄청난 양의 고기가 썩어가고 있는 것을 보았을 때 크게 슬퍼했고, 그 남자를 "탐욕의 사람"이라고 불렀다. 그리고 그 신은 모든 고기와 함께 하늘을 가지고 멀리 떠나버렸고 다시 돌아오지 않았다. 그 결과로 아직까지 파란 하늘을 볼 수는 있지만 너무 멀리 떠나버렸기 때문에 더 이상 닿을 수 없게 된 것이다.

이 우주기원론이 우리로 하여금 하나님의 이름으로 우움보(Uwumbor)라는 단어를 사용하기로 결정한 계기가 되었고, 이어서 창조, 타락, 죄, 그리고 구속 등의 성경적 신학의 요소들을 확립했다. 이 이야기 외에도 그들이 갖고 있는 수십 가지의 인류 기원론들이 그들이 어떤 세계관을 갖고 있는지를 이해하는 데 도움을 주었다. 우리는 창세기에 기록된 창조와 타락에 대한 진리를 전할 때 필요로 했던 유용한 이야기라고 확신했다.

문화에 대한 이 체계적인 관찰이 사람들의 실제 생활에 적용할 수 있는 방식으로 복음을 전하는 방법을 찾는 데 도움을 주었고, 혼합주의의 함정에 빠지지 않기 위해 어떤 부분을 조심해야 하는지에 대해 일깨워주기도 했다.

### 3) 광범위한 전도

우리는 전도의 규모와 범위가 질적인 면만큼이나 중요하다고 확신한다. 성경적 교회개척의 과정에 있어서 하나님의 말씀의 중심성이 선교의 방법론을 결정한다는 사실을 잊어서는 안될 것이다. 다른 말로 표현하면, 우리는 단순히 우리가 원하는 결과를 얻게 해준다고 아무 방법이나 선택할 수는 없으며, 모든 방법론은 하나님의 말씀과 비전에서 나와야 하는 것이다. 그러나 이러한 관점이 광범위한 전도의 필요성을 약화시키지는 않는다. 지속적이고 집중적인 전도는 어떤 교회개척 과정에서도 필수적인 것이고, 이를 위한 심도 있는 노력은 결코 간과될 수 없다.

1993년부터 2005년까지 우리는 약 10만 명의 콘콤바(대다수가 비몽크펠른 부족 사람들이었지만, 비쿨른〈Bikuln과 비사쿨른〈Bisachuln〉 사람들도 포함되어 있었다) 사람들에게 선교 단체나 콘콤바 지도자들 혹은 콘콤바의 일반 신자들을 통해 복음을 전했다. 가장 일반적인 전도 방식은 각 부족들의 중심이 되는 마을에 찾아가 사람들을 만나고 창세기에서 시작하여 하나님(Uwumbor)에 대한 이야기를 들려 주었다.

광대한 우주기원론, 메시아적 관심, 그리고 풍부한 역사적 전통 등을 포함하고 있는 문화를 고려하여 우리는 하나님의 속성과 성품 등을 강조하여 복음을 전하기 시작했다. 우리는 하나님을 공평하시고, 사랑이 많으시고, 자비로운 분으로 소개했지만, 심령술, 토템신앙, 정령숭배의 깊은 영향을 받은 이 사람들은 하나님의 능력에 더 많은 관심을 갖고 있었다. 그들은 하나님이 이 지역에서 가장 두려운 그루마딜(Grumadil)이라는 악한 영보다 능력이 더 많은가에 대해 자주 질문한다. 이 부족민들은 그루마딜이 믿을 만하지는 않지만 그에게 저항하는 것은 위험하다고 생각하기 때문에 그에게 가장 많이 기도하고 있었다.

마을마다 돌아다니며 크고 작은 모임에 참여하여 광범위하고 체계적으로 전도하는 것은 우리의 일관된 사역이었다. 새로운 회심자들은 다음 전도 모임에 참여하게 했다. 각 마을의 중심이 되는 곳에서 그들이 원하든 원하지 않든 다 들을 수 있도록 큰소리로 복음을 전했다.

메바(Mebá)도 이러한 전도 활동의 결실 가운데 한 사람이었다. 그는 코니 지역에서 활동하는 주술사였고, 그루마딜의 수호자로 잘 알려져 있었다. 어느 콘콤바의 휴일에 메바는 코니의 서쪽 끝에 있는 그의 움막 근처에 있는 나무 그늘에 앉아 있었다. 우리는 그를 단순히 사람들이 두려워하고, 그루마딜에게 수십 마리의 동물을 바치는 "희생의 밤"을 주도하고 있고, 해마다 특별히 정해진 시간에 제물을 바치는 주술사로 알고 있었다. 주술사로서 다른 사람들과 일정한 거리를 두고 있는 냉담한 사람이었기 때문에 우리는 그에게 가까이 다가가기가 어려웠다. 그러나 우리는 고니에 처음 도착했을 때 그의 손자를 희생제물로 바쳤다는 소식을 듣게 되었다.

그는 나무 아래에 앉아 있었다. 우리는 이미 그의 집에서 가족들에게 두 번에 걸쳐 복음을 전했었는데, 그때마다 그는 방에서 나오지 않았다. 그러나 그는 적어도 방에서 복음을 듣고 있었고, 그의 집을 방문하는 것을 거부하지 않았다. 그는 언제나 말하는 것을 좋아했지만, 그 날은 조용히 경청하고 깊은 생각에 잠겼다. 내가 집에서 목욕을 하고 있었을 때 한 아이가 달려와서 "메바에게 무슨 일이 생긴 것 같아요"

라고 말했다. 그 말을 들은 즉시 그에게 뛰어갔고, 그곳에 많은 사람이 모여 있었다. 그는 껑충 뛰기도 하고, 춤을 추고, 소리를 지르기도 했다. 그는 사람들을 쳐다보며 이쪽에서 저쪽으로 왔다 갔다 하면서 무엇인가 말을 하려고 하는 것 같았다. 나는 인파 속에서 그가 뱀에 물렸거나 누구로부터 공격을 당했을 것 같은 불길한 예감에 사로잡혔다. 내가 그를 쳐다보았을 때 나는 그가 어떤 영에 사로잡혀 있다는 것을 직감할 수 있었다.

사람들이 "메바, 무슨 일이야?"라고 외쳤다.

그는 신이 나서 이렇게 대답했다.

"내 속에 뭔가 새로운 것이 들어왔어. 나는 그들이 말하고 있는 예수 그리스도에 대해 생각하고 이해하기 시작했어. 그는 진정한 하나님의 아들이야. 그는 어느 날 하나님을 만날 수 있게 할 우리의 진정한 소망이라는 것을 믿게 되었어. 오늘 내가 확신하게 된 것은 예수 그리스도께서 그룬마딜보다 더 강하신 분이라는 사실이야. 그분이 두려워할 것은 아무것도 없다는 말이지!"

그의 말은 마치 청중을 향해 쏘는 화살과 같았다. 주술사이고 그룬마딜의 수호자였던 그가 창조자 하나님(Uwumbor)이 더 강하다고 말하고 있는 것이다. 이것은 그곳에 모인 청중들이 결코 상상도 할 수 없었던 일이었다. 그는 나를 비롯하여 다른 어떤 사람에 대해서나 그가 들었던 어떤 메시지에 대해서도 언급하지 않았다. 그는 하나님을 경험하는 데 집중했고 나는 그 순간에 주님이 그가 모든 두려움으로부터 벗어나게 해주셨다는 것을 확신할 수 있었다. "더 이상 아무것도 두려워할 필요가 없다"는 말을 되풀이했다. 그리고 그의 말의 핵심은 하나님은 강한 분이라는 것이었다.

우리는 모든 전도 활동을 통해 복음을 전할 때 창세기로부터 시작하여 그리스도를 소개하는 것을 목표로 삼았다. 전도의 핵심 내용은 다음과 같다.

(1) 모든 영들보다 위대하시고 사랑하시는 창조자 하나님
(2) 죄에 빠진 인간과 하나님과의 관계의 단절
(3) 인간을 구원하고자 하시는 하나님의 열망과 모든 사람들을 위한 하나님의 계획
(4) 하나님의 계획, 하나님의 아들, 성육신하신 하나님이신 예수 그리스도
(5) 죽으셨고, 부활하셔서 우리와 함께 하시는 예수 그리스도
(6) 함께 거하시고, 교회를 인도하시고, 우리 가운데 거하시는 성령
(7) 신자의 교제와 믿음을 위한 하나님의 계획과 하나님을 기쁘시게 하는 예배 공동체로서의 교회
(8) 신자가 믿고 경험한 것을 다른 사람에게 전하는 사명으로서의 선교
(9) 소망, 예수 그리스도의 재림, 우리의 본향으로서의 하나님 나라

### 4) 토착적 교회 정체성 개발

이 지역에서 가장 효율적이고, 자생적이고, 지속적으로 복음을 전파하는 구심점의 역할을 하는 지역교회는 교외 지역, 특정한 사회 계층, 혹은 문화적으로 서로 다른 종족 집단 등으로 구성되어 있는데 그 이유는 다음과 같다.

(1) 문화적으로 수용할 수 있는 방식으로 복음을 전할 필요를 강화시켜 주었기 때문이다.
(2) 그들의 방식으로 하나님의 나라를 표현할 수 있기 때문이다.

(3) 교회를 개척하는 교회들을 개척하는 등 선교 사역의 효과를 배가시켜 주었기 때문이다.

교회는 단순히 낯선 모델을 모방하는 것이 아니라 그들 고유의 성경적 정체성을 확립해야 하고, 동시에 교회는 모든 문화와 시간 위에 존재하고, 그들을 포함하여 모든 세대의 모든 사람들을 초월하는 복음의 보편성에 뿌리를 두고 있다.

우리는 홀로 신앙생활을 하고자 하는 유혹을 거부했다. 메바가 회심하고 열한 명의 자녀들과 그의 가족들이 함께 신앙생활을 시작한 후 우리는 복음을 전하거나 새 신자를 더 효과적으로 양육하기 위해 문화를 배우는 등 모든 종류의 사역과 활동에 있어서 언제나 동역하는 원칙을 세웠다. 우리는 새 신자들로 하여금 그들의 종족을 전도할 때나 그들의 마을에서 성경을 가르칠 때도 함께 참여하도록 격려했고, 각종 모임, 예배, 예전, 환자 심방, 주술사의 비판에 대한 대응 등 모든 영역에서의 의사 결정 과정에 그들을 포함했을 때 놀라운 결실을 맺을 수 있었다. 상황화된 성경적 교회론을 개발하는 것만으로는 충분하지 않다. 모든 사람들이 적극적으로 참여하는 교회가 되어야 한다.

지난날을 되돌아 볼 때, 우리는 많은 실수를 미연에 방지할 수 있었는데 그 이유는 첫 회심자들로 구성된 지역교회가 시작되었을 때부터 그들과 함께 성경적 신학과 전도를 발전시켜 왔었기 때문이다. 당시에는 복음에 대한 그들의 이해가 매우 제한적이었지만, 의사 결정 과정(그리고 그들의 세계관을 성경적인 관점에서 분별하는 것 등)에 대한 그들의 참여가 전략적으로 매우 효과적이었다. 당시에 나는 며칠 동안 부족민들의 북소리를 관찰한 바 있다. 어떤 북소리가 귀신을 부르거나 조상을 숭배하거나 정령숭배적인 정결 의식과 관련된 소리인지를 찾고자 했던 것이다. 내가 이 일에 어려움을 겪고 있던 어느 날, 메바가 간단한 조언을 해주었다.

"어떤 것이 나쁜 소리인지 알고 싶소? 아주 쉬워요. 콘콤바의 어떤 아이에게 물어봐도 대답해 줄 것이오."

### 5) 사회적 필요에 대한 교회의 참여

의료 지원, 교육 지원, 깨끗한 물을 확보하기 위한 우물 개발 등과 같은 다양한 활동들이 부족에 대한 막연한 동정심보다 갓 태어난 교회에 훨씬 더 많은 유익을 주었다. 그들의 모어(mother tongue)를 가르치는 것도 또 다른 중요한 활동 가운데 하나였다. 이와 같은 방식으로 교회가 공동체의 사회적 필요에 참여하기 시작했고, 교회가 그들로부터 소외되지 않을 수 있었다. 이러한 사회 참여 활동들은 부족민들의 집중적인 관심을 받았는데 특히 건강(매년 평균 3,000명의 환자들이 치료를 받았다), 교육(어린이를 위한 공식 학교와 성인들을 위한 문해 사역 등), 그리고 우물 개발 등에서 큰 호응을 얻었다. 이 모든 활동들은 하나님의 말씀이 행동으로 증명될 수 있는지를 확인하는 사회적 상호 교류를 통한 하나의 경험적인 검증 과정이기도 하였다. 다른 지역에서와 마찬가지로 콘콤바의 세계관으로는 영혼만을 사랑하고 눈에 보이는 육신의 고통을 외면하는 그리스도를 이해하는 것은 불가능한 일이다.

이러한 사회 참여 활동들은 매우 의미있는 긍정적인 결과를 보여주었다. 우리의 사역 초기 단계에서 처음 회심자들이 주님께 나아 왔을 때 콘콤바-비몽크펠른 부족민들은 그들을 마을에서 축출하고자 했다. 일부는 집에서 쫓겨났고, 다른 회심자들은 참마(yam) 농장에서 일할 기회를 박탈당하기도 했다. 그러나 질병, 굶주림, 그리고 갈증 등의 절박한 문제들이 그들로 하여금 하나가 되게 만들었다. 교회가 우물을 개발하는 일을 주도했지만 지역 주민들이 적극적으로 참여하게 했다.

마을의 추장과 원로들의 모임에 참여하고 주술사와도 의견을 나누었다. 교회는 인간의 필요와 가능한 대안, 그리고 함께 협력해야 할 필요를 제시해주었다. 사회 참여 프로젝트가 진행됨에 따라 우리는 교회에 대한 저항이 사라져 가는 것을 볼 수 있었다. 그리고 그리스도의 복음에 대한 그들의 태도가 더 관대해졌다.

나는 최근에 완료된 우물 프로젝트를 축하하기 위해 모든 부족민들이 함께 모였었던 날을 잊을 수 없다. 모두 다 기대에 부풀어 있었다. 신자든 불신자든 부족민들 모두 이 작업에 참여했었고 모든 사람들의 가장 큰 관심사였다. 물이 쏟아져 나왔을 때, 코니 교회의 지도자인 라부에르(Labuer)는 모든 사람들을 위한 영원한 생수로서의 예수 그리스도에 대해 설교하기 시작했다. 모든 사람들이 신이 나서 소리를 질렀었는데, 이 일이 바로 예수 그리스도의 복음에 대해 공적인 박해가 없었던 첫 사례였다. 교회가 마을에 존재하고 있는 사회적 장벽을 무너뜨린 것이었다.

### 6) 새 신자의 사역 참여

모든 신자는 회심한 직후부터 그들이 경험한 새 생명을 증거하는 일에 참여하게 된다. 이렇게 할 때 그들의 믿음이 강화되고, 구술 문화권에서 자신의 삶에 깊은 영향을 끼친 것에 대해 이야기하는 것은 매우 중요한 것이다. 이것은 또한 복음의 전파가 폭발적으로 배가될 수 있다는 것을 의미하기도 한다.

새로운 회심자인 키디익(Kidiik)의 간증은 강력한 영향력을 발휘했다. 그는 어렸을 때부터 사람들의 종교 생활에 중요한 역할을 담당하는 물신숭배의 수호자가 되기 위해 준비해왔다. 그가 속한 부족의 주술사가 그를 지명했기 때문에 그는 어렸을 때부터 가족을 떠나 자연적인 것과 초자연적인 것을 다루는 기술을 배워왔다. 그는 마침내 모든 사람들이 두려워하는 젊은 주술사가 되었다. 그는 다소 소심하고 왜소한 체격을 가진 말을 약간 더듬는 사람이었다. 그가 회심한 후 키디익은 많은 곳에서 그리스도를 증거했는데 기회가 있을 때마다 악한 영들이 얼마나 우리를 기만하고 있는가를 설명했다. 그는 사람들을 만족시켜주기 위해 영들을 어떻게 기만하고 조작해왔는가를 설명했다. 그는 또한 사람들을 병들게 하는 의식과 그루마딜이 요구하는 희생제물의 의미에 대해 폭로하기도 했다. 그가 이런 말을 할 때 극심한 저항에 직면하기도 했고, 여러 차례에 걸쳐 협박도 받았다.

당시 우리는 그에게 주술사들의 의식에 대한 세부적인 내용을 공개적인 장소에서 드러내는 것을 자제할 것을 요청하기도 했다. 그러나 지금에 와서 회상해볼 때, 키디익의 담대한 증거가 사람들이 하나님의 능력에 힘입어 두려움으로부터 벗어나게 하는 모든 전도적인 활동에 있어서 크게 기여했다. 이 젊은이의 회심은 콘콤바에서의 초기 선교 단계에서 근본적인 변화를 가져오게 한 결정적인 계기가 되었다. 그리고 어떤 기회가 주어져도 복음을 증거할 수 있는 그의 준비된 상태는 자신을 위해서뿐만 아니라 복음을 위해서도 매우 유익하게 사용되었다.

### 7) 집중적 지도자 훈련

교회의 성장에 대해 평가할 때 단순한 출석 신자의 수보다는 제자로 성장하고 있는 사람들의 증가가 중요한 기준이 되어야 한다. 특히 교회개척의 초기 단계에서는 제자 훈련 모임에 참여하는 여섯 명이 주일 예배에만 참석하는 육십 명보다 더 중요할 가능성이 있다. 1993년에 첫 회심자가 나왔을 때부터 우리는 제자 훈련 사역을 시작했다. 다섯 명의 콘콤바-비몽크펠른 목회자들 가운데 네 명이 첫 번째와 두 번째 제자 훈련 모임에서 나온 결실들이었다. 공식적으로는 매주 두 번 모이는 2년간의 제자 훈련 프로그램을 실시했다. 비공식적으로는, 거의 언제나 모든 일을 함께 했다.

그 후 교회가 성장함에 따라 새로운 지역에 복음을 전하는 일에 집중했고, 심층적인 제자훈련 프로그램을 배가시키는 데는 소홀히 했는데, 이것이 문제가 되었다. 신자들이 지역사회의 현안들을 다루어 가는 데 있어서 성숙한 모습을 보여주지 못했던 것이다. 그들은 극단적인 태도를 취하거나 아니면 아무것도 하지 않는 등의 행동을 보였다.

## 2. 상황화에 대한 선교사의 관점

죄는 문화적 특성을 갖고 있기 때문에 문화적으로 정해진 방식에 따라 죄를 다르게 인식하기도 한다. 따라서 교회를 개척하는 과정에서 인간의 문제에 대한 성경적 대답을 제시하는 것이 매우 중요하다. 이것은 한 손에는 문화에 대한 관심과 복음이 문화에 끼치는 영향을 갖고 있고, 다른 한 손에는 모든 상황에 대응하기 위해 체계적으로 연구한 하나님의 말씀이 놓여 있어야 한다. 그 결과로 우리는 문화와 갈등이 발생할 수 있는 영역들을 예측하고, 그 부분에 대한 하나님의 말씀을 연구하여 각각의 상황에 대응할 수 있는 성경적 신학을 개발해야 한다. 조직적이고 주제별로 잘 분류된 성경연구는 신자의 확고한 태도를 강화시켜 주고 교회를 성장하게 할 뿐만 아니라 복음의 본질에 대한 더 깊은 이해로 이끌어 갈 수 있다.

혼합주의의 뿌리는 주로 초기 단계에서 드러나기 때문에 이러한 성경 연구도 교회개척의 초기 단계에서부터 시작하는 것이 바람직하다. 그들이 처한 상황에 대한 하나님의 응답으로서의 말씀이 아직 전달되지 않았기 때문에 사실상 그들은 진공 상태로 방치되어 있을 수도 있다. 우리의 경우에, 콘콤바-비몽크펠른 사람들과 가장 큰 갈등의 원인이 되는 삶의 상황은 주로 출생, 결혼, 장례, 그리고 참마 추수 축제에 대한 것이다.

### 1) 출생

콘콤바 사람들은 악한 영들이 어리고 외부의 위험으로부터 무방비 상태에 있는 어린이들을 죽이거나 공격할 수 있고, 영들이 사람들의 이름을 알고 있기 때문에 출생 후 몇 개월 혹은 1년간 이름을 지어주지 않아야 이 아이들을 영들의 나쁜 영향들로부터 보호할 수 있다고 믿고 있다. 출생한 후 1년 정도가 지났을 때 모든 가족이 모인 자리에서 이름을 지어 준다. 그러나 이 이름은 임시로 사용하는 것일 뿐 영구적인 이름은 아니다. 오직 아이를 보호할 목적으로 영들을 속이기 위한 것이다. 아이의 이름은 두 번 혹은 세 번도 바뀔 수 있다. 아이의 실제 이름은 오직 부모만 알고 있고, 그들도 이 이름을 귓속말로 알려 준다.

그러나 회심자들은 공적인 교회 예배 중에 자녀의 이름을 공표하고 예배 인도자가 그 아이를 모든 위험으로부터 보호해주시도록 기도한다. 이름은 여전히 문화적인 영향을 받고 있지만, 그 아이가 출생하기 전이나 도중에 부모에게 하나님이 어떻게 하셨는가를 반영하여 결정한다. 콘콤바에서는 아이가 어릴 때 밖에 데리고 나오지 않기 때문에 출생 후 3개월이 지나서야 이름을 부여한다. 보호자가 되시는 하나님으로 인해 이제 더 이상 아이들이 악한 영의 위협을 받지 않기 때문에 처음부터 영구적인 이름을 지어준다. 콘콤바 문화에서 금기시 되었던 쌍둥이(일반적으로 두 번째로 태어난 아이는 희생제물이 되었었다)도 이제는 받아들여지고 다른 아이들처럼 이름도 갖게 되었다.

### 2) 결혼

전통적으로, 콘콤바의 결혼은 가문의 동맹 관계를 보장하는 목적을 갖고 있기 때문에 가족들에 의해 결정된다. 그루마딜이라는 강력한 영이 내려오면서 지난 수십 년 동안 코니(Koni)가 그를 숭배하는 중심지가 되었고, 그 영으로 인하여 부족민의 일상 생활에 가져 온 가장 큰 변화는 바로 "교환 결혼"(exchange weddings)이었는데 주로 에와(Ewa)와 바사리(Bassari) 문화로 정착했었다. 자매들이 있는 젊은 남자들만 결혼을 할 수 있는데, 그들의 자매를 다른 젊은 남자의 자매와 교환하는 방식의 결혼 제도이다.

이렇게 할 때 두 쌍의 평행적인 공생 관계가 맺어지는 것이다. 한 부부의 결혼관계가 파탄에 이르면, 그 자매들이 각자 부모의 집으로 돌아가게 된다. 오랜 세월이 지나면서, 불안정하고 깨지기 쉬운 이 제도로 인해 많은 분란을 초래할 수밖에 없었다. 심지어 행복하게 살고 있는 부부들도 그들의 자매의 결혼이 원만하지 못하면 헤어져야 하기 때문에 언제나 불안할 수밖에 없었던 것이다.

회심자들은 콘콤바에서 사회적으로 받아들여지고 있는 결혼 관습인 지참금(dowry) 제도를 부활시켰다. 그들은 콘콤바의 문화가 아니고 에와 문화에서 유래되었고 모든 종류의 역기능들이 나타나고 있는 "교환 결혼" 관습을 거부했다. 콘콤바에서는 선형시간(linear time) 개념이 아닌 순환형 관점(cyclical perspective)을 갖고 있기 때문에 결혼하는 날을 정하는 일정한 의식이 존재하지 않는다. 우리는 결혼의 전체 과정을 네 부분으로 나누었다. 부부의 육체적인 결합은 이 네 부분의 가장 마지막에 이루어진다. 신랑이 신부의 아버지에게 지참금을 주고 난 후 존경과 결혼의 가치, 그리고 관계와 관련하여 참마(yam)를 심거나 장모님이 원하는 물건이나 많은 양의 커다란 참마를 선물로 드리는 등의 절차들이 이어지는데 결혼식을 거행하기 전에 양쪽 집안에 의해 서로 줄 물건의 종류와 양을 결정한다. 교회의 지도자들이 이 전체 과정에 참여하여 조언을 해준다. 결혼 당사자의 집안 어른의 말도 듣지만, 언제나 교회 지도자들이 결정 과정에 함께 참여한다.

### 3) 장례

많은 자녀를 낳고 고령에 죽어 장례식에 많은 문상객들이 참석하여 춤을 추는 것이 모든 콘콤바 사람들의 바램이다. 사실상 장례식은 모든 부족 축제들 가운데 가장 많은 사람이 참여하고, 가장 많은 준비를 하는 의식이다.

누군가가 사망했을 때 그의 가족은 죽은 자의 영이 그루마딜의 권세 속에 영원히 머물지 않도록 하기 위해 여러 가지의 의무 사항들을 준수해야 한다. 주술사가 이 장례식을 위해 얼마나 많은 동물들을 희생제물로 바쳐야 할지를 결정한다. 이것으로 이해 콘콤바 사람들의 삶의 유일한 목적은 자신이 갑자기 죽었을 때를 대비해서 장례식에 필요한 충분한 양의 소와 염소, 그리고 닭을 확보하기 위하여 인생 전체를 바쳐 일하는 것이었다. 아프리카의 다른 부족들과 마찬가지로 이 부족에게 있어서도 장례식이 가장 중요한 사회적 의식이고 사후 세계의 상황을 결정하는 데 영향을 끼친다고 믿고 있다.

동물을 희생제물로 바치는 의식이 점점 줄어들어 이제는 거의 사라졌다. 이제는 그루마딜의 영향에서 벗어나기 위해 장례식에서 가장 즐겨 먹는 동물이 원숭이, 쥐, 그리고 박쥐 등으로 달라졌다.

이러한 상황에 직면하여 교회는 전통적인 장례 예식을 따르지만 영들을 불러내는 의식은 하지 않는다. 깊고 둥근 형태의 무덤에 시신을 웅크린 자세로 묻는데 그 전에 가족 전체가 함께 시신의 몸을 깨끗하게 씻는 의식에 참여한다. 이는 장례식에 포함되어 있는 매우 중요한 신성한 사회적 의식이라고 할 수 있다. 그러나 시신을 어린이들에게 보이고, 미망인에게 일주일 동안 음식을 주지 않고 씻지 못하게 하여 격리하며, 매장하는 순간에 박(gourd)을 깨트리는 등의 정령숭배적인 의미를 가진 일부 장례 문화는 폐지했다. 영들을 불러오는 음악 대신 교회가 신자가 죽었을 때 하나님과 영원히 함께 살게 된다는 것을 포함하는 찬송가를 만들어 사용하고 있다.

　삶과 죽음에 대한 성경적 교리와 그리스도 안에 있는 우리의 소망에 대해 철저하게 가르치고 있다. 교회는 장례식이라고 하는 가장 민감한 문화적 전통에 잘 뿌리를 내린 것 같아 보인다.

### 4) 참마 추수 축제

　사탄의 영향이 지배적인 축제가 참마(yam)를 추수한 직후에 주술사의 주도로 벌어지는데 많은 사람이 귀신들린 현상이 나타난다. 사람들은 영들이 축복과 저주, 굶주림과 풍요를 결정한다고 믿기 때문에 일년 내내 이 순간을 기다린다. 이때 그들의 추수를 망치지 않게 하기 위하여 그루마딜의 수호자가 그루마딜이 어떤 희생제물을 원하는지에 대해 선포하기 때문에 그에게 관심이 집중된다.

　교회는 추수의 인간적 그리고 문화적 중요성을 외면하지 않았다. 또한 추수는 문화의 핵심적인 요소일 뿐만 아니라 부족민들의 생사가 달린 문제이다. 신자들이 처음 수확한 참마를 교회의 특별 기도 예배에 가져와서 추수의 주인이신 주님께 감사드리고 다음 해의 추수를 축복해 달라는 기도를 드리자고 제안했다. 이 제안에 대해 부족민들은 크게 기뻐했고 해마다 그들의 첫 수확물을 기쁨과 감사로 하나님께 드리게 되었다. 해마다 수천 개의 참마를 교회에 가져왔고, 교회는 가난한 사람들, 환자들, 과부들, 그리고 전임 전도자들에게 나누어 주었다.

각각의 농작물들에 대해 그루마딜이 조종하여 축복하거나 저주하는 특정한 영이 있다는 미신에 대항하는 명확한 성경적 가르침을 제시하고 있다. 이 밖에도 참마 경작지를 악한 영들로부터 보호하기 위해 세워두는 토템 물건, 어떤 악한 영도 침범하지 못하도록 처음 수확한 참마를 세정하는 의식, 참마 경작지의 동쪽 면을 따라 조직적으로 심는 "기도 나무들," 그리고 빨간 눈과 하얀 피부를 가지고 있고 언제나 음식을 구걸하고 경작지를 파괴한다고 협박하는 콘콤바 양식의 난쟁이 조각(watiir aniib)에게 해마다 장마철이 되면 바치는 "기도 나무 옆에 놓는 음식" 등이 우리가 대응했던 관습들이다. 회심자들은 이러한 것들을 일반 대중들의 상상에서 나온 허구일 뿐이라고 일축하지 않고, 기도하는 가운데 하나님의 말씀에 비추어 보며 경작지에서 날마다 일하는 노동자들에게 새로운 진실을 심어 주었다. 무엇보다도 회심자들이 경작지에 가서 일을 도와주고 그곳에서 일하는 사람들을 목양하는 일에 최선을 다했다.

## 3. 교회의 내적 삶에 대한 교회론적 관점

교회개척 과정에서 매우 신중하게 다루어야 할 타문화 의사소통의 몇 가지의 본질적인 요소들이 있다. 필자는 여기서 콘콤바-비몽크펠른에서의 지역교회개척 경험을 바탕으로 그 가운데 몇 가지를 제시하고자 한다.

복음의 메시지를 전할 때 리몽크펠른(Limonkpeln)이라는 그들 고유의 언어를 사용했다. 코니 지역에는 많은 지역 방언들이 사용되고 있는데 우리는 그 가운데서 그들이 집에서 사용하는 "가정 생활 언어"

(domestic dialects)를 선택했다. 우리는 그들이 사용하고 있는 상업적인 언어가 비록 체계적인 문법을 갖추고 있었지만 그들에게 있어서 제2의 언어로 간주되고 있었기 때문에 제외했다. 회심자들도 리몽크펠른 언어로 노래들을 작곡했다. 우리는 가능한 한 트위(Twii)어를 사용하지 않았는데 트위는 남부의 아샨테(Ashante) 부족의 언어였기 때문이다. 예배 시간에 노래와 춤을 사용했지만 특히 하나님을 경배하는 하나의 형식으로서 예전이 정해진 초기 단계에서 혼합주의를 경계하기 위해 각별한 노력을 기울였다.

말씀이 선포된 직후부터 복음이 문화적 변혁을 가져오게 해야 한다는 인식이 신자들 사이에 보편화 되어 있었다. 우리는 혼합주의와 교회의 모습에 대한 비현실적인 생각을 피하기 위해 이 부분을 특별히 강조했다. 우리는 그들에게 문화적 변혁의 필요성을 가르쳤지만, 비문화적인 것이 아니라 문화 위에 존재하는 하나님의 말씀의 영향 가운데서 사회가 결정해가도록 격려했다. 모든 문화는 그들의 관습에 대한 재해석과 예수 그리스도에 대한 신실한 회심을 통하여 변화를 가져올 수 있는 자유를 갖고 있다.

성경적 진리를 해석하는 데 있어서 그들이 실제로 이해하고 삶의 현장에 적용할 수 있는 형태로 전달하기 위해 그들의 고유한 문화적 상황, 이야기, 신화, 속담, 그리고 노래 등을 사용했다. 복음을 더 효과적으로 전하기 위해 처음부터 현지 지도력 개발을 강조했다. 교회의 젊은 지도자들이 제시한 성경 해석과 문화적인 적용이 우리들이 생각한 것보다 더 뛰어난 것을 거의 언제나 경험할 수 있었다.

예전과 신학은 성경 해석의 결과로 적용된 것이었다. 약 90%의 사례들이 성경적 개념을 사람들의 일상 생활에 어떻게 적용해야 할지에 대해 현지 교회의 신자들과 지도자들이 제안했던 것이다. 선교사의 개입이 필요하다고 판단된 사례는 그리 많지 않았다. 우리의 선교 사역은 지역 방언으로 성경을 해석하는 것과 이 부족민들을 토론의 장으로 이끌고 그들을 돕는 것이었다.

쏟아 부어주시는 하나님의 은혜로 인해 복음에 대해 사람들의 마음이 열리게 되었고, 교회가 건강하게 성장하는 결과를 가져왔다. 구체적으로는, 하나님의 말씀에 대한 사랑과 박해 가운데서의 인내와 담대한 전도의 역사가 일어났다.

이와 동시에, 문제와 실수들도 있었다. 예를 들면, 내부의 지도자를 개발하는 것을 지나치게 강조한 나머지 의도하지 않은 종족적인 정체성이 강화되고, 가나(Ghana)와 그 밖의 교회 공동체들과의 교류가 제한되는 결과를 초래하기도 했다. 또한 별다른 정령숭배적인 의미가 없었는데도 특정한 악기와 리듬을 배제하는 실수도 있었다. 우리가 개척한 교회에서 주의 만찬을 시행하는 것을 지나치게 미룬 적도 있었다. 전쟁과 부족 갈등 등을 포함하여 그들이 직면하고 있는 심각한 문제들에 대해 적절한 성경적 신학을 제시하지 못했던 것도 아쉬움으로 남았다.

## 4. 결론

이 글에서 한 가지를 더 추가한다면, 융통성 있는 의사소통 방식 연구의 중요성을 강조하고자 한다. 우리가 특정한 지역에 도착하기 전에는 그들의 문화에 완전히 접근할 수 없기 때문에 그들과 함께 살고, 일하고, 말씀을 전하는 가운데서 그 문화를 배워가야 한다. 이것은 우리가 추구하고 있는 원칙들에 대해 끊임없이 점검하고, 우리의 가르침을 성찰하고, 우리가 사용하고 있는 용어들과 개념들을 다시 생각해보고, 우리 곁에 있는 사람이라면 누구에게서든지 언제나 경청하는 자세를 가져야 한다. 상황화의 도전에 직면한 모든 선교사가 필요로 하는 융통성을 상실해 버리지 않기 위해 겸손한 마음을 구하는 기도를 해야 한다. 우리는 성급하고 경직된 결론을 내리고자 하는 우리의 내적인 성향에 맞서 싸워야 한다.

그리고 우리는 그리스도께서 먼 곳에 오신 낯선 하나님이 아니라 그들과 우리의 집에 거하시는 하나님으로 환영 받을 수 있도록 하기 위하여 신학적으로 올바르고 문화적으로 조화를 이루는 방식으로 복음을 전하고자 하는 목표를 잃어버리지 않아야 한다.

◈ 호날두 리도리우(Ronaldo Lidório)는 가나와 브라질에서 교회개척자로 사역해온 브라질 장로교 목사이다.

◈ 토의를 위한 질문들

1. 호날두 리오리우는 하나님(Uwumber)에 대한 전통적인 이야기와 하나님의 이름으로 이 용어를 사용하기로 결정했다고 말했다. 이와 같은 이름을 사용하는 데 있어서 예상되는 장점과 함정은 무엇이겠는가? 많은 문화가 창조에 대한 이야기를 갖고 있다. 이 이야기들과 성경의 창조 이야기와의 가장 큰 차이는 무엇인가? 혼합주의의 함정에 빠지지 않기 위해 우리가 특별히 주의를 기울여야 할 부분은 무엇인가?

2. 메바(Mebá)의 회심이 왜 중요한 의미를 갖고 있다고 생각하는가? 메바의 회심 사건이 콘콤바 문화의 어떤 요소들에 대해 도전했고, 어떤 요소들을 지지했는가? 이 이야기에서 어떤 성경적인 교훈을 발견할 수 있는가?

3. 리도리우는 신자들이 개발한 새로운 "통과의례"에 대해 설명했다. 당신 자신과 선교지의 문화에서 어떤 통과의례들이 실행되고 있는가? 신자들의 통과의례가 불신자들의 그것과 어떤 차이가 있는가? 일반적으로 문화의 어떤 요소들이 통합될 수 있겠는가?

# 29장

## 야노마모의 장례 의식

마이클 도슨(Michael Dawson)

내가 야노마모(Yanomamö)에서 처음으로 죽음을 목격한 것은 대략 1962년 혹은 1963년경이었다. 야쿠와(Yacuwä)의 할아버지께서 돌아가셨을 때였다. 야쿠와의 삼촌이 급히 우리 집으로 달려왔다. 그는 다급한 목소리로 말했다.

"아버지가 위독해요. 빨리 와 보세요."

우리 가족 모두 그의 오두막집으로 달려 갔다. 당시에 내가 할 수 있는 것은 아무것도 없었지만, 그 할아버지는 나의 가장 친한 친구인 야쿠와의 할아버지이기 때문에 나는 그 할아버지의 곁을 떠날 수가 없었다. 야쿠와는 한쪽 구석에서 울고 있었다. 마을 여성들도 몰려와서 모두 흐느끼고 있었다. 여성들은 슬픔을 나타내는 검정색의 두껍고 딱딱한 장식을 붙인 얼굴에 흐르는 눈물을 연신 닦아내고 있었다. 나는 야쿠와 옆에 서서 그가 울면서 눈물을 흘리는 것을 보고 나도 함께 울기 시작했다. 슬픔으로 가득 찬 그 작은 오두막집은 숨이 막힐 지경이었다.

아빠는 그 할아버지가 누워계시는 해먹 옆에 무릎을 꿇고 앉아 있었다. 아빠의 통곡하는 소리가 크게 들려왔다.

아빠가 "아버지!"라고 소리쳤다.

할아버지는 힘겹게 눈을 뜨셨다.

"아버지, 제 말이 들리세요?" 아빠는 다시 큰 소리로 말했다.

할아버지는 고개를 끄덕이셨다.

"아버지, 예수님을 믿고 계시지요?" 아빠는 할아버지의 귀에 대고 큰소리로 말했다.

할아버지는 천천히 고개를 끄덕이셨다. 그리고 "그래"라고 거의 알아 들을 수 없을 만큼 힘이 없는 목소리로 대답하셨다.

"네가 나에게 불 가운데서 나를 구원하시기 위해 오셨던 하나님이신 분에 대해 말해주었을 때 나의 모든 욕심을 그에게 내려놨었지. 그리고 그 욕심들은 아직까지 그분께서 맡아주고 계시지."

잠시 후에 할아버지는 목숨을 거두셨다. 나는 야쿠와의 옆에 서서 사람들이 화장을 위해 장작더미를 쌓는 것을 보고 있었다. 오랫동안 잘 탈 수 있는 나무들을 신중하게 선택하고, 바닥에서부터 쌓아 올렸다. 그들이 쌓아 올리는 모양은 내 조상들이 통나무집을 쌓았던 것과 같았다. 그 장작 더미의 가운데에다 불을 지폈다. 불이 활활 타오르기 시작했고 사람들은 계속해서 나무를 쌓아 올렸다. 바깥 쪽의 불이 꺼져 갈 때 불이 강한 열기를 내뿜었다.

조용하던 조문객들의 울음 소리가 갑자기 더 커져갔다. 나는 남루한 해먹에서 할아버지의 시신을 들어 집 밖으로 들고 나오는 모습을 목격했다. 그들은 해먹과 다른 여러 가지 물건들을 불 속에 집어던졌다. 곧바로 그 시신은 불길에 휘감겼다. 조문객들은 그 불길을 중심으로 노래를 부르고 소리를 질렀다. 야쿠와도 슬픔에 잠겨 있었다. 그의 시신이 타고 있는 모습을 보지 않으려고 두 눈을 질끈 감고 있었다. 열기가 더 뜨거워지는 것을 느낄 수 있었다. 나는 야쿠와의 조그만 어깨에 손을 올려 놓고 함께 울었다. 불길이 진정되고 있을 때 우리는 구아마(guama) 나무 위로 올라가 자리를 잡고 앉아서 불이 완전히 꺼질 때까지 지켜보고 있었다.

이것이 내가 처음으로 경험한 장례식이었고, 말할 수 없이 슬퍼했던 기억이 있다. 나는 그 할아버지를 야쿠와와 마찬가지로 "연로하신 아버지"(old man father)라고 불렀었지만, 지금은 우리와 함께 계시지 않는다. 야쿠와 나는 친형제처럼 가까운 사이였고, 할아버지께서 돌아가셨기 때문에 그의 부모님이 그를 데리고 가버릴 것 같아서 두려웠다.

화장이 끝나고 재를 걷어 내고 조심스럽게 유골을 모았다. 하나도 빠트리지 않기 위해 심혈을 기울여 수거한 다음 유골함에 안치했다. 이 모든 과정이 끝난 후 그 할아버지의 가족의 난로 위에 유골함을 걸어 두었다. 마을에서 빨리 달릴 수 있는 사람들을 선정하여 주변 마을들과 할아버지의 친척이 있는 먼 곳의 마을들이나 친분 관계를 갖고 있던 사람들에게 보냈다.

초청을 받은 사람들이 도착해서 유골을 가루로 만들기 위해 모여들었다. 사람들은 마치 화장 의식을 할 때와 같이 울고 흐느끼기 시작했다.

속을 움푹 파낸 120센티미터에서 150센티미터 정도 길이의 나무와 화려하게 장식된 180센티미터 길이의 단단한 나무가 준비되었다. 두 남자가 선택되었다. 두 사람 모두 머리에 커다란 매의 흰색 깃털로 장식하고 팔에는 봉관조(curassow bird)의 머리 깃털로 만든 다채로운 색상의 띠(band)를 둘렀다. 금강앵무(scarlet macaw)의 길고 피처럼 붉은 깃털을 밀어 넣어 화려함을 더했다. 한 남자의 귓볼에는 큰 부리새(toucan)의 깃털로 장식했고, 다른 남자는 작은 모이(moi) 새의 남색 깃털을 달았다. 그들의 몸에는 붉은 색과 짙은 검정색의 들쭉날쭉한 선을 그려 넣었다. 그들은 유골함에 들어 있던 가루를 움푹 파인 나무에 쏟아 붓고 긴 막대기를 잡아 조문객들의 울음 소리가 들리는 가운데 질서정연하게 유골을 갈기 시작했다.

고운 가루가 된 유골을 박으로 만든 그릇에 담아 죽은 자의 난로 근처에 놓아 두었다. 이때부터 서로 다른 부족과 친척들이 유골 가루를 어떻게 분배할 것인가에 대해 논쟁하는 보기 흉한 싸움이 시작된다.

모든 사람들이 유골 가루의 일부를 갖고 싶어 하지만 친척들 가운데 일부는 특정한 사람들을 지목하여 그들이 고인을 싫어했다거나 또 다른 이유들을 제시하며 강력하게 반대하기도 한다. 한참 비난이 쏟아지지만 결국 유골 가루는 모두 분배된다.

이 할아버지의 경우에는 그가 죽었을 때 비록 소수이기는 했지만 이미 신자들이 있었다. 바우티스타(Bautista)는 그의 아버지의 유골을 아무도 마시지 않기를 바랬지만 그는 많은 형제들 가운데 한 사람일 뿐이어서 그가 원하는 바를 강력하게 주장하지는 못했다. 작은 조롱박에 나뉘어 담긴 유골 가루들은 강을 건너 그 할아버지의 친척이 살고 있는 여러 마을로 흩어졌다. 그 다음 해에 유골 가루를 나누어 가진 각 마을마다 혹은 가족마다 함께 모여 유골을 마시는 의식을 진행한다.

### 1. 유골을 마시는 의식

내가 관찰한 이 첫 장례는 나이가 많은 노인의 죽음이었지만, 만약 어린 아들이 있는 아버지가 사망했거나 살해를 당했다면 유골을 마시는 시간 동안 사람들은 그 아들에게 아버지의 죽음에 대한 책임이 누구에게 있는지에 대해 반복해서 말해주는데 이것은 그 아들이 성인이 되는 즉시 복수를 하도록 상기시켜 주기 위한 것이다. 만약 그가 어린 아이라면 조롱박에 있는 유골 가루의 일부를 남겨 두어서 수년 후 그가 유골을 마시는 의식에 참여할 수 있는 나이가 되었을 때 그의 아버지의 뼈를 마실 수 있게 한다. 이 시간 이후부터 그는 아버지의 죽음에 대한 복수와 아버지가 없는 가운데서 성장하면서 겪어 온 모든 고통들에 대해서도 복수하는 것이 당연한 일이라는 확신을 갖게 된다.

유골을 마시는 의식은 마노마모(Yanomomo) 부족의 연중 행사들 가운데 가장 중요한 부분을 차지한다. 바나나의 일종인 플랜테인(plantain)을 수확하여 익을 때까지 걸어둔 후에 남자들은 사냥에 나선다. 그들이 잡는 모든 것을 불에 그을려 보관한 다음에 집에 가져 온다. 남자들이 사냥을 하기 위해 떠났을 때 여자들은 남자들의 성공적인 사냥을 위해 노래와 춤으로 매일 밤을 지새곤 한다. 이때 도덕적으로 매우 문란한 상황이 벌어지는데, 사냥하러 가지 않고 마을에 남아 있는 남자들이 원하는 대로 여자들을 취할 수 있는 권한을 가지게 된다.

그런 다음, 남자들이 사냥에서 돌아오는 날이나 돌아올 때를 즈음하여 초대받은 손님들이 도착하기 시작하는데 일반적으로 초대한 마을 근처에서 야영하게 된다. 준비 과정은 매우 진지하게 진행된다. 유골을 마시는 의식은 그들을 초청하는 하나의 구실일 뿐이고 마을 근처에 숨어있는 것도 흔한 일이다. 사냥하러 나갔던 남자들이 마을 근처에까지 왔을 때 그들의 발걸음을 멈추게 하여 자신의 몸에 지역 영이나 동물들의 그림을 그리게 한다.

이 준비가 끝날 무렵 이 축제에 참여하는 가장 어린 두 소년이 이들의 도착이 임박했음을 알린다. 사냥하러 간 남자들이 도착할 것이라는 소식이 마을 사람들 모두에게 전달되면 전사들이 당당하게 입장한다. 그들은 곧 화려하게 치장을 한 군중들 사이를 돌며 자신의 몸에 그린 영들이나 동물을 상징하는 춤을 춘다. 마치 각자 제멋대로 춤을 추는 것 같지만, 전체를 볼 때 말로 표현하기는 어렵지만 독특한 집단적 결속력을 보여주는 흥미로운 구경거리가 아닐 수 없다. 마침내 각자 자신의 집으로 돌아간다.

이때 초대받은 이웃 마을 사람들이 엄청난 소리와 팡파르(fanfare)를 울리면서 마을에 들어 온다. 이러한 그들의 행동은 만약 그들이 공격을 받는다면 아무도 꺾을 수 없는 강한 힘을 갖고 있다는 것을 과시하는 것이다. 모든 사람들이 도착한 후, 유골 가루가 든 조롱박을 가져오고 잘 익은 플랜테인이 가득 찬 커다란 그릇에 넣어 섞는다. 밝은 노란색의 플랜테인이 유골 가루와 섞여 짙은 갈색이 될 때까지 잘 섞어 준다. 작은 그릇에 담아 나누어 마실 때 사람들은 통곡하면서 애통해 한다. 이때 유골의 주인을 대신하여 마을 친구와 친척들이 기습적으로 습격하여 상대방에게 복수한다.

낮 시간 동안 대부분의 남자들은 에베나(ebena)라고 하는 마약을 흡입한다. 마을 남자들과 방문자들 대부분이 약 기운이 떨어질 때까지 춤을 추면서 그들의 영들에 대해 노래한다. 영들에 더 많이 사로잡혀 있는 사람들이 그들의 영(hecula)들이 가르쳐준 노래를 배우거나 읊조린다. 이 노래를 들은 마을 사람들과 관심자들이 최선을 다해 이 노래를 배워 그날 밤에 노래한다.

저녁이 되면, 노래와 춤을 추기 위해 모여 들기 시작하고 노래는 점점 더 외설적으로 변해 간다. 그들은 서로 부추겨 곧바로 어떤 통제도 없는 가운데 집단적으로 혼음을 하기 시작한다. 밤이 깊어지면, 남자들의 차례가 돌아온다. 남자들이 팔에 두른 띠를 풀어 아무 집에나 보여주고 어떤 여자든지 자신이 원하는 대로 데리고 나온다. 만약 그 여자의 남편이 화를 내면 그 띠를 보여주지 않지만, 마을 밖에서 다른 여자를 데리고 오는 것으로 복수한다. 이 난장판은 밤새 진행된다. 대부분의 경우에 이 마을과 방문자들 사이의 대결로 이어지는데 후일에 많은 싸움이 일어나는 계기가 되기도 한다. 방문자들이 마을을 떠날 때 폭력이 난무해지는 것을 볼 수 있다. 누군가의 이름을 부르면 즉시 주먹이나 칼(machete) 혹은 도끼를 휘두르고 심지어 총을 쏘기도 한다.

슬픔을 함께 나누었던 동지들도 서로 관계가 깨지는 위험에 빠지기도 한다. 이때 현명한 지도자는 이 적대적 행위를 끝내기 위해 그들의 관심을 공동의 적에게 향하게 한다. 적들의 마을을 습격하여 복수할 계획을 제시하여 아내의 명예를 지키기 위한 전사들의 분노가 다른 곳으로 분산되게 하는 것이다.

## 2. 어느 신자의 간증

어느 날, 나는 두 주 전에 아들을 잃은 나의 좋은 친구이자 신학교 학생인 후안 카를로스(Juan Carlos)를 만나기 위해 카라와나(Carawana) 마을에 갔다. 그의 아들도 우리의 학생이었다. 우리는 유골을 마시는 의식이 다음 주에 거행될 것이라는 소식을 들었기 때문에 그 전에 도착하기를 바랬다. 그러나 우리가 도착했을 때 이미 사냥을 나갔던 남자들이 마을로 돌아왔고, 바로 그 다음 날 유골을 마시는 의식을 진행하기 위해 준비를 서두르고 있었다.

마을로 도착했을 때 많은 사람이 후안 카를로스의 집에서 울고 있었다. 안토니오(Antonio)는 곧장 그 집으로 향했다. 그는 무릎을 꿇고 후안 카를로스를 껴안았다. "울지 마"라고 그에게 말했다. "네 아들은 지금 천국에 있어." 조문객들이 이 방문자가 무엇을 말하는지 듣기 위해 갑자기 조용해 졌다. "내 친구 후안 카를로스, 너와 네 아내는 당신의 아들을 다시 보게 될거야," 안토니오는 계속해서 "성경은 신자가 죽었을 때 그는 이미 하나님과 함께 있게 된다고 말하고 있어. 너의 슬픔은 아담이 죄를 범한 이후에 겪고 있는 우리 모두의 몫이기도 하지만, 성경은 소망이 없는 자처럼 비통해 하지 말라고 말하고 있어. 너와 네 아내는 이미 그리스도의 구원을 요청했기 때문에 어느 날 네 아들을 다시 보게 될 거야. 이것이 우리의 소망이지!"라고 말했다.

후안 카를로스는 천천히 고개를 끄덕였다. 그는 일어나서 우리에게 다가왔고, 우리 모두는 그를 안아 주었다. 그는 우리를 자신의 집 옆에 있는 그의 아들이 만들어 놓은 예배 장소로 안내했다. 울음이 다시 시작됐고 우리는 해먹을 매달았다. 마을 전체가 젊은 청년의 죽음을 애도했다.

"잠시 후에 다시 돌아와서 이야기하지요"라고 후안 카를로스가 말했다. 우리는 고개를 끄덕였다. 그는 다시 조문객들에게 돌아갔다. 그날 오후 7시경에 그와 그의 아내가 우리의 해먹이 있는 곳으로 돌아왔다. 우리는 그리스도 안에서의 삶과 우리의 소망에 대해 말했고 그들은 조용히 듣고 있었다. 내가 죽음 이후의 영원한 삶과 죽은 자가 그리스도 안에서 먼저 일어나고 우리는 공중에서 주님을 만나게 될 것이라는 말씀을 읽어 주었을 때 그의 아내는 조용히 흐느끼고 있었다. 나는 후안 카를로스와 그의 아내가 "우리는 평안해요. 하나님이 우리의 마음을 담대하게 해주셨지요. 비록 슬프긴 하지만 우리 아들이 하나님께 함께 있다는 것을 믿고 있어요"라고 한 말을 들고 난 후 우리에게도 격려가 되었다.

후안 카를로스는 또 우리에게 "나는 그리스도인지요. 그러나 여기서는 오직 저 한 사람뿐입니다. 우리 마을의 모든 사람들은 형제, 삼촌, 사촌 등으로 내 아들과 연관을 갖고 있어요. 나는 아들을 위해 유골을 마셔야 할 필요가 없다는 것을 알지만 마을 사람들은 다른 말을 들으려고 하지 않아요. 내 주장은 그들 가운데 단순한 하나의 견해일 뿐이지요. 유골을 마시면 아들에게 어떤 일이 일어나게 될까요?"라고 말했다. 그의 얼굴에서 그의 아들이 하늘에서 쫓겨날 수도 있을 것이라면서 깊은 염려에 사로잡혀 있는 것을 볼 수 있었다. 나는 그에게 "누구도, 아무것도 아들에게 영향을 끼칠 수 없지요. 그는 이미 몸을 떠났기 때문에 그의 유골은 단지 유골일 뿐입니다. 당신의 아들은 천국에 있어요. 하나님이 그에게 새로운 몸을 주실 것입니다"라고 말해주었을 때 그는 환하게 미소를 지었다.

통곡하는 소리와 마귀에게 바치는 노래들을 포함하여 온갖 소리들로 인해 잠을 잘 수가 없었다. 그리스도께서 자신의 생명을 주셨음에도 불구하고 야노마모 부족민들 가운데 극히 일부만 복음을 받아들였기 때문에 그들의 절망의 깊이를 이해할 수 있을 것 같았다. 아직 어둠이 가시지 않은 새벽녘에 커다란 불협화음이 들리고 총소리와 함께 아침이 시작되었다. 초대받은 이웃 마을 사람들이 도착함에 따라 통곡의 소리도 커져갔다. 전사들은 특정한 영들이나 동물들의 그림으로 자신의 몸을 장식했다. 그들은 마을을 돌면서 춤을 추기 시작했다. 그들의 화려한 장식이 통곡하는 소리와 뚜렷한 대조를 이루고 있었다. 이러한 행동이 끝없이 이어진다. 모든 야노마모의 장례식에서 조문객들은 항상 죽은 사람의 유품 가운데 일부를 항상 몸에 지니고 다닌다. 유품을 나누는 데에도 서열이 있다. 죽은 사람이 가장 아끼던 물건은 가족 가운데 그와 가장 가까웠던 사람이 소유하게 된다. 이번 장례식의 경우에 가장 가까운 사람은 어머니였다. 이 장례식에서 어머니가 갖고 있던 유품이 나에게 큰 감동을 주었다. 어머니가 갖고 있던 유품은 다름 아닌 우리가 그 아들에게 주었던 야노마모 신약성경과 찬송가였던 것이다. 슬픔이 가득한 장례식의 현장에서도 그 소년은 우리에게 자신의 믿음을 증거하고 있었다.

야노마모 부족 가운데서 사역하는 동안 많은 친구들의 장례식을 치렀다. 야노마모 부족민들에게 있어서 죽음이란 완전한 이별을 뜻한다. 따라서 신자들조차도 성경 말씀이 약속하고 있는 죽음으로부터의 승리가 잘 받아들여지지 않는 것이 현실이다. 그러나 그들이 말씀 가운데서 성장함에 따라 돌파구가 열리고 있는 것을 보게 된다. 두 달 전에

이 부족에서 가장 나이가 많은 노인이 사망했다. 그때 나와 이 부족 출신의 세 명의 사역자들이 함께 베네수엘라와 브라질에서 사역하는 야노마모 사역자들을 위해 새부족선교회(New Tribes Mission)가 개최한 야노마모 지도자 회의에 참석하고 있었기 때문에 그의 죽음과 장례식에 올 수 없는 상황이었다. 그러나 그들이 우리가 집에 도착하여 유골을 처리할 때까지 기다리고 있었다.

그 노인은 가족을 모두 불러 자신을 둘러 앉게 했다. 그리고 그는 하나님이 하나님 자신이신 분(being)을 보내 나를 데려오라고 하셨다고 말했다. 그는 자신이 힘겹게 말하고 있는 하나님이 보내신 분을 가족들이 알아보지 못하고 있는 것에 대해 다소 놀란 듯했다. 그러나 이것이 그가 진정으로 말하고자 하는 것은 아니었다. 그는 아들에게 모든 진실함으로 그리스도를 믿을 것을 요청했다. "네 자녀들에게 가르쳐라. 그래서 그들도 네 뒤를 이어 믿음의 자녀가 되게 하라"고 거듭 당부했다. 그는 자신이 죽고 난 후에 자신의 몸을 어떻게 처리해주기를 바라는지에 대해 설명했다. "다른 마을 사람들을 부르지 말고 내 몸을 화장한 후 유골을 매장해라. 유골을 가루로 만들지 말고 있는 그대로 묻어라. 주님을 알지 못하는 친척들이 와서 내 유골을 가져가게 하지 말라"고 말했다.

이웃 마을 사람들을 초청하기도 전에 이미 와서 기다리고 있는 사람들도 있었지만, 그의 아들들은 아버지의 유언에 따라 장례식을 엄수했다. 장례식은 죽음에 대한 통곡이 아니라 새로운 삶에 대한 축제가 되었다. 그 노인의 집 바로 아래에 유족들이 나의 아들 라이언(Ryan)에게 부탁하여 나무로 만든 유골 상자에 넣을 수 있는 묘지를 만드는 동안 우리는 모두 모여 노래를 불렀다. 그 노인의 손자인 알프레도(Alfredo)가 데살로니가전서 4:13-18을 낭독했다. 이 낭독이 끝났을 때 티모테오(Timoteo)가 히브리서 2:14-15절을 읽었다. 이 노인이 죽을 때 어떤 일이 일어날 것인가에 대해 내가 마음속에 예상하고 있었던 장례식과는 너무나도 큰 차이가 있었다.

그는 마을의 추장이었고 가장 존경받는 지도자였다. 그들의 옛 관습으로는, 그와 같은 사람이 죽었을 때는 그가 살았던 곳을 아무도 기억하기를 원하지 않기 때문에 마을 전체가 다른 곳으로 이주해야 한다. 사실상, 그가 추장으로서 이 마을에 이름을 부여한 사람(Coshilowäte-li)으로 알려져 있다. 이같은 이유로 마을 사람들은 그 마을의 이름을 더 이상 부르지 않기 위해 마을을 불태우고 다른 곳으로 떠나야 하는 것이었다. 따라서 나는 그리스도인들이 이 죽음을 어떻게 다루는지 궁금했다.

야노마모 문화에 따르면, 개인적인 유품들은 결코 다른 사람들에게 전해주지 않고 유골을 처리할 때 폐기해 버린다. 그렇기 때문에 나는 그 노인의 장남인 옥타비오(Octavio)를 보고 놀라지 않을 수 없었다. 그는 아버지의 창(spear)을 들고 걷고 있었다. 더 놀라운 것은 그 창에 그 마을의 또 다른 노인의 이름인 "창"(Spear)이라는 글자가 새겨져 있었기 때문에 최대한 빠른 시간에 폐기해야 하는 유품이었다. 그러나 옥타비오는 모든 사람들 앞에서 걷고 있다가 서서히 모두의 관심을 집중시켰다. 그는 창을 들고 모든 사람들이 조용할 때까지 기다렸다. 그가 말했다.

우리는 지금 과거와는 다른 방식으로 장례식을 거행하고 있습니다. 나의 아버지는 수년 전에 새로운 사람이 되었습니다. 그는 과거에 용맹한 전사였습니다. 그러나 예수 그리스도를 영접한 후 그는 달라졌습니다. 그는 더 이상 사람을 죽이기 위해 습격하지 않고 그리스도 안에서 얻게 된 새로운 생명을 전하기 위해 많은 여행을 했습니다. 지금 우리는 나의 아버지가 더 이상 우리와 함께 계시기 않기 때문에 이 자리에 모였습니다. 그는 우리보다 먼저 떠났습니다. 어느 날, 그가 가졌던 것과 같은 새 생명을 우리가 가지고 그를 다시 만날 것입니다. 하나님은 우리가 사랑했던 사람들을 그리스도와 함께 공중에서 다시 만나게 될 것이라고 말씀하셨습니다. 그래요. 저는 이 말씀을 믿습니다. 따라서 만약 아버지께서 우리보다 조금 먼저 가셨다면, 나는 아버지의 유품을 폐기하지 않을 것입니다. 나는 아버지의 창을 소중하게 보관할 것입니다. 내가 죽을 때 내 아들도 할아버지를 기억할 수 있도록 나의 아들에게 이것을 보관할 것을 요청할 것입니다. 나는 하나님이 아버지에게 행하신 위대한 변화를 기억할 것입니다. 나의 아버지께서는 하나님을 사랑하셨습니다! 아버지께서는 하나님과 언제나 대화를 나누셨습니다. 지금은 하나님과 얼굴을 보면서 대화를 나누고 계십니다. 나는 아버지로 인해 매우 행복합니다. 아버지께서는 지난 몇 년 동안 많은 고통을 당하셨습니다. 그러나 지금은 더 이상 고통을 겪지 않습니다.

그는 성가대에게로 돌아서서, "찬송가 39장을 노래해주시기 바랍니다"라고 말했다.

나는 믿을 수가 없었다. 나는 "주가 맡긴 모든 역사," "나 같은 죄인 살리신," "날빛보다 더 밝은 천국" 등을 비롯하여 이미 몇 가지의 노래를 부르고 있었는데, 찬송가 38장이라고 말했을 때 나는 말할 수 없이 행복했다. "내 아버지 집"이라는 노래였다. 우리는 모두 목소리를 높여 이 찬송을 불렀다. 얼마나 아름다운가!

## 3. 결론

훗날에, 나는 바우티스타(이 글의 서두에 아버지의 죽음과 관련하여 언급한 인물)와 이 일에 대해 대화를 나누고 있었다. 나는 무엇이 그로 하여금 죽음에 대한 문화적인 관습을 깨뜨릴 수 있게 했는가를 알고 싶었다. 그 장례식이 거행되었던 마을을 둘러보는 동안에 내가 어렸을 때 그에게서 무슨 일이 일어났었는지, 그리고 그 같은 과감한 변화가 일어나게 한 계기가 무엇이었는지에 대해 확인하고 싶은 마음이 들었다.

그는 예수 그리스도를 믿고 난 후에 하나님의 영이 죽음에 대한 우리의 관습과 죽음이 무엇인가에 대해 직면하게 하셨다고 말했다.

야노마모 부족에게 있어서 죽음이란 완전한 마지막을 의미했지요. 우리가 사랑했었던 죽은 자에 대해 아무것도 기억하기를 원하지 않았어요. 그러나 하나님은 그리스도 안에서의 우리의 삶이 곧 소망이고 미래에는 그와 함께 지내게 될 것이라고 말씀해주셨지요. 만약 이 말씀이 진정한 진리라면, 우리는 매일의 일상 생활 속에서 그리스도를 믿지 않는 사람들에게 우리가 갖게 된 이 소망과 확신을 보여주어야 할 필요가 있다고 생각했어요. 우리에게 변화가 필요하다는 생각이 처음 들었을 때 내 친척들은 유골을 마시지 않음으로 인해 우리가 사랑했던 분을 훼손하려고 한다고 주장하며 충격과 공포에 빠지기도 했지요. 그러나 성령을 통해 하나님의 평화와 평온함을 주셔서 내가 올바른 결정을 했다는 것을 확신하게 되었어요. 하나님이 많은 반대에도 불구하고 뜻을 굽히지 않아야 한다는 확신을 주셨던 것이지요. 다른 신자들이 서서히 제 결정을 지지하기 시작했어요. 이제는 우리 마을에서 아무도 유골을 마시지 않고 시신을 화장한 후, 유골을 수습하여 매장을 하고 있는데 언젠가 우리가 사랑했던 사람들과 다시 만나게 될 것을 알기 때문이지요.

하나님이 말씀하신 것처럼 죽음이 더 이상 우리를 지배하지 못해요. 그러나 모든 신자가 다 과거의 관습을 버린 것은 아닙니다. 지난 수년 동안 많은 신자들이 갈등하고 있는 것을 볼 수 있었어요. 구원을 받은 후에 유골을 마시는 전통적인 관습과 완전히 결별을 선언한 어떤 사람들은 주님 안에서 확고한 간증과 성숙을 경험하는 반면에 이런 저런 이유로 과거의 관습을 끊지 못하는 신자들은 주님과 함께 동행하지 못하는 것을 보았어요.

◈ 마이클 도슨(Michael Dawson)은 브라질의 야노마모 부족 가운데서 성장했고, 성인이 된 후 계속해서 그들을 섬기기 위해 돌아갔다.

◈ 토의를 위한 질문들

1. 이 글의 첫 부분에서 언급한 마이클 도슨의 어린 시절과 결론 부분에서 언급된 바우티스타는 그의 생각과 행동에 변화를 가져왔다. 그 이유가 무엇인가? 유골을 마시는 의식을 중단하는 것이 왜 중요하다고 말하고 있는가? 복음을 상황화하는 데 있어서 왜 거의 모든 문화권에서 죽음의 문제가 이렇게 중요하다고 생각하는가?
2. 반면에 후안 카를로스가 그의 가족과 친척들의 압력으로 인해 그의 아들의 죽음과 관련한 모든 전통적인 관습을 무시할 수 없다고 말했을 때 도슨이 격려해주었다. 바우티스타의 관점과 어떻게 조화를 이룰 수 있겠는가? 우리는 이것을 통해 문화적 변동에 대해 어떤 교훈을 얻을 수 있겠는가?
3. 당신은 도슨이 설명한 문화권에서 어떻게 복음을 전할 수 있겠는가?

# GLOBAL MISSION

**REFLECTIONS AND CASE STUDIES
IN CONTEXTUALIZATION
FOR THE WHOLE CHURCH**

# 30장

# 이슬람권 선교를 위한 상황화

국제 단체 사역자

이 글은 특정 단체에서 논의된 글을 개정한 것이기 때문에 일부 독자들에게는 어색하게 보일 수 있을 것이다. 광범위한 보급을 위해 여러 동료들의 요청으로 일부 내용을 조정하였다. 세계복음주의연맹 선교위원회(WEA-MC)의 선교 단체에 대한 익명성의 원칙이 이 글에 반영되었다.

## 1. 서론

이슬람권에서 사역하는 약 200여 명의 선교사들이 소속되어 있는 어느 단체의 국제 지도자들로 구성된 아홉 명의 위원들과 최종적으로는 이사회가 수차례에 걸쳐 이 글을 검토하고 의견을 보내준 결과로 거의 일 년에 걸쳐 개정 작업을 진행했다. 이 글이 무슬림들을 대상으로 하는 사역에 있어서 유용한 도구와 통찰력을 제공해줄 수 있기를 희망하는 바이다. 이 글은 여기에 언급된 모든 이슈들에 대한 영구적인 해답이 아니라 이 문제들에 대해 현재 우리가 어떻게 이해하고 있는가를 보여주는 것이다. 우리는 앞으로 수년에 걸쳐 지속적으로 개선 작업이 일어날 것을 기대하고 있다.

지금까지 상황화와 관련하여 많은 논의가 있었고, 특히 이슬람권에서의 상황화에 대한 구체적인 토론도 활발하게 진행되어 왔다. 우리는 독자들이 상황화에 대한 제반 논의에 적극적으로 참여하고 상황화의 양식과 의미에 관련된 논의의 좋은 출발점이 될 수 있는 이 글의 부록(appendix)에 대해서도 토론해 줄 것을 요청한다. 이슬람권 사역에 있어서 가장 많이 제기되고 있는 상황화의 쟁점은 크게 두 가지로 나뉘어진다.

이 문제들은 결국 공동체의 문화적 정체성과 지역사회의 일원으로서의 연속성을 유지하는 가운데 성경적으로도 유용하거나 허용할 만한 형식들(forms)이 무엇인가라는 논지로 귀결될 수 있다. 이 글이 강조하고자 하는 바는 모든 종류의 사례에서 특정한 형태의 양식들을 사용하거나 사용하지 않는 목적은 오해와 그 의미 자체가 물의를 빚을 수 있는 불필요한 비방을 최소화하고, 의미를 정확하게 전달하고자 하는 것이다. 아래에 열거된 목록은 이와 같은 방향이 고려된 것이고 상황화에 대한 성경적인 접근을 추구하는 것이 우선적인 목적이다.

## 2. 이슬람권 선교에 있어서 일반적으로 통용되고 있는 상황화의 원리의 적용이 논란을 불러일으키고 있는 것

**핵심 원리**: 어떤 문화권에서든지 성경적으로 수용할 만하고 문화적으로 적절한 것이 무엇인가에 의해 복음의 전파와 교회 사역에 있어서 무엇이 바람직한 상황화인가에 대한 경계가 정해진다.

이슬람권 선교에 있어서의 상황화와 관련한 오늘날의 서로 다른 관점의 핵심은 바로 이 원리의 적용에 대한 것이다. 경계선은 바로 무엇이 성경적으로 수용할 만한 것인가에 달려있다. 그 경계선은 이미 수년 전에 명확하게 그어졌지만, 불행하게도 서구 선교가 지나치게 문화와 교회 활동을 강조하면서 균형이 무너진 것을 볼 수 있다. 그 결과로 복음의 침투를 위한 선교사들의 노력은 제한될 수밖에 없었다. 다양한 이슬람 사회에 존재하고 있는 성경적으로 수용할 수 있는 형식과 문화적 전통의 조화로운 관계가 너무 오랫 동안 무시되어 왔다.

세월이 지남에 따라 더 나은 상황화에 대한 지혜가 거의 보편적으로 받아들여지고 있고 다양한 결실이 드러나고 있다. 오늘날의 무슬림 배경의 신자들의 숫자가 기독교의 전 역사에 걸쳐 기록된 회심자들의 숫자를 합친 것보다 더 많다. 일부 동의하지 않는 사람들도 있겠지만, 복음을 전파하고 제자를 훈련하기 위해, 더 상황화된 접근을 시도한 것이 이러한 성장의 원인 가운데 하나라고 보는 것도 전혀 근거가 없는 추론은 아닐 것이다. 상황화와 관련하여 이제 우리가 해야 할 질문은 "얼마나 과도한 것이 너무 과도한 것인가?"라는 것이다.

## 3. 이 주제에 대한 논의에 있어서의 주의사항

"원인과 결과는 뒤바뀔 수 없다(Ad hoc proctor hoc)." 어떤 사람이 단지 하나님에 의해 진정으로 구원받았다는 것이 자동적으로 그가 다른 사람들과 똑같이 호감이 가거나 재생산할 만하거나 모방할 만한 것은 아니다(느부갓네살의 예를 보라). MBB[1]들과 관련하여 많은 숫자의 무슬

---

[1] 무슬림 배경의 신자들(Muslim Background Believers, MBBs)은 무슬림의 배경 가운데서 살아왔지만 그리스도에 대한 믿음을 가지고 있고, 그리스도를 따르는 사람으로서의 정체성이 확립되어 있는 신자를 지칭하는 데 있어서 가장 일반적으로 사용하고 있는 용어이다. MBB

림들이 회심을 했다고 해서 자동적으로 그 전략이 성경적으로 보장을 받을 수 있거나 언제나 유용한 방법이라고 말할 수 없다.

일부에서는 내부자의 관점이 핵심적이고 가장 중요한 가치를 지니고 있기 때문에, "오직 내부자만이 무엇이 성경적 진리이고, 무엇이 적절한 상황화인가에 대한 논의의 적합성에 대해 평가할 수 있다"고 주장하기도 한다. 만약 이러한 주장이 옳다면, 논리적으로 볼 때, 아무도 타문화와 타종교 배경을 가진 신자들을 양육할 수 없다는 모순에 직면하게 된다.

어떤 사람들은 오직 신자들을 그들의 문화권 밖으로 이끌어내는 추출론(extractionism)과 신자들로 하여금 기존의 이슬람 문화권에 계속 남아 있게 하는 것 가운데 하나를 선택하는 것 외에는 다른 방법이 없다고 주장한다. 또 다른 사람들은 이슬람에 집착하지 않으면서도 문화를 존중하는 방법이 있다는 것을 보여주는 중도적 입장을 취하기도 한다. 이러한 논의는 다양한 관점들의 연속 선상에서 나름대로의 정당성을 지니고 있다.

---

는 진정으로 거듭났고 믿음과 삶이 변화된 사람을 말한다. "무슬림 배경의 신자들"(Believers of Muslim Background, BMBs) 혹은 "무슬림 배경의 그리스도인들"(Christians of Muslim Background, CMBs) 등의 새로운 용어도 사용되고 있다. "무슬림 신자들"(Muslim Believers, MBs)은 신실한 무슬림으로서의 정체성을 유지하는 가운데 예수 그리스도를 따르는 사람들을 지칭하는 좁은 의미의 용어를 갖고 있다. 어떤 사람들은 이들(MBBs)에 대해 "예수를 따르는 무슬림들"(Muslim Jesus Followers, MJFs)이라는 명칭을 부여하기도 한다. 이 글을 위해 우리는 그들이 계속해서 무슬림으로서의 정체성을 유지하는가의 여부와 상관없이 그리스도를 구세주와 주님으로 믿고 따르는 무슬림 배경을 가진 모든 종류의 신자를 일컫는 용어로 MBB를 사용하기로 한다.

## 4. 특정한 논제들

**논제 1:** 우리는 많은 무슬림들을 주님께 나아오게 하고 그들을 새로운 믿음의 길로 이끄시는 하나님의 활동에 대해 찬양한다. 우리는 이 믿음의 형제, 자매들의 다양한 자기 정체성과 신학적 관점에 대해 보거나 듣게 된다. 현재 우리의 반응은 그들이 가고 있는 길이 올바른가를 판단하고자 하는 것이 아니다. 오히려 무슬림들이 그리스도를 믿도록 돕기 위한 지침을 마련하고자 하는 것이다.

**논제 2:** 타문화 사역자들은 영향을 끼치는 사람들이기 때문에 그들은 상황화를 포함하여 모든 종류의 주제들에 대해 질문을 받게 될 것이라는 것을 인식해야 한다. 그들은 정중하게 그러나 정직하고 적절하게 성경을 다루어야 하며 비성경적인 행동과 신앙이 사실상 성경적이라는 인상을 심어주지 않아야 한다. 타문화 사역자들이 무슬림 배경의 신자들(MBBs)에게 그들이 반드시 무엇을 해야 하는가를 말하는 것은 매우 신중해야 한다. MBB들도 다른 신자들과 마찬가지로 그들 자신의 선택과 순종의 정도에 대해 하나님 앞에서 책임을 가지고 있다. 타문화 사역자들도 역사적으로 볼 때 절대적인 성경적 지지 기반을 갖고 있다고 확신했던 것들도 시대가 지남에 따라 성경적 기초가 매우 빈약한 것으로 드러나는 경우도 많다는 것을 인식하고 겸손하게 말해야 하며, 그리스도안에서의 타문화권 형제와 자매들로부터 배우기를 주저하지 않아야 한다.

**논제 3:** 많은 MBB들이 그들의 회심과 성화의 과정에서 복음의 진리를 분별하고 그들의 친구들에게 복음을 증거하기 위한 하나의 발판을 유지한다는 의미에서 지속적으로 이슬람 예배와 신앙 고백에 참여하며 무슬림으로서의 정체성을 유지하고 있다. 이러한 현상을 이해할 수 없는 것은 아니지만, 정상적이고 영구적인 상태로 유지하도록 지지

해야 한다고는 믿지 않는다. 무슬림[2]으로서의 자기 정체성을 선택한 신자들은 그들의 최우선적인 정체성이 예수 그리스도를 따르는 사람이라는 사실을 말과 행동으로 보여주도록 인도를 받아야 한다.

**논제 4**: 그리스도를 향한 성숙의 여정에는 많은 시간이 걸리지만 언제나 주님으로서의 그리스도에 대해 더 깊이 이해하는 방향으로 나아가야 한다. 이러한 변화는 본질상 개인적으로나 공동체 차원에서 일어날 수 있다. 신자들의 성화 과정에서 일어나는 성장은 전적으로 하나님의 영감으로 기록된 말씀의 권위에 대한 확고한 믿음으로 발전해야 한다. 다른 좋은 책들도 사람들로 하여금 하나님의 계시로서의 성경을 향해 다가가게 하는 데 있어서 유용하게 사용될 수 있지만, 성경만이 진리와 영적 성장, 그리고 삶의 지침을 위한 궁극적인 근원이 된다는 사실을 인정해야 한다.

**논제 5**: 일부 MBB들은 만약 그들의 그리스도인으로서의 정체성이 드러나게 되었을 때 감수해야 할 죽음이나 심각한 박해의 문제로 인해 지속적으로 그들 스스로 무슬림으로 간주하는 가운데 비밀리에 그리스도를 따르기도 한다. 우리는 이와 같은 상황에 대해 공감하며 사실상 주님 앞에서의 개인적인 양심의 결정으로 존중해야 할 것이다. 우리는 그리스도 안에서 가족의 일부로서 이 형제와 자매들을 품고 그들의 상황으로부터 자유로워져서 그들이 속한 공동체 가운데서 더 공개적으로 빛과 소금의 삶을 살 수 있게 되도록 기도해야 한다.

**논제 6**: 이슬람의 신앙 고백(Shahada)에 내포되어 있는 공동의 믿음에 대한 선언의 목적과 암시적인 의미를 고려할 때 우리는 신자들이 이것을 낭송하는 것을 성경적으로 허용할 수 있는 것이라고 믿지 않는다.

---

[2] 일부에서는 "무슬림"이라는 의미가 "복종하는 자"이기 때문에 기술적으로 그리스도인을 지칭하는 데 문제가 없다고 주장하기도 한다. 그러나 이 용어는 거의 보편적으로 이슬람의 가르침을 따르는 자로 이해되고 있다.

우리는 이 신앙 고백이 어떤 사람을 예수 그리스도의 인격과 사역을 통해 증거된 신적 계시에 대한 성경적 가르침에 위배되는 성경의 예언자 혹은 그 이상의 지위로 격상시키는 오류를 범할 수 있다고 믿는다. 또한 무슬림들은 일반적으로 그를 최종적이고 가장 권위 있는 예언자라는 의미에서 "최후의 예언자"(seal of the prophets)라고 믿기 때문에 그의 예언자적 역할을 예수 그리스도의 지위로 올려 놓았다. 이 사람은 아랍과 이슬람의 역사에서 변화의 매개체로서 매우 중요한 역할을 담당했지만, 그가 진리의 일부를 증언했다고 하더라도 우리는 그를 하나님으로부터 직접적으로 특별 계시를 받은 선지자라고 믿지 않는다.

**논제 7:** 이슬람 사원(mosque)은 이슬람의 독특한 예배와 가르침의 구심점 역할을 담당한다. 그러나 이슬람 사원이 더 이상 MBB들의 영적 헌신을 증거해주지 못하기 때문에 그들이 예수 그리스도를 믿고 난 후의 전환기적인 시기 등 특별한 예외적인 상황을 제외하고는 지속적인 정기적 참여를 격려하지 않아야 한다.[3] 무슬림들도 MBB들이 계속해서 이슬람 사원의 활동에 참여하는 것은 기만적인 행위로 간주하고 있다. 동시에 일부 MBB들은 그들의 성경적 이해와 영적 제자도에 기반을 두고 있는 가운데 사회적으로 배척당하지 않기 위해 지속적으로 이슬람 사원에 참여하기로 결정하는 경우도 있다는 것을 이해한다.

**논제 8:** 우리는 궁극적으로 하나님에 의해 그 타당성이 검증된 선한 행위에 근거하여 구원이 결정된다는 이슬람의 교리와 구조의 중심에 율법주의가 자리잡고 있다는 것을 믿는다. 우리는 이것이 진리가 아님을 확증하고, 무슬림을 포함하여 누구든지 구세주와 주님이 되시는 예수 그리스도에 대한 믿음을 통해 오직 은혜로만 구원을 받을 수 있다

---

[3] 이러한 극히 드문 사례로 이슬람 사원이 공동체의 중심 이상의 역할을 담당하고 있고 이슬람의 예배 의식에 모든 무슬림들이 참석할 것을 요청하고 있거나 이맘(imam) 자신이 그리스도를 믿어 복음을 가르치는 등의 상황이 포함될 수 있다.

는 사실을 믿는다. 우리는 누구든지 예수 그리스도를 통한 구원을 믿는 자는 그리스도 안에서 우리의 형제와 자매로 환영받을 수 있다는 사실에 동의한다.

**논제 9**: 우리는 새로운 회심자들이 성경적 진리를 올바로 이해하기 위한 과정을 시작해야 하는 현실을 인정한다. 진정한 변화는 마음으로부터 시작되며, 진실한 신자는 그들의 문화적 관습과 세계관의 신념에 대해 필요에 따라 평가하고 적응해가야 할 것이다. 이 과정에서 그들의 외적인 정체성이 독특한 방식으로 그들 주변의 무슬림 문화와 공동체의 신뢰할 만한 일원으로서 친밀한 유대감을 유지하고 살아가지만, 예수 그리스도를 향한 그들의 믿음과 순종으로 인해 과거와는 다른 사람이 된 것이다. 그들의 정체성은 계속해서 그리고 필연적으로 범세계적인 신자 및 교회 공동체들과 긴밀한 연관성을 발전시켜 나가야 한다. 동료 신자들은 다른 신자의 삶 속에서 일어나고 있는 이 전환기적인 과정에 대해 지나치게 비판하지 않고 믿음 안에서 형제와 자매로 관대하게 받아들여야 한다.

**논제 10**: 이슬람 세계의 엄청난 다양성으로 인해 MBB들의 자기 정체성에 대한 단순한 접근은 모든 상황에 결코 획일적으로 적용될 수 없는 것이 현실이다. 기독교와의 역사적 공존, 이슬람 법의 요구 조건, 종교적 다원주의에 대한 국가적 관점, 그리고 이슬람 교리에 대한 광범위한 무슬림 세계의 서로 다른 믿음 등을 포함한 모든 요소들이 신자로서 예수 그리스도께 신실하게 순종하면서도 여전히 어떤 의미에서 그들 스스로 "무슬림"이라고 인식하고 있는 것에 대한 타당성의 문제에 큰 영향을 끼치고 있다. 이와 마찬가지로 듣는 사람들에게 회심자가 진정으로 무엇을 믿고, 어떻게 살고 있는지에 대해 오해를 불러일으킬 여지가 있음에도 불구하고 여전히 "그리스도인"(Christian)이나 "기독교"(Christianity)라는 용어의 사용을 절대적 요구 조건으로 제시하는 것은 잘못된 것이다.

**논제 11:** 무슬림 언어로 성경을 번역하는 데 있어서 "하나님의 아들"을 지칭하는 대부분의 성경에 기록되어 있는 전통적인 문자적 성경 해석을 대신하여 "벤 엘로힘"(*ben elohim*)과 "휘오스 투 테우"(*huios tou theou*) 등 의미 중심과 수용자 중심의 역동적 번역을 사용하는 것에 대한 논란이 일어나고 있다. 우리는 이러한 새로운 접근이 원래의 의미를 이해하는 데 도움을 줄 수 있다고 인정하지만, 다르게 번역했을 때 간과해버릴 수 있는 신학적 의미의 깊이가 존재하고, "하나님의 아들"이라는 용어는 이미 범세계적으로 광범위하게 알려져 있고, 이러한 변화가 역사적으로 무슬림들이 기독교 신자들을 계속해서 공격해왔던 하나님의 말씀 자체의 변화로 보여질 수 있기 때문에 가능한 한 문자적으로 번역할 것을 강력하게 권면한다. 이러한 방향을 고려하여 우리는 성경 본문에 기록되어 있는 "하나님의 아들"과 같은 표현에 내포되어 있는 의미를 더욱 명확하게 전달하기 위해 각주나 서문 등을 활용하는 것이 더 효과적일 것이라고 확신한다.[4] 우리 단체가 다른 복음주의 단체들과의 성경 번역 프로젝트에 참여할 경우에 절대 다수가 "하나님의 아들"을 다른 용어로 대체하고자 하는 방향으로 이끌어가고자 하더라도 여전히 각주와 서문을 사용할 것에 대해 제안할 것이며, 참여 그리고/혹은 지지 여부에 대한 결정은 해당 지역의 지도자의 재량에 달려 있다.

**논제 12:** 신자들의 말과 행동이 그들이 속한 공동체에서 어떻게 해석되고 있는가를 이해하는 것이 매우 중요하다.

**논제 13:** 예배와 교제를 위한 정기적인 모임은 건강한 영적 생활과 그리스도를 따르는 자로서의 정체성을 확립하는 데 있어서 본질적인

---

[4] 음성으로 들려주는 성경도 이와 같은 원리에 따라 조정할 필요가 있다.

요소 가운데 하나이다. 우리는 모든 신자가 이러한 활동에 적극적으로 참여하기를 권면한다.

**논제 14:** 돼지고기와 술을 금하고 집에서 개를 키우지 않고 라마단 기간 동안에 금식하는 등의 성경적으로 허용할 수 있는 무슬림의 관습에 참여하는 것은 MBB들의 선택 사항이고 타문화 사역자들도 이슬람 공동체 가운데서 건강한 관계를 유지하기 위해 이러한 관습을 존중하며 따르고 있는 것을 볼 수 있다.[5] 우리는 복음을 전할 적절한 기회를 얻기 위해 그들의 문화를 존중하는 가운데 의사소통을 해야 하지만 구원의 필수 요건을 충족시키기 위해 이러한 관습을 따르는 것이 아니라는 사실에 주의해야 한다.

**논제 15:** 획일적이고 그리스도인답지 않은 명목상의 기독교로부터 자신을 보호하기 위해 거리를 두는 것은 이슬람권의 상황을 고려할 때 물론 이해할 수 있는 일이다. 그러나 종교적 정체성은 공동체적 소속감에 대한 진술이기도 한 것이다. 그러므로, 우리는 무슬림들을 전도하기 위해 신자가 이슬람으로 개종하는 것은 성경적으로 용납할 수 없고, 기만적이며, 비윤리적인 행위로 간주한다.

**논제 16:** 복음은 개인과 사회 모두에 영향을 끼친다. 따라서 오직 개인적인 변화에만 역점을 두지 않아야 한다. 우리는 MBB들이 그들의 공동체가 그리스도의 빛 가운데서 영적, 사회적 변혁을 가져올 수 있도록 하기 위해 가능한한 적극적으로 참여해야 한다고 믿는다.

---

**5** MBB들이 이러한 관습들을 준수하는 것은 성경이 금지하지 않고 복음에 대한 불필요한 장벽을 제거하기 위해 도출된 신자의 자유에 해당하는 것으로 인식하고 있다는 것을 이해할 필요가 있다.

## 5. 부록: 상황화 개관

무슬림 배경을 가진 예수 그리스도를 따르는 사람들의 상황화에 대한 논의는 상황화에 대한 더욱 폭넓은 논의의 범위 안에서 다루어져야 할 것이다. 여기서 상황화란 신자들이 특정한 상황 가운데서 그들의 믿음에 대해 생각하고, 표현하고, 살아가는 방식을 의미한다. 상황이란 모든 인간이 둘러싸여 있는 독특하고 완전한 사회문화적 환경을 말한다. 여기에는 문화, 종교/신학적 배경, 경제적, 사회적, 교육적 배경, 성별, 역사적 배경, 그리고 개개인의 고유한 상황 등도 포함된다. 상황이란 "아프리카의 상황" 등과 같이 매우 폭넓은 의미로 사용되기도 하고, 반면에 에티오피아, 에티오피아의 소말리 지역, 에티오피아의 소말리 유목민 등으로 범위를 축소할 수도 있고, 더 나아가 어느 특정한 에티오피아 사람, 소말리 사람, 유목민 여성 등으로 한정하여 사용할 수도 있다. 상황화는 한 인간의 믿음, 신학적 교리, 신앙 고백, 언어와 번역, 그리고 교회 건물과 십자가 등의 외적인 종교적 상징 등 모든 영역을 다루는 포괄적인 용어이다. 상황화는 신자의 외적인 행동과 상징들을 넘어 세계관의 깊은 부분에까지 나아간다.

복음주의 신자들과 우리 단체의 회원들은 일반적으로 성경이 하나님의 영감으로 기록되었고 그들의 삶에 있어서 최고의 권위를 갖는다고 믿고 있다. 성경은 신자들의 믿음과 그들의 삶의 상황 가운데서 어떻게 살아갈 것인가를 포함하는 상황화에 대한 본질적인 근거가 된다. 성경은 특정한 시대에 특정한 사람들에게 전달 된 계시적 메시지로서의 하나님의 말씀일 뿐만 아니라 모든 역사와 모든 문화권의 모든 사람들을 위한 하나님의 계시이기도 한 것이다(롬15:4; 고전10:6; 11:2; 딤후 3:14-17). 이와 같이 성경은 단순한 과거의 하나님의 사람들의 "성공적인 지역적 신학들"의 수집물 이상의 의미를 갖고 있다. 성경은 오늘날의 모든 상황 가운데서 모든 신자의 믿음과 실천의 본질적인 근거를 제공하며 상황을 초월하여 모든 사람들이 본질적인 진리를 이해하게 할 목적으로 기록되었다(벧후1:3). 어떤 특정한 하나의 상황도 성경의 진리를 이해하는 데 있어서 더 나은 특권을 갖고 있지 않고, 어떤 상황 가운데서도 하나님의 뜻을 적절하게 이해할 수 있지만, 누구도 성경의 진리를 완벽하게 이해할 수 없다.

어떤 상황 가운데서도 신자들은 성경의 본질적인 의미를 이해할 수 있지만, 성경의 독자들은 필연적으로 그들이 처한 상황의 영향을 받을 수밖에 없다. 상황은 성경의 특정한 본문에 대해 더 많은 관심을 갖게 하기도 하고, 반면에 다른 본문들에 대한 관심을 약화시키기도 한다. 상황은 또한 성경의 진리를 이해하고 표현하는 데 있어서 영향을 끼친다. 어떤 사람이나 공동체도 성경의 진리를 완벽하게 이해하는 것은 불가능하기 때문에 우리는 겸손하게 그리고 지속적으로 서로에게서 배워야 한다. 새로운 교회의 신자들은 오래된 교회의 신자들로부터 배울 수 있고, 오래된 교회의 신자들도 새로운 교회의 신자들로부터 배울 수 있다.

오래된 교회들로부터 배울 수도 있지만, 무슬림 상황 가운데서 개척된 새로운 교회의 예수를 따르는 사람들을 포함하여 모든 신자는 그들 자신을 위해 성경으로부터 직접 배우고 그들의 고유한 삶의 방식으로 성경적 진리를 표현하고 예배하는 방식을 발견할 수 있는 권리와 특권을 갖고 있다. 그들은 범세계적인 교회 공동체가 신조들과 신앙 고백 등을 포함하여 역사적으로 어떻게 성경을 이해하고 적용해왔는가를 이해할 필요가 있다. 그러나 이러한 신자 공동체들도 보편적인 신학과의 조화를 유지하는 가운데서 그들의 고유한 언어와 형식들을 사용하여 그들 자신의 고유한 성경적 신학을 형성하고 발전시켜 온 것이다. 이러한 신학들이 하나님의 삼위일체적 본질과 예수 그리스도의 인성 등의 핵심적인 신학적 개념들을 설명하는 데 있어서 새롭고 신선한 용어들을 사용할 수도 있다. 그들이 만약 진정으로 성경적인 관점을 가지고 있다면, 이슬람 신앙과 기독교 신앙이 서로 완전히 다를 뿐 아니라 양립할 수 없는 종교라는 사실을 인정하게 될 것이다. 종교로서의 이슬람은 유일하고 참되신 하나님께 인도하는 성경적 믿음이나 실천을 반영하지 않고 있다.

상황화의 과정은 형식과 의미의 문제를 해결하기 위한 노력의 과정이라고 할 수 있다. 새로운 상황 가운데 있는 신자들이 오랜 문화적 전통과 종교적 형식과 상징들을 어떻게 다룰 것인가? 예수 그리스도를 따르는 무슬림들이 그들 자신을 "무슬림"으로 부를 것인가? 혹은 계속해서 하루에 다섯 번씩 기도할 것인가? 등 과거의 전통과 관습에 새로운 의미를 부여하여 새롭지만 친숙한 형식을 만들 것인가 아니면 완전히 무시할 것인가? 이와 마찬가지로, 성경이나 교회가 사용하고 있는 형식들을 다른 상황에서 어느 정도로 받아들여야 하는가 혹은 신자들이 어느 정도로 새롭고 문화적으로 적절한 형식을 찾아야 하는가? 예를 들면, 예수님을 따르는 무슬림들이 하나님에 대해 "삼위일체"라는 용어를 사용해야 하는가? 이러한 질문들에 대한 대답은 형식 이면에 내재되어 있는 의미의 다양한 관계들에 대해 우리가 이해해야만 한다는 것이다.

한편으로, 하나의 특정한 형식에는 문화와 시대를 초월하여 언제나 오직 하나의 의미만을 갖고 있다고 주장하는 것은 현실성이 없는 단순한 편견에 불과하다. 예를 들면, 키스하는 것, 서로 손을 잡고 걷는 것, 윙크하는 것 혹은 어떤 사람을 특정한 동물에 비유하는 것 등은 모두 서로 다른 상황에서 서로 다른 의미를 갖고 있다. 반면에 어떤 형식이 언제, 어디에서나 같은 의미를 전달한다는 주장도 지나치게 단순한 생각이다. 이것은 형식과 의미 사이의 역사적 연관성을 간과한 것이고 상징 체계를 무시하도록 사회 집단을 통제하는 결과를 초래하는 오류를 범할 수 있다. 예를 들면, 서구에서 왼손의 네 번째 손가락에 반지를 끼는 것은 결혼한 사람이라는 의미를 갖고 있다. 만약 이러한 형식에 단순히 그 사람이 부자이거나 반지를 좋아하기 때문이라는 다른 의미를 부여하려고 한다면 역사적 방향과 사회적 기대에 대한 근본적인 변화를 시도하거나 결혼한 모든 사람들은 같은 색상의 옷을 착용하는 등 같은 의미를 전달하는 다른 형식으로 대체해야 할 것이다.

형식과 의미 사이의 관계는 상징 체계의 본질에 따라 다양하게 나타난다(Hiebert 1989, 109).

폴 히버트(Paul Hiebert)는 형식과 의미의 관계가 연속선상에 있을 때 가장 잘 이해될 수 있다고 강조한 바 있다(1989). 연속선상의 한쪽 끝에는 형식과 의미가 때로는 임의적으로 연결되어 있다. 이러한 현상은 언어학적 형식에서 잘 나타나고 있다. 한 마리의 포유 동물을 상징적으로 나타내는 소리로 "dog"(영어), "perro"(스페인어), "wesha"(에티오피아의 공용어인 암하라어) 등을 사용한다. 이 가운데서 특정한 포유동물을 지칭하는 소리로 문화와 상황을 초월하여 물려받은 것은 아무것도 없다. 때로는 형식과 의미가 느슨하게 연결되어 있는 경우도 있다. 형식과 의미 사이가 연결되어 하지만 타문화 의사소통에 있어서 그 연관성이 단절되기도 한다. 예를 들면, 많은 농경 사회에서 땅과 생식력은 여성적이고 전쟁과 폭력인 남성적인 것으로 이해하고 있다.

그러나 이러한 연관성이 모든 문화권에서 동일하게 존재하는 것은 아니다. 때로는, 형식과 의미가 서로 긴밀하게 연결되어 있는 것을 볼 수 있다. 이 두 가지가 서로 완전히 같은 것은 아니지만, 의미에 거의 영향을 주지 않고 특정한 형식을 버리는 것은 거의 불가능한 일이다.

인사를 하거나 절을 하는 것은 문화를 초월하여 순종 혹은 존경을 나타내는 상징적인 의미와 긴밀한 연관성을 갖고 있다.

마지막으로, 형식과 의미는 때로 동일시되기도 한다. 예를 들면, 미국에서 어떤 주례자가 "나는 지금 이 두 사람이 남편과 아내가 되었음을 공표합니다"라고 말을 하거나 어떤 문화권에서 서로 맞절을 하게 했을 때 그 말(형식)이 남성과 여성 사이의 새로운 관계(의미)를 만드는 결과를 가져온다.[6]

서로 다른 방법으로 연결되어 있는 상징의 의미는 상황화에 있어서 다양한 영향을 미치고 있다.

첫째, 예수님을 따르는 신자들이 오랜 문화적 혹은 종교적 형식을 유지하거나 새로운 의미를 부여하기 전에 그들은 먼저 그 지역 상황 가운데서 그 형식이 갖고 있는 의미와 함께 형식과 의미가 서로 얼마나 긴밀하게 연관되어 있는지에 대해 이해해야 한다. 만약 긴밀한 연관성이 있다면, 그 형식에 새로운 의미를 부여하는 것이 거의 불가능하겠지만, 느슨하게 연결되어 있다면, 그 형식에 새로운 의미를 줄 수 있을 것이다. 예를 들면, 일부 이슬람 문화권에서는 예수님을 따르는 신자들이 자신을 계속해서 "무슬림"이라고 부르거나 이슬람 공동체가 사용하는 방식으로 예배를 드리는 가운데서도 믿음과 행위에 있어서 성경적인 명령을 실현할 수 있을 것이다. 그러나 다른 지역에서는 "무슬림"이라는 용어의 형식과 의미가 너무 긴밀하게 연결되어 있어서 예수님을 따르는 신자들이 그들의 독특한 정체성을 표현하기 위해 더 이상 그 이름을 사용할 수 없는 경우도 있다.

둘째, 다른 문화에서 새로운 형식을 가져 오기 전에 성경에서 형식과 의미가 얼마나 긴밀하게 연관되어 있는지에 대해서와 새로운 상황

---

[6] 위의 두 문단은 Strauss의 글을 인용한 것이다(Strauss 2006, 143-44).

가운데서 그 형식이 어떤 의미를 갖게 될 것인가에 대해 이해해야 한다. 예를 들면, 무슬림의 상황 가운데서 하나님을 삼위일체로 설명하는 것은 세 분의 신들이 존재한다는 것과 그들 가운데 한 분이 동정녀 마리아라는 것을 의미하기도 한다. 그러나 성경에 한 번도 언급된 적이 없는 삼위일체라는 용어 대신 무슬림의 상황 속에서 하나님의 유일성과 삼위 하나님에 대한 성경적인 의미를 더욱 정확하게 전달할 수 있는 방법이 있을 것이다.

셋째, 형식과 의미의 다양한 관계들을 이해하는 것은 번역에도 영향을 줄 수 있다. 번역가들은 특정한 성경적 형식이 의미와 얼마나 깊은 연관성을 갖고 있는지에 대해 그리고 대상 언어권에서 사용되고 있는 형식에 어떤 의미가 담겨 있는지에 대해 이해해야 한다. 예를 들면, "휘오스 투 테우"(huios tou theou)라는 용어를 다른 어떤 언어로 번역하기 전에 번역가는 반드시 성경 본문의 원래의 의미와 번역 대상의 언어권에서 "하나님의 아들," "하나님의 메시아," 그리고 "하나님의 자녀" 등의 용어들이 어떻게 이해될 가능성이 있는지에 대해 살펴보아야 한다.

◈ 이 글은 무슬림 지역에서 사역하고 있는 국제 단체 소속 선교사들이 쓴 것이다.

◈ 토의를 위한 질문들

1. 저자들은 문화의 광범위하고, 지역적이고, 개인적인 다양성에 대해 구분하였다. 이러한 구분이 우리의 전도와 제자도 등의 활동에 어떤 영향을 줄 수 있겠는가? 이 세 가지 구분에 대한 성경적인 사례를 제시해보라.
2. 기존의 문화적, 종교적 용어들과 형식들, 그리고 상징들을 유지하고 새로운 성경적 의미를 부여하는 데 있어서 어떤 원칙과 과정을 따라야 한다고 보는가? 새롭게 개척하는 상황 가운데서 외부자가 어디까지 정확한 결론에 도달할 수 있겠는가? 때로는 오랜 세월이 지난 후에 아프리카의 예배에서 다시 드럼을 사용하는 등 과거의 문화적 형식을 되찾기도 한다. 누가, 무슨 이유로 이렇게 결정할 수 있는가?
3. 저자들은 기존의 교회들과 새로운 교회들이 서로 가르치고 배울 수 있다는 것을 강조하고 있다. 이와 관련하여 당신의 경험을 토대로 사례를 제시해보라. 범세계의 교회들이 다문화적인 추세를 보이고 있다. 이러한 영적 풍요로움이 당신의 교회와 기독교 공동체에 어떻게 적용될 수 있겠는가? 우리 모두에게 어떤 변화가 필요한가?

# GLOBAL MISSION

Reflections and case studies in contextualization for the whole church

제3부

마지막 관찰

# GLOBAL MISSION

**REFLECTIONS AND CASE STUDIES IN CONTEXTUALIZATION FOR THE WHOLE CHURCH**

# 31장

## 후기

로즈 도우셋(Rose Dowsett)

상황화는 모든 장소와 모든 시대의 교회에 있어 매우 중요한 과업이다. 그것은 한때의 유행이나 신학 난제들을 토론하기 좋아하는 사람들만을 위한 첨단 관심사로 치부되어서는 안된다. 상황화의 핵심은 구약 및 신약성경의 세계로부터 시간적으로, 문화적으로, 그리고 세계관적으로 얼마나 떨어져 있든지 상관없이 우리가 사는 세상 모든 곳에서 하나님과 그분의 말씀이 눈에 보이고, 귀에 들리고, 또한 이해될 수 있도록 만드는 것에 관한 것이다. 우리의 목적은 삼위일체 하나님이 그분의 영광과 사람들의 행복을 위해 지금부터 영원토록 모든 사람들에 의해 인정되고, 예배와 섬김을 받는 것이다.

우리 주 예수 그리스도의 성육신을 모델로 삼아, 우리가 우리의 말과 행위와 인격을 통해 하나님의 진리와 은혜를 반영하기를 원하는 것은, 우리 자신이 주님이시며 창조주이신 그분의 사랑스러움과 그분이 나타내신 진리 양쪽 모두를 증언하기 위한 시청각 교재가 되기 위함이다.

우리는 여기에서 만일 우리가 상황화를 올바로 하기만 한다면 모든 사람들이 자동적으로 회개와 믿음의 반응을 보일 것이라고 제안하기를 결코 원하지 않는다. 하나님의 말씀을 선포했던 대부분의 구약의 선지자들은 거부당했다. 요한복음의 서언은 가슴에 사무치게도 주 예수님이 친히 "세상에 계셨으며 세상은 그로 말미암아 지은 바 되었으되 세상은 그를 알지 못하였고, 자기 땅에 오매 자기 백성이 영접하지 아니하였다"(요 1:10-11)라고 말씀하고 있다. 복음서는 그러한 거부가 여러 차례 있었음을 우리에게 보여준다. 나머지 신약성경도 거듭해서 똑같은 경험을 보여주고 있다. 사도 바울은 아무리 명백하게 진리가 전달된다고 할지라도 타락한 마음의 어두움과 인간 심령의 완고함이 사람들이 주님께로 돌아오는 것을 방해한다는 것을 지적하였다(롬 1:18-23; 고후 4:2; 엡 4:17-18을 보라). 그리고 성령님의 은혜롭고 생명을 가져다주시는 역사가 아니고서는 우리가 행하고 말하는 것은 사람들이 새 생명으로 거듭나도록 이끄는 데 아무 영향도 미칠 수 없다.

마찬가지로 우리는 복음 전달을 위한 다리를 놓는 한편 모든 불필요한 장애물들을 제거하기 위한 인간적으로 가능한 온갖 방법을 사용하라고 부름받은 사람들이다. 모든 사람들이 하나님의 형상대로 지음을 받았지만 그 형상이 손상되었기에, 우리는 항상 어떤 접촉점과 복음이 타고 건널 수 있는 어떤 언어의 다리나 문화적 가치를 찾아야 할 것이다. 하나님이 인간을 자신과 관계맺는 존재로 창조하셨기에 자신들이 가진 영적 의식을 완전히 억압할 수 있는 사람은 거의 없을 것이다. 그러한 의식은 다른 종교나 철학을 추구하는 것으로 나타날 수 있을 것인데 거기에 예수님 안에 있는 진리로 이끌 수 있는 어떤 점들이 종종 존재한다. 그것은 채워져야 할 필요가 있는 최고 존재에 대한 인식일 수 있다. 그것은 도덕적 실패로부터 자유롭게 되고자 하는 갈망일 수 있다. 그것은 기도나 희생제물과 같은 패턴이 될 수도 있다. 그것은 새로운 의미로 포장될 수 있는 단어나 개념들일 수 있다.

이것이 의미하는 바는 우리가 성경을 지속적으로 열심히 연구하여 언제나 그것이 최초로 주어졌던 사람들의 원래적 상황에서 의미했던 바를 먼저 이해하고 난 후, 오늘날 세상에는 어떻게 그 의미를 정확하게 옮겨놓을 수 있는지를 이해하는 것을 추구하도록 부름을 받았다는 것이다. 그것은 동시에 우리가 하나님의 불변하는 진리를 전달하려고 하는 그 문화에 대한 근면한 학생이 되어야 한다는 것을 의미한다.

성경만 공부하는 것이나 문화만 연구하는 것을 통해서는 하나님께 영광 돌리는 상황화로 나가지 못할 것이다. 양자 모두가 필요한데, 비록 언제나 성경이 진리인가 오류인가를 판단하는 최종 조정 역할을 하게 되겠지만 말이다. 이따금 다른 문화 안에서 산다는 것은 성경의 어떤 부분에 대한 우리의 이해나 어떤 우리의 신념에 대해 도전을 받게 할 것이다. 성경 읽기에 있어 우리는 무오(無誤)하지 않으며, 우리가 실수를 저지른 경우 우리의 가정을 재검토하기 위해서는 겸손이 필요하다. 상황화는 신앙을 놀랍게 확장시킬 수도 있지만 또한 종종 확신을 빼앗기도 한다.

이 책의 에세이들을 통해 우리는 모든 해답을 발견했다고 주장하는 것이 아니고 심지어 묘사한 모든 생각과 실천들이 의문의 여지가 없이 옳다는 것도 아니다. 오히려 이러한 에세이들은 어떤 갈등하는 것, 실패, 좌절 및 특정 상황 속에서 특정 이슈들과 관련하여 발견한 매우 유익하게 보이는 해결책들을 보여주고 있다. 이 책의 기고자들은 전 세계로부터 온 남자와 여자들로서 예수 그리스도의 진정한 제자가 되고 또 제자 삼기를 추구하며, 주님이 진정한 기독교 공동체들을 세워가고 계심을 보고 있는 사람들이다. 그 중 많은 사람은 타문화 사역을 하는 중에 글을 쓴 한편, 다른 이들은 자신의 문화 속에서 일하고 있다. 몇몇 사람들은 기독교 복음에 대해 적대적인 다른 세계 종교가 그들을 둘러싸고 있는 상황 속에서 글을 쓴 것이다. 어떤 상황에서 글을 썼던 간에, 모두 자신들이 배우는 중에 있으며 하나님의 영광을 위해 더욱 효율적으로 열매 맺기를 열망하고 있다고 말할 것이다. 모든 이들은 비틀거리고, 서투르며, 불완전하게 일하지만 그분을 사랑하는 사람들을 놀랍게 축복하시는 하나님의 너그러운 자비를 입증하였다.

세계복음주의연맹 선교위원회(WEA-MC)의 모든 이들과 함께, 우리의 이야기들이 여러분의 상황 속에서의 제자도와 복음 사역을 진전시키는데 격려가 될 것을 희망한다. 우리는 이러한 에세이들을 주님께 대한 사랑의 헌물로 드리면서, 그것들이 우리 세대가 그리스도를 알도록 재촉하고자 하는 범세계 교회의 노력에 유익을 줌으로 사람들이 복음을 이해하고 기쁨과 믿음으로 받아들이게 하는 데 사용받기를 기도한다.

은혜와 평안이 모든 이에게 함께 하시기를 간구한다.

2011년 5월, 스코틀랜드에서

로즈 도우셋

# 참고문헌

Achtemeier, E. R. 1962. Righteousness in the Old Testament. *The interpreter's dictionary of the Bible*. Nashville, TN: Abingdon 4:80.

Adams, E., D. Allen, and B. Fish. 2009. Seven themes of fruitfulness. *International Journal of Frontier Missiology* 26(2): 75-81.

Adeney, B. 1995. *Strange virtues: Ethics in a multi-cultural world*. Leicester, UK: InterVarsity Press.

Allen, D. 2008. Eyes to see, ears to hear. *From seed to fruit: Global trends, fruitful practices, and emerging issues among Muslims*, ed. J. D. Woodberry. Pasadena: William Carey Library.

Allen, D., R. Harrison, E. Adams, L. Adams, B. Fish, and E. J. Martin. 2009. Fruitful practices: A descriptive list. *International Journal of Frontier Missiology* 26(3): 111-22.

Arden, D. 1976. *Out of Africa, something new*. London: United Society for the Propagation of the Gospel.

Barram, M. 2005. *Mission and moral reflection in Paul*. New York: Peter Lang Publishing.

Bartholomew, C. G. and M. W. Goheen. 2004. Story and biblical theology. *Out of Egypt: Biblical theology and biblical interpretation*. Grand Rapids, MI: Zondervan.

Bebbington, D. 1989. *Evangelicalism in modern Britain: A history from the 1730s to the 1980s*. London: Unwin Hyman.

Beck, H. and C. Brown. 1975. Peace. *The new international dictionary of New Testament theology*, ed. C. Brown. Grand Rapids, MI: Zondervan 2: 778.

Berger, P. L. and S. P. Huntington. 2002. *Many globalizations: Cultural diversity in the contemporary world*. New York: Oxford University Press.

Bevans, S. B. 2002. *Models of contextual theology*. Maryknoll, NY: Orbis.

———. 1991. Seeing mission through images. *Missiology: An International Review* 19:51.

Bok, D. 2001. *The Navigators in Malaysia: The first twenty-five years*. Malaysia: Navigators.

Bosch, D. 1991. *Transforming mission: Paradigm shifts in theology of mission*. Maryknoll, NY: Orbis.

Boyarin, D. 1994. *A radical Jew: Paul and the politics of identity*. Berkeley, CA: University of California Press.

Boyd, R. 1972. The philosophical context of Indian Christian theology. *Indian voices in today's theological debate*, ed. H. Birkle and W. Lucknow: LPH/ISPCK/CLS.

Brown, L. 2006. *Shining like stars: The power of the gospel in the world's universities*. Nottingham, UK: InterVarsity Press.

Brown, R. 2008. Muslims who believe the Bible. *Mission Frontiers*, 30/3:19-23. http://www.missionfrontiers.org/2008/04/pdftoc.htm#brown.

Brown, R., B. Fish, J. Travis, E. Adams, and D. Allen. 2009. Movements and contextualization: Is there really a correlation? *International Journal of Frontier Missiology* 26(1):29-32.

Bujak, C. 2008. The woman's role in Chinese history. Review of *Between worlds: Women of Chinese ancestry* by A. Ling. New York: Pergamon Press, Inc: 1990. http://www.geocities.com/CollegePark/Field/8368/Background.html.

Buswell, J. O. III. 1986. Review article: Conn on functionalism and presupposition in missionary anthropology. *Trinity Journal* 7 NS: 90.

Cardoza, L. and L. Aragón. 1986. *Guatemala: Las líneas de su mano*. México: FCE.

Carpenter, M. Y. 1996. Familialism and ancestor veneration: A look at Chinese funeral rites. *Missiology* 24:4: 503-17.

Carson, D. 1987. Church and mission: Contextualization and third horizon. *The church in the Bible and the world*, ed. D. Carson. Grand Rapids, MI: Baker.

―――. 1991. *The gospel according to John*. Leicester, UK: InterVarsity Press.

―――. 2008. *Christ and culture revisited*. Grand Rapids, MI: Eerdmans.

Chew, J. 1987. *Culture and religious background in relation to conversion*. Paper presented at Congress on Evangelism for Malaysia and Singapore.

―――. 1990. *When you cross cultures: Vital issues facing Christian missions*. Singapore: The Navigators.

―――. 2007. Mission and spirituality: Lessons from I Corinthians. *The soul of mission*, ed. Tan Kang San. Selangor, Malaysia: Pustaka Sufes Sdn Bhd.

Clines, D. 1978. *The theme of the Pentateuch*. Sheffield: JSOT Press.

Coe, S. 1976. In search of renewal in theological education. *Theological Education* 9: 233-43.

Cooper, M. 2006. Post-Constantinian missions: Lessons from the resurgence of paganism. *Contextualization and syncretism: Navigating cultural currents*, ed. G. Van Rheenen. Pasadena: William Carey Library.

Corwin, G. 2007. A humble appeal for C5/Insider Movement ministry advocates to consider ten questions. *International Journal of Frontier Missions* 24(1): 5-22.

Costas, O. E. 1989. *Liberating news: A theology of contextual evangelization*. Grand Rapids, MI: Eerdmans.

Cramer, S. and E. Hauff-Cramer. 1992. *Samar: Development issues and analysis*. Quezon City, Philippines: UCCP.

Daniels, G. 2010. Describing fruitful practices: Relating to society. *International Journal of Frontier Missiology* 27(1): 21-26.

Davis, D. 2004. On not translating Hafez. *The New England Review* 25:1-2; 310-18. http://cat.middlebury.edu/~nereview/Davis.html (accessed September 5, 2006).

Deng, F. 1971. *The Dinka of the Sudan.* New York: Holt, Rinehart and Winston, Inc.

Dew, D. S. 1977. *The godhead.* http://www.dianedew.com/godhead.htm (accessed June 29, 2008).

Donovan, V. 1978. *Christianity rediscovered.* New York: Orbis Books.

Dorr, D. 2006. An extended conversation about responses to the September-October 2005 Mission Frontiers. *Mission Frontiers* (1):16-23.

Driver, J. 1998. *Contra corriente.* Guatemala: Semilla.

Dunn, J. D. G. 1991. *The partings of the ways: Between Christianity and Judaism and their significance for the character of Christianity.* London: SCM Press.

―――. 2008. *Beginning from Jerusalem.* Cambridge: Cambridge University Press.

Dupuis, J. 1991. *Jesus Christ at the encounter of world religions.* Maryknoll. NY: Orbis.

―――. 1997. *Towards a Christian theology of religious pluralism.* Maryknoll, NY: Orbis.

Ebrey, P. 2008. Background essay: Women in traditional China. http://www.askasia.org/teachers/essays/essay.php?no=1.

Elmer, D. *Cross-cultural conflict.* Downers Grove, IL: InterVarsity Press.

Eisenbaum, P. M. 2009. *Paul was not a Christian: The real message of a misunderstood apostle,* 1st ed. New York: Harper One.

Evangelical Manifesto Consortium. 2009. *An evangelical manifesto.* www.anevangelicalmanifesto.com (accessed May 10, 2008).

Fee, G. 1987. *The first epistle to the Corinthians.* Grand Rapids, MI: Eerdmans.

―――. 2002. *New Testament exegesis: A handbook for students and pastors,* 3rd ed. Louisville KY: Westminster John Knox.

Flemming, D. 2005. *Contextualization in the New Testament: Patterns for theology and mission.* Downers Grove, IL: InterVarsity Press.

Fong, K. U. 1999. *Pursuing the pearl: A comprehensive resource for multi-Asian ministry.* Valley Forge, PA: Judson Press.

Gaventa, B. R. 1986. *From darkness to light: Aspects of conversion in the New Testament.* Philadelphia, PA: Fortress.

Gener, T. D. 2008. Contextualization. *Global dictionary of theology,* eds. W. A. Dryness and V. Kärkkäinen. Downers Grove, IL: InterVarsity Press.

Gooch, P. W. 1978. The ethics of accommodation: A study in Paul. *Tyndale Bulletin* 29: 111-12.

Good, E. M. 1962. Peace in the OT. *The interpreter's dictionary of the Bible.* Nashville, TN: Abingdon Press 3:705.

Gorospe, A. and C. Cang. 1998. Church planting in northern Samar evangelical churches: A case study in assessing training needs. *Phronesis* 5.2: 21-42.

Gorospe, A. 1999. Maupay nga kinabuhi: A starting point for theological reflection among the Warays of northern Samar. *Phronesis* 6.1: 27-47.

Gray, A. and L. Gray. 2009a. Paradigms and praxis (Part I): Social networks and fruitfulness in church planting. *International Journal of Frontier Missiology* 26(1): 19-28.

―――. 2009b. Paradigms and praxis (Part II): Why are some workers changing paradigms? *International Journal of Frontier Missions* 26(2): 63-73.

Gray, A., L. Gray, B. Fish, and M. Baker. 2010. Networks of redemption: A preliminary statistical analysis of fruitfulness in transformational and attractional approaches. *International Journal of Frontier Missiology* 27(2): 89-95.

Green, J. B. 1995. *The theology of the Gospel of Luke*. Cambridge, UK: Cambridge University Press.

Greenlee, D. and P. Wilson. 2008. The sowing of witnessing. *From seed to fruit: Global trends, fruitful practices, and emerging issues among Muslims*, ed. J. D. Woodberry. Pasadena: William Carey Library.

Grossmann, R. 2002. *Interpreting the development of the evangelical church in Guatemala: Year 2002*. Thesis of DM. Wake Forest, NC: Southeastern Baptist Theological Seminary.

Guder, D. L. 1999. *The incarnation and the church's witness*. Harrisburg, PA: Trinity Press International.

Guthrie, G. H. and J. S. Duvall. 1998. *Biblical Greek exegesis: A graded approach to learning intermediate and advanced Greek*. Grand Rapids, MI: Zondervan.

Hall, D. J. 1996. *Confessing the faith: Christian theology in a North American context*. Minneapolis, MN: Fortress.

Hays, J. D. 2003. From every people and nation: A biblical theology of race. *New Studies in Biblical Theology* 14. Leicester, UK: Apollos.

Healey, J. 1992. Peace. *The anchor Bible dictionary*, eds. D. N. Freedman et. al; 6 vols. New York: Doubleday 5: 206.

Hedlund, R. 2000. *Quest of identity*. New Delhi: ISPCK.

Heelas, P., S. Lash, and P. Morris. 1999. *Detraditionalization*. Malden, MA: Blackwell Publishers.

Hesselgrave, D. J. 1978. *Communicating Christ cross-culturally*. Grand Rapids, IL: Zondervan.

―――. 1985. The three horizons: Culture, integration and communication. *JETS* 28/4: 443-54.

Hiebert, P. 1978. *Anthropological reflections on missiological issues*. Grand Rapids: Baker.

―――. 1987. Critical contextualization. *International Bulletin of Missionary Research* 11/3 (July): 104-12.

―――. 1989. Form and meaning in the contextualization of theology. *The Word among us: Contextualizing theology for mission today*, ed. D. Gilliland. Dallas: Word.

―――. 1994. *Anthropological reflections on missiological issues*. Grand Rapids. MI: Baker.

----------. 2001. Spiritual warfare and worldview. *Global missiology for the 21st century*, ed. W. Taylor. Ada, MI: Baker Academic.

Higgins, K. 1998. Encountering Muslim resistance. *Reaching the resistant: Barriers and bridges for mission*, ed. J. D. Woodberry. Pasadena: William Carey Library.

Hoefer, H. 1991. *Churchless Christianity*. Madras: GLTC&RI.

----------. 2001. *Churchless Christianity*. Pasadena: William Carey Library.

----------. 2002. Jesus, my Master: Jesu Bhakta Hindu Christian theology. *International Journal of Frontier Missions* 19(3): 39.

Hrangkhuma, F. 1998. *Christianity in India: Search for liberation and identity*. Dehli: ISPCK.

Hwa, Y. 1997. *Mangoes or bananas: The quest for an authentic Asian Christian theology*. Oxford: Regnum Books.

----------. 1998. The mission of the church. *Renewal in the Malaysian church*, ed. D. Ho. Petaling Jaya, Malaysia: National Evangelical Christian Fellowship.

----------. 1998b. The role of the church in Vision 2020. *Modernity in Malaysia: Christian perspectives*, ed. Ng Kam Weng. Kuala Lumpur: Kairos Research Centre.

----------. 1999. *Beyond AD 2000: A call to evangelical faithfulness*. Kuala Lumpur: Kairos Research Centre.

----------. 2000. Towards an evangelical approach to religions and culture. *Transformation* 17/3 (July): 86-91.

----------. 2002. Endued with power. *Truth to proclaim: Gospel in church and society*, ed. S. Chan. Singapore: Trinity Theological College.

----------. 2008. Kingdom identity and Christian mission. *Mission Round Table: The Occasional Bulletin of OMF Mission Research* 4/2 (December): 3-12.

----------. 2010. Bribery and corruption: Biblical reflections and case studies for the marketplace in Asia, ed. Soo Inn Tan. Singapore: Graceworks.

Ixtetela, R. 2001. La traída del alma. *Tzijonik, cuentos del Lago*. P. Petrich and C. Ochoa Garci. Guatemala: Editorial Cholsamaj/IRIPAZ.

Johnson, P. 1976. *A history of Christianity*. New York: Atheneum.

Jones, E. S. 1968. *A song of ascents*. Nashville and New York: Abingdon Press.

Jørgensen, J. A. and J. Adelin. 2008. *Jesus imandars and Christ bhaktas: Two case studies of interreligious hermeneutics and identity in global Christianity*. Frankfurt: Peter Lang.

----------. 2009. Jesus imandars and Christ bhaktas: Report from two field studies of interreligious hermeneutics and identity in globalized Christianity. *International Bulletin of Missionary Research* 33(4): 171-76.

Kaiser, W. Jr. 1981. *Toward an exegetical theology: Biblical exegesis for preaching and teaching*. Grand Rapids, MI: Baker.

Kim, S. C. H. 2003. *In search of identity*. New Delhi: Oxford University Press.

Knight, G. III. 1996. The Scriptures were written for our instruction. *JETS* 39/1 (March): 3-13.

Knitter, P. 1987. Toward a liberation theology of religions. *The myth of Christian uniqueness*, eds. Hick and Knitter. Maryknoll, Orbis.

Koenig, J. 1985. *New Testament hospitality: Partnership with strangers as promise and mission*. Philadelphia, PA: Fortress.

―――. 2000. *The feast of the world's redemption: Eucharistic origins and Christian mission*. Harrisburg, PA: Trinity Press International.

Kraemer, H. 1962. *Why Christianity of all religions?* Plymouth, UK: Latimer, Trend and Co.

Kraft, C. 1979. *Christianity in culture*. Maryknoll, NY: Orbis.

―――. 1999. Culture, worldview and contextualization. *Perspectives on the world Christian movement*, 3rd ed., eds. R. D. Winter and S. C. Hawthorne. Pasadena: William Carey Library.

―――. 2005. *Appropriate Christianity*. Pasadena: William Carey Library.

Kumar, A. 1979. Culture and the Old Testament. *Gospel and culture*, eds. J. Stott and R. Coote. Pasadena: William Carey Library.

Kurtz, L. R. 1995. *Gods in the global village: The world's religions in sociological perspective*. Thousand Oaks, CA: Pine Forge Press.

Langton, D. R. 2005. The myth of the "Traditional view of Paul" and the role of the apostle in modern Jewish-Christian polemics. *Journal for the Study of the New Testament*, 28(1): 69-104.

Lau, E. 2003. Malacca's first Chinese Methodist wedding. *Methodist Message* (June). Singapore: The Methodist Church.

Law, E. H. F. 1993. *The lion shall dwell with the lamb: A spirituality for leadership in a multicultural community*. St. Louis, MO: Chalice Press.

Lee, M. 2003. New paradigms of partnership in the Asian context. Unpublished paper for the Asian Missions Association, Moscow (September 11).

Lindsell, H. 1976. *The battle for the Bible*. Grand Rapids, MI: Zondervan.

Luzbetak, L. J. 1970. *The church and cultures*. Techny, IL: Divine Word Publications.

Maggay, M. 2001. *Jew to the Jew and Greek to the Greek: Reflections on culture and globalization*. Manila: ISACC.

Massey, J. 1999. His ways are not our ways. *Evangelical Missions Quarterly* (April). http://www.EMQonline.com.

Mathews, E. 1995. Yahweh and the gods: A theology of world religions from the Pentateuch. *Christianity and the religions*, ed. E. Rommen and H. Netland. Pasadena, CA: William Carey Library.

McGavran, D. 1970. *Understanding church growth*. Grand Rapids, MI: Eerdmans.

Mills, S. L. 1998. The hardware of sanctity. *Embodying charisma: Modernity, locality and the performance of emotion in Sufi cults*, ed. P. Werbner and H. Basu. London: Routledge.

Milne, B. 2006. *Dynamic diversity: The new humanity church for today and tomorrow*. Nottingham: InterVarsity Press.

Montgomery, R. L. 1991. The spread of religions and macrosociological relations. *Sociological Analysis* 52: 37-53.

———. 1996. *The diffusion of religion: A sociological perspective*. New York: University Press of America.

———. 1999. *Introduction to the sociology of missions*. Westport, CT: Praeger Publishers.

Moreau, S. 2006. Contextualization, syncretism and spiritual warfare: Identifying the issues. *Contextualization and syncretism: Navigating cultural currents*, ed. G. Van Rheenen. Pasadena: William Carey Library.

Nanos, M. D. 2009a. The myth of the "law-free" Paul standing between Christians and Jews. *Studies in Christian-Jewish Relations* 4(1): 1-21.

———. 2009b. Paul's relationship to Torah in light of his strategy "to become everything to everyone" (1 Corinthians 9:19-23). Paper presented at the New Perspectives on Paul and the Jews: Interdisciplinary Academic Seminar. http://www.marknanos.com/1Cor9-Leuven-9-4-09.pdf (accessed October 23, 2010).

———. 2009c. Rethinking the "Paul and Judaism" paradigm: Why not "Paul's Judaism"? Paper presented in 2009. Lund University, May 7, and Linköping University.

Nash, R. 1982. *The Word of God and the mind of man*. Grand Rapids, MI: Zondervan, quoted from K. Vanhoozer, The semantics of biblical literature: Truth and Scripture's diverse literary forms. *Hermeneutics, authority, and canon*, ed. D. A. Carson and J. D. Woodbridge. 1986. Grand Rapids, IL: Zondervan.

Neill, S. 1990. A history of Christian missions. *A history of Christian missions*, 2nd ed., ed. O. Chadwick. London and New York: Penguin.

Newbigin, L. 1985. Can the West be converted? *The Princeton Seminary Review* 6:36.

———. 1986. *Foolishness to the Greeks: The gospel and Western culture*. Grand Rapids, MI: Eerdmans.

———. 1995. *The open secret: An introduction to the theology of mission*, rev. ed. Grand Rapids, MI: Eerdmans.

Ng, Kam Weng. 2002. Interview by Warren R. Beattie (June 20). Kuala Lumpur, Malaysia.

Nicholls, B. J. 1975. Theological education and evangelization. *Let the earth hear his voice*, ed. J. D. Douglas. Minneapolis: World Wide Publications.

———. 2004. *Contextualization: A theology of gospel and culture*. Vancouver, BC: Regent College Publishing.

Nida, E. A. 1963. *Customs, culture and Christianity*. Suffolk UK: Tyndale Press.

Niles, D. T. 1951. *They may have life*. New York: Harper and Brothers.

Noll, M. 2003. *The rise of evangelicalism: The age of Edwards, Whitefield, and the Wesleys.* Downers Grove, IL: InterVarsity Press.

Oden, T. 2006. *The living God* (Systematic theology: Vol. 1) Peabody, MA: Hendrickson Publishers.

Ortiz, M. 1996. *One new people: Models for developing a multiethnic church.* Downers Grove, IL: InterVarsity Press.

Osborne, G. 1991. *The hermeneutical spiral: A comprehensive introduction to biblical interpretation.* Downers Grove, IL: InterVarsity Press.

Owens, L. 2007. Syncretism and the Scriptures. *Evangelical Missions Quarterly* 43(1): 74-80.

Pacheco, L. 1985. *Religiosidad maya-kekchí alrededor del maíz.* San José, Costa Rica: Escuela para Todos.

Padilla, R. 1984. Hacia una hermenéutica contextual. *Revista Encuentro y Diálogo* 1:1-23.

Padilla, R., ed. 1986. *Nuevas alternativas de educación teológica.* Grand Rapids, MI: Nueva Creación.

Parrett, G. 2004. The wondrous cross and the broken wall. *A many coloured kingdom: Multicultural dynamics for spiritual formation,* eds. E. Conde-Frazier, W. Kang, and G. Parrett. Grand Rapids, MI: Baker Academic.

Pazmiño, R. 1995. *Principios y prácticas de la educación cristiana, una perspectiva evangélica.* Miami, FL: Editorial Caribe.

Piper, J. 1993. *Let the nations be glad.* Grand Rapids, MI: Baker Books.

Pohl, C. D. 1999. *Making room: Recovering hospitality as a Christian tradition.* Grand Rapids, MI: Eerdmans.

Poythress, V. 2005. Presentation on translation techniques. http://www.frame-poythress.org/Poythress_courses/WivesWeekendSeminary/W13Types.ppt (accessed September 5, 2006).

Putnam, R. 2000. *Bowling alone.* New York: Simon and Schuster.

Rahner, K. 1976. *Grundkurs des glaubens.* Freiburg: Herder.

Rajashekar, J. P. 1979. The question of unbaptized believers in the history of mission in India. *Debate on mission,* ed. H. Hoefer. Madras: Gurukul Lutheran Theological College.

Redford, S. 2006. Appropriate hermeneutics. *Appropriate Christianity,* ed. C. Kraft. Pasadena: William Carey Library.

Richard, H. L. 2002. Rethinking "rethinking": Gospel ferment in India among both Hindus and Christians. *International Journal of Frontier Missions* 19(3): 7-17.

Riis, O. 1999. Modes of religious pluralism under condition of globalization. *MOST Journal on Multicultural Societies* 1:1. New York: UNESCO. http://www.unesco.org/most/vl1m1ris.htm.

Robertson, R. 1995. Glocalization: Time-space and homogeneity-heterogeneity. *Global modernities,* eds. M. Featherstone, S. Lash, R. Robertson. London: Sage.

───. 2000. Globalization and the future of "traditional religion." *God and globalization: Religion and the powers of common life*, Vol. 1, ed. M. Stackhouse. Paris: Trinity Press International.

Roig, M. 2006. Avoiding plagiarism, self-plagiarism, and other questionable writing practices: A guide to ethical writing. http://facpub.stjohns.edu/~roigm/plagiarism/Paraphrasing%20highly%20technical.html (accessed September 5, 2006).

Roncal, F., B. Muñagorri and F. Cabrera. 2001. *Filosofía universal y maya*. Guatemala: PRODESSA.

Rubel, A., C. O'Nell and R. C. Ardón. 1989. *El susto, una enfermedad popular*. México: Fondo de Cultura Económica de México.

Sáenz, E. R. 2006. The communities in the Sololá region practice common law. *Aplican 75 latigazos a delincuente*. http://www.prensalibre.com/pl/2006/mayo/12/141374.html.

Sanneh, L. 2008. *Disciples of all nations*. Oxford: Oxford University Press.

Sátiro, A. 2006. *Sueño de jóvenes por la paz*. Guatemala: MINEDUC.

Schmidt-Leukel, P. 1997. *Theologie der religionen*. Berlin: Ars Una.

Schreiter, R. 1997. *The new catholicity: Theology between the global and the local*. Maryknoll, NY: Orbis.

Scott, W. 1970. Training Malaysian leaders. *Evangelical Missions Quarterly* 6(4): 203-8.

Segal, A. F. 1994. *Paul the convert: The apostolate and apostasy of Saul the Pharisee*. New Haven, CT: Yale University Press.

SEPAL. 2001. Proyecto Josué/SEPAL Database. Guatemala: SEPAL.

Singapore Youth for Christ. 1991. *My times are in his hands: A biography of Dr. Benjamin Chew*. Singapore: Singapore Youth for Christ.

Skarsaune, O., and R. Hvalvik. 2007. *Jewish believers in Jesus: The early centuries*. Peabody, MA: Hendrickson Publishers.

Sng, B. E. K. 2003. *In his good time: The story of the church in Singapore, 1819-2002*, 3rd ed. Singapore: Bible Society of Singapore, Graduates Christian Fellowship.

Solomon, R. 1992. *Living in two worlds: Pastoral responses to possession in Singapore*. Peter Lang: Frankfurt.

Soso. n.d. http://wenwen.soso.com/z/q68440857.htm?rq (accessed June 25, 2009).

Stendhal, K. 1963. The Apostle Paul and the introspective conscience of the West. *Harvard Theological Review* 56: 199-215.

Steuernagel, V. 2006. *Hacer teología junto a María*. Buenos Aires: Kairós.

Strauss, S. 2006. The role of context in shaping theology. *Contextualization and syncretism: Navigating cultural currents*, ed. G. Van Rheenen. Pasadena: William Carey Library.

Strauss, S. 2006b. Creeds, confessions and global theologizing: A case study in comparative christologies. *Globalizing theology*, eds. H. Netland and C. Ott. Grand Rapids, MI: Baker.

Stockdale, A. A. 1964. God left the challenge in the earth. *HIS*: 20.

Stuart, D. 2002. *Old Testament exegesis: A handbook for students and pastors,* 3rd ed. Louisville, KY: Westminster John Knox.

Sugden, C. 2000. *Gospel, culture and transformation.* Oxford: Regnum Books.

Taber, C. R. 1991. *The world is too much with us: 'Culture' in modern Protestant missions.* Macon, GA: Mercer University Press.

Tannehill, R. C. 1986. *The narrative unity of Luke-Acts: A literary interpretation, Vol. 1: The gospel according to Luke.* Minneapolis: Fortress.

―――. 1989. *The narrative unity of Luke-Acts: A literary interpretation, Vol. 2: The Acts of the Apostles.* Minneapolis: Fortress.

Thiselton, A. C. 1980. *The two horizons: New Testament hermeneutics and philosophical description.* Grand Rapids, MI: Eerdmans.

Thomas, J. 2002. Issues from the Indian perspective. *Deliver us from evil: An uneasy frontier in Christian mission,* ed. A. S. Moreau, et al. Monrovia, CA: MARC.

Thomas, R. L. 1990. Dynamic equivalence: A method of translation or a system of hermeneutics? *The Master's Journal*: 153. http://www.tms.edu/tmsj/tmsj1g.pdf (accessed August 12, 2006).

Tiplady, R., ed. 2003. *Postmission.* Carlisle: Paternoster Press.

Tippett, A. 1971. *Bibliography for cross-cultural workers.* Pasadena: William Carey.

Torkko, L., L. Adams, and E. Adams. 2009. Stewards of experience. *International Journal of Frontier Missiology* 26(4): 159-63.

Traoré, T. 2006. L'Homme et la Femme devant Dieu d'après 1 Cor 11:2-16: Une étude exégétique et ses implications théologique pour l'égalité entre l'Homme et la Femme dans le contexte africain aujourd'hui. Memoire presented before the FATEAC on July 1.

Travis, J. 1998. The C1 to C6 spectrum: A practical tool for defining six types of "Christ-centered communities" found in the Muslim context. *Evangelical Missions Quarterly* 34(4): 407-8.

Vanhoozer, K. 1986. The semantics of biblical literature: Truth and Scripture's diverse literary forms. *Hermeneutics, authority, and canon,* eds. D. A. Carson and J. D. Woodbridge. Grand Rapids, MI: Zondervan.

Van Rheenen, G. 2006. *Contextualization and syncretism: Navigating cultural currents.* Pasadena: William Carey.

Vilches, M. I. 1980. The image of Waray in his poetry. *Filipino thought on man and society,* ed. L. N. Mercado. Tacloban City, Philippines: Divine Word University.

Viola, F. 2002. *Pagan Christianity: The origins of our modern church practices.* Gainesville, FL: Present Testimony Ministry.

Von Rad, G. 2001. *Theology of the Old Testament,* 2 vols. Louisville, KY: Westminster John Knox.

Wakabayashi, K. 1990. Migration from rural to urban areas in China [Electronic version]. *The Developing Economies* 28(4): 503-23.

Walls, A. 1996. *The missionary movement in Christian history: Studies in the transmission of faith.* Maryknoll, NY: Orbis.

———. 2000. Eusebius tries again: Reconceiving the study of Christian history. *International Bulletin of Missionary Research* 24(3): 104-111.

———. 2004. Converts for proselytes? The crisis over conversion in the early church. *International Bulletin of Missionary Research* 28(1): 2-7.

Ward, P. 2002. *Liquid church.* Peabody, MA: Hendrickson Publishing.

Whiteman, D. 1997. Contextualization: The theory, the gap, the challenge. *International Bulletin of Missionary Research* 21(1): 2-7.

Wingate, A. 1997. *The church and conversion: A study of recent conversions to and from Christianity in the Tamil area of South India.* Delhi: ISPCK.

Wingerd, C. M. *Great Commission Update* 14(7). Colorado Springs: OC International.

Yoder, P. 1987. *Shalom: The Bible's word for salvation, justice, and peace.* London: Spire.

Xinran. 2007. *Miss Chopsticks.* London: Chatto and Windus.

# 색인

## ㄱ

개인주의 43, 108, 236, 300
결혼 52, 97, 144-45, 152, 160
경계 집합 105, 133-35, 138, 150, 223
계몽주의 40, 43, 197, 290
공동체 38, 46, 60, 80, 85
교단 105, 108, 132, 134-35, 152
교회론 40, 222, 395, 400
구원 53, 56, 60, 64, 66, 78, 93
구전 85, 128
꾸란 109, 114, 180, 391, 397, 402, 412, 414

## ㄴ

네스토리우스 38

네트워크, 사회적 186
노래 39, 101, 105, 166, 168

## ㄷ

다양성 43-46, 92-93, 103-04, 125
드라마 166, 322

## ㄹ

로마가톨릭 105, 252, 287
로잔대회 22, 61ㅈ

## ㅁ

마귀 306, 308, 427, 473
마법 103

마술　28, 198, 300
메시아적 무슬림　109-10, 112, 114
명목주의　51-52, 57, 61, 444
명예　231-32, 238, 415, 471
모세　144, 168, 235
목회적 구조　193-194
무슬림　40, 46, 102, 106, 108-10
문화순응　63-64
미전도　36

## ㅂ

바울　49, 63-68
박해　52, 415, 433, 453, 462, 486
배교자　110-12
번역　53-54, 72, 99, 118
변혁　43, 52, 59, 62, 193
　　　변혁적 모델　186
부족　60, 71-72, 165, 168
부족들　378, 380, 383, 447
불교　104, 210

## ㅅ

사탄　338, 359, 383, 445, 459
사회적 네트워크　176, 178, 185-86, 188, 311
사회적 상황　130, 189, 199
상대주의　55, 59, 97, 122, 303
상징　242, 244, 288, 320, 469
상황화　36, 41, 51, 56, 58, 60
석의　108, 115-22
선교사　30, 34, 38, 42, 47, 59, 79
선교학　59, 77, 107, 191, 419
설교　54, 56, 64-67, 70
성경　41-42, 44, 48, 51
성경신학　51, 55
성경 읽기　302, 503
성경적 명령　100
성경적 모델　65
성육신　44, 58, 78-79, 100
세계교회협의회　60, 130
세계화　251, 387, 389, 404-05
세례　126, 170, 215, 300
세속　39, 176, 221, 291, 300, 445
수치　178, 211, 341, 415, 442
시간　55-56, 79-80, 82
신들　63, 275, 339, 351, 357

신학  56, 58-60, 80, 132-33
신화  60, 251, 300, 319, 461

ㅇ

아시아  36, 42, 49, 96, 189-90
아프리카  35-36, 39, 42, 71, 105
언어  38, 43, 45, 47, 54, 56, 72, 78
언어학  55, 60, 69, 73, 95, 119, 121
영들  191, 197, 239-40, 264, 303
영적 실체  198
예루살렘  37, 52, 223, 287, 305, 329
예배  41, 44, 48, 52, 61, 69
　　그리스도인  37, 40, 44, 60, 89
　　우상  64, 111, 252, 275
　　이교도  40, 67, 105
　　조상숭배  198, 249-52, 260
예수를 따르는 사람들  175, 177, 184, 492
예수회  38, 250, 252
예술  322
왕국  92, 190-93, 200-01

왕국 신학  200
왕국적 정체성  191-92
우상  64, 111, 165, 198, 252
위험  57, 61, 75, 101
유대교  65-66, 94, 156, 430
유럽  39, 139, 190, 214, 283
음악  100, 102, 108, 181, 266, 319
의식  181, 198, 219, 249
이교도  40, 67, 105
이단  58, 264
이방인  37, 65-66, 68, 93, 223, 302
이스라엘  66, 68, 287, 289, 321, 325
이슬람  100, 111-12, 173, 175, 183, 200
이야기  68-69, 77, 81-82, 85-87, 92
이주  162, 286, 316, 333, 426
인류학  55, 60, 87
일부다처제  62, 108, 441
일치  92, 94, 136, 150, 162

## ㅈ

자민족중심주의 371
전도 61, 73, 94, 139
전례 348
전제 53, 56, 61, 63, 67, 122, 153
점성술 196
정령숭배 51, 263, 269, 271, 274
정의 35, 55, 101, 131
조상 42, 52, 96, 197, 198
종교개혁 56
종말론 66, 68, 159, 398, 403
죄 56, 61, 65, 68, 70, 73, 155, 167, 178
주술 198, 271
죽음 37, 141, 181, 210, 253, 271
중심 집합 133-34, 138, 141, 150, 223
진리 43, 56, 59-60, 62-63, 69
질병 51, 71, 270, 325, 327, 339

## ㅊ

천국 53-54, 66, 94, 108
총체성 95, 196, 199-200, 331-32
총체적 43, 59, 72, 191, 199

축제 181, 197-98, 205, 232, 289, 319
춤 105, 244, 319-20, 449]

## ㅌ

토착화 91, 95, 131, 192, 302

## ㅍ

포스트모더니즘 41, 123, 200

## ㅎ

해석학 121-23, 145, 148, 191
혼합주의 51, 57, 61, 73, 91
회심 42, 51-52, 70, 93, 105
희생 58, 60, 79, 154, 159, 162, 167
힌두교 46, 146, 206, 218, 343

## 범세계 교회를 위한 상황화 이론과 실제
GLOBAL MISSION:
Reflections and Case Studies in Contextualization for the Whole Church

2014년 6월 15일 초판 발행

**편집인** | 로즈 도우셋
**옮긴이** | 변진석, 엄주연

**발행처** | 사)한국해외선교회
**발행인** | 이태웅
**홈페이지** | www.gmf.or.kr
**전화** | 02) 2653-4270

**편집·총판처** | 사)기독교문서선교회
**등록** | 제16-25호(1980. 1. 18)
**주소** | 서울시 서초구 방배로 68
**전화** | 02) 586-8761~3(본사) 031) 942-8761(영업부)
**팩스** | 02) 523-0131(본사) 031) 942-8763(영업부)
**홈페이지** | www.clcbook.com
**이메일** | clckor@gmail.com
**온라인** | 기업은행 073-000308-04-020, 국민은행 043-01-0379-646
　　　　　예금주: 사)기독교문서선교회

ISBN 978-89-341-1384-3 (93230)

* 낙장·파본은 교환해 드립니다.

이 도서의 국립중앙도서관 출판시 도서목록(CIP)은
서지정보유통지원시스템 홈페이지(http://seoji.nl.go.kr)와
국가자료공동목록시스템(http://www.nl.go.kr/kolisnet)에서
이용하실 수 있습니다.
(CIP제어번호: CIP2014015416)